国学经典读本丛书

汉　书

〔汉〕班　固　撰

李士彪　张文峰　译注

山东画报出版社

济　南

图书在版编目（CIP）数据

汉书 /（汉）班固撰；李士彪，张文峰译注. —济南：山东画报出版社，2012.10（2024.5重印）
（国学经典读本丛书）
ISBN 978-7-5474-0564-2

Ⅰ. ①汉… Ⅱ. ①李… ②张… Ⅲ. ①中国历史—西汉时代—纪传体②汉书—注释③汉书—译文
Ⅳ. ①K234.104.2

中国版本图书馆CIP数据核字（2012）第252623号

HANSHU
汉书
〔汉〕班 固 撰　　李士彪 张文峰 译注

丛书策划　尹奎友
责任编辑　尹奎友　刘　丛
装帧设计　王　芳
封面设计　博文斯创

主管单位　山东出版传媒股份有限公司
出版发行　山東画報出版社
　　社　　址　济南市市中区舜耕路517号　邮编250003
　　电　　话　总编室（0531）82098472
　　　　　　　市场部（0531）82098479
　　网　　址　http://www.hbcbs.com.cn
　　电子信箱　hbcb@sdpress.com.cn
印　　刷　金世嘉元（唐山）印务有限公司
规　　格　140毫米×203毫米　32开
　　　　　12.375印张　240千字
版　　次　2012年10月第1版
印　　次　2024年5月第2次印刷
书　　号　ISBN 978-7-5474-0564-2
定　　价　44.00元

出版说明

国学原指国家设立的学府，如小学、太学、国子监等。《周礼·春官·乐师》："乐师掌国学之政，以教国子小舞。"孙诒让《周礼正义》："国学者，在国城中王宫左之小学也。"由此可知，在周代，国学是国家所办的一种贵族子弟学校。到了汉代，在京师设太学，为中央最高学府。隋代以后的历朝历代都设国子监，而国子监内同时也设太学。

国学作为学问一说，始于20世纪初期西学东渐、文化转型的历史背景下。1902年秋，梁启超写信给黄遵宪提议创办《国学报》，"以保国粹为主义"，使用了"国学"一词。1906年9月，章太炎在东京发起国学讲习会，不久之后又在此基础上成立了国学振起社。到"五四"爱国运动前后，北京大学文科研究所设立了国学门，出版《国学季刊》；清华大学成立了国学研究院，编印《国学论丛》；章太炎在上海等地演讲国学，出版了《国学概论》，国学研究之风大盛。至此，"国学"一词完成了由"国家设立的学府"向"我国固有的文化学术"意义的转变。

20世纪90年代以来，国学再度复兴，国学热一浪高过一浪。民间出现了以传授国学为主的私塾和国学馆，有的中小学校开设了国学课，北京大学、清华大学、中国人民大学等诸多大学相继创办了国学研究机构。这些举措，既带动了系统而精深的专业化国学研究，也带动了面向社会大众的常识性国学教育。

国学作为我国固有的文化学术，其主要内容是什么呢？1906年，章太炎在日本主编同盟会的机关报《民报》，刊登《国学振起社广告》，圈定国学讲授内容为："一、诸子学；二、文史学；三、制度学；四、内典学；五、宋明理学；六、中国历史。"（按"内典"即佛典）按照传统的分类，国学包括经、史、子、集四部，以经部、子部为重，尤倾向于经部。现在我们通常所说的国学，是指以先秦经典及诸子学为根基，涵盖了两汉经学、魏晋玄学、宋明理学和同时期的汉赋、六朝骈文、唐诗、宋词、元曲与明清小说并历代史学等在内的一套完整的文化学术体系。

要学习国学、研究国学，首先要做的是回归国学经典文本的阅读。近代以来，胡适、梁启超、顾颉刚、鲁迅、汪辟疆、朱自清、钱穆等著名学者都曾为国人开列过国学必读书目。20世纪90年代，北京大学、清华大学的学者、教授们也为学生开列过应读书目。我们此次策划出版"国学经典读本丛书"，就充分参考了以上大家、学者的意见，推出了《周易》《诗经》《大学·中庸》《左传》《论语》《孟子》《国语》《战国策》《史记》《汉书》《后汉书》《三国志》《老子》《庄子》《韩非子》《列子》《荀子》《孙子兵法·孙膑兵法》

《世说新语》《颜氏家训》《金刚经·心经》《坛经》《百喻经》《近思录》《传习录》《楚辞》《古文观止》《唐诗三百首》《宋词三百首》《元曲三百首》等三十种，呈现给广大读者。本丛书充分借鉴前人的研究成果，对所选国学经典进行注释、翻译，对难字加以注音，有的还在篇前加以导读性质的题解。其中，古文辞类各书采用原文加注释和译文的形式，诗词类各书采用原文加注释、赏析和辑评的形式；对于大部头的原著采用选编的方式，选择其重要且可读性强的篇章。丛书追求注释简明，译文通达。本丛书的编辑出版，旨在为国学爱好者提供一套浅近晓畅的国学读本——通过难字注音，使读者诵读经典顺畅无碍；通过题解、注释、翻译和赏析，令读者领悟国学经典的内在魅力，彰显国学经典的现代价值。

山东画报出版社

2012年3月

前 言

《汉书》是二十四史之一，是我国第一部纪传体断代史，也是著名的传记文学作品。

《汉书》的作者班固（32—92），字孟坚，扶风安陵（今陕西咸阳东北）人。他是东汉著名的史学家和文学家。自幼聪敏，九岁能作文，诵诗赋。成年后博览群书，九流百家之言，无不穷究。性格宽和，颇得当时读书人的赞赏。父亲班彪，曾续写司马迁的《史记》，作《后传》数十篇。班彪死后，班固开始整理父亲的遗稿，撰写《汉书》。不久，有人上书给汉明帝，告发班固私改国史。班固被捕入狱，书稿也被没收。班固的弟弟班超进京上书朝廷，说明情况，得到皇帝召见。汉明帝看了班固的书稿，认为写得很好，就任命他为兰台令史，参与撰写《世祖本纪》。此后汉明帝命班固续写《汉书》。《汉书》也由私撰变成了官修。到汉章帝时，由于皇帝雅好文章，班固更得宠幸，数入禁中读书。皇帝每次出巡，班固辄献上赋颂；朝廷有大议，也参与辩论。后来班固以母丧去官。汉和帝永元初年，大将军窦宪出征匈奴，任命班固为中护军，随军征伐。后来窦宪失势自杀，班固也被免官，逮捕入狱，死于狱中。时年六十一。班固去世时，《汉书》中的八表和《天文志》还没有写成，汉和帝命班固之妹班昭入东观藏书阁补作，马续协助班昭作了《天文志》。

《汉书》包括本纪十二篇，表八篇，志十篇，列传七十篇，共一百篇。记载了自汉高祖刘邦元年至王莽地皇四年共二百三十年的历史。《汉书》与《史记》相比，其体例已发生了变化。《史记》是一部通史，《汉书》则是一部断代史。《汉书》把《史记》的“本纪”省称“纪”，“列传”省称“传”，“书”改称“志”，取消了“世家”，并入“传”中。《汉书》所记汉武帝中期以前的西汉历史，往往移用《史记》，但多有改造，除了个别字句的改动、材料的增删外，另一个重要的方面就是剔除《史记》原文中的“谬于经”的思想，而代之以儒家经典的正统思想。《汉书》新增加了《刑法志》《五行志》《地理志》《艺文志》，全面完整地反映了西汉的政治和文化面貌。

作为一部传记文学的名著，《汉书》与《史记》的文章风格也迥然不同。其原因除了作者的个性外，时代风气也至关重要。东汉初期，由于经学影响日益深重，西汉前期散文的那种疏荡激切的文风日渐式微，而从董仲舒开始的舒缓醇厚、典雅古奥的文风占据了统治地位。另外，经学的不断发展隆盛也引发了著述中追求宏大、繁博的倾向。《史记》也以其宏大的规模，受到桓谭的称赞：“才通著书以百数，惟太史公广大。”（《新论·闵友》）文章的规模成为构成文章之美的要素。这些在《汉书》中都得到广泛、深入的体现，充分反映了经学的巨大威力。

班固在《汉书·艺文志》中，将《太史公书》等史书归入“六艺”的《春秋》类，把史书看成是经书的附庸。他自称撰《汉书》要“旁贯五经”（《汉书·叙传》），故《汉书》思想、义例深受经学影响，而选词考句也主动向经学靠拢。他将原始文献纳入他的文风体系，重新锤炼、润饰，最终铸就了《汉书》典雅古奥、严整醇正、博赡弘丽的文风，而判然有别于《史记》，成为卓然屹立于中国文学长廊中的一块丰碑。

班固有着笃守正统、追随时流的品性，他对于当时引经拟经、追求典雅的文风是热烈拥护和积极推动的，这使他成为这种文风的典型代表。当时在经学影响下的追求典雅的风气在《汉书》中随处可见。班固在对原始文献的锤炼中，非常注重汰除俗字，以趋典雅。如《汉书·董仲舒传》记董仲舒治学专精，“三年不窥园”。此事又见桓谭《新论·本造》及王充《论衡·儒增》。《新论》之文为“不窥园中菜”，《论衡》则说：“儒书言：董仲舒读《春秋》，专精一思，志不在他，三年不窥园菜。”可知《汉书》“三年不窥园”一句是有所本的，班固可能觉得“菜”字欠雅，就删掉了。删掉之后，并未影响原意，的确典雅许多。

典雅到极端便成为艰涩。经学催成的“文必艰深”的理论也深深地打动了班固。《汉书·叙传》中的“序目”之文，熔铸经语，文词句法，力求上古风调，诘曲艰深，有如典诰。与《史记》“序目”的疏朗明畅形成了鲜明的对比。班固偏好古学，对古今文字有深入的研究，著有《在昔篇》《太甲篇》（据《通志·艺文略》）。他认为古字是“正字”（见《艺文志》），他撰述《汉书》的宗旨之一便是“正文字”（《汉书·叙传》）。所以在《汉书》中大量起用难识的古文字，不仅与“文必艰深”的理论相和谐，也是为了宣扬古文经学。

依经立义之风盛行，使文章成为宣扬经义、正统思想的阵地，而不是彰显情志、发泄牢骚的场所。这使得《汉书》文风在句式、语气和情感意蕴上表现出严整醇正的一面，与《史记》的激越雄奇大相径庭。文中论断，大都下语直率，言皆直指，议论堂堂，带有浓重的学术性、政治性和官方色彩，不像《史记》特寄微情妙旨于文字蹊径之外。

东汉初期繁琐的章句之学，使著述繁博宏大之美蔚为风气。《汉书》便深染此风，其规模宏大，措辞详明，素为学者所重。刘勰赞其“《十志》该富，赞序弘丽”（《文心雕龙·史传》）。范晔以为马、班各具良史之才，“迁文直而事核，固文赡而事详”（《后汉书·班固传》）。范晔于己所作《后汉书》自视甚高，不满意班固处甚多，但也认为“博赡不可及之”（《狱中与诸甥侄书》）。班固著《汉书》广收博取，不遗余力，又别立新目，拓宽史学堂庑，形成了后代史家难以望其项背的博赡弘丽的特色。

《汉书》问世后，即引起巨大反响。当世甚重其书，学者莫不讽诵。后世研习不绝，成为读书人的必读书。北宋文学家苏舜钦，爱读《汉书》，每读至快意之时，便饮酒一大杯。这就是有名的“用《汉书》下酒”的故事。苏轼对《汉书》也非常喜爱，读《汉书》成了他的“日课”。他曾把《汉书》抄了三遍，诗文中用《汉书》的典故相当多。黄庭坚曾在给友人的书信中说：“每相聚，辄读《前汉书》数叶，甚佳。人胸中久不用古今浇灌，则尘俗生其间。照镜则面目可憎，对人亦语言无味。”可见读《汉书》还有超凡脱俗的功效。

《汉书》所记人物虽然与《史记》有重复之处，但许多鲜明的人物形象却是《汉书》中独有的，并没有沾《史记》的光。笔者当年曾经花费十个月的时间研读《汉书》，《汉书》所记的许多历史人物在我的头脑中留下了不可磨灭的印象，比如学问渊博、忧国忧民的刘向，忠心爱国、意志坚强的苏武，牢骚满腹、恃才傲物的杨恽，坚持裸葬、惊世骇俗的杨王孙，心地善良、宽厚谦虚的丙吉，抗击强权、杀身成仁的王章，刚正不阿、清简廉洁的龚遂，浮沉宦海而又恩怨分明的朱买臣，滑稽多智而又刚直不屈的东方朔，坦率耿直而又自我放纵的陈咸，勤于国事而又不学无术的霍光。这些在千载之下仍能给我们的心灵带来震撼的人和事，都已选入本书。如果读完此书，能够意犹未尽，进而去寻找阅读《汉书》全本，这正是笔者所希望的。

本书的正文以王先谦《汉书补注》为底本，参考了中华书局的《汉书》排印本。注释力求简明，译文在直译的基础上又努力做到语句通顺。注释和译文都参考吸收了学界的研究成果，限于体例，未能一一注明，敬请谅解。书后附有主要参考文献，或可供读者进一步研习之用。

本书译注，《刘向传》《霍光传》两篇由张文峰撰写，其余部分均由李士彪撰写。

目　录

高帝纪

【题记】

《高帝纪》是《汉书》的第一篇，详细记载了汉代开国之君刘邦的事迹。刘邦的一生富有戏剧性。他出身平民阶层，性格豁达，知人善任。秦末起兵，历经艰险，终于在楚汉战争中战胜项羽，建立汉朝。即皇帝位后，刘邦又多次出兵平定诸侯王的叛乱，巩固了统一的局面。晚年讨伐黥布时，为箭所伤，以致病危。他自知不免，拒绝良医为他医治，依然体现出豁达的英雄本色。读此篇，即可大体了解秦末汉初的史实。此篇虽是在《史记·高祖本纪》的基础上完成的，但增入一些史事和诏书，笔法更为严谨。

高祖，沛丰邑中阳里人也〔1〕，姓刘氏〔2〕。母媪尝息大泽之陂〔3〕，梦与神遇。是时雷电晦冥，父太公往视，则见交龙于上〔4〕。已而有娠，遂产高祖。

【注释】

〔1〕沛：县名，在今江苏沛县东。丰邑：当时属沛县，在今江苏丰县。　〔2〕姓刘氏：汉高祖，姓刘，名邦，字季。因为避讳，不能直称其名。《高帝纪》中称刘邦为高祖，又根据其不同时期的职位，称为“沛公”“汉王”“帝”“上”等。　〔3〕媪（ǎo）：对老年妇女的通

称。〔4〕交：通“蛟”。

【译文】

高祖，沛县丰邑中阳里人，姓刘。有一次他母亲在大湖边上休息，梦见与神交合。那时雷电交加，天地昏暗，高祖的父亲太公前往看视，只见一条蛟龙伏在高祖的母亲身上。母亲不久就怀孕了，便生下了高祖。

高祖为人，隆准而龙颜〔1〕，美须髯〔2〕，左股有七十二黑子〔3〕。宽仁爱人，意豁如也〔4〕。常有大度，不事家人生产作业〔5〕。及壮，试吏，为泗上亭长〔6〕。廷中吏无所不狎侮〔7〕，好酒及色。常从王媪、武负贳酒〔8〕，时饮醉卧，武负、王媪见其上常有怪。高祖每酤留饮〔9〕，酒雠数倍〔10〕。及见怪，岁竟，此两家常折券弃责〔11〕。

【注释】

〔1〕隆准：高鼻梁。龙颜：突起的额头。〔2〕须髯：胡须。〔3〕黑子：黑痣。〔4〕豁如：豁达。〔5〕家人：平常人。〔6〕泗上：地名，在今江苏沛县东。亭长：管理驿站的官吏，兼管地方治安。亭，驿站，十里一亭。〔7〕狎侮：戏弄。〔8〕负：通“妇”。贳（shì）：赊欠。〔9〕酤：买酒。〔10〕雠：通“售”。〔11〕折券弃责：折毁欠券，免除债务。责，通“债”。

【译文】

高祖的为人，有着高耸的鼻梁和突出的额头，漂亮的胡须，左大腿上有七十二颗黑痣。生性宽厚爱人，心胸开阔。一向有着非凡的抱负，不肯做家务活和生产劳动。到了壮年，被试用做官，任泗上亭长。官府的官吏无不被他戏谑耍弄，又贪杯好色。常到王老太和武大娘的酒店中赊酒喝，喝酒后常常醉卧不起，武大娘、王老太发现高祖身上常有怪异的事情发生。比如高祖每次来店中买酒喝的时候，酒店的生意就特别好，店家卖出的酒比平时多好几倍。在发现这种怪异的事情之后，到了年底，两家酒店总是毁掉高祖欠债的账目，不让他还钱。

高祖常繇咸阳[1]，纵观秦皇帝[2]，喟然大息[3]，曰："嗟乎[4]，大丈夫当如此矣！"

【注释】

[1] 繇：同"徭"，服役。咸阳：秦都。在今陕西咸阳市东。[2] 纵观：任人自由观看。 [3] 喟（kuì）然：叹息的样子。大息：叹息。大，通"太"。 [4] 嗟乎：语气词，表示赞叹。

【译文】

高祖曾经到咸阳出差服役，观看秦始皇外出巡行的场面，长叹一声说："唉，大丈夫就应当这样啊！"

单父人吕公善沛令[1]，辟仇[2]，从之客，因家焉。沛中豪杰吏闻令有重客，皆往贺。萧何为主吏[3]，主进[4]，令诸大夫曰[5]："进不满千钱，坐之堂下。"高祖为亭长，素易诸吏[6]，乃绐为谒曰"贺钱万"[7]，实不持一钱。谒入，吕公大惊，起，迎之门。吕公者，好相人，见高祖状貌，因重敬之，引入坐上坐。萧何曰："刘季固多大言，少成事。"高祖因狎侮诸客，遂坐上坐，无所诎[8]。酒阑[9]，吕公因目固留高祖。竟酒，后。吕公曰："臣少好相人，相人多矣，无如季相。愿季自爱。臣有息女[10]，愿为箕帚妾[11]。"酒罢，吕媪怒吕公曰："公始常欲奇此女，与贵人。沛令善公，求之不与，何自妄许与刘季？"吕公曰："此非儿女子所知。"卒与高祖。吕公女即吕后也[12]，生孝惠帝、鲁元公主[13]。

【注释】

〔1〕单父（shàn fǔ）：秦县名，在今山东单县南。 〔2〕辟：通"避"。 〔3〕萧何（？—前193）：沛县人，佐刘邦平定天下，任相国，封为酂侯。事迹详见《汉书》卷三十九《萧何传》。主吏：县令的属吏，协助管理人事考核等事务。 〔4〕主进：负责收纳贺礼。进，通"赆"，赠送的钱物。 〔5〕大夫：秦代的爵位名。这里借为对客人的尊称。 〔6〕易：轻视。 〔7〕绐（dài）：欺骗。谒：名片。〔8〕诎：退让。 〔9〕酒阑：酒席将散。 〔10〕息女：亲生的女儿。〔11〕箕帚妾：打扫卫生的婢妾。这是吕公的谦虚之词。 〔12〕吕后（前241—前180）：名雉，刘邦之妻。惠帝死后，吕后临朝执政。事迹详见《汉书》卷三《高后纪》。 〔13〕孝惠帝：刘邦长子刘盈，前194年继位，在位七年。事迹详见《汉书》卷二《惠帝纪》。鲁元公主：刘盈之姊，刘邦长女，食邑在鲁，以其为长女，号称"元"，合称"鲁元公主"。嫁给赵王张敖，其子赵偃为鲁王。吕后元年卒。

【译文】

单父人吕公与沛县县令关系很好，因为逃避仇家，来到县令这里作客，后来就在沛县安了家。沛县地方上的豪杰和官吏听说县令家中来了贵客，都前往祝贺。萧何任县令主吏，负责收贺礼，向来贺的客人们宣布："贺礼不满一千钱的，请在堂下就坐。”高祖是亭长，一向轻视这些官吏，在写拜帖时谎称说“贺钱一万”，实际上一个钱也没带。拜帖递进去，吕公非常惊讶，一下子站起来，迎接到大门口。吕公这个人擅长相面，看见高祖的相貌，因而敬重他，引导他坐在上座。萧何说：“刘季一向大话多，办事少。”高祖因为要戏弄诸位客人，便坐在上座，一点都不谦让。酒宴将要结束的时候，吕公使眼色特意将高祖留下。敬完酒，高祖于是留在后面不走。吕公对高祖说：“我从小就喜好给人相面，相的人很多，没有人像你的相貌这样好。希望你能自爱。我有个亲生女儿，愿意做你打扫房间的婢妾。”酒宴过后，吕公的妻子对吕公发怒说：“你当初常常以为这个女儿很奇异，要许配给贵人。沛县县令和你关系很好，向你求婚，你不同意。为什么你现在却随便把女儿许给刘季？”吕公说：“这不是女人所能知道的。”终于将女儿嫁给高祖。这位吕公的女儿就是后来的吕后，生了孝惠帝和鲁元公主。

高祖尝告归之田[1]，吕后与两子居田中，有一老父过请饮，吕后因哺之[2]。老父相后曰：“夫人天下贵人也。”令相两子。见孝惠帝，曰：“夫人所以贵者，乃此男也。”相鲁元公主，亦皆贵。老父已去，高祖适从旁舍来，吕后具言客有过[3]，相我子母皆大贵。高祖问，曰：“未远。”乃追及，问老父。老父曰：“乡者夫人儿子皆以君，君相贵不可言。”高祖乃谢曰：“诚如父言，不敢忘德。”及高祖贵，遂不知老父处。

【注释】

〔1〕告归：请假回家。 〔2〕哺（bǔ）：以食物给人吃。〔3〕具：详细。

【译文】

高祖曾请假回家在田地中耕作。吕后与两个孩子住在田舍中，有位老人路过，请求给点水喝，吕后于是给他食物让他吃。老人给吕后相面说："夫人是天下贵人啊。"吕后让他给两个孩子看相。老人看见孝惠帝，说："夫人之所以是贵人，就是因为这个男孩。"再给鲁元公主看相，也都是贵人之相。老人走后，高祖正好从别的房子走过来，吕后就把有个客人路过，给我们母子看相说都是大贵人的事，详细说了一遍。高祖问这人在哪儿，吕后说："还没走多远。"高祖便追上去，问老人。老人说："我刚才见到您的夫人孩子都因为您而大贵，您的相貌贵不可言。"高祖于是致谢说："如果真的如您老所言，决不敢忘掉您的大德。"等到高祖富贵时，却打听不出老人在什么地方。

高祖为亭长，乃以竹皮为冠，令求盗之薛治[1]，时时冠之。及贵常冠，所谓"刘氏冠"也。

【注释】

〔1〕求盗：亭中小吏，负责追捕盗贼。薛：县名，在今山东滕州市东南。

【译文】

高祖任亭长时，便用竹笋皮作帽子，让负责捕盗的小吏到薛县为他定作，常常戴着它。到富贵时还常戴着，这就是人们所说的“刘氏冠”。

高祖以亭长为县送徒骊山〔1〕，徒多道亡。自度比至皆亡之〔2〕。到丰西泽中亭，止饮，夜皆解纵所送徒，曰：“公等皆去，吾亦从此逝矣！”徒中壮士愿从者十余人。高祖被酒〔3〕，夜径泽中〔4〕，令一人行前。行前者还报曰：“前有大蛇当径，愿还。”高祖醉，曰：“壮士行，何畏！”乃前，拔剑斩蛇。蛇分为两，道开。行数里，醉困卧。后人来至蛇所，有一老妪夜哭〔5〕。人问妪何哭，妪曰：“人杀吾子！”人曰：“妪子何为见杀？”妪曰：“吾子，白帝子也，化为蛇，当道，今者赤帝子斩之，故哭。”人乃以妪为不诚，欲苦之，妪因忽不见。后人至，高祖觉〔6〕。告高祖，高祖乃心独喜，自负。诸从者日益畏之。

【注释】

〔1〕徒：服徭役的犯人。骊山：山名，在今陕西临潼县东南。〔2〕度（duó）：估计。比及：等到。　〔3〕被酒：带着醉意。〔4〕径：抄小路。　〔5〕老妪（yù）：老妇人。　〔6〕觉（jué）：睡醒。

【译文】

高祖以亭长的身份为县里押送犯人到骊山服劳役，许多犯人在路上逃跑了。自己盘算着到了骊山就都跑光了。走到丰邑西面的泽中亭时，高祖便命令停下来休息喝酒，夜里释放了所有被押送的犯人，并对他们说：“诸位都走吧，我也从此远去啦！”犯人中的壮士愿意跟随他的有十几个人。高祖喝醉了，夜间从沼泽中的小道穿过，命令一人在前边行走探路。探路的人回来报告说：“前面有条大蛇挡道，我们还是回去吧。”高祖此时已大醉，说：“壮士走路，怕什么！”于是便继续向前赶路，拔剑斩蛇。蛇被砍为两段，道路通了。向前走了几里路，高祖又醉又困，就躺在地上睡着了。后面的人来到斩蛇的地方，发现有一个老妇人在夜间哭泣。人们问老妇为什么哭，老妇说：“有人杀了我儿子！”人们又问：“老太太的儿子为什么被杀？”老妇说：“我的儿子是白帝之子，变成蛇，挡在路上，今天让赤帝之子杀了，所以我痛哭。”大家竟然以为老妇不说实话，想要为难她，老妇却忽然不见了。后面的人到了，高祖也睡醒了。人们把刚才发生的事告诉高祖，高祖听了心中暗自高兴，自恃不凡。从此以后，那些跟随他的人也越来越敬畏他。

秦始皇帝尝曰“东南有天子气”，于是东游以猒当之〔1〕。高祖隐于芒、砀山泽间〔2〕，吕后与人俱求，常得之。高祖怪，问之。吕后曰：“季所居上常有云气，故从往常得季。”高祖又喜。沛中子弟或闻之，多欲附者矣。

【注释】

〔1〕猒：通“压”，镇压。当：塞。　〔2〕芒、砀：二山名。在今安徽砀山县东南。芒山在北，砀山在南，二山相距八里。

【译文】

秦始皇曾说“东南方向有天子气象”，于是向东巡游，以此压服抵挡此气。高祖便隐藏在芒、砀山泽之间，吕后与他人一起去找他，竟然常常能找到他。高祖感到很奇怪，就问原因。吕后说："你所住地方的上空常有云气。所以依着云气方向去找，总能找到你。"高祖听了又很高兴。沛县的一些青年人听到了这件事，很多人想要归附他。

秦二世元年秋七月〔1〕，陈涉起蕲〔2〕，至陈〔3〕，自立为楚王，遣武臣、张耳、陈余略赵地〔4〕。八月，武臣自立为赵王。郡县多杀长吏以应涉。九月，沛令欲以沛应之。掾、主吏萧何、曹参曰〔5〕："君为秦吏，今欲背之，帅沛子弟〔6〕，恐不听。愿君召诸亡在外者，可得数百人，因以劫众〔7〕，众不敢不听。"乃令樊哙召高祖〔8〕。高祖之众已数百人矣。

【注释】

〔1〕秦二世元年：即前209年。　〔2〕陈涉：陈胜（？—前208），字涉。于秦末起兵，自立为王，号为张楚。事迹详见《汉书》卷三十一《陈胜传》。蕲（qí）：县名，在今安徽宿县南。　〔3〕陈：县名，在今河南淮阳。　〔4〕武臣（？—前208）：陈胜部将，号为武信君，自立为赵王，后违抗陈胜之命，为部下所杀。张耳（？—前202）：大梁人，少时为信陵君客。陈胜起义后，北略赵地。项羽封他为常山王。后与陈余不和，为陈余所败，投奔刘邦，封为赵王。陈余（？—前204）：大梁人，少时与张耳交好。后项羽封张耳为常山王，他未得为王，愤而击走张耳，自立为代王，后被韩信击杀。张耳和陈余事迹详见《汉书》卷三十二《张耳陈余传》。　〔5〕掾：属吏的通称。曹参（？—前190）：沛人。随刘邦起兵，封平阳候。任齐相九

年，用黄老术，有政绩。萧何死后，他继任丞相。事迹详见《汉书》卷三十九《曹参传》。〔6〕帅：通"率"。〔7〕劫：挟持。〔8〕樊哙（kuài ？—前189）：沛人，少时以屠狗为业，后随刘邦起兵，封舞阳侯。事迹详见《汉书》卷四十一《樊哙传》。

【译文】

秦二世元年（前209）秋七月，陈涉在蕲县起义．攻打到陈县，自立为楚王，派武臣、张耳、陈余攻取赵地。八月，武臣自立为赵王。各郡县的百姓多杀掉地方长官来响应陈涉。九月，沛县县令想在沛县响应起义。主吏萧何、掾属曹参说："您是秦朝的官，现在想要背叛朝廷，率领沛县子弟，恐怕无人听从。请您召回那些逃亡在外的，可以得到几百人，用他们来威胁众人，众人就不敢不听从。"县令便命令樊哙召回高祖。这时高祖的部下已经有几百人了。

于是樊哙从高祖来。沛令后悔，恐其有变，乃闭城城守[1]，欲诛萧、曹。萧、曹恐，逾城保高祖[2]。高祖乃书帛射城上，与沛父老曰："天下同苦秦久矣。今父老虽为沛令守，诸侯并起，今屠沛。沛今共诛令，择可立立之，以应诸侯，即室家完。不然，父子俱屠，无为也[3]！"父老乃帅子弟共杀沛令，开城门迎高祖，欲以为沛令。高祖曰："天下方扰，诸侯并起，今置将不善，一败涂地。吾非敢自爱，恐能薄，不能完父兄子弟。此大事，愿更择可者。"萧、曹皆文吏，自爱，恐事不就，后秦种族其家[4]，尽让高祖。诸父老皆曰："平生所闻刘季奇怪，当贵，且卜筮之，莫如刘季最吉。"高祖数让，众莫肯为，高祖乃立为沛公。祠黄帝[5]，祭蚩尤于沛廷[6]，而衅鼓旗[7]。帜皆赤，由所杀蛇白帝子，杀者赤帝子故也。于是少年豪吏如萧、曹、樊哙等皆为收沛子弟，得三千人。

【注释】

〔1〕城守：置兵于城上以防守。〔2〕保：依靠。〔3〕无为：无价值，不值得。〔4〕种族：灭族。〔5〕黄帝：上古时代的帝王，为五帝之首。击败炎帝，杀蚩尤，成为中原华夏各族的共同首领。〔6〕蚩尤：传说为古代部落首领，善于使用各种兵器。祭祀黄帝、蚩尤，以求得到保佑。〔7〕衅鼓旗：以牛羊之血涂于鼓旗之上。

【译文】

这时樊哙与高祖一同回来。沛县县令却后悔了，害怕他们变心作乱，便关闭城门，固守县城，并且想要杀掉萧何、曹参。萧何、曹参害怕了，便翻过城墙逃出来投靠高祖，以求保命。高祖便把一封信写在丝帛上射到城上，信中对沛县父老说："天下人都被秦朝暴政坑害很久了。现在父老即使替沛县县令守城，但诸侯都在起兵反秦，将要杀光沛县城里的人。沛县众人现在一起杀死县令，选择可以拥立的人立为首领，来响应诸侯，就可以保全家室。不然，父子都被杀掉，不值得啊！"城中父老便率领子弟一起杀死沛县县令，打开城门迎接高祖，并想立他为沛县县令。高祖说："天下正处在动乱中，诸侯纷纷起兵，如果头领选得不好，就会一败涂地。我不敢爱惜自己，但恐怕能力不足，不能保全父老兄弟。这是大事，希望另选合适的人。"萧何、曹参都是文官，很爱惜自家性命，担心事情不成功，以后让秦朝诛灭九族，所以也都尽力谦让，推举高祖。父老们都说："平常就听说刘季身上有好多奇异的事发生，应当成为贵人，而且占卜算卦的结果，就属刘季最吉利。”高祖多次推让，众人不肯答应，高祖便立为沛公。高祖在黄帝祠祭祀黄帝，在沛县官府中祭祀蚩尤，用牲畜的血染旗帜和战鼓。旗帜都是红的，这是因为杀掉的蛇是白帝之子，而杀它的是赤帝之子的缘故。于是年轻能干的官吏豪杰如萧何、曹参、樊哙等都为高祖征召沛县青年，共得到三千人。

是月，项梁与兄子羽起吴〔1〕。田儋与从弟荣、横起齐〔2〕，自立为齐王。韩广自立为燕王〔3〕。魏咎自立为魏王。陈涉之将周章西入关，至戏〔4〕，秦将章邯距破之〔5〕。

【注释】

〔1〕项梁（？一前208）：下相人，楚将项燕之子。陈胜起义后，与其侄项羽起兵响应。后被秦将章邯击败，战死。吴：县名，在今江苏苏州市。 〔2〕田儋（dān）：原为战国末年齐国贵族，秦末起兵，自立为齐王，后被秦军杀于临济。事迹详见《汉书》卷三十三《田儋传》。齐：指今山东地区。 〔3〕韩广：秦末起兵，自立为燕王。项羽徙封他为辽东王，后被燕王臧荼攻杀。 〔4〕戏（xī）：戏水，在今陕西临潼东。 〔5〕章邯（？一前205）：秦朝将领。陈胜起义后，他率兵镇压，灭陈涉，杀项梁。后投降项羽，被封为雍王。后被刘邦攻打，兵败自杀。距：通“拒”。

【译文】

这个月，项梁与兄子项羽在吴县起兵。田儋与从弟田荣、田横在齐地起兵，田儋自立为齐王。韩广自立为燕王。魏咎自立为魏王。陈涉的将领周章率军向西准备入函谷关，军队至戏水时，秦将章邯率军挡住并打败周章。

秦二年十月〔1〕，沛公攻胡陵、方与〔2〕，还守丰。秦泗川监平将兵围丰〔3〕。二日，出与战，破之。令雍齿守丰〔4〕。十一月，沛公引兵之薛。秦泗川守壮兵败于薛，走至戚〔5〕，沛公左司马得杀之〔6〕。沛公还军亢父〔7〕，至方与。赵王武臣为其将所杀。十二月，楚王陈涉为其御庄贾所杀〔8〕。魏人周市略地丰沛，使人谓雍齿曰："丰，故梁徙也，今魏地已定者数十城。齿今下魏，魏以齿为侯守丰；不下，且屠丰。"雍齿雅不欲属沛公〔9〕，及魏招之，即反为魏守丰。沛公攻丰，不能取。沛公还之沛，怨雍齿与丰子弟畔之〔10〕。

【注释】

〔1〕秦二年：秦二世二年（前208）。　〔2〕胡陵：县名，在今山东鱼台县东南。方与：县名，在今山东鱼台县北。　〔3〕泗川：秦郡名，汉改名沛郡，在今江苏西北部和安徽西北部。监：官名，秦时各郡设守、尉、监三官。平：人名。　〔4〕雍齿（？—前193）：沛人，随刘邦起兵反秦，奉命守丰，因与刘邦不和，遂叛归魏王。后以赵将复从刘邦击项羽。高帝六年分封功臣时，诸将争功，议论纷然。为稳定局势，张良建议刘邦先封雍齿以安抚群臣，被封为什方侯。〔5〕戚：县名，在今山东微山县。　〔6〕左司马：掌军法的军官。〔7〕亢父（gāng fǔ）：古邑名，在今山东济宁市南。　〔8〕御：车夫。〔9〕雅：平素，一向。　〔10〕畔：通"叛"。

【译文】

秦二世二年十月，沛公攻打胡陵、方与两县，退兵守卫丰邑。秦泗川监官名叫平的人率军包围丰邑。第二天，沛公出兵与平交战，将他打败。沛公命雍齿带兵守卫丰邑。十一月，沛公率军进攻薛县。秦泗川郡守名叫壮的人兵败薛县，逃到戚县，被沛公左司马名叫得的人杀死。沛公带兵回到亢父，又到达方与。这时赵王武臣被其部将杀死了。十二月，楚王陈涉被其车夫庄贾杀害。魏人周市率军抢占丰邑、沛县的地盘，派人对雍齿说："丰邑，原来的魏国曾经迁都于此，现在魏国的土地已平定了几十个城。你如果向魏国投降，魏国将封你为侯并让你驻守丰邑；如果不投降，我们就杀光丰邑的人。"雍齿平素就不愿归附沛公，现在赶上魏国招降他，就索性投降了魏国并替魏守卫丰邑。沛公率兵攻打丰邑，不能攻下。沛公就率兵回到沛县，怨恨雍齿与丰邑的青年人叛变了他。

正月，张耳等立赵后赵歇为赵王。东阳宁君、秦嘉立景驹为楚王〔1〕，在留〔2〕。沛公往从之，道得张良〔3〕，遂与俱见景驹，请兵以攻丰。时章邯从陈，别将司马尼将兵北定楚地，屠相〔4〕，至砀。东阳宁君、沛公引兵西，与战萧西〔5〕，不利，还收兵聚留。二月，攻砀，三日拔之。收砀兵，得六千人，与故合九千人。三月。攻下邑〔6〕，拔之。还击丰，不下。四月，项梁击杀景驹、秦嘉，止薛。沛公往见之。项梁益沛公卒五千人，五大夫将十人〔7〕。沛公还，引兵攻丰，拔之。雍齿奔魏。

【注释】

〔1〕东阳宁君：东阳县，在今安徽天长县西北。宁君，姓宁，时人尊称为君。秦嘉：凌县人，在郯县（今山东郯城北）起兵，自称大司马。景驹：战国时楚国贵族的后裔。　〔2〕留：县名，在今江苏沛县东南。　〔3〕张良（？—前189）：字子房，刘邦重要谋臣，后封

为留侯。事迹详见《汉书》卷四十《张良传》。　〔4〕相：县名，在今安徽淮北市西。　〔5〕萧：县名，在今安徽萧县西北。　〔6〕下邑：邑名，在今安徽砀山县。　〔7〕五大夫：秦爵名，第九级。

【译文】

正月，张耳等人拥立赵国的后代赵歇为赵王。东阳人宁君、秦嘉拥立楚国的后代景驹为楚王，驻扎在留县。沛公前往投靠景驹，在途中遇到张良，于是与张良一起拜见景驹，请派援兵攻打丰邑。这时秦将章邯追击陈涉的军队，别将司马夷率军向北方平定楚地，屠灭相县城，兵临砀县。东阳宁君和沛公率兵向西，与司马尼的军队在萧县西交战，不能取胜，撤退到留县聚集兵力。二月，攻打砀县，花了三天时间攻打下来。收编砀县的军队，获得六千人，与原有人马合并为九千人。三月，攻打下邑，取得了胜利。沛公率军回来攻打丰邑，没有打下来。四月，项梁击杀景驹、秦嘉，驻扎在薛县。沛公前往拜见。项梁给沛公增兵五千人，五大夫爵位的将领十人。沛公返回，带兵攻打丰邑，终于攻破。雍齿逃往魏国。

五月，项羽拔襄城还[1]。项梁尽召别将。六月，沛公如薛，与项梁共立楚怀王孙心为楚怀王。章邯破杀魏王咎、齐王田儋于临济[2]。七月，大霖雨。沛公攻亢父。章邯围田荣于东阿。沛公与项梁共救田荣，大破章邯东阿[3]。田荣归，沛公、项羽追北[4]，至城阳，攻屠其城。军濮阳东，复与章邯战，又破之。

【注释】

〔1〕襄城：县名，今河南襄城。　〔2〕临济：邑名，今河南封丘

东。〔3〕东阿：县名，今山东东阿西南的阿城镇。〔4〕北：败逃。

【译文】

五月，项羽攻占襄城并率军返回。项梁把各地的将领都召集在一起。六月，沛公到薛县，与项梁等人共同拥立楚怀王之孙心为楚怀王。秦将章邯在临济打败并杀掉了魏王咎和齐王田儋。七月，连日大雨。沛公率军攻打亢父。章邯在东阿包围了田荣的军队。沛公与项梁一起率兵援救田荣，在东阿大破章邯军。田荣回守东阿，沛公与项羽追击败军，追到城阳，攻破屠灭其城。然后率军驻扎在濮阳县东，再次与章邯军交战，又攻破秦军。

章邯复振，守濮阳〔1〕，环水〔2〕。沛公、项羽去，攻定陶〔3〕。八月，田荣立田儋子市为齐王。定陶未下，沛公与项羽西略地至雍丘〔4〕，与秦军战，大败之，斩三川守李由〔5〕。还攻外黄〔6〕，外黄未下。

【注释】

〔1〕濮阳：县名。在今河南濮阳西南。〔2〕环水：挖沟引水环城。〔3〕定陶：县名，今山东定陶西北。〔4〕雍丘：县名，今河南杞县。〔5〕三川：郡名，境内有河、洛、伊三水，故名。今河南北部黄河两岸皆其地。李由：秦丞相李斯之子。〔6〕外黄：县名，在今河南兰考县东南。

【译文】

章邯的军队重新整顿集结，守卫濮阳，城四周的护城河中都灌满了水。于是沛公、项羽率兵离去，攻打定陶。八月，田荣立田儋的儿子田市为齐王。定陶没有打下来，沛公与项羽率军向西攻取土地，到达雍丘，与秦军交战，大破秦军，杀死三川郡守李由。然后回来攻打外黄，外黄没有攻下。

项梁再破秦军，有骄色。宋义谏[1]，不听。秦益章邯兵。九月，章邯夜衔枚击项梁定陶[2]，大破之，杀项梁。时连雨自七月至九月。沛公、项羽方攻陈留[3]，闻梁死，士卒恐。乃与将军吕臣引兵而东，徙怀王自盱台[4]，都彭城[5]。吕臣军彭城东，项羽军彭城西，沛公军砀。魏咎弟豹自立为魏王。后九月[6]，怀王并吕臣、项羽军自将之。以沛公为砀郡长，封武安侯，将砀郡兵。以羽为鲁公，封长安侯，吕臣为司徒，其父吕青为令尹。

【注释】

〔1〕宋义：原为楚国令尹，随项梁起兵。项梁死，任上将军，号卿子冠军。后为项羽所杀。 〔2〕衔枚：以小木棒系于口中，以免出声。 〔3〕陈留：县名，在今河南开封市东南。 〔4〕盱台（xū yí）：县名，在今江苏盱眙东北。 〔5〕彭城：县名，今江苏徐州市。 〔6〕后九月：闰九月。

【译文】

项梁两次打败秦军，有骄傲之色。宋义劝说，他也不听。秦朝扩充了章邯的军队。九月，章邯夜间率士兵衔枚偷袭驻扎在定陶的项梁，大败项梁军，并且杀死项梁。这时连续下雨，从七月一直到九月。沛公、项羽正在率军攻打陈留，听说项梁战死了，士兵很惊慌。沛公、项羽便与将军吕臣率兵向东走，从盱台迁走怀王，定都彭城。吕臣率军驻扎在城东，项羽驻扎在城西，沛公驻扎在砀县。此时，魏咎的弟弟魏豹自立为魏王。闰九月，怀王将吕臣、项羽的军队合并，亲自指挥。任命沛公为砀郡郡守，封为武安侯，统率砀郡兵。任命项羽为鲁公，封为长安侯，吕臣担任司徒，他的父亲吕青担任令尹。

章邯已破项梁，以为楚地兵不足忧，乃渡河北击赵王歇，大破之。歇保钜鹿城[1]，秦将王离围之[2]。赵数请救，怀王乃以宋义为上将，项羽为次将，范增为末将[3]，北救赵。

【注释】

〔1〕钜鹿：县名，在今河北平乡县西南。 〔2〕王离：秦将。王翦之子。 〔3〕范增（前277—前204）：项羽重要谋士。在鸿门宴中劝项羽杀刘邦，计未行。后项羽中陈平离间之计，怀疑、疏远范增。范增愤而离去，途中病死。

【译文】

章邯在攻破项梁之后，认为楚地的兵力不必担忧，便率军渡过黄河向北攻打赵王歇，大败赵军。赵王歇撤退进入钜鹿城，守城自保，秦将王离将钜鹿城包围。赵王多次向楚军请求援救，怀王便任命宋义为上将，项羽为次将，范增为末将，率兵北上援救赵军。

初，怀王与诸将约，先入定关中者王之[1]。当是时，秦兵强，常乘胜逐北，诸将莫利先入关。独羽怨秦破项梁，奋势，愿与沛公西入关。怀王诸老将皆曰："项羽为人慓悍祸贼，尝攻襄城，襄城无噍类[2]，所过无不残灭。且楚数进取，前陈王、项梁皆败，不如更遣长者扶义而西[3]，告谕秦父兄。秦父兄苦其主久矣，今诚得长者往，毋侵暴，宜可下。项羽不可遣，独沛公素宽大长者。"卒不许羽，而遣沛公西收陈王、项梁散卒。乃道砀至城阳与杠里[4]，攻秦军壁，破其二军。

【注释】

〔1〕关中：地区名。指函谷关以西的地区。王（wàng）：封为王。〔2〕无噍（jiào）类：没有能吃饭的人。意谓没有活着的人。噍，咀嚼，吃。　〔3〕长者：宽厚老实的人。扶义：仗义。　〔4〕道：经由，经过。城阳：县名，在今山东鄄城东南。杠里：地名，在城阳西。

【译文】

当初，怀王与诸位将领约定，先攻占关中的人封为关中王。在那时，秦军强大，常乘胜追击败军，各位将领中没有人认为先入关对自己有利。只有项羽怨恨秦军杀死他叔父项梁，在愤激的情绪中，愿与沛公一起率军向西攻占关中。怀王的诸位老将都说："项羽为人凶悍残忍，曾经攻占襄城，襄城被杀得连一个活人都没有，所攻占的地方无不遭残害灭绝。况且楚军多次进击，以前陈王、项梁都遭到失败，不如另派宽厚老实的人率领仁义之师向西进发，告诉秦地的父老兄弟。秦地的父老兄弟受其君主的残害已经很久了，如果真能让宽厚长者前往，不侵扰残暴，应该能够把关中攻下来。项羽是不可以派遣的，独有沛公一向是宽厚大度的长者。”怀王最终没有答应项羽，而派沛公向西收编陈王、项梁的残余士兵。沛公于是从砀县经过，到达城阳与杠里，攻打秦军的壁垒，打败了两支秦军。

秦三年十月，齐将田都畔田荣，将兵助项羽救赵。沛公攻破东郡尉于成武〔1〕。十一月，项羽杀宋义，并其兵渡河，自立为上将军，诸将黥布等皆属〔2〕。十二月，沛公引兵至栗〔3〕，遇刚武侯，夺其军四千余人，并之，与魏将皇欣、武满军合，攻秦军，破之。故齐王建孙田安下济北〔4〕，从项羽救赵。羽大破秦军钜鹿下，虏王离，走章邯。

【注释】

〔1〕东郡：郡名，在今河北南部及山东西部。尉：郡尉。成武：县名，今山东成武县。　〔2〕黥布（？—前195）：原名英布，因犯法受黥刑，称为“黥布”。初属项羽，封九江王。后归刘邦，封淮南王。后谋反，被杀。事迹详见《汉书》卷三十四《英布传》。〔3〕栗：县名，今河南夏邑县。　〔4〕济北：郡名，治所在博阳（今山东泰安东南）。

【译文】

秦二世三年十月，齐将田都背叛田荣，率军援助项羽救赵。沛公率军在成武攻破东郡尉。十一月，项羽杀死宋义，合并宋义的军队渡过黄河，自立为上将军，黥布等将领都归附项羽。十二月，沛公率兵至栗县，遇到刚武侯，就夺取他部下四千多人，并入自己的军队，与魏将皇欣、武满军联合，攻打秦军，取得大胜。原齐王田建之孙田安攻下济北，跟从项羽救赵。项羽在钜鹿城下大败秦军，俘获秦将王离，章邯却逃走了。

二月，沛公从砀北攻昌邑[1]，遇彭越[2]。越助攻昌邑，未下。沛公西过高阳，郦食其为里监门[3]，曰："诸将过此者多，吾视沛公大度。"乃求见沛公。沛公方踞床[4]，使两女子洗[5]。郦生不拜，长揖曰："足下必欲诛无道秦，不宜踞见长者。"于是沛公起，摄衣谢之，延上坐。食其说沛公袭陈留。沛公以为广野君，以其弟商为将，将陈留兵。三月，攻开封[6]，未拔。西与秦将杨熊会战白马[7]，又战曲遇东[8]，大破之。杨熊走之荥阳[9]，二世使使斩之以徇[10]。四月，南攻颍川[11]，屠之。因张良遂略韩地。

【注释】

〔1〕昌邑：县名。在今山东巨野县南。　〔2〕彭越：秦末起义者之一。事迹详见《汉书》卷三十四《彭越传》。　〔3〕郦食其（yì jī　？—前203）：高阳（今河南杞县西南）人。刘邦谋士。前204年，入齐劝说齐王田广归汉，不战而取齐国七十余城。后韩信攻齐，齐王认为自己被骗，将郦食其烹死。事迹详见《汉书》卷四十三《郦食其传》。里监门：看守里门的人。　〔4〕踞床：坐在床上。古人跪席见客为有礼，踞床见客乃不礼貌的行为。　〔5〕洗：洗脚。　〔6〕开封：县名。今河南开封市西南。　〔7〕白马：县名。在今河南滑县东。　〔8〕曲遇：邑名。在今河南中牟县境内。　〔9〕荥阳：县名。在今河南荥阳东北。　〔10〕徇（xùn）：示众。　〔11〕颍川：郡名。治阳翟（今河南禹县）。

【译文】

二月，沛公率军从砀县出发向北攻打昌邑，路上遇到彭越。彭越协助他攻打昌邑，没有打下来。沛公向西经过高阳，这时郦食其把守城门，说："诸将路过这里的有很多，我看沛公有大的抱负。"便求见沛公。沛公正在坐榻上叉开两腿，让两个女子给他洗脚。郦食其不上前跪拜，只是作一个长揖，说："足下如果一定想要诛灭无道的秦朝，不应该坐着接见长者。"于是沛公起身，提着衣服向他道歉，请他坐在上座。郦食其劝沛公袭击陈留。沛公封郦食其为广野君，任命他的弟弟郦商为将军，统率驻守陈留的军队。三月，沛公攻打开封，没能攻下。向西与秦将杨熊在白马会战，又在曲遇的东面交战，大破秦军。杨熊逃到荥阳，秦二世派使者将杨熊斩首示众。四月，沛公向南攻打颍川，屠灭其城。又依靠张良攻占了韩地。

时赵别将司马卬方欲渡河入关，沛公乃北攻平阴[1]，绝河津[2]。南战洛阳东，军不利，从轘辕至阳城[3]，收军中马骑。六月，与南阳守齮战犨东[4]，破之。略南阳郡，南阳守走，保城守宛[5]。沛公引兵过宛西。张良谏曰："沛公虽欲急入关，秦兵尚众，距险。今不下宛，宛从后击，强秦在前，此危道也。"于是沛公乃夜引军从他道还，偃旗帜，迟明，围宛城三匝。南阳守欲自刭，其舍人陈恢曰[6]："死未晚也。"乃逾城见沛公，曰："臣闻足下约先入咸阳者王之，今足下留守宛。宛郡县连城数十，其吏民自以为降必死，故皆坚守乘城。今足下尽日止攻，士死伤者必多；引兵去宛，宛必随足下。足下前则失咸阳之约，后有强宛之患。

为足下计，莫若约降，封其守，因使止守[7]，引其甲卒与之西。诸城未下者，闻声争开门而待足下，足下通行无所累。”沛公曰：“善。”七月，南阳守齮降，封为殷侯，封陈恢千户。引兵西，无不下者。至丹水[8]，高武侯鳃、襄侯王陵降。还攻胡阳[9]，遇番君别将梅鋗[10]，与偕攻析、郦[11]，皆降。所过毋得卤掠，秦民喜。遣魏人宁昌使秦。是月章邯举军降项羽，羽以为雍王。瑕丘申阳下河南[12]。

【注释】

〔1〕平阴：县名，在今河南孟津东北。　〔2〕绝河津：封锁黄河渡口。　〔3〕轘辕：地名，在今河南偃师东南。阳城：邑名，在今河南登封东南的告成镇。　〔4〕南阳：郡名，治宛县（今河南南阳市）。齮（yǐ）：姓吕，名齮。南阳郡守。犨（chōu）：地名。属南阳郡。〔5〕宛：县名，今河南南阳市。　〔6〕舍人：侍从在身边的亲信和门客。　〔7〕止守：留下守城。　〔8〕丹水：县名，在今河南淅川县西南。　〔9〕胡阳：县名，在今河南唐河县南。　〔10〕番（pó）君：秦番阳（今江西鄱阳县）令吴芮（？—前202），秦灭后，项羽封他为衡山王。刘邦即皇帝位，封其为长沙王。　〔11〕析：县名，今河南西峡县。郦：县名，在今河南镇平县东北。　〔12〕瑕丘：县名，在今山东滋阳县西。申阳：人名。河南：县名，今河南洛阳。

【译文】

当时赵国的一个军队将领司马卬正想渡过黄河入关，沛公便向北攻打平阴，封锁了黄河渡口。沛公向南与秦军在洛阳东交战，作战失利，便从轘辕来到阳城，聚集军中战马。六月，沛公与南阳郡守吕齮在犨县东面交战，大破秦军。接着攻打南阳郡，南阳郡守逃走，退守宛城。沛公率兵绕过宛城向西进军。张良劝谏说："沛公虽然想尽快进入函谷关，但秦兵还很多，又据守过险要地带。现在如果不攻下宛城，宛城守军将从后攻击，强大的秦兵在前面拦截，这条路很危险啊。"于是沛公夜间率军从另一条道路返回，放倒旗帜，天快亮时，将宛城重重包围。南阳郡守见大势已去，想要拔剑自杀，他的舍人陈恢说："以后再死也不晚。"陈恢便越过城墙来见沛公，说："臣听说您与人约定先占领咸阳的人称王关中，现在您驻兵攻打宛城。与宛城相连的郡县有数十座。这些地方的官吏人民自认为投降必死，因此都登上城墙坚守。现在您如果整天只是攻打宛城，士兵死伤一定很多；如果率兵离开宛城，宛城秦军必定追击您。那么您前面失去了实现咸阳盟约的机会，后面又有强大宛城军的威胁。我为您算计，不如与宛城订立和约受降，封赏郡守，因而就让他守卫宛城，收编他的甲卒与您一起向西进军。这样，那些未被攻下的的城，听说此事会争相打开城门而等待您的到来，您一路向前就没有阻碍了。"沛公说："好。"七月，南阳郡守吕齮出城投降，沛公封他为殷侯，封陈恢为千户。沛公带兵西行，沿途城市没有不投降的。到丹水，高武侯鳃、襄侯王陵投降。回师攻打胡阳，遇到番君吴芮的别将梅鋗，与他一起攻打析、郦二城，二城都投降了。沛公所经过之处，命令军队不得掳掠，秦地的百姓很高兴。沛公派魏人宁昌出使秦朝。这一月章邯率领全军投降项羽，项羽以章邯为雍王。瑕丘人申阳攻下河南地区。

八月，沛公攻武关[1]，入秦。秦相赵高恐，乃杀二世，使人来，欲约分王关中，沛公不许。九月，赵高立二世兄子子婴为秦王。子婴诛灭赵高，遣将将兵距峣关[2]。沛公欲击之，张良曰："秦兵尚强，未可轻。愿先遣人益张旗帜于山上为疑兵，使郦食其、陆贾往说秦将[3]，啗以利[4]。"秦将果欲连和，沛公欲许之。张良曰："此独其将欲叛，恐其士卒不从，不如因其怠懈击之。"沛公引兵绕峣关，逾蒉山[5]，击秦军，大破之蓝田南。遂至蓝田，又战其北，秦兵大败。

【注释】

〔1〕武关：在今陕西商南县东南。　〔2〕峣（yáo）关：在今陕西蓝田县东南。　〔3〕陆贾：刘邦谋士。曾出使南越劝说尉佗称臣，任太中大夫。文帝即位后再次出使南越，著有《新语》十二篇。事迹详见《汉书》卷四十三《陆贾传》。　〔4〕啗（dàn）：通"啖"，引诱。　〔5〕蒉（kuài）山：山名，在今陕西蓝田县南。

【译文】

八月，沛公攻下武关，进入秦地。秦相赵高恐惧，就杀掉秦二世，派人来谈判，想与沛公约定平分关中之地，各自为王，沛公没有答应他。九月，赵高立秦二世兄的儿子子婴为秦王。子婴杀死赵高，派将领率兵据守峣关。沛公想要攻打峣关，张良说："秦兵还很强大，不可轻视。请先派人在山上多插旗帜作为疑兵，再派郦食其、陆贾前去劝说秦将，用利益引诱他们。"秦将果然想讲和，沛公想答应他们。张良说："这只是秦将要叛变，恐怕他们的部下不听从，不如趁现在他们懈怠的时候攻击他们。"于是沛公引兵绕过峣关，越过蒉山，攻击秦军，在蓝田的南面大败秦军。接着到了蓝田，又在蓝田北面与秦军交战，秦军大败。

元年冬十月[1]，五星聚于东井[2]。沛公至霸上[3]。秦王子婴素车白马，系颈以组[4]，封皇帝玺符节，降枳道旁[5]。诸将或言诛秦王，沛公曰："始怀王遣我，固以能宽容，且人已服降，杀之不祥。"乃以属吏[6]。遂西入咸阳，欲止宫休舍，樊哙、张良谏，乃封秦重宝财物府库，还军霸上。萧何尽收秦丞相府图籍文书。十一月，召诸县豪桀曰[7]："父老苦秦苛法久矣，诽谤者族，耦语者弃市[8]。吾与诸侯约，先入关者王之，吾当王关中。与父老约，法三章耳：杀人者死，伤人及盗抵罪。余悉除去秦法。吏民皆按堵如故[9]。凡吾所以来，为父兄除害，非有所侵暴，毋恐！且吾所以军霸上，待诸侯至而定要束耳[10]。"乃使人与秦吏行至县乡邑告谕之。秦民大喜，争持牛羊酒食献享军士。沛公让不受，曰："仓粟多，不欲费民。"民又益喜，唯恐沛公不为秦王。

【注释】

〔1〕元年：汉元年，前206年。汉初沿用秦历，以十月为岁首。〔2〕五星：水、火、木、金、土五星。东井：即井宿，二十八宿之一。〔3〕霸上：地名，在今陕西西安市东。　〔4〕系颈以组：用丝带系颈。组，丝带。　〔5〕枳道：亭名，故址在今陕西西安东北。〔6〕属（zhǔ）吏：交给主管的官吏。　〔7〕桀：通"杰"。〔8〕耦语：聚在一起议论。耦，通"偶"。弃市：在市上执行死刑。〔9〕按堵：安定。　〔10〕要（yāo）束：约束。

【译文】

汉元年冬十月，五星聚于东井星区域。沛公率军到达霸上。秦王子婴乘坐白马拉的白色车子，用丝带拴着脖子。手捧封存好的皇帝玉玺、兵符和符节，在枳道旁向沛公投降。诸位将领中有人建议杀死秦王，沛公说："当初怀王派我来，就是因为我能宽容，况且人家已经服罪投降，杀了他是不吉利的。"便将子婴交由部下看管。于是向西进入咸阳，并想留在宫中居住。樊哙、张良加以劝阻，才把秦朝的重宝财物封存在府库中，然后率军回到霸上驻扎。萧何把秦丞相府的地图、户籍、档案文书全部收集起来。十一月，沛公召集各县豪杰说："父老们受秦苛刻法令之苦已很久了，批评朝政的人要被灭族，两人相对私语就要被处死于街头。我与诸侯约定，先入关者就做关中王，我理当在关中为王。与父老立约，法令只有三章罢了：杀人者处以死刑，打伤人和偷盗的受相应的惩罚。其余的秦法全都废除。官吏百姓皆安居乐业，一如往常。我之所以率军入关，是为父兄除掉祸害，不是来掠夺施暴的，大家不要害怕！而且我之所以驻军霸上，是为了等诸侯军到来再作约定罢了。"于是派人与秦朝的官吏到县乡邑向百姓传达这种信息。秦朝的民众听了非常高兴，争相带着牛羊酒食敬献犒劳官兵。沛公辞让不受，说："仓库中粮食很多，不想让百姓破费。"百姓听了更加高兴，惟恐沛公不当秦地的王。

或说沛公曰："秦富十倍天下，地形强。今闻章邯降项羽，羽号曰雍王，王关中。即来，沛公恐不得有此。可急使守函谷关[1]，毋内诸侯军[2]，稍征关中兵以自益，距之。"

沛公然其计，从之。十二月，项羽果帅诸侯兵欲西入关，关门闭。闻沛公已定关中，羽大怒，使黥布等攻破函谷关，遂至戏下[3]。沛公左司马曹毋伤闻羽怒，欲攻沛公，使人言羽曰：“沛公欲王关中，令子婴相，珍宝尽有之。”欲以求封。亚父范增说羽曰：“沛公居山东时[4]，贪财好色，今闻其入关，珍物无所取，妇女无所幸，此其志不小。吾使人望其气，皆为龙，成五色，此天子气。急击之，勿失。”于是飨士，旦日合战[5]。是时，羽兵四十万，号百万。沛公兵十万，号二十万，力不敌。会羽季父左尹项伯素善张良[6]，夜驰见张良，具告其实，欲与俱去，毋特具死。良曰“臣为韩王送沛公，不可不告，亡去不义。”乃与项伯俱见沛公。沛公与伯约为婚姻，曰：“吾入关，秋豪无所敢取[7]，籍吏民[8]，封府库，待将军。所以守关者，备他盗也。日夜望将军到，岂敢反邪！愿伯明言不敢背德。”项伯许诺，即夜复去，戒沛公曰：“旦日不可不早自来谢。”项伯还，具以沛公言告羽，因曰：“沛公不先破关中兵，公巨能入乎[9]？且人有大功，击之不祥，不如因善之。”羽许诺。

【注释】

〔1〕函谷关：在今河南灵宝县东北。　〔2〕内：通“纳”。〔3〕戏下：地名。在今陕西临潼东。　〔4〕山东：指崤山、函谷关以东地区。　〔5〕旦日：第二天早上。　〔6〕左尹：楚官名。项伯（？—前192）：名缠，字伯，项羽之叔。汉初封为射阳侯，赐姓刘。〔7〕豪：通“毫”。　〔8〕籍：登记户籍。　〔9〕巨：通“讵”，岂能。

【译文】

有人向沛公建议说："秦地的富有是天下其他地方的十倍，地势险要。现在听说章邯投降了项羽，项羽封他为雍王，在关中为王。诸侯军即将到来，沛公恐怕不能再占据此地。可以尽快派人守住函谷关，不要让诸侯军进入。然后暗中征调关中兵增强自己的实力，来抗拒诸侯军。"沛公认为这个计策是正确的，就听从了。十二月，项羽果然率领诸侯兵想要向西入关，这时关门已闭。听说沛公已平定关中，项羽大怒，于是派黥布等人攻破函谷关，于是率军到达戏下。沛公的左司马曹毋伤听说项羽大怒，想进攻沛公，就派人对项羽说："沛公想做关中王，让子婴做丞相，全部珍宝收归己有。"想以此获得项羽的封赏。亚父范增劝项羽说："沛公住在山东的时候，贪财好色。现在听说他入关后，珍宝一无所取，妇女一无所爱，这表明他的志向不小。我派人察望他那边的云气，都呈现龙的形状，形成五彩之色，这是天子之气。请尽快攻击他，勿失良机。"于是犒劳士兵，准备第二天一早与沛公军交战。这时候，项羽拥有军队四十万，号称百万。沛公拥有军队十万，号称二十万，实力赶不上项羽。恰巧项羽的叔父左尹项伯平时与张良友善，连夜骑马赶来见张良，把实情全部告诉了他，想要和他一同逃走，不要白白送死。张良说："我替韩王送沛公入关，不能不告诉他，不说一声就逃走，是不义的。"于是张良与项伯一起去见沛公。沛公与项伯结为儿女亲家，说："我这次入关，任何细小的东西都不敢占有，登记了官吏和百姓的户口，封存府库，等待将军的到来。之所以派人守住函谷关，是为了防备那些盗贼。我日夜盼望将军的到来，岂敢反叛啊！希望您向将军明言，我不敢违背将军对我的恩德。”项伯答应，当夜就返回，并且告诫沛公说：“天亮后不可不早点亲自来谢罪。”项伯回去，把沛公说的话全都告诉了项羽，并且说：“如果不是沛公先攻破关中的秦兵，您怎么能入关呢？况且人家立了大功，攻击他是不吉利的，不如就此善待他。”项羽答应了。

沛公旦日从百余骑见羽鸿门〔1〕，谢曰：“臣与将军戮力攻秦〔2〕，将军战河北，臣战河南，不自意先入关，能破秦，与将军复相见。今者有小人言，令将军与臣有隙。”羽曰：“此沛公左司马曹毋伤言之，不然，籍何以至此？”羽因留沛公饮，范增数目羽击沛公〔3〕，羽不应。范增起，出谓项庄曰：“君王为人不忍。汝入以剑舞，因击沛公，杀之。不者，汝属且为所虏。”庄入为寿〔4〕。寿毕，曰：“军中无以为乐，请以剑舞。”因拔剑舞。项伯亦起舞，常以身翼蔽沛公。樊哙闻事急，直入，怒甚。羽壮之，赐以酒。哙因谯让羽〔5〕。有顷〔6〕，沛公起如厕〔7〕，招樊哙出，置车官属〔8〕，独骑，与樊哙、靳强、滕公、纪成步〔9〕，从间道走军〔10〕，使张良留谢羽。羽问：“沛公安在？”曰：“闻将军有意督过之，脱身去，间至军，故使臣献璧。”羽受之。又献玉斗范增。增怒，撞其斗，起曰：“吾属今为沛公虏矣！”

【注释】

〔1〕鸿门：地名，在今陕西临潼东。 〔2〕戮力：并力。 〔3〕目：以目示意。 〔4〕为寿：祝酒。 〔5〕谯（qiào）让：责问。 〔6〕有顷：过了一会儿。 〔7〕如厕：上厕所。 〔8〕置：

留弃。〔9〕滕公：夏侯婴。随刘邦起兵，任太仆，为刘邦驾车。后封昭平侯。吕后死后，他与诸大臣废少帝，共立汉文帝，卒谥文侯。事迹详见《汉书》卷四十一《夏侯婴传》。步：步行。〔10〕间道：小路。

【译文】

第二天沛公带领一百多人骑马来到鸿门拜见项羽，说："我与将军合力攻秦，将军在河北作战，我在河南作战，自己也没想到会先入关，能够打败秦军，与将军再次相见。现在有小人进谗言，使将军与我之间产生了误会。"项羽说："这是沛公的左司马曹毋伤对我说的，要不然，我怎么会这样做呢？"项羽于是留下沛公饮酒。范增几次向项羽递眼色要击杀沛公，项羽没有回应。范增就站起身，出去对项庄说："君王为人仁慈，你入帐去舞剑，乘机刺沛公，杀掉他。不这样做，你们将会成为他的俘虏了。"项庄进帐祝酒。祝酒完毕，项庄说："军中没有什么可以取乐的，请让我舞剑助兴。"于是拔剑起舞。项伯也起身舞剑，总是用身体掩护沛公。樊哙听说事情紧急，径直闯入帐中，非常愤怒。项羽认为他很豪壮，赐给他酒喝。樊哙因而责问项羽。过了一会儿，沛公起身去厕所，招樊哙出来，留下车马和从属，独自骑马，让樊哙、靳强、滕公、纪成步行跟随，从小路回到自己的军营，让张良留下来向项羽谢罪。项羽问："沛公在哪里？"张良说："听说将军有意责备他，他已脱身离开，从小路回到军中了，因此让我向您献上玉璧。"项羽接受了。张良又把玉斗献给范增。范增很气愤，摔碎玉斗，站起身说："我们马上要成为沛公的俘虏了！"

沛公归数日，羽引兵西屠咸阳，杀秦降王子婴，烧秦宫室，所过无不残灭，秦民大失望。羽使人还报怀王，怀王曰："如约[1]。"羽怨怀王不肯令与沛公俱西入关，而北救赵，后天下约[2]，乃曰："怀王者，吾家所立耳，非有功伐，何以得专主约？本定天下，诸将与籍也。"春正月，阳尊怀王为义帝，实不用其命。

【注释】

〔1〕如约：按约定办。　〔2〕后天下约：落后于约定的期限。

【译文】

在沛公回到军中几天之后，项羽就率兵向西杀入咸阳城，杀死已投降的秦王子婴，烧毁秦朝的宫室，所到之处无不毁灭，秦地的百姓大失所望。项羽派人回去向楚怀王汇报，楚怀王说："当初的约定不变。"项羽怨恨怀王不肯让他与沛公一起向西进军入关，而让他北上救赵，使他错失了先入关的机会，便说："怀王不过是我项家所立罢了，并没有什么功绩，凭什么能做君主定盟约？本来平定天下的，是诸将和我项籍啊。"春正月，表面上尊称怀王为义帝，实际上不听从他的命令。

二月，羽自立为西楚霸王，王梁、楚地九郡，都彭城。背约，更立沛公为汉王，王巴、蜀、汉中四十一县[1]，都南郑。三分关中，立秦三将：章邯为雍王，都废丘[2]；司马欣为塞王，都栎阳[3]；董翳为翟王，都高奴[4]。楚将瑕丘申阳为河南王，都洛阳。赵将司马卬为殷王，都朝歌[5]。当阳君英布为九江王，都六[6]。怀王柱国共敖为临江王[7]，都江陵[8]。番君吴芮为衡山王，都邾[9]。故齐王建孙田安为济北王。徙魏王豹为西魏王，都平阳[10]。徙燕王韩广为辽东王。燕将臧荼为燕王，都蓟[11]。徙齐王田市为胶东王。齐将田都为齐王，都临菑[12]。徙赵工歇为代王。赵相张耳为常山王。汉王怨羽之背约，欲攻之，丞相萧何谏，乃止。

【注释】

〔1〕巴、蜀、汉中：均为郡名。巴郡治江州（今四川重庆市），蜀郡治成都（今四川成都市），汉中治南郑（今陕西汉中市）。 〔2〕废丘：县名，在今陕西兴平县东南。 〔3〕栎阳：县名，在今陕西临潼东北。 〔4〕高奴：县名，在今陕西延安东。 〔5〕朝歌：县名，在今河南淇县东北。 〔6〕六：县名，在今安徽六安县北。 〔7〕柱国：楚官名。楚国最高武职，地位仅次于令尹。共（gōng）敖：姓共名敖。 〔8〕江陵：县名。在今湖北江陵。 〔9〕邾：县名，在今湖北黄岗县西北。 〔10〕平阳：县名，在今山西临汾西南。〔11〕蓟：县名，在今北京市西南。 〔12〕临菑：即临淄，县名，在今山东淄博市东北。

【译文】

二月，项羽自立为西楚霸王，统治梁、楚地区九个郡，定都彭城。又违背约定，改立沛公为汉王，统治巴、蜀、汉中三郡四十一县，定都南郑。把关中地区分成三部分，立秦朝的三位降将为王：章邯为雍王，定都废丘；司马欣为塞王，定都栎阳；董翳为翟王，定都高奴。楚将瑕丘人申阳为河南王，定都洛阳。赵将司马卬为殷王，定都朝歌。当阳君英布为九江王，定都六。怀王的柱国共敖为临江王，定都江陵。番君吴芮为衡山王，定都邾县。以前的齐王田建之孙田安为济北王。迁魏王豹为西魏王，定都平阳。迁燕王韩广为辽东王。燕将臧荼为燕王，定都蓟县。迁齐王田市为胶东王。齐将田都为齐王，定都临淄。迁赵王歇为代王。赵相张耳为常山王。汉王怨恨项羽违背约定，想攻打项羽，丞相萧何加以劝阻，才没有付诸行动。

夏四月，诸侯罢戏下[1]，各就国[2]。羽使卒三万人从汉王，楚子、诸侯人之慕从者数万人，从杜南入蚀中[3]。张良辞归韩，汉王送至褒中[4]，因说汉王烧绝栈道[5]，以备诸侯盗兵，亦视项羽无东意[6]。

【注释】

〔1〕戏下：即“麾下”。 〔2〕就国：前往封国。 〔3〕杜：县名，在今西安市西南。蚀中：即子午谷，在今西安市西南，是长安通往汉中的谷道。 〔4〕褒中：地名，在今陕西褒城县东南。 〔5〕栈道：古代在山崖上凿石架木修成的通道。 〔6〕视：通“示”，表明。

【译文】

夏四月，诸侯离开项羽麾下，各自回到自己的封国。项羽只派三万士兵跟随汉王归国，而楚地子弟及其他诸侯国的人因为仰慕汉王而随从他的有数万人，从杜县南进入蚀中。张良向汉王辞别，要回到韩国，汉王送他至褒中，于是张良劝说汉王烧毁栈道，以防备诸侯前来偷袭的军队，同时也向项羽表明自己没有向东扩张的意图。

汉王既至南郑，诸将及士卒皆歌讴思东归[1]，多道亡还者。韩信为治粟都尉[2]，亦亡去。萧何追还之，因荐于汉王，曰："必欲争天下，非信无可与计事者。"于是汉王齐戒设坛场[3]，拜信为大将军，问以计策。信对曰："项羽背约而王君王于南郑，是迁也[4]。吏卒皆山东之人，日夜企而望归。及其锋而用之，可以有大功。天下已定，民皆自宁，不可复用。不如决策东向。"因陈羽可图、三秦易并之计[5]。汉王大说[6]，遂听信策，部署诸将。留萧何收巴蜀租，给军食。

【注释】

〔1〕歌讴：歌唱。　〔2〕韩信（？一前196）：淮阴人。初属项羽，未被重用，旋归刘邦，后封为齐王。汉朝建立，改封为楚王，降为淮阴侯，为吕后所杀。事迹详见《汉书》卷三十四《韩信传》。治粟都尉：官名，主管粮食。　〔3〕齐戒：即斋戒。在祭祀前沐浴更衣、整洁身心，以示虔诚。齐，通"斋"。　〔4〕迁：降职。　〔5〕三秦：项羽将关中之地三分，封给秦降将章邯、司马欣、董翳，故称三秦。　〔6〕说：通"悦"，喜悦。

【译文】

汉王率军到南郑后，诸将及士卒都以唱歌来表达思乡、东归之情，很多人在中途逃走回家乡去了。韩信当时任治粟都尉，也逃走了。萧何把他追回来，于是向汉王推荐他，说："如果一定要争夺天下，除了韩信再没有可以与之商量的人了。"于是汉王斋戒，筑土为高坛，拜韩信为大将军，向他询问争夺天下的计策。韩信回答说："项羽违背约定而让君王在南郑称王，这是贬低您的地位。您手下的官兵都是山东地区的人，日夜盼望东归。如果您趁着这种旺盛的势头而加以利用，可以成就大功。如果等到天下已趋于平定，百姓都各自安宁，就不能再用来打仗了。不如现在下决心向东挺进。”于是向汉王讲述了项羽可以打败、三秦容易兼并之计。汉王很高兴，就听从了韩信的计策，部署诸将。留下萧何征收巴、蜀地区的租税，供给军粮。

五月，汉王引兵从故道出袭雍[1]。雍王邯迎击汉陈仓[2]，雍兵败，还走；战好畤[3]，又大败，走废丘。汉王遂定雍地。东如咸阳[4]，引兵围雍王废丘，而遣诸将略地。

【注释】

〔1〕故道：县名，在今陕西凤县西北。雍：县名，在今陕西凤翔南。 〔2〕陈仓：县名，在今陕西宝鸡市东。 〔3〕好畤（zhì）：县名，在今陕西乾县东北。 〔4〕如：前往。

【译文】

五月，汉王率兵从故道出兵袭雍地。雍王章邯在陈仓迎战汉兵，雍王兵战败，撤退逃走；在好畤县再战，又大败，逃到废丘。汉王于是平定了雍地。然后向东进军咸阳，率兵把雍王章邯包围在废丘，又派各位将领攻占其他地方。

田荣闻羽徙齐王市于胶东而立田都为齐王，大怒，以齐兵迎击田都。都走降楚。六月，田荣杀田市，自立为齐王。时彭越在巨野[1]，众万余人，无所属。荣与越将军印，因令反梁地。越击杀济北王安，荣遂并三齐之地[2]。燕王韩广亦不肯徙辽东[3]。秋八月，臧荼杀韩广，并其地。塞王欣、翟王翳皆降汉。

【注释】

〔1〕巨野：县名，在今山东巨野县南。 〔2〕三齐：指项羽所封的胶东、齐、济北三个诸侯国。 〔3〕辽东：郡名，在今辽宁省东南部辽河以东地区。

【译文】

田荣听说项羽把齐王田市迁往胶东，而立田都为齐王，非常愤怒，便率领齐兵迎击田都。田都逃走归降楚国。六月，田荣杀掉田市，自立为齐王。当时彭越在巨野，有部下一万多人，无所归属。田荣便授予彭越将军印，令他在梁地反楚。彭越击杀济北王田安，田荣便兼并了三齐之地。燕王韩广也不肯迁到辽东。秋八月，臧荼杀掉韩广，兼并了韩广的地盘。塞王司马欣、翟王董翳都投降了汉王。

初，项梁立韩后公子成为韩王，张良为韩司徒[1]。羽以良从汉王，韩王成又无功，故不遣就国，与俱至彭城，杀之。及闻汉王并关中，而齐、梁畔之，羽大怒，乃以故吴令郑昌为韩王，距汉。令萧公角击彭越[2]，越败角兵。时张良徇韩地[3]，遗羽书曰："汉欲得关中，如约即止，不敢复东。"羽以故无西意。而北击齐。

【注释】

〔1〕司徒：官名，掌管土地和教化。 〔2〕萧公角：萧县令，名角。 〔3〕徇：攻取。

【译文】

当初，项梁立韩国的后代公子成为韩王，张良任韩国的司徒。项羽认为张良跟从了汉王，韩王成又没有战功，所以不让韩王成回到本国，而是与他一起到彭城，然后又把韩王成杀掉。后来听到汉王兼并了关中，而齐、梁两地背叛了他，项羽大怒，就把从前的吴县县令郑昌任命为韩王，让他抵抗汉王。又命令萧公角攻击彭越，彭越击败了萧公角的军队。当时张良正在攻占韩地，就给项羽写信说："汉王想要得到关中，如果按约定办就会停止用兵，不敢再向东挺进。"项羽因此打消了向西进军的念头。而率兵北上攻打齐国。

九月，汉王遣将军薛欧、王吸出武关，因王陵兵[1]，从南阳迎太公、吕后于沛。羽闻之，发兵距之阳夏[2]，不得前。

【注释】

〔1〕王陵（？—前181）：沛人。刘邦少时以兄礼事之，及刘邦起兵，他聚众数千人从之。天下既定，刘邦封其为雍侯。惠帝六年任右丞相。因反对立诸吕为王，被罢相，改任太傅。卒谥武侯。　〔2〕阳夏（jiǎ）：县名，在今河南太康。

【译文】

九月，汉王派将军薛欧、王吸从武关出兵，利用王陵的军队，经过南阳到沛县去迎接太公和吕后。项羽听说了这件事，就发兵在阳夏拦截，使汉兵不能前往。

二年冬十月，项羽使九江王布杀义帝于郴[1]。陈余亦怨羽独不王己，从田荣藉助兵[2]，以击常山王张耳。耳败走降汉，汉王厚遇之。陈余迎代王歇还赵，歇立余为代王。张良自韩间行归汉，汉王以为成信侯。

【注释】

〔1〕郴：县名，在今湖南郴县。　〔2〕藉：通“借”。

【译文】

汉二年冬十月，项羽派九江王英布到郴县杀死了义帝。陈余也抱怨项羽单单不封他为王，就从田荣那里借来援兵，去攻击常山王张耳。张耳兵败逃走，投降了汉王，汉王待他很优厚。陈余迎接代王赵歇返回赵地，赵歇立陈余为代王。张良从韩国走小路前往归附汉王，汉王封张良为成信侯。

汉王如陕[1]，镇抚关外父老。河南王申阳降，置河南郡。使韩太尉韩信击韩[2]，韩王郑昌降。十一月，立韩太尉信为韩王。汉王还归，都栎阳，使诸将略地，拔陇西[3]。以万人若一郡降者，封万户。缮治河上塞[4]。故秦苑囿园池，令民得田之。

【注释】

〔1〕陕：县名，今河南陕县。　〔2〕韩太尉韩信：战国时韩襄王后代。后随刘邦攻破项羽军，平定天下，封为韩王。后为匈奴围困，为刘邦所疑，逃奔匈奴。后为柴武所杀。因与淮阴侯韩信同名，《汉书》称其为“韩王信”，以相区别。事迹详见《汉书》卷三十三《韩王

信传》。 〔3〕陇西：郡名，在今甘肃东南部。 〔4〕河上塞：河上郡的北境，与匈奴相接。塞，防预工事。

【译文】

汉王到陕县，安抚关外的父老。河南王申阳降汉，于是将其封地设置为河南郡。派韩国太尉韩信攻打韩地，韩王郑昌投降。十一月，汉王立韩国太尉韩信为韩王。汉王回到关中，定都栎阳，派诸位将领攻城略地，攻下陇西郡。汉王宣布，凡是率领一万人或一郡来投降的，封为万户侯。整修河上郡的军事要塞。下令原来秦朝的苑囿园池，百姓可以开垦为农田。

春正月，羽击田荣城阳，荣败走平原〔1〕，平原民杀之。齐皆降楚，楚焚其城郭，齐人复畔之。诸将拔北地〔2〕，虏雍王弟章平。赦罪人。二月癸未，令民除秦社稷〔3〕，立汉社稷。施恩德，赐民爵。蜀汉民给军事劳苦，复勿租税二岁〔4〕。关中卒从军者，复家一岁。举民年五十以上，有修行，能帅众为善，置以为三老〔5〕，乡一人。择乡三老一人为县三老，与县令丞尉以事相教，复勿繇戍。以十月赐酒肉。

【注释】

〔1〕平原：县名，在今山东平原县南。 〔2〕北地：郡名，在今宁夏及甘肃东北部。 〔3〕社稷：古代帝王、诸侯祭祀土神和谷神的地方。 〔4〕复：免除租税和徭役。 〔5〕三老：官名，掌教化。

【译文】

春正月，项羽在城阳攻击田荣，田荣兵败逃到平原郡，平原的百姓杀死田荣。齐地都归降楚国，楚王项羽焚烧齐地的城郭，齐人又叛离了楚国。汉王的诸位将领攻下了北地，俘虏了雍王的弟弟章平。汉王下令赦免罪人。二月初五日，汉王命令百姓拆除秦朝的社稷，设立汉朝的社稷。施布恩德，赏赐给百姓爵位。蜀郡、汉中郡的百姓供给军需很劳苦，免除二年的赋税和徭役。关中从军的士兵，免除全家一年的赋税和徭役。推举五十岁以上的百姓，修行好，并能够率领众人做善事的，任命为三老，每乡一人。选拔乡三老中的一人为县三老，作为县令、县丞、县尉的行政顾问，免除租税和徭役。每年的十月赏赐给三老酒肉。

三月，汉王自临晋渡河[1]，魏王豹降，将兵从。下河内[2]，虏殷王印，置河内郡。至修武[3]，陈平亡楚来降[4]。汉王与语，说之，使参乘，监诸将。南渡平阴津[5]，至洛阳。新城三老董公遮说汉王曰[6]："臣闻'顺德者昌，逆德者亡'，'兵出无名，事故不成'。故曰：'明其为贼，敌乃可服。'项羽为无道，放杀其主，天下之贼也。夫仁不以勇，义不以力，三军之众为之素服，以告之诸侯，为此东伐，四海之内莫不仰德。此三王之举也[7]。"汉王曰"善。非夫子无所闻。"于是汉王为义帝发丧，袒而大哭[8]，哀临三日[9]。发使告诸侯曰："天下共立义帝，北面事之。今项羽放杀义帝江南，大逆无道。寡人亲为发丧，兵皆缟素[10]。悉发关中兵，收三河士[11]，南浮江汉以下，愿从诸侯王击楚之杀义帝者。"

【注释】

〔1〕临晋：县名，在今陕西大荔县东。〔2〕河内：指今河南省黄河以北地区。〔3〕修武：县名，在今河南获嘉县。〔4〕陈平（？—前178）：阳武（今河南原阳东南）人，初从魏咎、项羽，后降刘邦，屡建奇功。高祖六年，封为曲逆侯。历任惠帝、吕后、文帝三朝丞相。文帝二年卒。事迹详见《汉书》卷四十《陈平传》。〔5〕平阴津：渡口名，在今河南孟津县东北。〔6〕新城：邑名，在今河南伊川县西南。遮：拦住。〔7〕三王：指夏、商、周三代开国君王夏禹、商汤、周文王和周武王。〔8〕袒：露出左臂。〔9〕哀临：集众哀悼。〔10〕缟素：白色的丧服。〔11〕三河：指河东、河南、河内三郡。

【译文】

三月，汉王从临晋渡过黄河。魏王豹归降，并率兵跟从汉王。汉军攻下河内，俘虏了殷王司马卬，将其封地设立为河内郡。汉兵打到修武县，陈平从楚地逃亡归降汉王。汉王与陈平交谈，很赏识他，让他担任参乘，监督诸将。汉王南渡平阴津，到了洛阳。新城三老董公拦住汉王说："我听说'顺从德义者昌盛，违背德义者灭亡'，'打仗无正义之名，结果就不会成功'。所以说：'证明他是逆贼，敌人才可征服。'项羽做事大逆不道，流放杀死他的君主，是天下的逆贼。仁德不靠勇武，正义不靠暴力，汉王如果率领三军将士为义帝穿丧服，将此事告诉天下诸侯，为义帝被杀而东伐项羽，四海之内无人不仰慕汉王之德。这是和三王一样的行动啊。"汉王说："好。要不是先生，我听不到这样的话。"于是汉王为义帝发丧，袒臂大哭，哀悼三天。又派出使臣向诸侯宣告说："天下共同拥立义帝，北面称臣侍奉他。现在项羽流放杀害义帝于江南，大逆不道。寡人亲自为义帝发丧，士兵也都披麻戴孝。我要征调全部关中兵，收编三河地区的士兵，向南自长江、汉江乘船而下，愿意跟从各位诸侯王讨伐杀害义帝的人。”

夏四月，田荣弟横收得数万人，立荣子广为齐王。羽虽闻汉东，即击齐，欲遂破之而后击汉，汉王以故得劫五诸侯兵[1]，东伐楚。到外黄，彭越将三万人归汉。汉王拜越为魏相国，令定梁地。汉王遂入彭城，收羽美人货赂，置酒高会。羽闻之，令其将击齐，而自以精兵三万人从鲁出胡陵[2]，至萧，晨击汉军，大战彭城灵壁东睢水上[3]，大破汉军，多杀士卒，睢水为之不流。围汉王三匝。大风从西北起，折木发屋，扬沙石，昼晦，楚军大乱，而汉王得与数十骑遁去。过沛，使人求室家，室家亦已亡，不相得。汉王道逢孝惠、鲁元[4]，载行。楚骑追汉王，汉王急，推堕二子。滕公下收载[5]，遂得脱。审食其从太公、吕后间行[6]，反遇楚军，羽常置军中以为质[7]。诸侯见汉败，皆亡去。塞王欣、翟王翳降楚，殷王卬死。

【注释】

〔1〕劫：控制。　〔2〕胡陵：县名，在今山东鱼台县东南。〔3〕灵壁：邑名，在今安徽宿县西北。睢水：鸿沟支脉之一，经彭城南，流入泗水。　〔4〕孝惠：汉惠帝刘盈。鲁元：鲁元公主。〔5〕滕公：夏侯婴。　〔6〕审食其（yì jī）：沛人。以舍人侍吕后。高祖六年封为辟阳侯。吕后称制，任左丞相，与吕后私通。文帝立，免相，后为淮南厉王刘长所杀。间行：从小道走。　〔7〕质：人质。

【译文】

夏四月，田荣之弟田横收编了数万人，立田荣之子田广为齐王。项羽虽然听说汉军向东进发，他已经出兵攻齐，想就势攻破齐军之后再攻打汉军，汉王因此得以挟持五路诸侯的军队，向东攻打楚国。汉军到达外黄后，彭越率领三万人归附汉王。汉王任命彭越为魏相国，命他率军平定梁地。汉王于是率兵攻进彭城，收取了项羽的美人财物，设置酒宴，大会宾客。项羽听说此事后，命令其部将攻打齐地，而自己率领精兵三万人从鲁地出发，经过胡陵县，到达萧县，在早晨攻击汉军，在彭城灵壁东的睢水之上与汉军展开大战，大败汉军，汉军士兵被杀者甚多，睢河水因为被尸体堵塞而不流。楚军把汉军包围了三层。幸好从西北方向刮起了大风，吹断树木，刮倒房屋，扬起沙石，天昏地暗，楚军大乱，汉王才得以与数十个骑兵逃走。经过沛县的时候，汉王派人去寻找家人，家人也已经逃跑了，没有找到。汉王在逃跑的路上遇到了孝惠帝和鲁元公主，于是把二人拉上车子一同逃走。楚国骑兵追赶汉王，汉王非常着急，把两个孩子推下车去。滕公夏侯婴下来又把他们拉上车，才得以脱险。审食其与太公、吕后一起从小路逃走，反而遇上了楚军，项羽把他们拘禁在军中作为人质。诸侯见汉王兵败，都纷纷逃走。塞王司马欣、翟王董翳投降楚国，殷王司马印死了。

吕后兄周吕侯[1]，将兵居下邑[2]，汉王往从之。稍收士卒，军砀。

【注释】

〔1〕周吕侯：吕泽，吕后长兄。高祖六年封为周吕侯。高祖八年卒。　〔2〕下邑：县名，在今安徽砀山县。

【译文】

吕后的哥哥周吕侯吕泽，率兵驻在下邑县，汉王就前去投奔他。渐渐地收编了一些士卒，驻扎在砀县。

汉王西过梁地，至虞〔1〕，谓谒者随何曰〔2〕："公能说九江王布使举兵畔楚〔3〕，项王必留击之。得留数月，吾取天下必矣。"随何往说布，果使畔楚。

【注释】

〔1〕虞：县名，在今河南虞城北。　〔2〕谒者：官名。君王的侍从人员，负责传达命令。　〔3〕畔：通"叛"。

【译文】

汉王向西经过梁地，到达虞县，对谒者随何说："如果你能劝说九江王英布，让他举兵背叛楚国，项王一定会留下来攻击英布。如果项王他能因此停留几个月，我就一定能夺取天下了。"随何前往劝说英布，果然使他背叛了楚国。

五月，汉王屯荥阳，萧何发关中老弱未傅者悉诣军〔1〕。韩信亦收兵与汉王会，兵复大振。与楚战荥阳南京、索间〔2〕，破之。筑甬道〔3〕，属河〔4〕，以取敖仓粟〔5〕。魏王豹谒归视亲疾〔6〕。至则绝河津〔7〕，反为楚。

【注释】

〔1〕未傅：没有在服役的名册上登记。傅，附着，这里指登记在册。 〔2〕京：县名，在今河南荥阳东南。索：邑名，在今河南荥阳县。 〔3〕甬道：两旁筑有墙垣的通道。 〔4〕属（zhǔ）：连接。 〔5〕敖仓：秦朝在敖山（今河南荥阳东北）设置的粮仓。 〔6〕谒归：请假回家。 〔7〕绝：断绝。

【译文】

五月，汉王屯兵荥阳，萧何征发关中的老人和少年以及尚未登记服役的人全到军中集合。韩信也收集士兵与汉王会合，汉军的士气重新振作起来。汉军与楚军在荥阳以南的京县和索县之间交战，打败楚军。汉军修筑甬道，一直连接到黄河，以便夺取敖仓的粮食。魏王豹请假回家探视亲属的疾病。一到家就断绝了黄河渡口，背叛汉军而投降楚国。

六月，汉王还栎阳。壬午[1]，立太子，赦罪人。令诸侯子在关中者皆集栎阳为卫。引水灌废丘，废丘降，章邯自杀。雍地定，八十余县，置河上、渭南、中地、陇西、上郡[2]。令祠官祀天地四方上帝山川[3]，以时祠之。兴关中卒乘边塞[4]。关中大饥，米斛万钱，人相食。令民就食蜀汉[5]。

【注释】

〔1〕壬午：农历六月六日。 〔2〕渭南：郡名。汉初置，治所在长安，后改为京兆尹。中地：郡名。汉初置，治所在长安，后改为右扶风。上郡：郡名。郡治在肤施（在今陕西榆林东南）。 〔3〕祠官：掌管祭祀的官员。 〔4〕乘：登上，这里是守卫的意思。 〔5〕就：

靠近。

【译文】

六月，汉王回到栎阳。六日，册立太子，赦免罪人。命令在关中的诸侯子弟全部在栎阳集合起来担任卫士。汉军引水淹废丘城，废丘降汉，章邯自杀。雍地平定，共有八十余县，汉王将这一地区设置为河上、渭南、中地、陇西、上郡五郡。命令祠官祭礼天地四方上帝山川诸神，以后按时祭祀。征调关中士兵守卫边塞。这时关中发生大的饥荒，米价一斛涨到一万钱，发生了人吃人的惨剧。汉王命令百姓迁徙到蜀郡、汉中谋生。

秋八月，汉王如荥阳，谓郦食其曰："缓颊往说魏王豹[1]，能下之，以魏地万户封生[2]。"食其往，豹不听。汉王以韩信为左丞相，与曹参、灌婴俱击魏。食其还，汉王问："魏大将谁也?"对曰："柏直。"王曰："是口尚乳臭[3]；不能当韩信。骑将谁也?"曰："冯敬[4]。"曰："是秦将冯无择子也，虽贤，不能当灌婴。步卒将谁也?"曰："项它[5]。"曰："是不能当曹参。吾无患矣。"九月，信等虏豹，传诣荥阳[6]。定魏地，置河东、太原、上党郡[7]。信使人请兵三万人，愿以北举燕、赵，东击齐，南绝楚粮道。汉王与之。

【注释】

〔1〕缓颊：婉言劝说。 〔2〕生："先生"的省称。指有才学的人。亦为读书人的通称。 〔3〕乳臭（xiù）：奶腥气，意谓年少无

知。〔4〕冯敬：汉文帝时任御史大夫，典客。曾参与处理淮南厉王刘长谋反事件。〔5〕项它（tuó）：原为楚将，后任魏王相，为灌婴所虏。刘邦即皇帝位，赐姓刘，又称刘它，封平皋侯，谥炀侯。〔6〕传：驿站的车马。〔7〕河东：治安邑（今山西夏县西北）。太原：郡名，治晋阳（今山西太原南）。上党：郡名，治长子（今山西长子西南）。

【译文】

秋八月，汉王前往荥阳，对郦食其说："请前去婉言劝说魏王豹，如果能劝说他投降，我就把魏地万户封给先生。"郦食其前往劝说，魏王豹不听从。汉王于是任命韩信为左丞相，与曹参、灌婴一起攻打魏地。郦食其从魏地回来，汉王问他："魏国的大将是谁？"回答说："柏直。"汉王说："此人乳臭未干，不能抵挡韩信。骑兵的将领是谁？"回答说："冯敬。"汉王说："他是秦将冯无择之子，虽然贤能，也不能抵挡灌婴。步兵的将领是谁？"回答说："项它。"汉王说："他不能抵挡曹参。我没有什么可担心的了。"九月，韩信等人俘虏了魏王豹，用驿站的车马押送到荥阳。平定魏地后，汉王将其地设置为河东、太原、上党三郡。韩信派人请求增兵三万，想要率兵向北攻取燕赵之地，并向东攻打齐地，向南断绝楚国运粮的道路。汉王把三万人马拨给了他。

三年冬十月，韩信、张耳东下井陉击赵[1]，斩陈余，获赵王歇。置常山、代郡[2]。甲戌晦[3]，日有食之。十一月癸卯晦[4]，日有食之。

【注释】

〔1〕井陉：县名。在今河北井陉县西北。〔2〕常山：郡名，治

东垣（今河北石家庄东北）。代郡：郡名，治代县（今河北蔚县东北）。〔3〕甲戌：十月三十日。晦：阴历每月的最后一天。　〔4〕癸卯：二十九日。

【译文】

三年冬十月，韩信、张耳率兵东进井陉，攻打赵国，杀死陈余，并俘虏了赵王歇。汉王在赵地设置常山郡和代郡。十月十三日，发生日食。十一月二十九日，又发生日食。

随何既说黥布，布起兵攻楚。楚使项声、龙且攻布〔1〕，布战不胜。十二月，布与随何间行归汉。汉王分之兵，与俱收兵至成皋〔2〕。

【注释】

〔1〕项声、龙且（jū）：均为项羽的部将。　〔2〕成皋：县名，今河南成皋。

【译文】

在随何劝降英布之后，英布起兵攻打楚地。楚国派项声、龙且进攻英布，英布战败。十二月，英布与随何从小道回到汉营。汉王分给他士兵，与他一起收集散兵到达成皋。

项羽数侵夺汉甬道，汉军乏食，与郦食其谋桡楚权〔1〕。食其欲立六国后以树党。汉王刻印，将遣食其立之。以问张良，良发八难〔2〕。汉王辍饭吐哺〔3〕，曰：“竖儒几败乃公事〔4〕！”令趋销印〔5〕。又问陈平，乃从其计，与平黄金四万斤，以间疏楚君臣〔6〕。

【注释】

〔1〕桡（náo）：削弱。　〔2〕发八难：提出八点反对意见，详见《汉书》卷四十《张良传》。　〔3〕辍：停止。哺（bǔ）：口中所含的食物。　〔4〕竖儒：对儒生的鄙称。言其鄙陋如童奴。几：几乎。乃公：犹言“你老子”。　〔5〕趋（cù）：通“促”，迅速。　〔6〕间疏：离间，使互相疏远。

【译文】

项羽多次侵夺汉军运粮的甬道，汉军缺乏粮食，汉王与郦食其商量如何削弱楚的势力。郦食其想要立六国的后裔为王，以树立自己的同盟。汉王已刻了玺印，将要派郦食其前去册立六国后代为王。汉王就此事向张良询问，张良提出八条反对意见。汉王听了饭也吃不下去了，吐出口中的食物，说：“这书呆子几乎坏了老子的大事！”下令赶快销毁印信。又向陈平询问，汉王于是听从陈平的计策，交给他黄金四万斤，用来离间楚国君臣。

夏四月，项羽围汉荥阳。汉王请和，割荥阳以西者为汉。亚父劝项羽急攻荥阳，汉王患之〔1〕。陈平反间既行，羽果疑亚父〔2〕。亚父大怒而去，发病死。

【注释】

〔1〕患：忧虑，担心。　〔2〕羽果疑亚父：陈平所行反间计，据《汉书》卷四十《陈平传》记载，项羽派使者到汉营，汉营准备了丰盛的酒食，举着进献上来，见到项羽的使者，就假装吃惊地说：“以为是亚父的使者，原来是项王的使者！”说完便把酒食撤下，用粗劣的饭食招待他。使者回去向项羽报告，项羽果然怀疑范增。范增大怒而去，

不久病死。

【译文】

夏四月，项羽在荥阳包围了汉王的军队。汉王请求和解，主张把荥阳以西的土地划归汉王。范增劝项羽尽快攻下荥阳，汉王十分担心此事。幸好这时陈平的反间计已经实施，项羽果然猜疑范增。范增大怒而去，不久发病而死。

五月，将军纪信曰：“事急矣！臣请诳楚，可以间出〔1〕。”于是陈平夜出女子东门二千余人，楚因四面击之。纪信乃乘王车，黄屋左纛〔2〕，曰：“食尽，汉王降楚。”楚皆呼万岁，之城东观，以故汉王得与数十骑出西门遁。令御史大夫周苛、魏豹、枞公守荥阳。羽见纪信，问：“汉王安在？”曰：“已出去矣。”羽烧杀信。而周苛、枞公相谓曰：“反国之王〔3〕，难与守城。”因杀魏豹。

【注释】

〔1〕间出：乘机逃走。　〔2〕黄屋：古时帝王所乘黄色丝绸装饰的车。屋，指车盖。左纛（dào）：黄屋车左边插的牦牛尾的饰物。〔3〕反国之王：指魏王魏豹。魏豹曾背汉降楚。

【译文】

五月，将军纪信对汉王说：“情况紧急啊！我请求去诳骗楚军，您可以趁机从小路逃走。”于是陈平在夜间从东门放出二千多个女子，楚军从四面围过来攻击。纪信便乘坐在王车上，车盖用黄色丝绸装饰，车盖左边插着牦牛尾做的饰物，说：“粮食吃光了，汉王投降楚国。”楚国士兵都呼喊万岁，到城的东边观看，利用这个机会汉王得以与数十骑兵从西门逃出。汉王命令御史大夫周苛、魏豹、枞公守荥阳城。项羽见到纪信，问："汉王在哪里？"纪信回答说："已经出城离去了。"项羽把纪信烧死。周苛、枞公相互商量说："背叛过汉王的魏王，很难与他一起守城。"于是就把魏王魏豹杀掉了。

汉王出荥阳，至成皋。自成皋入关，收兵欲复东。辕生说汉王曰："汉与楚相距荥阳数岁，汉常困。愿君王出武关，项王必引兵南走，王深壁，令荥阳、成皋间且得休息。使韩信等得辑河北赵地[1]，连燕、齐，君王乃复走荥阳。如此，则楚所备者多，力分[2]。汉得休息，复与之战，破之必矣。"汉王从其计，出军宛、叶间[3]，与黥布行收兵[4]。

【注释】

〔1〕辑：收服，安抚。 〔2〕力分：力量分散。 〔3〕宛：县名，今河南南阳市。叶：县名，在今河南叶县南。 〔4〕收兵：招收兵马。

【译文】

汉王逃出荥阳，到达成皋。然后从成皋入关，想要整顿兵力再向东进发。辕生向汉王提建议说："汉与楚在荥阳相拒多年，汉常处于困境。希望君王出兵武关，项王必然引兵向南，君王深池坚壁，守城不战，让荥阳、成皋之间暂且得到休息。让韩信等得以平定了河北赵地，联合燕、齐之兵，到那时君王再次向荥阳进发。这样，楚军所要防备的地方就增多，兵力分散。汉军得以休息，然后再与之交战，必定能打败楚军。"汉王听从了他的计策，出兵宛、叶之间，与黥布在行进中招兵扩军。

羽闻汉王在宛，果引兵南，汉王坚壁不与战。是月，彭越渡睢，与项声、薛公战下邳[1]，破杀薛公。羽使终公守成皋，而自东击彭越。汉王引兵北，击破终公，复军成皋。六月，羽已破走彭越，闻汉复军成皋，乃引兵西拔荥阳城，生得周苛。羽谓苛："为我将，以公为上将军，封三万户。"周苛骂曰："若不趋降汉[2]，今为虏矣！若非汉王敌也。"羽亨周苛[3]，并杀枞公，而虏韩王信，遂围成皋。汉王跳[4]，独与滕公共车出成皋玉门[5]，北渡河，宿小修武[6]。自称使者，晨驰入张耳、韩信壁[7]，而夺之军。乃使张耳北收兵赵地。

【注释】

〔1〕下邳：县名，在今江苏邳县南。　〔2〕趋：通"促"，赶快。〔3〕亨：通"烹"。　〔4〕跳：轻装逃走。　〔5〕成皋玉门：成皋的北门。　〔6〕小修武：邑名，在今河南获嘉县境内。　〔7〕壁：营垒。

【译文】

项羽听说汉王在宛城，果然引兵向南，汉王坚壁防守，不和他交战。这月，彭越率兵渡过睢水，与项声、薛公在下邳交战，攻占下邳并将薛公杀死。项羽让终公守成皋，自己率兵向东攻击彭越。汉王率兵向北，击败终公，再次驻军成皋。六月，项羽在击破并赶走彭越军之后，听说汉又在成皋驻军，便引兵向西攻下荥阳城，活捉周苛。项羽对周苛说："你如果当我的将领，就让你当上将军，封三万户。"周苛骂道："你不赶快降汉，马上就会成为俘虏了！你不是汉王的对手。"项羽烹杀周苛，并杀死枞公，又俘虏了韩王韩信，接着包围成皋。汉王匆忙逃脱，只与滕公同坐一辆车从成皋城的玉门逃出，向北渡过黄河，在小修武停歇。自称使者，早晨闯入张耳、韩信的营垒，夺得了他们的军权。就派张耳向北去赵地招收士兵。

秋七月，有星孛于大角[1]。汉王得韩信军，复大振。八月，临河南乡[2]，军小修武，欲复战。郎中郑忠说止汉王，高垒深堑勿战。汉王听其计，使卢绾、刘贾将卒二万人[3]，骑数百，渡白马津入楚地[4]，佐彭越烧楚积聚，复击破楚军燕郭西[5]，攻下睢阳、外黄十七城[6]。九月，羽谓海春侯大司马曹咎曰："谨守成皋。即汉王欲挑战，慎勿与战，勿令得东而已。我十五日必定梁地，复从将军。"羽引兵东击彭越。汉王使郦食其说齐王田广，罢守兵与汉和。

【注释】

〔1〕孛（bèi）：彗星。大角：星名，北天的亮星。　〔2〕乡：通"向"。　〔3〕卢绾（wǎn）：丰人，与刘邦同里，及壮，复相爱。刘邦起兵，绾以客从。从击项羽，破燕王臧荼，官太尉，封长安侯。刘邦定天下，封为燕王。后以陈豨事见疑，逃亡到匈奴。事迹详见《汉书》卷三十四《卢绾传》。刘贾：刘邦的堂弟。刘邦定三秦时为将军。高祖六年，封为荆王。高祖十一年黥布反，与布战，为布军所杀。事迹详见《汉书》卷三十五《荆王刘贾传》。　〔4〕白马津：在今河南滑县东北。　〔5〕燕：县名，在今河南延津县东北。　〔6〕睢阳：

县名，在今河南商丘市南。

【译文】

秋七月，在大角星区出现彗星。汉王得到了韩信的军队，又大振军威。八月，临黄河向南，驻军小修武，想再与楚军交战。郎中郑忠劝止汉王，建议高垒深堑，不与楚军交战。汉王听从他的建议，让卢绾、刘贾率军二万人，骑兵数百，渡过白马津进入楚地，协助彭越烧毁楚军的粮草，并在燕县城西再次击败楚军，攻下睢阳、外黄地区的十七座城池。九月，项羽对海春侯大司马曹咎说：“谨慎守住成皋。即使汉王要来挑战，千万不要和他交战，不让他向东进发就行了。我十五天后一定会平定梁地，再来与将军会合。”于是项羽带兵向东攻击彭越。汉王派郦食其劝说齐王田广，让他撤去防守士兵，与汉军讲和。

四年冬十月，韩信用蒯通计〔1〕，袭破齐。齐王亨郦生〔2〕，东走高密〔3〕。项羽闻韩信破齐，且欲击楚，使龙且救齐。

【注释】

〔1〕蒯（kuǎi）通：姓蒯名彻，史家因避汉武帝刘彻名讳，追改为“通”；后世也称其为蒯通。善言辞，有计谋。陈胜起兵，派武臣攻赵地。武臣听其计，不战而得赵燕三十余城。韩信用其计，平定齐地。又劝韩信反汉自立，韩信不听。曹参为齐相，以蒯通为上宾。著有《隽永》八十一篇。事迹详见《汉书》卷四十五《蒯通传》。 〔2〕亨：通“烹”。 〔3〕高密：县名，在今山东高密西南。

【译文】

四年冬十月，韩信施行蒯通的计策，袭击并攻破齐地。齐王田广烹杀郦食其，向东逃到高密。项羽听说韩信攻破齐地，而且想要攻击楚军，就派龙且率兵救齐。

汉果数挑成皋战，楚军不出，使人辱之数日。大司马咎怒，渡兵汜水〔1〕。士卒半渡，汉击之，大破楚军，尽得楚国金玉货赂。大司马咎、长史欣自刭汜水上。汉王引兵渡河，复取成皋，军广武〔2〕，就敖仓食。

【注释】

〔1〕汜（sì）水：水名，在今河南荥阳县境，北流入黄河。

〔2〕广武：山名，在今河南荥阳东北。山上筑有东西二城，隔着广武涧相对。

【译文】

汉军果然多次在成皋挑战，楚军坚守不出战，汉军派人辱骂了好几天。楚大司马曹咎大怒，就率兵渡过汜水。当一半士兵渡过汜水时，汉军发起了攻击，大败楚军，楚国的金玉宝货都被汉军缴获。大司马曹咎、长史司马欣在汜水自杀。汉王率兵渡过黄河，再次占领成皋，驻军广武，靠近敖仓，以便供应军粮。

羽下梁地十余城，闻海春侯破，乃引兵还。汉军方围钟离眛于荥阳东〔1〕，闻羽至，尽走险阻。羽亦军广武，与汉相守。丁壮苦军旅，老弱罢转饷〔2〕。汉王、羽相与临广武之间而语。羽欲与汉王独身挑战，汉王数羽曰[3]：“吾始与羽俱受命怀王，曰先定关中者王之。羽负约，王我于蜀汉，罪一也。羽矫杀卿子冠军[4]，自尊，罪二也。羽当以救赵还报，而擅劫诸侯兵入关，罪三也。怀王约入秦无暴掠，羽烧秦宫室，掘始皇帝冢，收私其财，罪四也。又强杀秦降王子婴，罪五也。诈坑秦子弟新安二十万[5]，王其将，罪六也。皆王诸将善地，而徙逐故主，令臣下争畔逆，罪七也。出逐义帝彭城，自都之，夺韩王地，并王梁、楚，多自与，罪八也。使人阴杀义帝江南，罪九也。夫为人臣而杀其主，杀其已降，为政不平，主约不信，天下所不容，大逆无道，罪十也。吾以义兵从诸侯诛残贼，使刑余罪人击公，何苦乃与公挑战！”羽大怒，伏弩射中汉王，汉王伤胸，乃扪足曰[6]：“虏中吾指[7]！”汉王病创卧，张良强请汉王起行劳军，以安士卒，毋令楚乘胜。汉王出行军，疾甚，因驰入成皋。

【注释】

〔1〕钟离昧（mò）：项羽的部将，素与韩信友善，项羽死，投靠韩信。刘邦闻昧在韩信处，诏令捕昧，昧被迫自杀。事迹参见《汉书》卷三十四《韩信传》。　〔2〕罢：通“疲”。　〔3〕数（shǔ）：指责。〔4〕卿子冠军：即宋义。　〔5〕新安：县名，在今河南渑池县东。〔6〕扪：按着。　〔7〕虏：对敌人的蔑称。中（zhòng）：射中。

【译文】

项羽攻下梁地十余城，听说海春侯被打败，于是率军返回。此时汉军正在荥阳东包围楚将钟离昧的军队，听说项羽到了，就都逃到险要地区。项羽也驻军广武，与汉军相持。连年征战，士兵厌倦了军旅生活，老弱疲于转送军饷。汉王和项羽在广武之间对话。项羽要与汉王单身决斗，汉王斥责项羽说："我当初与你都受命于怀王，约好先定关中者封为关中王。你却违约，让我去蜀汉为王，这是第一条罪状。你假造怀王之命杀死卿子冠军宋义，独揽大权，这是第二条罪状。你救赵以后应当回去向怀王汇报，却擅自劫持诸侯兵入关，这是第三条罪状。怀王约定进入秦都不得残暴、抢掠，你烧毁秦的宫室，挖掘秦始皇帝坟墓，征收并私吞财物，这是第四条罪状。又强行杀死秦降王子婴，这是第五条罪状。在新安县欺诈坑杀秦朝士兵二十万，却把秦军将领封为王，这是第六条罪状。你把自己的部将都封在富足的地方为王，却迁移赶走原来的王，让臣下争相叛主，这是第七条罪状。你把义帝从彭城赶走，将彭城作为自己的都城，剥夺韩王的土地，兼并梁、楚之地，大都留给自己，这是第八条罪状。派人暗杀义帝于江南，这是第九条罪状。作为臣子而杀其君主，又杀掉已投降的秦王子婴，处理政事不公平，不信守君主的约定，为天下所不容，大逆不道，这是第十条罪状。我率正义之师跟诸侯一起诛灭凶残逆贼，让判过刑的罪人攻击你就行了，何苦要与你挑战！"项羽大怒，埋伏的士兵用弩射中汉王。汉王胸部受伤，却摸着脚说："奴才射中了我的脚趾！"汉王受伤严重，卧床不起，张良极力请求汉王起身行走去慰劳士兵，以安定军心，不让楚军乘机取胜。汉王出来巡行军中，伤情严重，于是乘车驰入成皋。

十一月，韩信与灌婴击破楚军，杀楚将龙且，追至城阳，虏齐王广。齐相田横自立为齐王，奔彭越。汉立张耳为赵王。汉王疾愈，西入关，至栎阳，存问父老[1]，置酒。枭故塞王欣头栎阳市[2]。留四日，复如军[3]，军广武。关中兵益出[4]，而彭越、田横居梁地，往来苦楚兵，绝其粮食。

【注释】

〔1〕存问：慰问。　〔2〕枭：悬头示众。市：集市。　〔3〕如：前往。　〔4〕益：增加。

【译文】

十一月，韩信与灌婴攻破楚军，杀死楚将龙且，追击败军到城阳，俘虏了齐王田广。齐相田横自立为齐王，逃奔到彭越军中。汉王立张耳为赵王。汉王伤势痊愈，向西入关，到达栎阳时，慰问父老，设酒招待。把塞王司马欣的头挂在栎阳街市。汉王在栎阳停留了四天，又回到军中，驻军广武。关中为汉营增加兵员，而彭越、田横占据梁地，来往骚扰楚军，断绝楚军的粮食来源。

韩信已破齐，使人言曰："齐边楚[1]，权轻，不为假王[2]，恐不能安齐。"汉王怒，欲攻之。张良曰："不如因而立之，使自为守。"春二月，遣张良操印，立韩信为齐王。秋七月，立黥布为淮南王。八月，初为算赋[3]。北貉、燕人来致枭骑助汉[4]。汉王下令：军士不幸死者，吏为衣衾棺敛，转送其家。四方归心焉。

【注释】

〔1〕边：接近。　〔2〕假王：暂时代理之王。　〔3〕算赋：即人头税。汉制，民年十五至五十六岁，每人每年出一百二十钱，为一算，以供给车马兵甲之用。　〔4〕北貉（mò）：即“北貊”，古代泛指北方民族。枭骑：作战勇敢的骑兵。

【译文】

韩信在攻破齐军之后，派人对汉王说：“齐邻近楚，我权力小，如果不代理齐王，恐怕不能安定齐地。”汉王大怒，想要攻打韩信。张良说：“不如就势立韩信为齐王，让他自己坚守齐地。”春二月，汉王派张良带着印章前往，立韩信为齐王。秋七月，立黥布为淮南王。八月，开始征收成人军税。北貉、燕人送来勇猛的骑兵协助汉王。汉王下令：士兵不幸死亡的，官吏给制衣衾棺殓，转送到其家里。所以四方的民心都归附汉王。

项羽自知少助食尽，韩信又进兵击楚，羽患之。汉遣陆贾说羽，请太公，羽弗听。汉复使侯公说羽，羽乃与汉约，中分天下，割鸿沟以西为汉[1]，以东为楚。九月，归太公、吕后，军皆称万岁。乃封侯公为平国君。羽解而东归。汉王欲西归，张良、陈平谏曰：“今汉有天下太半，而诸侯皆附，楚兵罢食尽，此天亡之时，不因其几而遂取之[2]，所谓养虎自遗患也。”汉王从之。

【注释】

〔1〕鸿沟：战国时魏国所开的一条沟通黄河与淮河的运河，在今

河南境内。〔2〕几：危机。

【译文】

项羽自知缺少援助，军粮用尽，韩信又率兵行进击楚，项羽对此很担心。汉王派陆贾劝说项羽，请求释放太公，项羽不同意。汉王又派侯公劝说项羽，项羽才与汉王约定，平分天下，划定鸿沟以西的土地为汉，以东为楚。九月，送回太公、吕后，汉营士兵皆呼万岁。汉王于是封侯公为平国君。项羽罢军东归。汉王想回到西方，张良、陈平劝阻说："现在汉有天下超过一半，诸侯也都归附，楚兵疲惫食尽，这是天亡项羽的时候，如果不乘其危机而消灭他，那就是养虎自留祸害。"汉王听从了二人的劝告。

五年冬十月，汉王追项羽至阳夏南，止军，与齐王信、魏相国越期会击楚[1]，至固陵[2]，不会。楚击汉军，大破之。汉王复入壁，深堑而守。谓张良曰："诸侯不从，奈何?"良对曰："楚兵且破，未有分地[3]，其不至固宜。君王能与共天下，可立致也[4]。齐王信之立，非君王意，信亦不自坚。彭越本定梁地，始君王以魏豹故，拜越为相国。今豹死，越亦望王，而君王不早定。今能取睢阳以北至谷城皆以王彭越[5]，从陈以东傅海与齐王信[6]，信家在楚，其意欲复得故邑。能出捐此地以许两人[7]，使各自为战，则楚易败也。"于是汉王发使使韩信、彭越[8]。至，皆引兵来。

【注释】

〔1〕齐王信、魏相国越：即韩信、彭越。期会：约定日期会合。

〔2〕固陵：县名，在今河南太康县南。〔3〕分地：分封的土地。〔4〕致：招来。〔5〕谷城：邑名，故城在今山东东阿县东南。〔6〕傅：通“附”，靠近。〔7〕捐：放弃。〔8〕使使：使者出使。

【译文】

五年冬十月，汉王追击项羽至阳夏南，停止行军，本来与齐王韩信、魏相国彭越约定会合击楚，到达固陵后，却未能会师。楚军攻击汉军，大破之。汉王又退回壁垒，深挖堑壕坚守。汉王对张良说：“诸侯不听从命令来会合，怎么办?”张良回答说：“楚军将被打败，诸侯却没有得到封地，他们不来会合也是可以理解的。君王如果能与他们共享天下，就可以马上让他们来会合。齐王韩信的封立，并不是君王的本意，韩信也认为自己的地位不稳固。彭越本来平定了梁地，当初君王因为魏豹的缘故，拜彭越为魏相国。现在魏豹已死，彭越也想称王，而君王却不早下决定封他为王。现在您如果能把睢阳以北到谷城的地方都划归彭越并封他为王，从陈县以东至沿海地区划归齐王韩信，韩信家在楚地，他想再得到故乡之地。如果您能出让这些地区封给这两人，让他们各自为战，那么楚就容易被打败了。”于是汉王派使者到韩信、彭越处。使者一到，韩信和彭越就都率兵来会战。

十一月，刘贾入楚地，围寿春[1]。汉亦遣人诱楚大司马周殷。殷畔楚[2]，以舒屠六[3]，举九江兵迎黥布[4]，并行屠城父[5]，随刘贾皆会。

【注释】

〔1〕寿春：县名，今安徽寿县。〔2〕畔：通“叛”。〔3〕舒：

县名，今安徽舒城县。〔4〕九江：王国名。都六（今安徽六安县）。〔5〕城父（fǔ）：县名，在今安徽亳县东南。

【译文】

十一月，刘贾率兵进入楚地，包围寿春。汉也派人诱降楚大司马周殷。周殷叛楚，用舒县之兵对六县进行屠城，率九江兵迎接黥布，并行军屠灭城父县，并随刘贾军与汉王会合。

十二月，围羽垓下〔1〕。羽夜闻汉军四面皆楚歌，知尽得楚地，羽与数百骑走，是以兵大败。灌婴追斩羽东城〔2〕。楚地悉定，独鲁不下。汉王引天下兵欲屠之，为其守节礼义之国，乃持羽头示其父兄，鲁乃降。初，怀王封羽为鲁公，及死，鲁又为之坚守，故以鲁公葬羽于谷城。汉王为发丧，哭临而去〔3〕。封项伯等四人为列侯，赐姓刘氏。诸民略在楚者皆归之。汉王还至定陶，驰入齐王信壁，夺其军。初项羽所立临江王共敖前死，子尉嗣立为王，不降。遣卢绾、刘贾击虏尉。

【注释】

〔1〕垓（gāi）下：地名，在今安徽灵璧县东南，沱河北岸。〔2〕东城：县名，在今安徽定远县东南。〔3〕哭临：聚众举哀。

【译文】

十二月，汉军在垓下包围了项羽。项羽夜里听到汉军在四面皆唱楚歌，知道汉已全部占领楚地，他与数百骑逃走，所以楚军大败。灌婴追击到东城，杀死项羽。楚地皆已平定，只有鲁地没有攻下。汉王率天下兵想要屠灭鲁城，考虑到鲁是坚守气节、讲求礼义之国，就派人拿着项羽的头让父老兄弟观看，鲁这才降汉。当初，怀王封项羽为鲁公，到他死后，鲁人还为他坚守封地，所以就用鲁公之礼把项羽埋葬在谷城。汉王为他发丧，哀悼痛哭才离去。汉王封项羽家族中的项伯等四人为列侯，赐姓刘。下令各地百姓被掳掠至楚地的都可以返回故乡。汉王回到定陶，驰入齐王韩信的军营，夺了他的军权。当初项羽所封立的临江王共敖已经死去，他的儿子共尉继立为王，不降汉。汉王派卢绾、刘贾攻打并俘虏了共尉。

春正月，追尊兄伯号曰武哀侯。下令曰："楚地已定，义帝亡后〔1〕，欲存恤楚众，以定其主。齐王信习楚风俗，更立为楚王，王淮北，都下邳。魏相国建城侯彭越勤劳魏民，卑下士卒，常以少击众，数破楚军，其以魏故地王之，号曰梁王，都定陶〔2〕。"又曰："兵不得休八年，万民与苦甚，今天下事毕，其赦天下殊死以下〔3〕。"

【注释】

〔1〕亡：通"无"。　〔2〕定陶：县名，在今山东定陶西北。〔3〕殊死：斩首之刑。

【译文】

春正月，汉王追尊兄刘伯号武哀侯。下令说："楚地已平定，义帝没有后代，我想安抚楚地民众，为他们立一个君主。齐王韩信熟习楚地风俗，改立为楚王，治理淮北之地，定都在下邳。魏相国建城侯彭越为魏民辛勤劳苦，亲近士兵，又经常以少击众，多次打败楚军，以魏国原来的封地立他为王，号梁王，定都在定陶。”又说：“士兵得不到休息已八年，百姓也跟着受苦深重，现在天下战事结束，赦免天下死罪以下的犯人。”

于是诸侯上疏曰：“楚王韩信、韩王信、淮南王英布、梁王彭越、故衡山王吴芮、赵王张敖、燕王臧荼昧死再拜言[1]，大王陛下[2]：先时秦为亡道，天下诛之。大王先得秦王，定关中，于天下功最多。存亡定危，救败继绝，以安万民，功盛德厚。又加惠于诸侯王有功者，使得立社稷。地分已定，而位号比拟[3]，亡上下之分，大王功德之著，于后世不宣。昧死再拜上皇帝尊号。”汉王曰：“寡人闻帝者贤者有也，虚言亡实之名，非所取也。今诸侯王皆推高寡人，将何以处之哉？”诸侯王皆曰：“大王起于细微，灭乱秦，威动海内。又以辟陋之地，自汉中行威德，诛不义，立有功，平定海内，功臣皆受地食邑，非私之也。大王德施四海，诸侯王不足以道之，居帝位甚实宜，愿大王以幸天下。”汉王曰：“诸侯王幸以为便于天下之民，则可矣。”于是诸侯王及太尉长安侯臣绾等三百人[4]，与博士稷嗣君叔孙通谨择良日二月甲午[5]，上尊号。汉王即皇帝位于汜水之阳[6]。尊王后曰皇后，太子曰皇太子，追尊先媪曰昭灵夫人。

【注释】

〔1〕昧死：冒死。犹言冒昧而犯死罪。古时臣下上书帝王习用此语，表示敬畏之意。　〔2〕陛下：本指帝王宫殿的台阶之下，用作对帝王的尊称。　〔3〕比拟：相似。　〔4〕绾：卢绾。　〔5〕叔孙通：薛（今山东滕州南）人，初为秦博士，秦末为项羽部属，后归刘

邦，仍任博士，称稷嗣君。汉朝建立，与儒生共订朝仪。高祖九年，迁为太子太傅。事迹详见《汉书》卷四十三《叔孙通传》。甲午：初三。〔6〕汜水之阳：汜水（济水支流）的北面。

【译文】

这时诸侯上疏说："楚王韩信、韩王信、淮南王英布、梁王彭越、原衡山王吴芮、赵王张敖、燕王臧荼冒死再拜说，大王陛下：以前秦朝的政治不合道义，天下人要诛灭它。大王先俘虏了秦王子婴，平定关中，在天下英雄中功劳最多。稳定并保护危亡的国家，救助即将败绝的诸侯，安定万民，功德盛大。又加恩惠于诸侯王有功之人，让他们建立封国。封地已经划定，而大王与别人的位号相同，没有上下的分别，使得大王卓著的功德，不能宣明后世。冒死再拜，请求大王接受皇帝的尊号。"汉王说："我听说帝是有贤德之人才能拥有的尊号，虚言无实的名号，不可取。现在诸侯王都推崇寡人，将怎样处理呢?"诸侯王都说："大王出身低贱，灭掉暴乱的秦朝，威势震动海内。又利用偏僻鄙陋的地方，从汉中推行美德，诛杀不义之徒，封立有功之人，平定海内，功臣都得到封地食邑，没有私自独占。大王的美德流播四海，诸侯王不能与之相比，大王居帝位实在非常合适，希望大王宠幸天下。"汉王说："各诸侯认为这样便于天下之民，那就可以了。"于是诸侯王及太尉长安侯卢绾等三百人，与博士稷嗣君叔孙通选择吉日，定在二月初三日，敬上尊号。汉王在汜水之北即皇帝位。尊王后为皇后，立太子为皇太子，追尊先母为昭灵夫人。

诏曰："故衡山王吴芮与子二人、兄子一人，从百粤之兵〔1〕，以佐诸侯，诛暴秦，有大功，诸侯立以为王。项羽侵夺之地，谓之番君。其以长沙、豫章、象郡、桂林、南海立番君芮为长沙王[2]。”又曰：“故粤王亡诸世奉粤祀，秦侵夺其地，使其社稷不得血食[3]。诸侯伐秦，亡诸身帅闽中兵以佐灭秦，项羽废而弗立。今以为闽粤工，工闽中地，勿使失职。”

【注释】

〔1〕百粤：即百越。我国古代南方越人的总称。分布在今浙江、福建、广东、广西等地，因部落众多，故总称百越。亦指百越居住的地方。　〔2〕长沙、豫章、象郡、桂林、南海：均为郡名。　〔3〕血食：谓受享祭品。古代杀牲取血以祭，故称。

【译文】

诏书说：“原衡山王吴芮与其子二人、兄子一人，率领百粤之兵，协助诸侯，诛灭暴秦，立下大功，诸侯立他为王。项羽侵夺他的土地，称之为番君。现在把长沙、豫章、象郡、桂林、南海五郡立番君吴芮为长沙王。”又说：“原粤王亡诸世代祭祀粤人先祖，秦人侵夺他的土地，使他的社稷再也得不到祭祀。诸侯伐秦的时候，亡诸亲率闽中士兵协助诸侯灭秦，而项羽将他废弃不立为王。现在立他为闽粤王，统治闽中之地，不要使他失职。”

帝乃西都洛阳。夏五月，兵皆罢归家。诏曰：“诸侯子在关中者[1]，复之十二岁[2]，其归者半之。民前或相聚保山泽，不书名数[3]，今天下已定，令各归其县，复故爵田宅[4]，吏以文法教训辨告[5]，勿笞辱。民以饥饿自卖为人奴婢者，皆免为庶人。军吏卒会赦，其亡罪而亡爵及不满大夫者[6]，皆赐爵为大夫。故大夫以上赐爵各一级，其七大夫以上[7]，皆令食邑，非七大夫以下，皆复其身及户，勿事。”又曰：“七大夫、公乘以上[8]，皆高爵也。诸侯子及从军归者，甚多高爵，吾数诏吏先与田宅，及所当求于吏者，亟与。爵或人君[9]，上所尊礼[10]，久立吏前，会不为决，甚亡谓也。异日秦民爵公大夫以上，令丞与亢礼[11]。今吾于爵非轻也，吏独安取此！且法以有功劳行田宅[12]，今小吏未尝从军者多满[13]，而有功者顾不得[14]，背公立私，守尉长吏教训甚不善。其令诸吏善遇高爵，称吾意。且廉问[15]，有不如吾诏者，以重论之。”

【注释】

〔1〕诸侯子：诸侯王之子。　〔2〕复：免除徭役。　〔3〕不书名数：没有户籍。　〔4〕复：恢复。　〔5〕辨：通“遍”。　〔6〕不满大夫：有爵而不到大夫级别者。大夫，爵名，第五级。　〔7〕七大夫：爵制第七级的大夫。　〔8〕公乘：爵名，第八级。　〔9〕爵或人君：爵高者拥有封地，称为人君。　〔10〕上：皇帝。　〔11〕亢礼：行对等之礼。亢，通“抗”。　〔12〕行：颁发。　〔13〕多满：多自满足。　〔14〕顾：反而。　〔15〕廉问：察访，查问。

【译文】

皇帝于是向西定都洛阳。夏五月，士兵都被解散回家。皇帝下诏说：“诸侯的儿子在关中的，免除赋役十二年，已经回乡的减一半。以前有的民众为自保聚集在山泽中，没有户籍，现在天下已安定，让他们各回原县，恢复原来的爵位田宅，官吏用法律条文教导训告百姓，不能鞭打羞辱。民众因饥饿自卖为别人奴婢的，都免为平民。军官士兵遇到大赦，无罪而无爵及虽有爵位但不到大夫的，一律赐给大夫爵位。原有大夫以上爵的各赐爵一级，七大夫以上，都受食邑。不是七大夫以下的，都免除自身及一户的赋税，不事差役。”又说：“七大夫、公乘以上的，都是高级爵位。诸侯后代及从军回乡的，有很多拥有高爵，我多次下诏官吏先给他们田宅，他们向官吏请求而又应当得到的，要尽快满足他们。爵位高的称人君，是天子尊敬礼遇的人，这些人长时间立在官吏面前，却不给解决问题，太没道理了。从前秦民爵在公大夫以上的，与县令、县丞在礼节上是平等的。现在我对爵位并不轻视，官吏怎么敢独自这样处理！况且法律规定有功劳的人要给予田宅，现在小吏未曾从军者多自满足，而有功者反而得不到，背公立私，这说明郡守郡尉及县级官吏对下级教导得不好。现在命令官吏们要善待高爵之人，让我满意。而且要察访，有不按我诏书办理的官吏，从重论处。”

帝置酒洛阳南宫。上曰：“通侯诸将毋敢隐朕[1]，皆言其情。吾所以有天下者何？项氏之所以失天下者何？”高起、王陵对曰：“陛下嫚而侮人，项羽仁而敬人。然陛下使人攻城略地，所降下者，因以与之，与天下同利也。项羽妒贤嫉能，有功者害之，贤者疑之，战胜而不与人功，得地而不与人利，此其所以失天下也。”上曰：“公知其一，未知其二。夫运筹帷幄之中，决胜千里之外，吾不如子房[2]；填国家[3]，抚百姓，给饷馈，不绝粮道，吾不如萧何；连百万之众，战必胜，攻必取，吾不如韩信。三者皆人杰，吾能用之，此吾所以取天下者也。项羽有一范增而不能用，此所以为我禽也〔4〕。”群臣说服〔5〕。

【注释】

〔1〕朕：我。本为古人自称之词，秦始皇二十六年起定为帝王自称之词。〔2〕子房：张良。张良字子房。称字表示尊敬。〔3〕填：通“镇”，安定。〔4〕禽：通“擒”。〔5〕说：通“悦”。

【译文】

皇帝在洛阳南宫设宴。皇帝说：“通侯各将，不要隐瞒我，都说出实情。我能得到天下的原因是什么？项羽失掉天下的原因是什么？”高起、王陵回答说：“陛下轻慢而欺辱人，项羽仁爱而敬重人。然而陛下派人攻城略地，攻下或降服的土地，就势赏给他，与天下同享其利。项羽嫉贤妒能，残害有功的人，猜疑贤能的人，得胜者不按功行赏，攻占土地者不给赏赐，这些就是他失掉天下的原因。”皇帝说：“你们只知其一，不知其二。运筹帷幄之中，决胜千里之外，我不如张良；安定国家，抚慰百姓，供给粮饷，不绝粮道，我不如萧何；统率百万士卒，交战一定取胜，攻城一定占领，我不如韩信。这三个人都是人杰，我能任用他们，这就是我取得天下的原因。项羽有一个谋士范增却不能任用，这是他被我擒获的原因。”群臣听了，心悦诚服。

初，田横归彭越。项羽已灭，横惧诛，与宾客亡入海〔1〕。上恐其久为乱，遣使者赦横，曰：“横来，大者王，小者侯[2]；不来，且发兵加诛。”横惧，乘传诣洛阳[3]，未至三十里，自杀。上壮其节，为流涕，发卒二千人，以王礼葬焉。

【注释】

〔1〕亡：逃跑。　〔2〕大者王，小者侯：高者给王位，低者也给侯爵。　〔3〕乘传：乘坐驿站的马车。传，驿站的马车。诣：到。

【译文】

当初田横归附彭越。项羽被灭掉以后，田横害怕被杀，与宾客逃到大海中。皇上担心他们日久作乱，就派使者赦免田横，说：“田横回来，大首领可以封王，小首领可以封侯；如果不来，将要发兵诛灭。”田横害怕，乘官车前往洛阳，走到离洛阳还有三十里的地方，就自杀了。皇上很称赞他的气节，为他流泪，调拨两千士兵，按诸侯王的礼仪将他埋葬。

戍卒娄敬求见[1]，说上曰：“陛下取天下与周异，而都洛阳，不便，不如入关，据秦之固。”上以问张良，良因劝上。是日，车驾西都长安。拜娄敬为奉春君，赐姓刘氏。六月壬辰[2]，大赦天下。

【注释】

〔1〕娄敬：齐（今山东）人。高祖五年献计定都关中。七年，刘邦亲征匈奴，娄敬谏止。邦不听，将其囚禁，后遇平城之围，及围解，赦敬，封为关内侯。主张汉与匈奴和亲，又建议将六国贵族后裔迁徙到关中。事迹详见《汉书》卷四十三《娄敬传》。　〔2〕壬辰：初三。

【译文】

戍卒娄敬求见皇上，劝皇上说："陛下夺取天下的方法与周朝不同，却建都洛阳，不合适，不如入关，占据秦朝的险固地区。"皇上将此事问张良，张良也趁机劝说皇上。当天，皇上起驾西行建都长安。封娄敬为奉春君，赐姓刘。六月初三，大赦天下。

秋七月，燕王臧荼反，上自将征之。九月，虏荼。诏诸侯王视有功者立以为燕王。荆王臣信等十人皆曰[1]："太尉长安侯卢绾功最多，请立以为燕王。"使丞相哙将兵平代地。

【注释】

〔1〕荆王臣信：即楚王韩信。

【译文】

秋七月，燕王臧荼反叛，皇上亲自率兵征讨。九月，俘获臧荼。下诏命令诸侯王选取有功之人立为燕王。楚王韩信等十人都说："太尉长安侯卢绾功劳最多，请立他为燕王。"皇上派丞相樊哙率兵平定代地。

利几反，上自击破之。利几者，项羽将。羽败，利几为陈令，降，上侯之颍川[1]。上至洛阳，举通侯籍召之[2]，而利几恐，反。

【注释】

〔1〕颍川：郡名。治阳翟（今河南禹县）。　〔2〕举通侯籍：拿

出侯籍簿册。

【译文】

利几反叛，皇上亲自率兵击破他。利几原是项羽的将领。项羽被打败时，利几任陈县令，降汉，皇上封他为颍川侯。皇上到洛阳的时候，按通侯名册召见他，利几却很恐惧，于是反叛。

后九月〔1〕，徙诸侯子关中。治长乐宫〔2〕。六年冬十月，令天下县邑城〔3〕。

【注释】

〔1〕后九月：闰九月。　〔2〕长乐宫：在长安城的东南隅。〔3〕城：修筑城墙。

【译文】

闰九月，把诸侯子弟迁到关中。修建长乐宫。六年冬十月，皇上命令天下的县邑修筑城墙。

人告楚王信谋反，上问左右，左右争欲击之。用陈平计，乃伪游云梦〔1〕。十二月，会诸侯于陈，楚王信迎谒，因执之。诏曰："天下既安，豪桀有功者封侯，新立，未能尽图其功。身居军九年，或未习法令，或以其故犯法，大者死刑，吾甚怜之。其赦天下。"田肯贺上曰："甚善，陛下得韩信，又治秦中。秦，形胜之国也，带河阻山，县隔千里〔2〕，持戟百万〔3〕，秦得百二焉〔4〕。地势便利，其以下兵于诸侯，譬犹居高屋之上建瓴水也〔5〕。夫齐，东有琅邪、即墨之饶[6]，南有泰山之固，西有浊河之限[7]，北有勃海之利[8]，地方二千里，持戟百万，县隔千里之外，齐得十二焉[9]。此东西秦也[10]。非亲子弟，莫可使王齐者。”上曰：“善。”赐金五百斤。上还至洛阳，赦韩信，封为淮阴侯。

【注释】

〔1〕云梦：古泽名。在今洪湖、洞庭湖一带。　〔2〕县隔：远隔。县，通“悬”。　〔3〕持戟百万：拥兵百万。　〔4〕秦得百二：言秦兵二万足当诸侯兵百万。　〔5〕居高屋之上建瓴（líng）水：在高屋脊上倒瓶中的水。形容居高临下的形势。建，倾倒。瓴，盛水瓶。〔6〕琅邪：县名，在今山东胶南县之南。即墨：县名，在今山东平度县东南。　〔7〕浊河：黄河。　〔8〕勃海：即渤海。　〔9〕齐得十二：言齐兵二十万足当诸侯兵百万。　〔10〕此东西秦：指齐地形势险要、物产丰富，可与秦地抗衡。

【译文】

有人告发楚王韩信谋反，皇上问左右的人，左右的人争相请求去攻击韩信。皇上用陈平的计策，就伪装到云梦巡游。十二月，在陈县会见诸侯，楚王韩信迎接拜见，趁机将他捉住。下诏说：“天下已经安定，豪杰有功者被封为侯，我当皇帝不久，还没来得及把有功的人都给予赏赐。将士们在军队九年，有的没有学过法令，有的因而犯了法，罪大的判了死刑，我很怜悯他们。今赦免天下罪人。”田肯祝贺皇上说：“这样做非常好，陛下抓获了韩信，又建都关中。秦是形势险要的地方，有黄河围绕、崤山阻塞，与诸侯相隔千里，如用百万士卒来攻，秦只用两万的兵力就能抵御。地势便利，如向关东发兵对付诸侯，就像在高屋之上用瓶子倒水。齐地，东有琅邪、即墨之富饶，南有泰山之险固，西有黄河之阻隔，北有渤海之便利。地方二千里，如有百万士卒来攻，相隔在千里之外，齐只用十二万的兵力就能抵御。这就是东西两个秦国啊。如果不是皇上的亲子弟，不可让他当齐王。”皇上说：“很好。”赐给田肯黄金五百斤。皇上回到洛阳的时候，赦免韩信，封他为淮阴侯。

甲申〔1〕，始剖符封功臣曹参等为通侯。诏曰：“齐，古之建国也，今为郡县，其复以为诸侯。将军刘贾数有大功，及择宽惠修洁者，王齐、荆地。”春正月丙午〔2〕，韩王信等奏请以故东阳郡、鄣郡、吴郡五十三县立刘贾为荆王，以砀郡、薛郡、郯郡三十六县立弟文信君交为楚王。壬子〔3〕，以云中、雁门、代郡五十三县立兄宜信侯喜为代王，以胶东、胶西、临淄、济北、博阳、城阳郡七十三县立子肥为齐王，以太原郡三十一县为韩国，徙韩王信都晋阳〔4〕。

【注释】

〔1〕甲申：十二月二十八日。　〔2〕丙午：二十一日。　〔3〕壬子：正月二十七日。　〔4〕晋阳：县名，在今山西太原市西南。

【译文】

二十八日，皇上开始剖符分封功臣曹参等人为通侯。下诏说：“齐，是古代的诸侯国，现在成了郡县，应该恢复其诸侯国的设置。将军刘贾多次立有大功，还要选择宽厚善良正派纯洁的人，封在齐、荆之地为王。”春正月二十一日，韩王信等奏请把原东阳郡、鄣郡、吴郡五十三县之地封刘贾为荆王，把砀郡、薛郡、郯郡三十六县之地封皇上之弟文信君刘交为楚王。二十七日，把云中、雁门、代郡五十三县之地封皇帝之兄宜信侯刘喜为代王，把胶东、胶西、临淄、济北、博阳、城阳郡七十三县之地封皇帝长子刘肥为齐王，把太原郡三十一县之地划为韩国，迁徙韩王信定都晋阳。

上已封大功臣二十余人，其余争功，未得行封。上居南宫，从复道上见诸将往往耦语〔1〕，以问张良。良曰："陛下与此属共取天下，今已为天子，而所封皆故人所爱，所诛皆平生仇怨。今军吏计功，以天下为不足用遍封，而恐以过失及诛，故相聚谋反耳。"上曰："为之奈何？"良曰："取上素所不快，计群臣所共知最甚者一人，先封以示群臣。"三月，上置酒，封雍齿，因趣丞相急定功行封〔2〕。罢酒，群臣皆喜，曰："雍齿且侯，吾属亡患矣！"

【注释】

〔1〕复道：楼阁间架空而建的通道。耦语：相对私语。耦，通"偶"。 〔2〕趣：通"促"，催促。

【译文】

皇上已将大功臣二十多人封为诸侯王，其余的互相争功，未能进行封赏。皇上住在南宫，从复道上常常看到诸将聚在一起谈论，就问张良这些人在说些什么。张良说："陛下与这些人一起打天下，现在您已成为天子，而已经封赏的都是老部下和所爱之人，所杀的都是平生仇怨之人。现在军吏计算军功，认为天下土地少，不足以人人都封侯，又恐怕因过失而被杀，因此相聚商议谋反啊。”皇上问：“这该怎么办?”张良说：“选取皇上一向不喜欢的，估计群臣都知道的最严重的一人，先封他为侯以示意于群臣。”三月，皇上设宴，封雍齿为侯，因而催促丞相尽快确定功劳进行封赏。宴后，群臣都很高兴，说：“雍齿尚且能够封侯，我们就不用担心了！”

上归栎阳，五日一朝太公。太公家令说太公曰〔1〕：“天亡二日，土亡二王。皇帝虽子，人主也；太公虽父，人臣也。奈何令人主拜人臣！如此，则威重不行〔2〕。”后上朝，太公拥彗〔3〕，迎门却行〔4〕。上大惊，下扶太公。太公曰：“帝，人主，奈何以我乱天下法！”于是上心善家令言，赐黄金五百斤。夏五月丙午〔5〕，诏曰：“人之至亲，莫亲于父子，故父有天下传归于子，子有天下尊归于父，此人道之极也。前日天下大乱，兵革并起，万民苦殃，朕亲被坚执锐〔6〕，自帅士卒，犯危难，平暴乱，立诸侯，偃兵息民，天下大安，此皆太公之教训也。诸王、通侯、将军、群卿、大夫已尊朕为皇帝，而太公未有号。今上尊太公曰太上皇。”

【注释】

〔1〕家令：掌管家事的官。　〔2〕威重：威严。　〔3〕拥彗：拿着扫帚。　〔4〕却行：倒退着行走。　〔5〕丙午：二十三日。〔6〕被坚执锐：披坚甲，执利兵。被，通“披”。

【译文】

皇上回到栎阳，每五天谒见太公一次。太公的家令劝太公说：“天无二日，地无二王。皇帝虽是您的儿子，却是人主；

太公虽是皇上的父亲，却是人臣。怎么能让人主拜谒人臣呢！这样，皇上的威权就不能体现。”后来皇上谒见太公，太公拿着扫帚，在门口迎接并倒退着行走，皇上大惊，下车扶住太公。太公说：“皇帝是人主，怎么能因为我而乱了天下大法！”于是皇上心里称赞家令的言论，赐给他黄金五百斤。夏五月二十三日，下诏书说：“人们最亲近的人，没有比父子更亲的，因此父有天下传归于子，子有天下尊归于父，这是人道的最高法则。从前天下大乱，战火四起，万民陷入苦难和灾祸，朕亲自披铠甲，执兵器，亲自统率士卒，冲破危难，平定暴乱，封立诸侯，停止战争，安抚百姓，天下太平，这都是太公教训的结果。诸王、通侯、将军、群卿、大夫已尊朕为皇帝，而太公没有名号。今敬尊太公为太上皇。”

秋九月，匈奴围韩王信于马邑[1]，信降匈奴。

七年冬十月，上自将击韩王信于铜鞮[2]，斩其将。信亡走匈奴，其将曼丘臣、王黄共立故赵后赵利为王，收信散兵，与匈奴共距汉。上从晋阳连战，乘胜逐北，至楼烦[3]，会大寒，士卒堕指者什二三[4]。遂至平城[5]，为匈奴所围七日，用陈平秘计得出[6]。使樊哙留定代地。

【注释】

〔1〕马邑：县名，今山西朔县。　〔2〕铜鞮（dī）：县名，今山西沁县南。　〔3〕楼烦：县名，今山西宁武。　〔4〕什二三：十分之二三。　〔5〕平城：县名，在山西大同东北。　〔6〕陈平秘计：据说陈平让画工画了美女图，暗中送给阏氏（yān zhī，匈奴单于嫡妻的

称号，相当于皇后），说汉朝有许多这样的美女，现在汉朝皇帝受困，要把这些美女献给单于。阏氏害怕美女夺宠，就对单于说：“汉天子也有神灵保护，侵占他的土地，也不能长久拥有。”于是放开包围圈的一角，刘邦得以突围逃出。

【译文】

秋九月，匈奴在马邑包围韩王信，韩王信投降匈奴。七年冬十月，皇上亲自率军在铜鞮攻击韩王信，斩其部将。韩王信逃往匈奴，他的部将曼丘臣、王黄共立原赵国之后赵利为王，收编韩王信的散兵，与匈奴共同抵抗汉军。皇上从晋阳连续作战，乘胜追击，到了楼烦，正巧遇上大冷天，士卒冻掉手指的有十分之二三。随即到了平城，被匈奴兵包围了七天，用陈平秘计才得以逃出。皇上派樊哙留下来平定代地。

十二月，上还过赵，不礼赵王。是月，匈奴攻代〔1〕，代王喜弃国，自归洛阳，赦为合阳侯。辛卯〔2〕，立子如意为代王〔3〕。

【注释】

〔1〕代：县名，在今河北蔚县东北。　〔2〕辛卯：七年十二月辛亥朔，无辛卯日。　〔3〕如意：刘邦之子，戚夫人所生。

【译文】

十二月，皇上返回时，经过赵国，不以礼接见赵王。这月，匈奴攻打代地，代王刘喜弃国逃跑，自己回到洛阳，皇上赦免他降为合阳侯。辛卯日，皇上封儿子如意为代王。

春，令郎中有罪耐以上[1]，请之。民产子，复勿事二岁。

【注释】

〔1〕郎中：官名。属光禄勋，管理车、骑、门户，侍从皇帝。耐：古代一种剃去须鬓的刑罚。

【译文】

春，下令郎中判有耐罪以上的，要向上请示。百姓生儿子的，免除徭役两年。

二月，至长安。萧何治未央宫[1]，立东阙、北阙、前殿、武库、大仓。上见其壮丽，甚怒，谓何曰："天下匈匈[2]，劳苦数岁，成败未可知，是何治宫室过度也!"何曰："天下方未定，故可因以就宫室[3]。且夫天子以四海为家，非令壮丽亡以重威，且亡令后世有以加也。"上说。自栎阳徙都长安。置宗正官以序九族[4]。夏四月，行如洛阳。

【注释】

〔1〕未央宫：汉宫名。在长安城内西南隅，即今西安市马家寨村。〔2〕匈匈：动乱不安的样子。　〔3〕就：建成。　〔4〕宗正：官名，掌管皇族事务。

【译文】

二月，皇上到长安。萧何建未央宫，建造东阙、北阙、前殿、武库、大仓。皇上看见这些建筑非常壮丽，很生气，对萧何说："天下动乱不安，劳苦多年，成败尚未可知，为什么把宫室建造得这样过度华丽！”萧何说：“天下还没有平定，所以可以趁此建造宫室。况且天子以四海为家，宫室不壮丽就不能加重声威，况且这样做也是为了让后世不要超过现在的规模。”皇上听了很高兴。皇上从栎阳迁都长安。设置宗正官来管理九族事务。夏四月，皇上前往洛阳。

八年冬，上东击韩信余寇于东垣〔1〕。还过赵，赵相贯高等耻上不礼其王，阴谋欲弑上。上欲宿，心动，问：“县名何？”曰：“柏人〔2〕。”上曰：“柏人者，迫于人也。”去弗宿。

【注释】

〔1〕东垣：县名，在今河北石家庄市东北。　〔2〕柏人：县名，在今河北内丘县东北。

【译文】

八年冬，皇上率军向东，在东垣打击韩王信的残余部队。返回时经过赵国，赵相贯高等因为皇上不礼待赵王而感到耻辱，阴谋要刺杀皇上。皇上本想留宿，心中一动，问：“此县叫什么名？”回答说：“柏人。”皇上说：“柏人，就是迫于人。”于是离开，不在此住宿。

十一月，令士卒从军死者为槥〔1〕，归其县，县给衣衾棺葬具，祠以少牢〔2〕，长吏视葬。十二月，行自东垣至〔3〕。

【注释】

〔1〕槥（huì）：小棺材。　〔2〕少牢：旧时祭祀，牛、羊、豕俱

用叫太牢，只用羊、豕二牲叫少牢。 〔3〕至：至于京城。

【译文】

十一月，下令为从军战死的士兵做小棺，送归本县，县里供给衣衾棺椁葬具，用羊和猪祭祀，长吏亲自到场送葬。十二月，皇上从东垣返回京城，

春三月，行如洛阳。令吏卒从军至平城及守城邑者皆复终身勿事。爵非公乘以上毋得冠刘氏冠。贾人毋得衣锦绣绮縠絺纻罽[1]，操兵[2]，乘骑马。秋八月，吏有罪未发觉者，赦之。九月，行自洛阳至，淮南王、梁王、赵王、楚王皆从。

【注释】

〔1〕贾（gǔ）人：商人。绮：有花纹的丝织品。縠（hú）：绉纱。絺（chī）：细葛布。纻：苎麻布。罽（jì）：毛织物。 〔2〕操兵：携带兵器。

【译文】

春三月，皇上前往洛阳。下令从军到平城的官兵及守城邑的人，都免赋役终身。爵不在公乘以上的，不得戴刘氏冠。商人不得穿锦绣绮縠纻罽编织的衣服，不得携带兵器，不得乘车骑马。秋八月，下令官吏有罪没有发觉的，赦免其罪。九月，从洛阳返回京城，淮南王、梁王、赵王、楚王都跟从而来。

九年冬十月。淮南王、梁王、赵王、楚王朝未央宫，置酒前殿。上奉玉卮为太上皇寿[1]，曰："始大人常以臣亡

赖[2]，不能治产业，不如仲力。今某之业所就孰与仲多[3]？”殿上群臣皆称万岁，大笑为乐。

【注释】

〔1〕玉卮（zhī）：玉制的盛酒器。 〔2〕亡赖：没有本事，不中用。亡，通“无”。 〔3〕孰与仲多：与老二相比谁更多？

【译文】

九年冬十月，淮南王、梁王、赵王、楚王在未央宫朝见皇上，在前殿设酒宴。皇上手捧玉杯给太上皇祝寿，说：“当初大人常说我无赖，不能管理产业，不如老二勤快。现在我所成就的事业和老二相比谁的多？”殿上群臣都高呼万岁，大笑为乐。

十一月，徙齐楚大族昭氏、屈氏、景氏、怀氏、田氏五姓关中，与利田宅[1]。十二月，行如洛阳。

【注释】

〔1〕利：上等的。

【译文】

十一月，迁徙齐楚大族昭氏、屈氏、景氏、怀氏、田氏五姓人家到关中，供给很好的田宅。十二月，皇上前往洛阳。

贯高等谋逆发觉，逮捕高等，并捕赵王敖下狱。诏敢有随王，罪三族[1]。郎中田叔、孟舒等十人自髡钳为王家奴[2]，从王就狱。王实不知其谋。春正月，废赵王敖为宣平侯。徙代王如意为赵王，王赵国。丙寅[3]，前有罪殊死以下，皆赦之。

【注释】

〔1〕三族：指父族、母族、妻族。 〔2〕髡钳：汉五岁刑名。髡，剃去头发。钳，以铁束颈。汉代奴隶也多髡钳。 〔3〕丙寅：正月二十八日。

【译文】

贯高等人谋杀皇上之事被发觉，皇上下令逮捕贯高等人，并逮捕赵王张敖，将其关进监狱。下诏说，敢有跟随赵王的，罪及三族。郎中田叔、孟舒等十人自愿髡发钳颈成为赵王家奴，跟随赵王入狱。赵王实际上不知道贯高的阴谋。春正月，皇上废赵王张敖为宣平侯。改迁代王如意为赵王，统治赵国。正月二十八日，下令从前死罪以下的罪犯，都得到赦免。

二月，行自洛阳至。贤赵臣田叔、孟舒等十人[1]，召见与语，汉廷臣无能出其右者[2]。上说，尽拜为郡守、诸侯相。

【注释】

〔1〕贤：赞赏。 〔2〕无能出其右：无人能超过他。右，古人以右为尊，这里是“上”的意思。

【译文】

二月，皇上从洛阳回到京城。皇上认为赵王的臣子田叔、孟舒等十人是贤能之人，召见并与他们谈话，发现朝廷的大臣都不如他们。皇上很高兴，把他们全都封为郡守或诸侯的国相。

夏六月乙未晦[1]，日有食之。十年冬十月，淮南王、燕王、荆王、梁王、楚王、齐王、长沙王来朝。夏五月，太上皇后崩。秋七月癸卯[2]，太上皇崩，葬万年[3]。赦栎阳囚死罪以下。八月，令诸侯王皆立太上皇庙于国都。

【注释】

〔1〕乙未：二十九日。〔2〕癸卯：十四日。〔3〕万年：刘邦之父葬于当时栎阳县境内的北原。后置其地为万年县，在今陕西临潼东北。

【译文】

夏六月二十九日，发生了日食。十年冬十月，淮南王、燕王、荆王、梁王、楚王、齐王、长沙王前来朝见皇上。夏五月，太上皇后崩。秋七月十四日，太上皇崩，葬在万年县。下令赦免栎阳死罪以下的囚犯。八月，命令诸侯王都在国都建立太上皇庙。

九月，代相国陈豨反[1]。上曰："豨尝为吾使，甚有信。代地吾所急，故封豨为列侯，以相国守代，今乃与王黄劫掠代地！吏民非有罪也，能去豨、黄来归者，皆赦之。"上自东，至邯郸[2]。上喜曰："豨不南据邯郸而阻漳水[3]，吾知其亡能为矣。"赵相周昌奏常山二十五城亡其二十城，请诛守尉。上曰："守尉反乎？"对曰："不。"上曰："是力不足，亡罪。”上令周昌选赵壮士可令将者，白见四人〔4〕。上嫚骂曰〔5〕：“竖子能为将乎！”四人惭，皆伏地。上封各千户，以为将。左右谏曰：“从入蜀汉，伐楚，赏未遍行，今封此，何功?”上曰：“非汝所知。陈豨反，赵代地皆豨有。吾以羽檄征天下兵〔6〕，未有至者，今计唯独邯郸中兵耳。吾何爱四千户，不以慰赵子弟!”皆曰：“善。”又求“乐毅有后乎〔7〕”？得其孙叔，封之乐乡，号华成君。问豨将，皆故贾人。上曰：“吾知与之矣〔8〕。”乃多以金购豨将〔9〕，豨将多降。

【注释】

〔1〕陈豨（xī）：宛句（今山东菏泽西南）人，从刘邦至霸上，以游击将军定代地。高祖六年，封为阳夏侯。十年，以赵相将兵守代。后联合王黄、曼丘臣等反叛，自立为代王。二年后被樊哙的部下追斩于灵丘（今属山西）。事迹详见《汉书》卷三十四《卢绾传》附《陈豨传》。 〔2〕邯郸：县名，今河北邯郸市。 〔3〕漳水：源于今山西省，经邯郸南，东流入黄河。 〔4〕白见：报上后，由天子召见。〔5〕嫚骂：肆意辱骂。 〔6〕羽檄：插有羽毛的檄，表示紧急。檄（xí），古代用于征召、通告或声讨的文告。 〔7〕乐毅：战国时燕国名将。 〔8〕与：对付。 〔9〕购：收买。

【译文】

九月，代国相国陈豨反叛。皇上说：“陈豨曾作过我的使臣，很讲信用。代地是我非常看重的地方，因此封他为列侯，以相国的身份镇守代地，现在竟然与王黄等劫掠代地！官吏百姓没有罪，能离开陈豨、王黄来归附朝廷的，全部赦免。”皇上亲自率军东征，到达邯郸。皇上高兴地说："陈豨不向南占据邯郸而防御漳水，我知道他不能有所作为了。"赵相周昌上奏说，常山二十五城丢掉了二十城，请求杀死郡守、郡尉。皇上问："郡守、郡尉反了没有？"周昌回答说："没有。"皇上说："这是兵力不足的缘故，他们是无罪的。"皇上命令周昌挑选赵地可以带兵的壮士，周昌向皇上推荐了四个人。皇上谩骂说："小子能当将军吗！"四人听了很羞惭，全都伏在地上。皇上各封千户，任命为将。左右劝谏说："对跟从您入蜀汉，伐楚的人，封赏还没有完，今天却封这四个人，他们有什么功？"皇上说："这不是你所能知道的。陈豨反叛，赵代地区都被陈豨占有。我曾以羽檄征召天下之兵，没有来响应的。现在的办法只能单独依靠邯郸地区的士兵了。我何必舍不得四千户，不用来慰劳赵地的子弟！"左右听了都说："很好。"皇上又打听乐毅有没有后代，结果找到了他的孙子乐叔，将他封在乐乡，号华成君！皇上又询问陈豨将领的情况，得知都是旧时的商人。皇上说："我知道怎么对付了。"于是多用黄金收买陈豨的将领，陈豨的将领大都投降了。

十一年冬，上在邯郸。豨将侯敞将万余人游行〔1〕，王黄将骑千余军曲逆〔2〕，张春将卒万余度河攻聊城〔3〕。汉将军郭蒙与齐将击，大破之。太尉周勃道太原入定代地〔4〕，至马邑，马邑不下，攻残之。豨将赵利守东垣，高祖攻之不下。卒骂，上怒。城降，卒骂者斩之。诸县坚守不降反寇者，复租赋三岁。

【注释】

〔1〕游行：流动作战。　〔2〕曲逆（yù）：县名，在今河北完县东南。　〔3〕张春：陈豨的部将。度：通“渡”。聊城：县名，在今山东聊城市西北。　〔4〕太尉：全国最高军事长官。太原：郡名，治晋阳（今山西太原市西南）。

【译文】

十一年冬，皇上在邯郸。陈豨的部将侯敞率万余人流动作战，王黄率一千多骑兵驻扎在曲逆，张春率卒万余人渡过黄河攻打聊城。汉将军郭蒙与齐国将领率兵迎击，大破这三路陈豨兵。汉太尉周勃从太原进入代地，兵临马邑，马邑不投降，攻破并进行残杀。陈豨的部将赵利驻守东垣，高祖攻打不下。赵利的士兵在城上辱骂，皇上大怒。东垣城降以后，辱骂的士兵被斩首。各县坚守不降陈豨的，免除租赋三年。

春正月，淮阴侯韩信谋反长安，夷三族[1]。将军柴武斩韩王信于参合[2]。

【注释】

〔1〕夷：诛灭。　〔2〕参合：县名，在今山西阳高县南。

【译文】

春正月，淮阴侯韩信在长安谋反，被诛灭三族。将军柴武在参合斩杀韩王信。

上还洛阳。诏曰：“代地居常山之北[1]，与夷狄边，赵乃从山南有之，远，数有胡寇，难以为国。颇取山南太原之地益属代[2]，代之云中以西为云中郡[3]，则代受边寇益少矣。王、相国、通侯、吏二千石择可立为代王者。”燕王绾、相国何等三十三人皆曰：“子恒贤知温良[4]，请立以为代王，都晋阳。”大赦天下。

【注释】

〔1〕常山：郡名，治元氏（在今河北元氏县西北）。 〔2〕颇取：少量割取之意。 〔3〕云中郡：治所在云中。云中，县名，在今内蒙呼和浩特市西南。 〔4〕子恒：刘邦之子刘恒，初为代王，后为汉文帝。事迹详见《汉书》卷四《文帝纪》。知：通“智”。

【译文】

皇上返回洛阳。下诏说：“代地在常山以北，与夷狄交界，赵的国境却从常山的南面开始，距代很远，代地常有胡人入寇，难以保全国土。现在割取山南太原之地增加给代国，将代地的云中以西地区设为云中郡，那么代国受到的边寇侵扰就减少了。王、相国、通侯、二千石官吏请选择可以立为代王的人。”燕王卢绾、相国萧何等三十三人都说：“皇子刘恒贤德聪明，温厚善良，请立为代王，定都晋阳。”皇上下令大赦天下。

二月，诏曰：“欲省赋甚。今献未有程[1]，吏或多赋以为献，而诸侯王尤多，民疾之。令诸侯王、通侯常以十月朝献，及郡各以其口数率[2]，人岁六十三钱[3]，以给献费。”又曰：“盖闻王者莫高于周文[4]，伯者莫高于齐桓[5]，皆待贤人而成名。今天下贤者智能岂特古之人乎？患在人主不交故也，士奚由进！今吾以天之灵，贤士大夫定有天下，以为一家，欲其长久，世世奉宗庙亡绝也。贤人已与我共平之矣，而不与吾共安利之，可乎？贤士大夫有肯从我游者，吾能尊显之。布告天下，使明知朕意。御史大夫昌下相国[6]，相国酂侯下诸侯王[7]，御史中执法下郡守[8]，其有意称明德者，必身劝，为之驾，遣诣相国府，署行、义、年[9]。有而弗言，觉，免。年老癃病[10]，勿遣。”

【注释】

〔1〕献：进献贡品。程：章程，规定。 〔2〕以其口数率：以人口数计算。 〔3〕人岁六十三钱：即从每人每年算赋一百十二钱中抽出六十三钱，作为献费。 〔4〕周文：即周文王。 〔5〕伯：通“霸”。齐桓：即齐桓公，春秋五霸之一。 〔6〕昌：指周昌。下：通知，传达。 〔7〕酂侯：萧何。 〔8〕御史中执法：御史中丞之初名。 〔9〕行：品行。义：通“仪”，仪表。年：年龄。 〔10〕癃(lóng)：衰弱多病。

【译文】

二月，下诏说：“很想减少赋税。如今献赋没有章程，官吏有的以多收赋税以为献费，而诸侯王征收更多，百姓非常痛恨。下令诸侯王、通侯按常例在十月朝见献赋，郡的纳献都要以人口数计算，每人每年六十三钱，用来缴纳献费。”又说：“听说帝王没有高于周文王的，霸主没有高于齐桓公的，都是依靠贤人而成名。现在天下的贤人的智能难道只有古人才有吗？问题在于人主不与他们结交，贤士由何处进见呢！现在我依靠上天的保佑，与贤士大夫夺取天下，使天下成为一家，想让它长久传承下去，世世代代祭祀宗庙永不断绝。贤人已经与我一起平定天下了，而不与我共安定同安享天下，可以吗？贤士大夫有肯跟随我的，我能够让他尊贵扬名。布告天下，使人们明白我的心意。御史大夫周昌通知各诸侯国的相国，相国酂侯萧何通知诸侯王，御史中执法通知郡守，如果有诚意推举品德贤明的人，就一定亲自鼓励他们，为他们驾车，送到相国府，登记品行、仪表、年龄。如果有品德贤明的人却不举荐，一旦发现，就免去官职。年老疲病的，不要送来。”

三月，梁王彭越反，夷三族。诏曰：“择可以为梁王、淮阳王者。”燕王绾、相国何等请立子恢为梁王〔1〕，子友为淮阳王〔2〕。罢东郡，颇益梁；罢颍川郡，颇益淮阳。

【注释】

〔1〕子恢：刘邦第五子刘恢。　〔2〕子友：刘邦第六子刘友。

【译文】

三月，梁王彭越谋反，被诛灭三族。皇上下诏说：“选择可以做梁王、淮阳王的人。”燕王卢绾、相国萧何等请立皇子刘恢为梁王，皇子刘友为淮阳王。撤销东郡，把它的一部分土地并入梁国封地；撤销颍川郡，把它的一部分土地并入淮阳国封地。

夏四月，行自洛阳至。令丰人徙关中者皆复终身。五月，诏曰：“粤人之俗，好相攻击，前时秦徙中县之民南方三郡〔1〕，使与百粤杂处。会天下诛秦，南海尉它居南方长治之〔2〕，甚有文理，中县人以故不耗减，粤人相攻击之俗益止，俱赖其力。今立它为南粤王。”使陆贾即授玺绶。它稽首称臣。

【注释】

〔1〕中县：指中原地区。南方三郡：指桂林、象郡、南海三郡。〔2〕它（tuó）：赵它，又作“赵佗”（？—前137）。秦初，被任命为南海郡龙川县令。秦二世时，任南海尉。秦灭，攻占桂林、南海、象郡，建立南越国，自立为王。汉高祖十一年，派陆贾前往招抚，封他为南越王。吕后时，背汉，自称帝。文帝时再派陆贾前往招抚。景帝时，附汉称臣。长治之：言为长官而治理之。

【译文】

夏四月，皇上从洛阳返回京城。下令凡丰邑人迁徙到关中的都终身免除赋役。五月，皇上下诏说：“粤人的习俗，喜好互相打斗，以前秦朝迁徙中原之民到南方三郡，让他们与百粤人杂居。正逢天下诛灭秦朝，南海尉赵它在南方作为官长治理此地，很有条理，中原人因此没有减少，粤人互相打斗的风俗更是被制止，这全靠赵它之力。现在封赵它为南粤王。”派陆贾前去授予官印。赵它磕头称臣。

六月，令士卒从入蜀、汉、关中者皆复终身。秋七月，淮南王布反。上问诸将，滕公言故楚令尹薛公有筹策。上召见，薛公言布形势，上善之，封薛公千户。诏王、相国择可立为淮南王者，群臣请立子长为王〔1〕。上乃发上郡、北地、陇西车骑，巴蜀材官及中尉卒三万人为皇太子卫〔2〕，军霸上。布果如薛公言，东击杀荆王刘贾，劫其兵，度淮击楚，楚王交走入薛。上赦天下死罪以下，皆令从军；征诸侯兵，上自将以击布。

【注释】

〔1〕子长（cháng）：刘邦第七子刘长。　〔2〕材官：步卒。中尉：官名，掌京师治安，后改称执金吾。

【译文】

六月，下令跟从进入蜀郡、汉中郡、关中的士兵，全部免除终身赋税徭役。秋七月，淮南王黥布反叛。皇上向诸将询问，滕公说原楚令尹薛公有计策。皇上召见薛公，薛公分析了英布所处的形势，皇上赞赏他的看法，封赏他一千户。诏令诸侯王、相国选择可以立为淮南王的人，群臣请立皇子刘长为王。皇上于是征调上郡、北地、陇西的骑兵，巴郡、蜀郡的步兵及中尉士兵三万人为皇太子卫士，驻军霸上。英布果然如薛公所说，带兵向东攻击，杀死荆王刘贾，胁迫他的士兵，渡过淮河攻打楚地，楚王刘交逃入薛城。皇上赦免天下死罪以下的罪犯，全让他们从军；又征调诸侯的军队，皇上亲自率军攻打英布的军队。

十二年冬十月，上破布军于会缶[1]，布走，令别将追之。上还，过沛，留，置酒沛宫，悉召故人父老子弟佐酒。发沛中儿得百二十人，教之歌。酒酣，上击筑[2]，自歌曰："大风起兮云飞扬，威加海内兮归故乡，安得猛士兮守四方！"令儿皆和习之。上乃起舞，慷慨伤怀，泣数行下。谓沛父兄曰："游子悲故乡。吾虽都关中，万岁之后吾魂魄犹思乐沛[3]。且朕自沛公以诛暴逆，遂有天下，其以沛为朕汤沐邑[4]，复其民，世世无有所与。”沛父老诸母故人日乐饮极欢，道旧故为笑乐。十余日，上欲去，沛父兄固请。上曰：“吾人众多，父兄不能给。”乃去。沛中空县皆之邑西献[5]。上留止，张饮三日[6]。沛父兄皆顿首曰：“沛幸得复，丰未得，唯陛下哀矜[7]。”上曰：“丰者，吾所生长，极不忘耳。吾特以其为雍齿故反我为魏。”沛父兄固请之，乃并复丰，比沛[8]。

【注释】

〔1〕会缶：即会甀（kuài chuí），邑名，在今安徽宿州西南。〔2〕筑：古弦乐器名。〔3〕万岁之后：犹言死后。〔4〕汤沐邑：国君、皇后、公主等收取赋税的私邑。〔5〕空县：言全县出动。献：指贡献牛酒送行。〔6〕张饮：设帐聚饮。〔7〕哀矜：哀怜；怜悯。〔8〕比沛：与沛县同。

【译文】

十二年冬十月，皇上在会缶击败黥布的军队，英布逃走，皇上派别将追击他。皇上返回，经过沛县，停下来，在沛宫设置酒宴，把老朋友、父老子弟都召集来助酒。又征集沛中少年一百二十人，教他们唱歌。酒喝得正痛快时，皇上击筑，并唱起自己创作的歌：“大风起兮云飞扬，威加海内兮归故乡，安得猛士兮守四方！”让少年跟着他学唱这首歌。皇上于是起舞，慷慨悲伤，泪水一行行流下。皇上对沛县父兄说：“远游之人总是伤心地思念故乡。我虽然定都关中，但死后我的魂魄还是思念爱恋沛县。况且我以沛公的身份诛讨暴逆，最终得到天下，现在把沛县作为我的汤沐邑，免除沛县百姓的赋役，世世代代都不负担徭役。”沛县父老、老妇以及老朋友整日畅饮尽欢，讲谈往事，取笑作乐。十多天后，皇上想要离去，沛县父兄坚决请求皇上留下来。皇上说：“随从我的人众多，父兄难以供应。”于是离开。沛县全城皆空，百姓都赶往县城西面进献酒肉。皇上又停下来，设帐痛饮三天。沛县父兄都叩头说：“沛县有幸得到免除赋役的恩赐，丰邑却未得到，请求陛下可怜丰邑的人。”皇上说：“丰邑是我生长之地，是最不能忘的。我只是因为他们曾为雍齿的缘故背叛我去降魏才这样。”沛县父兄一再请求，皇上才一并免除丰邑的赋役，与沛县相同。

汉别将击布军洮水南北[1]，皆大破之，追斩布番阳[2]。周勃定代，斩陈豨于当城[3]。

【注释】

〔1〕洮水：古水名，在江淮之间。　〔2〕番（pó）阳：县名，在今江西波阳县东北。　〔3〕当城：县名，在今河北蔚县东北。

【译文】

汉别将在洮水南北两岸攻打黥布的军队，大破黥布军，追到番阳杀死黥布。周勃平定代地，于当城杀掉陈豨。

诏曰：“吴，古之建国也，日者荆王兼有其地[1]，今死亡后。朕欲复立吴王，其议可者。”长沙王臣等言：“沛侯濞重厚[2]，请立为吴王。”已拜，上召谓濞曰：“汝状有反相。”因拊其背，曰：“汉后五十年东南有乱，岂汝邪？然天下同姓一家，汝慎毋反。”濞顿首曰：“不敢。”

【注释】

〔1〕日者：往日，从前。 〔2〕濞（bì）：刘濞（前215—前154），刘邦兄刘仲之子。高祖十一年，封沛侯。十二年，立为吴王。景帝二年，刘濞以诛晁错为名，联合楚、赵等诸侯国谋反，史称“七国之乱”。后被杀。事迹详见《汉书》卷三十五《吴王刘濞传》。

【译文】

皇上下诏说：“吴是古代建立的国家，从前荆王兼有此地，现在荆王死了没有后代。我想要再立吴王，请商议可以做吴王的人。”长沙王吴臣等说：“沛侯刘濞稳重厚道，请立他为吴王。”在封王之后，皇上召见刘濞说：“你的外表有反叛之相。”于是拍着他的背，说：“汉朝以后五十年东南地区有祸乱，难道是你造成的吗？然而天下同为刘姓一家，你千万不要谋反。”刘濞叩头说：“不敢。”

十一月，行自淮南还。过鲁，以大牢祠孔子〔1〕。十二月，诏曰：“秦皇帝、楚隐王、魏安釐王、齐愍王、赵悼襄王皆绝亡后〔2〕。其与秦始皇帝守冢二十家，楚、魏、齐各十家，赵及魏公子无忌各五家〔3〕，令视其冢，复亡与它事。”

【注释】

〔1〕大牢：即太牢，牛羊豕三牲全备为“太牢”。祠：祭祀。 〔2〕楚隐王：指陈胜。 〔3〕魏公子无忌：即信陵君。

【译文】

十一月，皇上从淮南返回京城。经过鲁国时，用太牢之礼祭祀孔子。十二月，下诏说："秦始皇帝、楚隐王陈胜、魏安釐王、齐愍王、赵悼襄王皆断绝子嗣没有后代。现在给秦始皇帝守坟二十家，楚、魏、齐各十家，赵及魏公子无忌各五家，让这些人家看守坟墓，免除他们的赋役，并且不摊派其他差事。"

陈豨降将言豨反时燕王卢绾使人之豨所阴谋。上使辟阳侯审食其迎绾，绾称疾。食其言绾反有端。春二月，使樊哙、周勃将兵击绾。诏曰："燕王绾与吾有故〔1〕，爱之如子。闻与陈豨有谋，吾以为亡有，故使人迎绾。绾称疾不来，谋反明矣。燕吏民非有罪也，赐其吏六百石以上爵各一级。与绾居，去来归者，赦之，加爵亦一级。"诏诸侯王议可立为燕王者，长沙王臣等请立子建为燕王〔2〕。

【注释】

〔1〕有故：有旧交情。 〔2〕子建：刘邦第八子刘建。

【译文】

陈豨的降将告发说陈豨反叛时，燕王卢绾曾派人到陈豨的住处暗中谋议。皇上派遣辟阳侯审食其迎接卢绾进京，卢绾称病不来。审食其说卢绾谋反已有了征兆。春二月，皇上派樊哙、周勃率军攻打卢绾。下诏说："燕王卢绾与我有交情，我爱护他像爱护儿子一样。听说他与陈豨密谋反叛，我以为没有此事，因此派人迎接他进京。现在他托病不来，谋反之心已经显明了。燕国的吏民没有罪，官吏在六百石以上级别的各赐爵一级。曾与卢绾居住在一处，离开他来归顺的，赦免罪责，也加爵一级。”下诏诸侯王商议可以立为燕王的人，长沙王吴臣等请立皇子刘建为燕王。

诏曰：“南武侯织亦粤之世也，立以为南海王。”三月，诏曰：“吾立为天子，帝有天下，十二年于今矣。与天下之豪士贤大夫共定天下，同安辑之。其有功者上致之王，次为列侯，下乃食邑。而重臣之亲，或为列侯，皆令自置吏，得赋敛，女子公主[1]。为列侯食邑者，皆佩之印，赐大第室[2]。吏二千石，徙之长安，受小第室。入蜀汉定三秦者，皆世世复。吾于天下贤士功臣，可谓亡负矣。其有不义背天子擅起兵者，与天下共伐诛之。布告天下，使明知朕意。”

【注释】

〔1〕公主：天子之女称“公主”，诸侯之女称“翁主”。 〔2〕大第室：高级住宅。

【译文】

皇上下诏说：“南武侯织也是粤人的后代，立他为南海王。”三月，下诏说：“我立为天子，称帝统治天下，至今已有十二年了。我与天下的豪杰之士和贤大夫一起平定天下，又共同安抚百姓。有功劳的人，最高的被封了王，次一等的封了侯，再下的也封给食邑。而重臣的亲属，有的封为列侯，都让他们自己设置官吏，征收赋税，他们的女儿称为公主。被封为列侯和有食邑的人，都让他们佩带官印，赏赐给高大的住宅。二千石一级的官吏，迁徙到长安，赏赐给小的住宅。跟从我进入蜀郡、汉中郡并平定三秦的人，全都世世代代免除赋役。我对于天下贤士功臣，可以说是没有亏待他们。如果有不守道义、背叛天子而擅自起兵的人，我将与天下人共同讨伐诛杀他。布告天下，使人们明白了解我的心意。”

上击布时，为流矢所中，行道疾。疾甚，吕后迎良医。医入见，上问医。曰：“疾可治。”于是上嫚骂之，曰：“吾以布衣提三尺取天下〔1〕，此非天命乎？命乃在天，虽扁鹊何益〔2〕！”遂不使治疾，赐黄金五十斤，罢之。吕后问曰：“陛下百岁后〔3〕，萧相国既死，谁令代之？”上曰：“曹参可。”问其次，曰：“王陵可，然少戆〔4〕，陈平可以助之。陈平知有余，然难独任。周勃重厚少文，然安刘氏者必勃也，可令为太尉。”吕后复问其次，上曰：“此后亦非乃所知也〔5〕。”

【注释】

〔1〕三尺：指剑。　〔2〕扁鹊：战国时名医，姓秦，名越人。〔3〕百岁后：犹言死后。　〔4〕少戆（zhuàng）：稍有点戆直。〔5〕乃：你。

【译文】

皇上攻打黥英的时候，被流箭射中，在路上病情加重。病情危急，吕后请良医来治。医生入见，皇上问医生。医生说：“您的病还能治。”于是皇上对着他大骂，说：“我以平民的身份，手持三尺剑夺取天下，这不是天命吗？性命在天，即使扁鹊又有什么用呢！”于是不让他治病，赐给他黄金五十斤，让他走了。吕后向皇上问道："陛下百年之后，萧相国也死了，让谁去接替他?"皇上说："曹参可以。"吕后又问曹参死后谁来接替，皇上说："王陵可以，但他稍微有些憨直，陈平可以协助他。陈平智谋有余，然而难以独当大任。周勃稳重忠厚而少文饰，然而将来安定刘氏天下的人一定是周勃，可以让他担任太尉。"吕后又问以后的事，皇上说："这以后也不是你所能知道的了。"

卢绾与数千人居塞下候伺，幸上疾愈，自入谢。夏四月甲辰〔1〕，帝崩于长乐宫。卢绾闻之，遂亡入匈奴。

【注释】

〔1〕甲辰：二十五日。

【译文】

卢绾与数千人在塞下等待观望，希望皇上病好之后，亲自进京谢罪。夏四月二十五日，皇帝在长乐宫去世。卢绾听到这个消息，于是逃入匈奴地区。

吕后与审食其谋曰："诸将故与帝为编户民〔1〕，北面为臣，心常鞅鞅〔2〕，今乃事少主，非尽族是〔3〕，天下不安。"以故不发丧。人或闻，以语郦商。郦商见审食其曰："闻帝已崩，四日不发丧，欲诛诸将。诚如此，天下危矣。陈平、灌婴将十万守荥阳，樊哙、周勃将二十万定燕代，此闻帝崩，诸将皆诛，必连兵还乡〔4〕，以攻关中。大臣内畔，诸将外反，亡可跻足待也。"审食其入言之，乃以丁未发丧[5]，大赦天下。

【注释】

〔1〕编户民：登记在户口簿上的人，即平民。〔2〕鞅鞅：通“怏怏”，不满足。〔3〕族：族灭。〔4〕乡：通“向”。〔5〕丁未：二十八日。

【译文】

吕后与审食其商议说：“诸将过去与皇帝都是平民百姓，后来他们北面称臣，常常心中不快，现在却要事奉少主，如果不全部族灭这些人，天下就不会安定下来。”因此不发丧。有人听到了消息，告诉了郦商。郦商见审食其说：“听说皇帝已崩，已过了四天还不发丧，想要诛杀诸将。如果真是这样，天下就危险了。陈平、灌婴率领十万士兵镇守荥阳，樊哙、周勃率领二十万士兵平定燕代，这些将领如果听说皇帝驾崩，他们都将被杀死，必然联合率兵返回，攻打关中。大臣在城内叛乱，诸将在城外造反，国家的灭亡就可以翘足以待了。”审食其随即入宫劝说吕后，于是在二十八日发丧，并大赦天下。

五月丙寅[1]，葬长陵[2]。已下，皇太子群臣皆反至太上皇庙[3]。群臣曰：“帝起细微，拨乱世反之正，平定天下，为汉太祖，功最高。”上尊号曰高皇帝[4]。

【注释】

〔1〕五月丙寅：五月十七日。〔2〕长陵：汉高祖陵墓，在今陕西咸阳市东北。〔3〕反：通“返”。〔4〕尊号：谥号。

【译文】

五月十七日，把皇帝埋葬在长陵。下葬之后，皇太子和群臣都返回到太上皇庙。群臣说："皇帝出身低贱，扭转乱世，使之返回正路，平定天下，成为汉朝的太祖，功劳最高。"于是敬上尊号，称为高皇帝。

初，高祖不修文学，而性明达，好谋，能听，自监门戍卒[1]，见之如旧。初顺民心作三章之约。天下既定，命萧何次律令，韩信申军法，张苍定章程[2]，叔孙通制礼仪，陆贾造《新语》。又与功臣剖符作誓[3]，丹书铁契，金匮石室，藏之宗庙。虽日不暇给[4]，规摹弘远矣[5]。

【注释】

〔1〕自：虽。监门：指郦食其。戍卒：指娄敬。 〔2〕章程：有关历术及度、量、衡等的规章制度。 〔3〕誓：誓言，有"使河为带，泰山若厉，国乃灭绝"之誓。 〔4〕日不暇给：事务繁忙，没有空闲。 〔5〕规摹：规划。

【译文】

当初，高祖不研习学问，但性情豁达，爱好计谋，善于听取他人的建议，无论看门人还是守城的士兵，一见面就像是老朋友一样。起初顺应民心，与民约法三章。天下平定之后，命令萧何编写律令，韩信整理兵法，张苍制定律历章程，叔孙通制定礼仪，陆贾撰写《新语》。又与功臣剖符作誓，立丹书铁契，存入金匮石室，藏在宗庙。虽然事务繁多，没有空闲，但其规划可以作为典范传之久远。

赞曰[1]：《春秋》晋史蔡墨有言[2]，陶唐氏既衰[3]，其后有刘累，学扰龙[4]，事孔甲[5]，范氏其后也。而大夫范宣子亦曰[6]："祖自虞以上为陶唐氏，在夏为御龙氏，在商为豕韦氏，在周为唐杜氏，晋主夏盟为范氏。"范氏为晋士师，鲁文公世奔秦。后归于晋，其处者为刘氏。刘向云战国时刘氏自秦获于魏。秦灭魏，迁大梁，都于丰，故周市说雍齿曰"丰，故梁徙也"。是以颂高祖云："汉帝本系，出自唐帝。降及于周，在秦作刘。涉魏而东，遂为丰公。"丰公，盖太上皇父。其迁日浅，坟墓在丰鲜焉。及高祖即位，置祠祀官，则有秦、晋、梁、荆之巫，世祠天地，缀之以祀[7]，岂不信哉！由是推之，汉承尧运，德祚已盛，断蛇著符，旗帜上赤[8]，协于火德，自然之应，得天统矣。

【注释】

〔1〕赞：赞有"总结"的意思，这里译为"总评"。 〔2〕蔡墨：春秋时晋国的史官。 〔3〕陶唐氏：远古部落名，其领袖为尧。尧为帝喾之子，名放勋。初封于陶，后徙于唐，故称陶唐氏。 〔4〕扰龙：驯龙。 〔5〕孔甲：夏朝的君主。 〔6〕范宣子亦曰：范宣子之言见《左传》哀公二十四年。 〔7〕缀：连接。 〔8〕上：通"尚"。

【译文】

总评说：在《春秋》中，晋国的史官蔡墨说，陶唐氏衰落之后，他的后代有刘累，学习驯龙，事夏孔甲，晋国的范氏就是他的后裔。而晋大夫范宣子也说："先祖从虞舜以上的时代称为陶唐氏，在夏朝称为御龙氏，在商朝称为豕韦氏，在周朝称为唐杜氏，在晋国称霸华夏时称为范氏。"当时的范氏是晋国的正卿，鲁文公时逃到秦国。后来又回到晋国，留在秦国的称为刘氏。刘向说战国时刘氏随秦军东进而在魏国被俘。秦国攻占魏国都城，魏国迁都到大梁，曾定都丰邑，所以周市劝雍齿说："丰邑，是原来梁迁徙后的国都。"所以刘向颂扬高祖说："汉朝皇帝的世系，出自唐尧帝。到了周朝，在秦国称为刘氏。跟随魏国向东迁都于丰邑，于是成为丰公。"丰公，大概是指太上皇的父亲。他们迁徙到丰邑的时间不长，在丰邑的坟墓也很少。等到高祖即位，设置祭祀之官，便有秦、晋、梁、荆等的巫师，代代祭祀天地，祭礼不绝，岂不是可信的吗！由此推断，汉朝是继承尧的世运，道德福气已经很盛，斩断白蛇显示符瑞，旗帜崇尚赤色，符合火德，自然相应，得到了天命的正统。

刘向传

【题记】

本篇选自《汉书》卷三十六《楚元王传》。刘向身为宗室遗老，历事三主。亲身感受到西汉王朝的渐趋衰落。皇帝昏庸奢侈，外戚骄盛擅权，官场黑暗，民生凋敝。作为宗室成员，他的心情是沉痛的，声言“自古及今，未有不亡之国也”。他告诫统治者，天命无常，必须施仁政，才能保住江山社稷。他屡次向皇帝进言，终归无用。在他死后十三年，西汉王朝就被王莽的新朝取代。刘向为人忠直，数言奸佞当道之恨，宗室飘零之忧，故深为外戚宦竖所忌。又喜言天变灾异之事，往往借此规劝皇上，心意痛切却难为所动。他虽历仕三朝，忠心耿耿，却始终未受重用，最后连九卿之列都不得与。著书立说反倒成就其一生。刘向早年奉诏校书，“每一书已，向辄条其篇目，撮其旨意，录而奏之”（《汉书·艺文志》），实创始目录之学。他又针对奸臣蔽主、忠贤遭退及外戚骄盛的现实，著成《新序》《说苑》《列女传》，以期感悟主上。刘向也是著名的经学家，博通众经，著有《五经通义》，惜其散佚。观其一生，虽洪水逆流中浮沉不定、名位难显，然得侥幸保全，并著述宏富，亦不失为学林幸事。

向字子政，本名更生。年十二，以父德任为辇郎[1]。既冠[2]，以行修饬擢为谏大夫[3]。是时，宣帝循武帝故事[4]，招选名儒俊材置左右。更生以通达能属文辞，与王褒、张子侨等并进对[5]，献赋颂凡数十篇。上复兴神仙方术之事，而淮南有《枕中鸿宝苑秘书》[6]，书言神仙使鬼物为金之术，及邹衍重道延命方[7]，世人莫见，而更生父德武帝时治淮南狱得其书。更生幼而读诵，以为奇，献之，言黄金可成。上令典尚方铸作事[8]，费甚多，方不验。上乃下更生吏[9]，吏劾更生铸伪黄金，系当死[10]。更生兄阳城侯安民上书[11]，入国户半[12]，赎更生罪。上亦奇其材，得逾冬减死论[13]。会初立《谷梁春秋》[14]，征更生受《谷梁》，讲论《五经》于石渠[15]，复拜为郎中、给事黄门[16]，迁散骑、谏大夫、给事中[17]。

【注释】

〔1〕德：刘德，字路叔，楚元王刘交之后，刘向之父。刘德少即才学突出，被武帝称为“千里驹”。后以策谋拥立刘询（汉宣帝）为帝有功，封关内侯，复改阳城侯。另有河间献王亦名刘德，是汉景帝之子。任：保任，保举。辇郎：宫廷中引御辇的官。　〔2〕既：副词，已经。冠：古代男子到成年则举行加冠礼，叫做冠。一般在二十岁。〔3〕行修饬：操行谨慎严整。谏大夫：官名。汉武帝元狩五年（前118）始置，东汉光武帝时改称谏议大夫。掌侍从规谏，属光禄勋。〔4〕宣帝：刘询（前74—前49在位），汉武帝的曾孙。庙号中宗，谥号孝宣皇帝。故事：先例，旧日的典章制度。　〔5〕王褒：字子渊，西汉著名辞赋家。文学创作活动主要在宣帝时期。写有《甘泉》《洞

箫》等赋十六篇，与杨雄并称“渊云”。张子侨：《东平王刘宇传》《萧望之传》《王褒传》等又作张子蟜。《汉书·艺文志》著录“光禄大夫张子侨赋三篇”，已佚。进对：进见而对诏命。〔6〕淮南：指淮南王刘安。刘安（前179—前122），汉高祖刘邦之孙。其人好读书鼓琴，潜心著书立说，并爱贤若渴、礼贤下士，曾“招致宾客方术之士数千人”，集体编写了《鸿烈》（后称该书为《淮南鸿烈》或《淮南子》）一书。武帝于元狩元年（前112）以“阴结宾客，拊循百姓，为叛逆事”等罪名，派兵入淮南，刘安被迫自杀。事见《汉书》卷四十四《淮南衡山济北王传》。〔7〕邹衍：（约前324—前250）齐国人，战国后期著名思想家。齐宣王时在稷下学宫学习，先学儒术，后创立了阴阳家学派，为阴阳五行学说的集大成者。曾为燕昭王师，号“谈天衍”。《汉书·艺文志》阴阳家类著录“《邹子》四十九篇”“《邹子终始》五十六篇”。〔8〕典：掌管，主持。尚方：古代置办和掌管宫廷饮食、器物的官署。〔9〕下更生吏：交付司法官审讯。〔10〕系：拘囚，关进牢狱。〔11〕安民：刘德长子，袭封阳城侯。〔12〕入国户半：将阳城侯国一半的国土民户上献朝廷。〔13〕逾冬减死论：狱冬处决，若过冬至春，便宽大而减死罪。〔14〕初立《谷梁春秋》：甘露三年（前51），汉宣帝刘询增立《谷梁春秋》博士，将其正式列入学官。〔15〕石渠：石渠阁，在未央大殿西北，收藏秘书。〔16〕郎中：郎官官名，为帝王侍从官。掌管门户、车骑等事，内充侍卫，外从作战。给事黄门：郎官官名，因供职于黄门（宫门色黄）之中，故名。为侍从皇帝左右之官，近侍帷幄，传达诏命。〔17〕散骑：加官（原有官职外加领官衔，以示尊崇），为皇帝侍从。入则规谏过失，备皇帝顾问；出则骑马散从。给事中：加官。加此号得给事宫禁中，常侍皇帝左右，备顾问应对，为朝中要职，多以名儒国亲充任。

【译文】

刘向字子政，本名更生。十二岁时，父亲刘德保任他为辇郎。成年后，因操行谨慎严整升为谏大夫。这时，宣帝按武帝时的旧例，招选名儒俊才配备左右。更生因学识通达、善写文辞，和王褒、张子侨等一起进见应对，献上赋颂共几十篇。皇上又兴起对神仙方术的爱好，而淮南王有《枕中鸿宝苑秘书》，书上讲神仙役使鬼怪铸造金子的方术，以及邹衍的重道延命方，世上几乎没人能够见到，而更生的父亲刘德在武帝时审理淮南案期间得到了它。更生从小就读这部书，觉得很奇妙，于是贡献给朝廷，说可据此制成黄金。皇上命令他主管尚方铸造之事，花费很多，方子却不灵验。于是，皇上就把更生交给狱吏审讯，狱吏官弹劾更生铸造假黄金，将其关进牢狱，按法应当处死。更生的哥哥阳城侯刘安民上书，愿将食邑国土民户的一半上献朝廷，来赎更生的罪。皇上也认为更生是个奇才，以逾冬减死论处。赶上立《谷梁春秋》博士，征更生传授《谷梁》，在石渠阁讲论《五经》，又拜为郎中、给事黄门，升任散骑、谏大夫、给事中。

元帝初即位[1]，太傅萧望之为前将军[2]，少傅周堪为诸吏光禄大夫[3]，皆领尚书事[4]，甚见尊任。更生年少于望之、堪，然二人重之，荐更生宗室忠直，明经有行，擢为散骑、宗正、给事中[5]，与侍中金敞拾遗于左右[6]。四人同心辅政，患苦外戚许、史在位放纵[7]，而中书宦官弘恭、石显弄权[8]。望之、堪、更生议，欲白罢退之。未白而语泄，遂为许、史及恭、显所谮诉[9]，堪、更生下狱，及望之皆免官。语在《望之传》。其春地震[10]，夏，客星见昂、卷舌间[11]。上感悟，下诏赐望之爵关内侯，奉朝请[12]。

秋，征堪、向，欲以为谏大夫，恭、显白皆为中郎。冬，地复震。时恭、显、许、史子弟侍中诸曹[13]，皆侧目于望之等，更生惧焉，乃使其外亲上变事[14]，言：

【注释】

〔1〕元帝：刘奭（前48—前33在位），其为人“柔仁好儒”。西汉自元帝开始衰落。 〔2〕太傅：此处是太子太傅的简称，掌以道德辅导太子。萧望之（约前114—前47）：字长倩，萧何第六世孙。博览群书，学识渊博。匡辅宣、元两朝，不畏权宦。后为宦官弘恭、石显诬告，欲下其狱。望之不从，被迫饮鸩自杀。事见《汉书》卷七十八《萧望之传》。前将军：汉不常置此职，位次于上卿。或典京师兵卫，或屯兵边境。 〔3〕少傅：此处是太子少傅的简称，掌奉太子以观三公之道德而教谕之。周堪（？—约前40）：齐郡人，字少卿。宣帝时与诸儒论《五经》异同于石渠阁。元帝时石显控制尚书台，周堪忧愤病卒。事见《汉书》卷五十八《儒林传》。诸吏：加官。凡加诸吏者，有权监察、纠举不法官员。光禄大夫：官名。汉武帝时改中大夫为光禄大夫，秩比两千石，为掌议论应对之官，于大夫中最显要。〔4〕领尚书事：大臣兼管尚书之意。汉代称兼管他官而不兼其职者为领。 〔5〕宗正：官名。掌管皇帝亲族或外戚勋贵有关事务。西汉时为九卿之一。 〔6〕侍中：官名。两汉时为加官，因侍从皇帝左右，出入宫廷，逐渐变为亲信贵重之职。金敞：生卒年不详。敞为当时博学弘儒，为人敦厚正直，敢犯颜色。事见《汉书》卷六十八《金日磾传》。拾遗于左右：言在皇帝左右纠正过失。 〔7〕许、史在位放纵：外戚许、史两家封侯者多，有“许史侯盛”之说。事见《汉书》卷九十七《外戚传》。 〔8〕弘恭、石显弄权：事详见《汉书》卷九十三《佞幸传》。 〔9〕谮（zèn）诉：谗毁攻击。 〔10〕其春：当是初元二年（前47）。《汉书》卷九《元帝纪》：“二月戊午，地震于陇西郡。”

〔11〕客星：中国古代对天空突然出现的天体、星象的统称。因其出无定时，居无定所，忽见忽没，或行或止，不可推算，故名。昂、卷舌：昂，西方七宿之四。《开元占经》："甘氏（按：甘德，战国时楚国人，一说齐国人。著名天文学家，著有《天文星占》八卷）曰：'昂星明，天下多犯狱；昂星动摇，必有大臣下狱。'"卷舌，《开元占经》："石氏（按：石申，一名石申夫。战国时卫国天文学家，星占学家。著有《天文》八卷，西汉后被尊称为《石氏星经》）曰：'卷舌六星，在昂北。'""郗萌曰：'卷舌星动，兵大起，多口舌；星希，则无兵。'"〔12〕奉朝请：古代称春季的朝见为"朝"，秋季的朝见为"请"。奉朝请者，即有参加朝会的资格，得岁时朝见，以示优待。〔13〕诸曹：犹言各部官员。〔14〕变事：非常之事。指前文所言天文星变、地震灾异事与石显弄权等事。

【译文】

元帝刚即位时，太傅萧望之为前将军，少傅周堪为诸吏光禄大夫，两人都领尚书事，很受尊重。更生比萧望之和周堪都要年轻，但是这两人都很看重他，推荐更生，说他是宗室中忠诚正直的人，通晓经书又有德行，提拔为散骑、宗正、给事中，与侍中金敞同在皇帝左右担任拾遗的职务。四人同心辅佐政事，却以外戚许、史两家在位放纵为患，以中书宦官弘恭、石显弄权为苦。望之、周堪、更生谋议，想要上书请求皇帝罢免清退这些人。但是他们还没禀奏，事情就泄露了，于是被许、史两家及弘恭、石显等诬告，周堪、更生被捕入狱，连萧望之一起都被免去官职。这些事情记载在《萧望之传》。当年春天地震，客星出现在昂星和卷舌星之间。皇上有所感触觉悟，发布诏令恩赐萧望之关内侯的爵位，可以奉诏朝请皇上。秋天，朝廷征用周堪、刘向，打算让他们做谏大夫，弘恭、石显奏禀他们为中郎。冬天，再次发生地震。当时弘恭、石显、许、史诸家子弟充斥侍中及各部，他们都侧目怒视萧望之等。更生畏惧他们，便让他的外亲向皇帝上书，报告这些非常的事变，上书说：

窃闻故前将军萧望之等，皆忠正无私，欲致大治，忤于贵戚尚书[1]。今道路人闻望之等复进，以为且复见毁谗，必曰尝有过之臣不宜复用，是大不然。臣闻春秋地震，为在位执政太盛也，不为三独夫动[2]，亦已明矣。且往者高皇帝时，季布有罪[3]，至于夷灭，后赦以为将军，高后、孝文之间卒为名臣。孝武帝时，儿宽有重罪系[4]，按道侯韩说谏曰[5]："前吾丘寿王死[6]，陛下至今恨之；今杀宽，后将复大恨矣！"上感其言，遂贳宽[7]，复用之，位至御史大夫，御史大夫未有及宽者也。又董仲舒坐私为灾异书[8]，主父偃取奏之[9]，下吏，罪至不道，幸蒙不诛，复为太中大夫，胶西相，以老病免归。汉有所欲兴，常有诏问。仲舒为世儒宗，定议有益天下。孝宣皇帝时，夏侯胜坐诽谤系狱三年[10]，免为庶人。宣帝复用胜，至长信少府[11]，太子太傅，名敢直言，天下美之。若乃群臣，多此比类，难一二记。有过之臣，无负国家，有益天下，此四臣者，足以观矣。

【注释】

〔1〕忤：违逆。　〔2〕三独夫：暗指萧望之、周堪及刘向。〔3〕季布：曾为项羽部将，多次困窘刘邦。刘灭项后，悬赏千金捉拿

季布。灌婴说服刘邦赦免季布，并召拜为郎中。其人以重信义著称。楚地有谚曰："得黄金千斤，不如得季布一诺。"成语"一诺千金"即由此来。事见《汉书》卷三十七《季布传》。 〔4〕儿宽（？—前103）：又作倪宽。幼时穷困，却非常好学。下地干活也要把经书挂在锄把上，以便休息时诵读，此即"带经而锄"的典故。治《尚书》，先后事欧阳生、孔安国为师，经学造诣很深。后为官敦厚务本，体恤民情，因借贷粮食给农民，并减收、缓收田租，几被免职。事见《汉书》卷五十八《儿宽传》。 〔5〕韩说（？—前91）：西汉武帝时将领。先后因战功封龙頟侯、按道侯。后因"巫蛊之祸"牵连，而为卫太子刘据所杀。事见《汉书》卷三十三《韩王信传》。 〔6〕吾丘寿王：姓吾丘，名寿王，字子赣。少以善博弈待诏，奉命从董仲舒受《公羊春秋》，高材通明，善于文辞，为武帝信用。后坐事而诛，武帝常感后悔。事见《汉书》卷六十四《吾丘寿王传》。 〔7〕贳（shì）：赦免，宽纵。 〔8〕董仲舒：西汉著名哲学家及今文经学大师。他把儒家伦理思想概括为"三纲五常"，并在著名的《举贤良对策》中系统地提出"天人感应""大一统"学说、"罢黜百家，独尊儒术"的主张，为封建统治者提供了阶级统治的理论基础。他喜欢谈论神秘莫测之事，又善为灾异之说，并著成《灾异之记》一书，内有暗讽时政文字，触怒武帝，因而下狱。事见《汉书》卷五十六《董仲舒传》。 〔9〕主父偃（？—前126）：齐国临淄人，武帝时大臣。初学纵横之术，晚学《易》《春秋》及百家言。受武帝重用时，提出削弱诸侯王势力的"推恩法"，主张抑制豪强贵族的兼并。后出任齐国相，揭发齐王的乱伦行为，迫使齐王自杀，以此得罪皇帝，而遭族诛。事见《汉书》卷六十四《主父偃传》。 〔10〕夏侯胜：生卒不详，字长公。西汉名儒，今文《尚书》"大夏侯学"的开创者。夏侯胜为官以直言敢辩著称，因议武帝"奢泰无度"致使"天下虚耗"，而遭众口馋毁。事见《汉书》卷八十八《儒林传》。 〔11〕长信少府：官名。西汉景帝中六年（前144）置。原为长信詹事，掌皇太后宫中事务，汉平帝元始四年（4）更名为长乐少府。

【译文】

我私下听说前将军萧望之等，都是忠正无私的人，因为想要使天下大治，所以忤逆得罪了贵戚尚书。现在道听途说萧望之等会再次被进用，我认为他们也可能将会再次被谗言诋毁，谗言必定说曾经有过失的大臣不宜再进用。这样的谗毁是极其荒谬的。我听说今年春秋两次地震，是因为在位执政的大臣气势太骄盛，并不是那三个所谓的“独夫”动摇所致，这个道理也很明显了。而且以前高皇帝时，季布有罪，以至于要诛族，但是后来却宽赦他用作将军，在高后、孝文帝时最终成为名臣。孝武帝时，儿宽有重罪而被捕入狱，按道侯韩说进谏说：“以前吾丘寿王的死，让陛下直到现在都很后悔。现在再要杀儿宽的话，以后势必会更加后悔。”武帝为他的话所打动，于是赦免了儿宽，重新起用他，位至御史大夫，而御史大夫中没有能比得上儿宽的人。又有董仲舒因为私下著灾异类的书，被主父偃拿去上奏皇帝，由狱吏处置，给他定罪至大逆不道的地步，幸而蒙恩不被诛杀，又任用作太中大夫、胶西相，因为年老有病才免职回家。汉朝要改作宪章，皇帝常会发布诏令向群臣咨询。而董仲舒作为儒家正宗，所制定的谋议对天下是有利的。孝宣皇帝时，夏侯胜因犯诽谤罪被拘入狱三年，免为庶人。宣帝再次起用夏侯胜，官至长信少府，太子太傅，以敢于直言出名，天下人都称赞他。至于广大臣子，多数是属于这样的人，难于一一记述。有过失的大臣，并没有辜负国家，对天下却是有利的，从上面讲的四个人身上就足以看得出。

前弘恭奏望之等狱决，三月，地大震。恭移病出[1]，后复视事[2]，天阴雨雪[3]。由是言之，地动殆为恭等。

【注释】

〔1〕移病出：移书言病，不管职事。 〔2〕视事：到职办公。〔3〕雨（yù）雪：下雪。雨，动词。

【译文】

先前弘恭禀奏望之等人的案子已经判决，然后三月发生了大的地震。弘恭移书言病离官，后又重新到官掌事，然后天阴下雪。如此说来，发生地震大概是弘恭等专权的缘故吧。

臣愚以为宜退恭、显以章蔽善之罚[1]，进望之等以通贤者之路。如此，太平之门开，灾异之原塞矣。

【注释】

〔1〕章：显示，表明。

【译文】

我冒昧地认为应当罢退弘恭、石显，以彰显蒙蔽善人的罪罚，进用萧望之等人，以畅通贤者的道路。这样的话，太平的门户就会打开，灾异的源头就会堵塞了。

书奏，恭、显疑其更生所为，白请考奸诈。辞果服，遂逮更生系狱，下太傅韦玄成、谏大夫贡禹[1]，与廷尉杂考[2]。劾更生前为九卿，坐与望之、堪谋排车骑将军高、许、史氏侍中者，毁离亲戚，欲退去之，而独专权。为臣不忠，幸不伏诛，复蒙恩征用，不悔前过，而教令人言变事，诬罔不道。更生坐免为庶人。而望之亦坐使子上书自冤前事〔3〕，恭、显白令诣狱置对〔4〕。望之自杀。天子甚悼恨之，乃擢周堪为光禄勋，堪弟子张猛光禄大夫给事中〔5〕，大见信任。恭、显惮之，数谮毁焉。更生见堪、猛在位，几己得复进〔6〕，惧其倾危，乃上封事谏曰：

【注释】

〔1〕韦玄成（？—前36）：字少翁。少好学，谦逊下士，尤敬贫贱。其父死，玄成佯狂让爵于兄。宣帝高其节，拜河南太守。元帝即位，迁太子太傅，至御史大夫。永光二年（前43），继父相位，封侯。卒谥共。事见《汉书》卷七十三《韦玄成传》。贡禹（前124—前44）：字少翁。以明经洁行著闻。元帝时征为谏大夫，后迁光禄大夫、长信少府、御史大夫等。多次上书言治国安民之道，反对奢侈浪费和苛捐杂役。事见《汉书》卷七十二《贡禹传》。 〔2〕廷尉：官名，秦始置，为九卿之一，掌刑狱。杂考：犹会审。 〔3〕自冤：自诉冤屈。〔4〕置对：对问。 〔5〕张猛（？—前40）：字子游，张骞之孙，周堪门生。猛嫉恶如仇，刚直不阿，引起宦官石显及外戚许、史不满，屡用屡贬。永光四年（前40），刚从槐里令复起为太中大夫给事中，即为石显所谮，自杀于公车。事见《汉书》卷六十一《张骞传》。〔6〕几：同“冀”，希望。

【译文】

奏疏上报以后，弘恭、石显等怀疑这是更生所为，向皇帝请求查考奸诈。更生外亲的供词果然服罪，于是收捕更生入狱，交付太傅韦玄成、谏大夫贡禹，与廷尉共同会审。弹劾更生先前为九卿时，因为与萧望之、周堪谋议排挤车骑将军高、许、史氏三姓侍中，毁谤离析皇帝的亲戚，想罢退他们而自己独揽大权。作为臣子不忠诚，幸而没有被诛杀，再度蒙恩起用，不但不悔改以前的过错，却教唆指使别人上书讲非常的事变，实在是诬告欺罔，大逆不道。更生因此被免为庶人。而萧望之也因为让儿子上书为先前的事情自诉冤屈，弘恭、石显告诉他让他到监狱对问，望之自杀。天子为之非常伤悼痛恨，于是提拔周堪为光禄勋，周堪的弟子张猛为光禄大夫给事中，两人大得皇上的信赖任用。弘恭、石显畏惧他们，就屡屡进谗言毁谤。更生看到周堪、张猛在位，也希望自己能够重新被进用，但是担心又被倾覆，于是呈上密封的奏章进谏说：

臣前幸得以骨肉备九卿，奉法不谨，乃复蒙恩。窃见灾异并起，天地失常，征表为国〔1〕。欲终不言，念忠臣虽在甽亩〔2〕，犹不忘君，惓惓之义也〔3〕。况重以骨肉之亲，又加以旧恩未报乎！欲竭愚诚，又恐越职，然惟二恩未报，忠臣之义，一杼愚意〔4〕，退就农亩，死无所恨。

【注释】

〔1〕征：特征，表象。　〔2〕甽（quǎn）亩：指田间或民间。甽，同“畎”，田间的小沟。　〔3〕惓惓：同“拳拳”。诚恳、深切之意。　〔4〕杼：同“抒”，抒发，申述。

【译文】

我先前幸蒙因刘氏骨肉之亲而备位九卿，由于奉法不谨，理应判罪，竟又得蒙恩复用。我私下见灾祸奇异的事情一并出现，天地失去常态，这是国家危急的表象。我想不再讲话，但是又想到忠臣即使身在草野田间，尚且不忘君主，以表明自己的一片忠心。何况我同天子有骨肉之亲，加以旧恩又未曾报答啊！我想要竭尽自己愚昧的诚意，又担心超越了自己的职守，然而考虑到二恩未报，我不能不奋激忠臣之义，抒发自己愚昧的心意，即使被放逐到农田之中，也死而无憾了。

臣闻舜命九官〔1〕，济济相让，和之至也。众贤和于朝，则万物和于野。故《箫韶》九成，而凤皇来仪〔2〕；击石拊石，百兽率舞〔3〕。四海之内，靡不和宁。及至周文，开基西郊〔4〕，杂遝众贤〔5〕，罔不肃和，崇推让之风，以销分争之讼。文王既没，周公思慕，歌咏文王之德，其《诗》曰："于穆清庙，肃雍显相；济济多士，秉文之德〔6〕。"当此之时，武王、周公继政，朝臣和于内，万国欢于外，故尽得其欢心，以事其先祖。其《诗》曰："有来雍雍，至止肃肃，相维辟公，天子穆穆〔7〕。"言四方皆以和来也。诸侯和于下，天应报于上，故《周颂》曰"降福穰穰"〔8〕，又曰"饴我釐麰"〔9〕。釐麰，麦也，始自天降。此皆以和致和，获天助也。

【注释】

〔1〕舜命九官：《尚书》云："舜时，禹作司空，弃后稷，契司徒，咎繇作士，垂共工，益朕虞，伯夷秩宗，夔典乐，龙纳言，凡九官。"〔2〕《箫韶》九成，而凤皇来仪：语出《尚书·益稷》。《箫韶》，传说是尧舜时之乐名。九成，九章。凤皇来仪，凤凰前来舞蹈，仪表非凡，指吉祥的征兆。　〔3〕击石拊石，百兽率舞：语出《尚书·益稷》。

击石拊石，敲打石磬。百兽率舞，各种野兽，相率起舞。旧指帝王修德，时代清平。〔4〕开基西郊：西岐（岐山）是周王朝的发祥地，故有此说。〔5〕杂遝（tà）：众多纷杂貌。〔6〕“《诗》曰”句：引诗见《诗经·周颂·清庙》。于（wū），赞叹词。穆，华美。肃，庄重。雍，和顺。显，显赫。相，助祭的人。济济，众多貌。多士，众官。〔7〕“《诗》曰”句：引诗见《诗经·周颂·雍》。雍雍，和顺貌。肃肃，恭敬貌。相，助祭的人。辟公，指诸侯。穆穆，严肃貌。〔8〕降福穰穰（ráng）：见《诗经·周颂·执竞》。穰穰，多貌。〔9〕饴我釐麰（móu）：见《诗经·周颂·思文》。贻，赠送。釐麰，釐，同“来”，小麦。麰，大麦。

【译文】

我听说舜当年分命九人为官，大家相互谦让，和睦极了。众多贤臣和睦于朝廷，那么万物就会和睦于民间。所以演奏《箫韶》九章，凤凰就会飞来舞蹈，显示她的容仪；敲击石磬，百兽就会相率起舞。四海之内，没有什么不和睦安宁的。到了周文王的时候，于西岐开创了西周的基业，会集诸多贤臣，没有谁不是既庄重又平和的，崇尚推让的风气，以消解纷争带来的诉讼。文王逝后，周公思慕文王，歌咏文王的美德，作诗说：“华美的清庙啊，显示出庄重、平和、互相帮助的美好品德；贤能之士济济一堂，继承了文王的美德。”这个时候，武王、周公继承文王的政事，朝臣和睦于内，众多诸侯国欢洽于外，所以尽得内外欢心，来共同侍奉祖先。《诗经》里说：“各诸侯来的时候全都神情和顺，到了祖庙里则严肃而又恭敬，助祭者都是各诸侯国的君主，天子此时一派肃穆。”说的就是四方诸侯都和和气气地来朝见天子。诸侯和睦于天下，老天就会在上面给予好的报应，所以《周颂》说“降福很多”，又说

“赠送给我麰辫”。麰辫，就是麦子，一开始就是上天赐给的。这都是用平和招来平和，获得了上天的帮助。

下至幽、厉之际[1]，朝廷不和，转相非怨，诗人疾而忧之曰：“民之无良，相怨一方[2]。”众小在位而从邪议，歙歙相是而背君子，故其《诗》曰：“歙歙訿訿，亦孔之哀！谋之其臧，则具是违；谋之不臧，则具是依[3]！”君子独处守正，不桡众枉[4]，勉强以从王事则反见憎毒谗诉，故其《诗》曰：“密勿从事，不敢告劳，无罪无辜，谗口嗷嗷[5]！”当是之时，日月薄蚀而无光[6]，其《诗》曰：“朔日辛卯，日有蚀之，亦孔之丑[7]！”又曰：“彼月而微，此日而微，今此下民，亦孔之哀[8]！”又曰：“日月鞠凶，不用其行；四国无政，不用其良[9]！”天变见于上，地变动于下，水泉沸腾，山谷易处。其《诗》曰：“百川沸腾，山冢卒崩，高岸为谷，深谷为陵。哀今之人，胡憯莫惩[10]！”霜降失节，不以其时，其《诗》曰：“正月繁霜，我心忧伤；民之讹言，亦孔之将[11]！”言民以是为非，甚众大也。此皆不和，贤不肖易位之所致也[12]。

【注释】

〔1〕幽、厉：周幽王、周厉王。二人皆昏聩暴戾之主，“烽火戏诸侯”“厉王弭谤”的故事即此二人所为。　〔2〕民之无良，相怨一方：引诗见《诗经·小雅·角弓》。诗言人各为不善，以致相怨。　〔3〕“《诗》曰”句：引诗见《诗经·小雅·小旻》。歙歙，投合貌。訿訿(zǐ)，诋毁，诽谤。孔，很。之，犹若。臧，善。违，违背。　〔4〕

不桡众枉：不为众曲而自屈。桡，屈。〔5〕“《诗》曰”句：引诗见《诗经·小雅·十月之交》。密勿，犹黾勉，尽力。嗷嗷，众口交毁貌。〔6〕薄：迫。谓日月被掩迫。〔7〕“《诗》曰”句：引诗见《诗经·小雅·十月之交》。朔日，初一日。孔，很。丑，犹凶。〔8〕“又曰”句：引诗见《诗经·小雅·十月之交》。彼，指往日。微，幽昧不明。此，指今日。〔9〕“又曰”句：引诗见《诗经·小雅·十月之交》。鞠凶，示人以灾凶。鞠，告。行（háng），轨道。四国，四方之国，指天下。无政，没有善政。〔10〕“《诗》曰”句：引诗见《诗经·小雅·十月之交》。冢，山顶。岸，山崖。陵，即岭。憯（cǎn），曾，乃。惩，惩戒。警惕之意。〔11〕“《诗》曰”句：引诗见《诗经·小雅·正月》。正月，周历六月，夏历四月，古人称这月为“正阳纯乾之月”，简称正月。繁，多。讹言，犹谣言。将，大，盛。〔12〕贤不肖易位：言贤人在下，不肖者居上。

【译文】

待到幽王、厉王的时候，朝廷不再和睦，转而相互怨诽，诗人对此又痛心又担忧，作诗说：“人各为不善，心意乖离，相互怨恨，自守一方。”诸多小人在位而趋从邪佞的议论，臭味相投而背叛君子的美德，所以《诗经》里说：“人们叽叽咕咕不辨是非，我心里很悲伤。如果有正确的意见，他们就全部违背阻碍；如果有错误的主张，他们则一拍即合。”君子独自坚守正道，不为众人的邪枉而屈服，勉励自己要忠诚于天子的政事，却反而被人憎恶、被毒言谤毁，所以《诗经》里说：“尽力做好公事，不敢口称辛苦，自己无辜无罪，还招致谗言四起。”在这样的时刻，日月都被掩蔽而没有光芒，《诗经》里说：“十月初一辛卯日，又发生了日蚀，这也是很凶险的天象！”又说：“不久之前刚发生了月蚀，今天又发生了日蚀，如今天下的老百姓，大难将要临头真是让人哀伤啊！”又说：“日月显示灾难，不再遵循常轨，到处没有善政，不用贤臣良才！”天的变异显示于上，地的变故动摇在下，江河泉水沸腾不已，高山深谷交替了位置。《诗经》说：“江河奔涌咆哮，山巅突然崩塌，悬崖变为深谷，深谷变为山陵。可恨现在的当权人，何曾引以为戒呢！”降霜失去了正常的节令，不再按照它固有的时节，《诗经》说：“六月满地寒霜，让我心内忧伤，民间已有谣言，到处沸沸扬扬！”说的就是人以是为非，灾祸是很大的。这都是由于不和睦相处，贤人坏人上下位置颠倒造成的。

自此之后，天下大乱，篡杀殃祸并作，厉王奔彘[1]，幽王见杀[2]。至乎平王末年[3]，鲁隐之始即位也[4]，周大夫祭伯乖离不和[5]，出奔于鲁，而《春秋》为讳，不言来奔，伤其祸殃自此始也。是后尹氏世卿而专恣[6]，诸侯背畔而不朝，周室卑微。二百四十二年之间[7]，日食三十六，地震五，山陵崩阤二[8]，彗星三见[9]，夜常星不见，夜中星陨如雨一，火灾十四。长狄入三国[10]，五石陨坠，六鹢退飞[11]，多麋[12]，有蜮、蜚[13]，鸲鹆来巢者[14]，皆一见。昼冥晦[15]。雨木冰[16]。李梅冬实[17]。七月霜降，草木不死。八月杀菽[18]。大雨雹。雨雪雷霆失序相乘[19]。水、旱、饥、蝝、螽、螟蜂午并起[20]。当是时，祸乱辄应，弑君三十六，亡国五十二，诸侯奔走，不得保其社稷者，不可胜数也。周室多祸：晋败其师于贸戎[21]；伐其郊[22]；郑伤桓王[23]；戎执其使[24]；卫侯朔召不往，齐逆命而助朔[25]；五大夫争权[26]，三君更立，莫能正理，遂至陵夷不能复兴[27]。

【注释】

〔1〕厉王奔彘：周厉王暴政引发国民暴动，围攻王宫，厉王仓皇逃于彘。彘（zhì），地名。在今山西霍县。〔2〕幽王见杀：周幽王为取悦宠妃褒姒，数次“烽火戏诸侯”，失信于诸侯，结果被犬戎兵杀死于骊山之下，西周灭亡。〔3〕平王（前781—前720）：名宜臼，幽王之子。为东周第一位国王。〔4〕鲁隐：鲁隐公（前722—前712在位），鲁国第十三位国君。在位十一年，为大夫羽父所杀。〔5〕周大夫祭伯乖离不和：事见《春秋》隐公经元年：“冬，十有二月，祭伯来。”祭（zhài）伯，周公的第五个儿子，祭国国君。〔6〕尹氏：周王朝的贵族，它的祖先尹佚在周武王时有功，其子孙沿其姓做官。《诗经·小雅·节南山》有“尹氏太师，赫赫师尹”句。〔7〕二百四十二年：自鲁隐公元年至哀公十四年（前723—前482）。〔8〕阤（zhì）：塌下，崩颓。〔9〕见（xiàn）：通“现”。下同。〔10〕长狄：春秋时狄族之一支。三国：指齐、鲁、晋。〔11〕鹢（yì）：鸟名，即鹢。一种像鹭鸶的水鸟，能高飞。〔12〕麋（mí）：即麋鹿。〔13〕蜮（yù）：相传为一种能含沙射人的动物。蜚（fěi）：相传为一种灾兽。〔14〕鸲鹆（qú yù）：鸟名，即八哥。〔15〕昼冥晦：白天昏暗。〔16〕雨木冰：雨附着树木结为冰。〔17〕冬实：冬天结果。〔18〕杀菽：菽，大豆。菽本为耐霜作物，此云“杀菽”，指其为怪异之灾。〔19〕失序：指雨雪雷电的时令失调。〔20〕蝝（yuán）：未生翅的蝗子。螽（zhōng）：虫名，螽有五种。旧说为蝗类之总名。螟（míng）：螟蛾的幼虫。蜂午：纷然并起貌。〔21〕晋败其师于贸戎：见《春秋公羊经》成公元年秋。师，指王师。贸戎，即茅戎，在今山西平陆县西。〔22〕伐其郊：《春秋》昭公二十三年正月，“晋人围郊”。郊，地名，在今山东定陶西南。〔23〕郑伤桓王：见《左传》桓公五年秋。郑伯射伤周桓王肩。〔24〕戎执其

使：《春秋》隐公七年冬："大王使凡伯来聘，戎伐凡伯于楚丘以归"。〔25〕卫侯朔召不往，齐逆命而助朔：《春秋》载桓公十六年，"卫侯朔出奔齐"。《谷梁传》载桓公十六年，"天子召而不往也"。〔26〕五大夫争权：周景王崩，单穆公、刘文公、巩简公、甘平公、召庄公等五大夫相互争权。更立王子猛、子朝、敬王等三君。〔27〕陵夷：衰落。

【译文】

从此以后，天下大乱，篡位弑君的殃祸一并发生，周厉王逃到彘，周幽王被杀。到周平王末年，鲁隐公刚开始即位，周大夫祭伯背离朝廷与天子不和，出逃到鲁国，但是《春秋》却为他讳言，不说出逃鲁国，只说"祭伯来"，是因为感伤殃祸正是从此开始的。自此以后，尹氏世代为卿，专权恣肆，诸侯相继背叛天子不来朝见，周王室地位从此卑微。二百四十二年之间，发生日食三十六次，地震五次，山陵崩坠两次，彗星出现三次，夜晚星群消失，半夜里星星像雨点一般陨落一次，火灾十四次。长狄人入侵齐、鲁、晋三国，五个陨石坠落在宋国，六鹢倒退着飞过宋国，麋鹿很多，蜮、蜚，鸲鹆等奇禽怪兽来建筑巢穴的事情，都出现过一次。白天如黑夜般昏暗，树木结冰，李树梅树冬天结果实。七月就开始降霜，但草木不死。八月下霜却冻死了大豆。降下很大的冰雹。雨雪雷霆都失去了正常的秩序，相继为乱。水灾、旱灾、饥荒、蝝害、螽灾、螟祸等纷纷而来。在这段时间，灾祸与叛乱也应之而生，杀害君主三十六人，国家灭亡五十二个，诸侯出逃奔波，不能保存社稷的，多得无法计算。周王室祸乱繁多，晋国在贸戎打败王朝军队；攻伐王畿郊邑；郑国射伤桓王的肩膀；戎人攻击周朝的使者；天子召见卫侯朔，他却不去，而且齐国竟然违逆王室之命帮助卫侯。周景王死后，五大夫争夺权势，更换了三个君王，没有谁能匡正道义，于是王室逐渐衰微再也不能振兴了。

由此观之，和气致祥，乖气致异；祥多者其国安，异众者其国危，天地之常经，古今之通义也。今陛下开三代之业，招文学之士，优游宽容[1]，使得并进。今贤不肖浑殽，白黑不分，邪正杂糅，忠谗并进。章交公车，人满北军[2]。朝臣舛午[3]，胶戾乖剌[4]，更相谗诉，转相是非。传授增加，文书纷纠，前后错缪，毁誉浑乱。所以营或耳目[5]，感移心意，不可胜载。分曹为党，往往群朋[6]，将同心以陷正臣。正臣进者，治之表也；正臣陷者，乱之机也。乘治乱之机，未知孰任，而灾异数见，此臣所以寒心者也。夫乘权藉势之人，子弟鳞集于朝[7]，羽翼阴附者众，辐凑于前[8]，毁誉将必用，以终乖离之咎。是以日月无光，雪霜夏陨，海水沸出，陵谷易处，列星失行，皆怨气之所致也。夫遵衰周之轨迹，循诗人之所刺，而欲以成太平，致雅颂，犹却行而求及前人也[9]。初元以来六年矣[10]，案春秋六年之中，灾异未有稠如今者也[11]。夫有春秋之异，无孔子之救，犹不能解纷，况甚于春秋乎？

【注释】

〔1〕优游：悠闲自在。　〔2〕章交公车，人满北军：此言待诏廪食（公家供给口粮）于北军者多。公车，汉官署名。公车令掌管宫殿

中司马门的警卫工作。臣民上书和征召，均由公车接待。有说臣民上书，诣北军待报。北军，西汉时禁卫军名，汉朝常备军的精锐和主力。初由中尉统率，因驻守长安城内北部，故名。〔3〕舛午：违背，抵触。〔4〕胶戾乖剌：胶戾，乖悖违戾，抵触不相一致。乖剌（là），违逆，不和谐。〔5〕营或耳目：言诬罔天子。或，同“惑”，迷惑的意思。〔6〕分曹为党，往往群朋：言分派结党。〔7〕鳞集：群集。〔8〕辐凑：车辐集中于轴心。喻人或物聚集一处。〔9〕却行：退步行走。〔10〕初元：元帝年号（前48—前44）。〔11〕稠：多而密。

【译文】

由此看来，和谐的气氛招致吉祥，乖戾的气氛导致怪异；吉祥多则国家安宁，怪异多则国家倾危，这是天地的正常运行规律，古今共同的道理。如今陛下继承发扬三代的基业，招纳文采饱学之士，为他们提供优越宽裕的条件，使他们能够共同进取。可是现在有才能的和无才能的混杂淆乱在一起，白与黑分辨不清，邪恶与正义交错杂聚，忠信与谗佞一同进用。上书至公车，被治罪的人填满了北卫军军府。朝臣相互抵触，乖戾违悖，彼此毁谤，颠倒是非。文书传递的程序增加了，纠纷不断，前后不一致，诋毁和称赞混乱不堪，这些迷惑诬枉耳目、操纵转移心意的东西，难以一一记载。小人各自分类结成朋党，一起陷害正派的臣子。正派的臣子得以进用，是国家大治的表象；正派的臣子遭受陷害，是国家混乱的征兆。趁此治乱混杂的时候，不知道谁可以堪受大任，而灾异屡屡出现，这是我感到寒心的原因。那些揽权仗势的人，他们家族的亲朋会集于朝廷，希图他们遮蔽，依附他们的人很多，凑集在他们身前，这些人的毁誉都将被采纳，致使贤能的人日益被排斥在外了。因此日月失去了光芒，雪霜在夏天降落，海水沸腾泄出，山陵深谷位置交替，恒星失去了固定的轨道，这都是怨戾之气导致的结果。遵照衰败的周室的轨迹，依循诗人所讽刺的情况，却想创成太平，达到雅颂盛世，就好比是倒退着行走还想赶上前面的人。初元以来已经六年了，考察春秋时期六年之内，也没有灾异稠密如现在的阶段。有春秋时期的灾异，没有孔子这样人的解救，尚且不能解除混乱，何况现在的灾异要比春秋时期严重的多啊！

原其所以然者[1]，谗邪并进也。谗邪之所以并进者，由上多疑心，既已用贤人而行善政，如或谮之，则贤人退而善政还[2]。夫执狐疑之心者，来谗贼之口；持不断之意者[3]，开群枉之门[4]。谗邪进则众贤退，群枉盛则正士消。故《易》有《否》《泰》[5]。小人道长，君子道消[6]，君子道消，则政日乱，故为否。否者，闭而乱也。君子道长，小人道消，小人道消[7]，则政日治，故为泰。泰者，通而治也。《诗》文云“雨雪麃麃，见晛聿消[8]”，与《易》同义。昔者鲧、共工、欢兜与舜、禹杂处尧朝[9]，周公与管、蔡并居周位[10]。当是时，迭进相毁[11]，流言相谤，岂可胜道哉！帝尧、成王能贤舜、禹、周公而消共工、管、蔡，故以大治，荣华至今。孔子与季、孟偕仕于鲁[12]，李斯与叔孙俱宦于秦[13]，定公、始皇贤季、孟、李斯而消孔子、叔孙[14]，故以大乱，污辱至今。故治乱荣辱之端，在所信任；信任既贤，在于坚固而不移。《诗》云“我心匪石，不可转也[15]”。言守善笃也。《易》曰“涣汗其大号[16]”。言号令如汗，汗出而不反者也。今出善令，未能逾时而反[17]，是反汗也；用贤未能三旬而退，是转石也[18]。《论语》曰：“见不善如探汤[19]。”今二府奏佞谄不当在位[20]，历年而不去。故出令则如反汗，用贤则如转石，去佞则如拔山，如此望阴阳之调，不亦难乎！

【注释】

〔1〕原：推原，追究。 〔2〕还：收还，旋返。 〔3〕不断：不能当机立断。 〔4〕枉：曲。 〔5〕《否》《泰》：《周易》两卦名。否（pǐ），坏、恶、闭塞。泰，好、吉、通顺。旧时于命运之好坏、事情之顺逆，皆曰否泰。 〔6〕小人道长，君子道消：语见《周易·否》卦《彖传》。长，兴盛。消，衰落。 〔7〕君子道长，小人道消：语见《周易·泰》卦《彖传》。 〔8〕“《诗》文云”句：引诗见《诗经·小雅·角弓》。麃（biāo）麃，雪大的样子。今《诗经·小雅·角弓》作“瀌瀌”。晛（xiàn），太阳的热气。聿，语助词。 〔9〕鲧（gǔn）：大禹的父亲，因窃天帝的“息壤”治洪水而被处死。共工：中国古代神话中的天神，为西北的洪水之神。传说他与颛顼发生战争，不胜，怒触不周山，致使天地倾斜。后为颛顼诛灭。欢兜：相传为上古尧时人。因与共工、三苗、鲧“作乱”，被舜流放到崇山。〔10〕管、蔡：管叔、蔡叔，周武王的弟弟，封地在管和蔡，故名。武王死后，此二人挟纣王之子叛乱，管叔被杀，蔡叔被放逐。 〔11〕迭：轮流，交互。 〔12〕季、孟：季孙氏和孟孙氏。春秋时鲁国宗室贵族，与叔孙氏号称“三桓”。“三桓”凌驾公室，掌握实权。 〔13〕李斯：秦朝著名的政治家。助秦始皇统一天下，任丞相。参与制定礼制、法律，统一文字、车轨、度量衡，主张郡县制，建议销毁民间兵器以加强对人民的控制，主张“焚书”。后为赵高所害。叔孙：叔孙通。由秦

入汉，“所事十主，皆面谀以得亲贵”。〔14〕定公：鲁定公，鲁国第二十五任君主。曾任孔子为相，争回齐所侵鲁地。〔15〕“《诗》云”句：引诗见《诗经·邶风·柏舟》。言意志坚定而不移。〔16〕涣汗其大号：语见《周易·涣卦》。言号令既发而不可改变。〔17〕时：一时为三个月。〔18〕转石：石头移动。喻意志不坚。〔19〕见不善如探汤：语见《论语·季氏》。〔20〕二府：指丞相、御史大夫。

【译文】

追究造成这些事情的原因，是由于谗言邪佞一并进用。奸谗邪佞一并进用的原因，是由于皇上用心多疑，既然已经任用贤人施行善政，如果有人诽谤他们，就斥退贤人了，那么善政也就不会存在了。保有狐疑心思的人，引来贼人的谗言；持有不能当机立断情意的人，就打开了迎接群奸的大门。奸谗邪佞被重用，贤臣就会被罢退，群奸气势旺盛，正义之士就会销声匿迹。所以《周易》有《否卦》《泰卦》。小人的气焰增长，君子的意志就会衰落，那么政事就会日益混乱，所以为否。否的意思就是闭塞而且混乱。君子的意志增长，小人的气焰就会衰微，那么政事就会日益清平，所以为泰。泰的意思就是通畅而且安定。《诗经》里说“雪下得虽然大，太阳出来就消融”，和《周易》是同一个意思。从前，鲧、共工、欢兜与舜、大禹同在尧朝，周公与管叔、蔡叔同在周朝。在那个时候，轮番诋毁，相互诽谤的事情，岂能说得完啊！但是帝尧与周成王能够以舜、大禹、周公为贤人，而抑制共工、管叔、蔡叔，所以天下大治，至今仍然享受荣耀。孔子与季孙氏、孟孙氏一起在鲁做官，李斯与叔孙通共同在秦朝为官，鲁定公、秦始皇以季孙氏、孟孙氏、李斯为贤人，而疏离孔子、叔孙通，所以天下大乱，至今仍然遭受唾弃。所以治乱荣辱的发端，在于信任；信任贤达，在于心意坚固不移。《诗经》说：“我的心不是石头，不可以随便转动。”说的是坚守善良笃实的品德。《周易》说：“帝王焕然大发号令，就如汗出一样。”说的是号令就像汗水一样，汗流出来就不会再返回去了。如今发出善令，还没能超过三个月就收回了，这就是所谓的“返汗”；任用贤达还没能超过一个月就斥退了，这就是所谓的“转石”。《论语》说：“见到不好的人或事，就像把手伸进热水里一样难受。”现在丞相、御史大夫二府皆奸贼窃位，经过了多年都没有离去，所以发号施令犹如“返汗”，任用贤人就像“转石”，除去奸佞好比“拔山”，就这样还希望阴阳谐调，不也是太难了吗！

是以群小窥见间隙，缘饰文字[1]，巧言丑诋[2]，流言飞文，哗于民间[3]。故《诗》云：“忧心悄悄，愠于群小[4]。”小人成群，诚足愠也。昔孔子与颜渊、子贡更相称誉，不为朋党[5]；禹、稷与皋陶传相汲引，不为比周[6]。何则？忠于为国，无邪心也。故贤人在上位，则引其类而聚之于朝，《易》曰“飞龙在天，大人聚也[7]”；在下位，则思与其类俱进，《易》曰“拔茅茹以其汇，征吉[8]”。在上则引其类，在下则推其类，故汤用伊尹[9]，不仁者远，而众贤至，类相致也。今佞邪与贤臣并在交戟之内[10]，合党共谋，违善依恶，歙歙訿訿，数设危险之言，欲以倾移主上。如忽然用之，此天地之所以先戒，灾异之所以重至者也。

【注释】

〔1〕缘饰：原指衣物镶嵌的花边。这里指文饰，修饰。　〔2〕丑诋：用难听的话毁谤。　〔3〕哗：喧闹，喧腾。　〔4〕“《诗》云”句：引诗见《诗经·邶风·柏舟》。悄悄，忧愁之态。愠，怒。群小，众小人。　〔5〕“昔孔子”句：其事详见《论语》。　〔6〕“禹、稷”句：其事详见《尚书·舜典》。比周，言结党营私。　〔7〕“《易》曰”句：引文见《周易·乾卦》。言圣王君临天下，贤人君子皆来聚合。〔8〕“《易》曰”句：引文见《周易·泰卦》。此喻君臣类聚。汇，类聚。征，行。　〔9〕汤（？—前1588）：商朝的创建者（前1617—前1588在位）。汤用武力灭夏，打破国王永定的说法，史称“汤武革命”。伊尹（约前1630—前1550）：商初大臣，助汤灭夏。汤死后，又历佐三王，为商朝理政安民五十余载，治国有方，世称贤相。〔10〕交戟：言宿卫者。

【译文】

因此一群小人一旦窥见君主和臣子之间的间隙，就修饰言辞，花言巧语，肆意诋毁，谣言乱飞，致使民间喧腾。所以《诗经》说：“愁思重重，是因为愤怒一群小人当政。”小人成群，确实足以愤怒了。以前孔子与颜渊、子贡相互称赞，但不是结党营私；大禹、后稷与皋陶互相谦让推荐，不是为了拉帮结派。为什么呢？是因为他们忠心为国，没有自己的私心邪念。所以贤人处在上位，就会引导他们的同类汇集于朝廷，《周易》说“飞龙在天，是君子们聚在一起”；贤人如果处在下位，就会想着和他志同道合的人共同进取，《周易》说“拔茅牵引同类，引进是吉利的”。在上位则牵引同类，在下位则推动同类，所以商汤任用伊尹，不仁的人就会自动远离，而诸多贤臣就会到来，是因为同类相互招致的缘故。现在奸佞邪僻的人虽与贤臣同在朝廷宿卫之内，但是他们党羽结合，阴谋共议，违背良善，依从邪恶，叽叽咕咕，屡屡设计一些危言耸听的谗言，想倾覆转移主上的心意。如果主上一时疏忽而听用了他们，就会损害国家，这就是天地为什么事先警戒，灾异为什么纷至沓来的原因。

自古明圣，未有无诛而治者也，故舜有四放之罚〔1〕，而孔子有两观之诛〔2〕，然后圣化可得而行也。今以陛下明知，诚深思天地之心，迹察两观之诛〔3〕，览《否》《泰》之卦，观雨雪之诗，历周、唐之所进以为法〔4〕，原秦、鲁之所消以为戒〔5〕，考祥应之福，省灾异之祸〔6〕，以揆当世之变〔7〕，放远佞邪之党，坏散险诐之聚〔8〕，杜闭群枉之门，广开众正之路，决断狐疑，分别犹豫，使是非炳然可知，则百异消灭，而众祥并至，太平之基，万世之利也。

【注释】

〔1〕四放之罚：相传舜流共工于幽州，流欢兜于崇山，窜三苗于三危，殛鲧于羽山。〔2〕两观之诛：传说孔子代理鲁国司寇时，诛少正卯于两观之下。观（guàn），谓台阙。〔3〕迹察：按事迹而察之。〔4〕历：谓历观之。〔5〕原：谓思其本。〔6〕省（xǐng）：省视。〔7〕揆：揣度，考量。〔8〕险诐（bì）：邪僻不正。

【译文】

自古以来的明主圣人，没有不通过诛戮就能达到天下大治的，所以舜有“四放之罚”，而孔子有“两观之诛”，此后圣明的教化才得以推行。现在以陛下的明察善知，如果真的能深刻地思考天地之心，追寻考察“两观之诛”，览阅《否》《泰》两卦，审读《诗经》里的雨雪之诗，遍观西周、唐尧重用贤人的经验以为法则，推究秦始皇、鲁定公排斥贤人的教训以为警戒，考察吉祥的应验，省视灾异之祸的起因，以用来揣度当今世道的变化，放逐、疏远邪佞的群体，破坏、消散险恶不正的徒众，关闭枉曲贤臣的大门，大开正义的道路，对狐疑的事情要当机立断，对犹豫的情况要分清辨别，使是非对错清楚地让人知道，那么千奇百怪的灾异就会消失，而诸多祥瑞就会一起到来，这实在是太平的基业，万代的福利啊！

臣幸得托肺附[1]，诚见阴阳不调，不敢不通所闻。窃推《春秋》灾异，以救今事一二，条其所以，不宜宣泄。臣谨重封昧死上[2]。

【注释】

〔1〕托肺附：犹言依附于帝室。 〔2〕重封昧死上：虔诚庄重地把书奏密封好，冒着死罪呈上。

【译文】

我有幸依托于帝室，确实看到阴阳的不谐调，不敢不通报我所见到的事情。于是我私下推论《春秋》所记载灾异的原因，以挽救一两件当今的事情，我所陈述的理由，不适宜泄露出去。我恭敬庄重地把书奏密封好，冒着死罪呈上。

恭、显见其书，愈与许、史比怨更生等[1]。堪性公方，自见孤立，遂直道而不曲。是岁夏寒，日青无光，恭、显及许、史皆言堪、猛用事之咎。上内重堪，又患众口之浸润[2]，无所取信。时长安令杨兴以材能幸[3]，常称誉堪。上欲以为助，乃见问兴："朝臣龂龂不可光禄勋[4]，何邪？"兴者倾巧士，谓上疑堪，因顺指曰："堪非独不可于朝廷，自州里亦不可也。臣见众人闻堪前与刘更生等谋毁骨肉，以为当诛，故臣前言堪不可诛伤，为国养恩也。"上曰："然此何罪而诛？今宜奈何？"兴曰："臣愚以为可赐爵关内侯，食邑三百户，勿令典事。明主不失师傅之恩，此最策之得者也[5]。"上于是疑。会城门校尉诸葛丰亦言堪、猛短[6]，上因发怒免丰。语在其传。又曰："丰言堪、猛贞信不立，朕闵而不治，又惜其材能未有所效，其左迁堪为河东太守[7]，猛槐里令[8]。"

【注释】

〔1〕比：勾结。　〔2〕浸润：积渐之深。　〔3〕杨兴：字君兰。元帝时为长安令，举荐贵臣石显。成帝初拜谏大夫，出为刺史。〔4〕龂龂（yín yín）：忿嫉之意。光禄勋：指周堪。　〔5〕最策之得：最妥善的办法。　〔6〕诸葛丰：生卒不详，字少季。以明经为琅琊郡文学。刚直不阿，嫉恶如仇。元帝时，擢为司隶校尉。后以得罪元帝宠臣侍中许章，调为城门校尉。复以告光禄勋周堪、光禄大夫张猛，激怒元帝，免为庶人。卒于家。　〔7〕河东：郡名。治安邑，在今山西夏县西北。　〔8〕槐里：县名。在今陕西兴平县东南。

【译文】

弘恭、石显见到更生的上书，更加与许、史勾结而忌恨更生等人。周堪性格公平方正，看到自己被孤立，于是直率地讲出自己的意见而不歪曲。这年夏天天气寒冷，太阳变成青色没有光芒，弘恭、石显以及许、史都说是周堪、张猛执政的责任。皇上心里想重用周堪，但是又因为众口交谗日益加深而怀疑他，没有可以让他深信不疑的证据。当时长安令杨兴因为有才能而被宠信，他经常称赞周堪。皇上想以他为助，于是召见杨兴问他说："朝臣们不断进言说光禄勋的坏话，是什么原因啊?"杨兴是一个见风使舵、巧言令色的人，他以为皇上怀疑周堪，就顺势指责说："周堪啊不仅不被朝臣们认可，就连乡里本土的也不说他好。我见大家风闻周堪先前与刘更生等谋议谤毁皇亲国戚，认为应当被杀，因此我先前说周堪不能被诛杀，是为了给国家培养恩德。"皇上说："可是现在又有什么罪杀他呢？现在应该怎么办呢?"杨兴说："我愚蠢地认为可以给他赐爵关内侯，食邑三百户，不要让他掌管政事。这样一来就能表明皇上并没有忘记师徒传授的恩德，这才是上上策。"皇上于是更加怀疑周堪了。碰巧城门校尉诸葛丰也说周堪、张猛的坏话，皇上因此发怒而罢免了诸葛丰。这些话记载在《诸葛丰传》里。皇帝又说："诸葛丰说周堪、张猛没有树立忠贞诚信的品德，我因怜惜而不处治他们，又可惜他们的才能没有发挥出来，还是贬周堪为河东太守，张猛为槐里令吧。"

显等专权日甚。后三岁余，孝宣庙阙灾，其晦，日有蚀之。于是上召诸前言日变在堪、猛者责问，皆稽首谢。乃因下诏曰："河东太守堪，先帝贤之，命而傅朕。资质淑茂[1]，道术通明，论议正直，秉心有常。发愤悃愊[2]，信有忧国之心。以不能阿尊事贵，孤特寡助[3]，抑厌遂退[4]，卒不克明[5]。往者众臣见异，不务自修，深惟其故，而反晻昧说天[6]，托咎此人。朕不得已，出而试之，以彰其材。堪出之后，大变仍臻[7]，众亦嘿然[8]。堪治未期年[9]，而三老官属有识之士咏颂其美[10]，使者过郡，靡人不称。此固足以彰先帝之知人，而朕有以自明也。俗人乃造端作基[11]，非议诋欺，或引幽隐，非所宜明，意疑以类，欲以陷之，朕亦不取也。朕迫于俗，不得专心，乃者天著大异[12]，朕甚惧焉。今堪年衰岁暮，恐不得自信[13]，排于异人[14]，将安究之哉[15]？其征堪诣行在所[16]。”拜为光禄大夫，秩中二千石，领尚书事。猛复为太中大夫给事中。显干尚书事[17]，尚书五人，皆其党也。堪希得见，常因显白事，事决显口。会堪疾瘖[18]，不能言而卒。显诬谮猛，令自杀于公车。更生伤之，乃著《疾谗》《擿要》《救危》及《世颂》，凡八篇，依兴古事[19]，悼己及同类也。遂废十余年。

【注释】

〔1〕淑茂：善美。　〔2〕悃愊（kǔn bì）：至诚至真，毫不虚假。〔3〕孤特：孤单，孤立。　〔4〕抑厌：压制。　〔5〕克：能。〔6〕晻（àn）昧：愚昧。　〔7〕臻：至。　〔8〕嘿：古同“默”。〔9〕期（jī）年：一年。　〔10〕三老：古代掌教化的乡官。〔11〕造端作基：制造事端，无事生非之意。　〔12〕著：显明，显出。　〔13〕信：同“伸”，申诉，陈述，表白。　〔14〕异人：谓他人。　〔15〕究：弄明白。　〔16〕行在所：天子所在之处。西汉时指长安。　〔17〕干：管理。　〔18〕瘖（yīn）：同“喑”，哑，不能出声。　〔19〕兴：谓比喻。

【译文】

石显等专权日益严重。此后大约三年，孝宣皇帝的庙宇发生火灾，当天天色阴暗，又发生了日蚀。于是皇上召见那些先前说太阳变异的责任在周堪和张猛的人责问，这些人都叩头谢罪。于是发布诏令说："河东太守周堪，先帝认为贤能，命他做我的师傅。他天资渊茂、品质美好，学问精通，术业昌明，谋论正直，持心严正。为国发愤至诚，确实有忧国之心。周堪因为不能阿谀尊幸奉事权贵，所以孤立无助，受到压制而退位，最终也不明白其中的原因。以前众臣见到灾异发生，不去务求自身的修养，深究其中的原因，反而却愚蠢地说是上天的过错，并且把责任推脱给这个人。我迫不得已，就让他外出做官试试，以彰显他的才能。周堪外出做官之后，重大的变异仍然到来，大家也都默不作声。周堪治理地方不到一年，三老官属有识之士都歌颂他的美德，使者经过他的郡县，没有不称赞他的。这固然足以表明先帝的知人之明，而我也有让自己明白孰是孰非的参考了。世俗之人于是制造事端、无事生非，诽谤诋毁，或者寻找一些隐晦的事情，本身就难以辨别清楚的，再借用一些同类的事情使之更加疑惑，想要陷害他，我也不会听取他们的意见。我迫于流俗，不能专心任用他，往日上天显示大灾，我感到非常惊恐。现在周堪已经年衰岁暮了，恐怕不能为自己申诉，被他人排挤，将如何追究啊？还是把周堪召回朝廷来吧。"任命周堪为光禄大夫，俸禄两千石，领尚书事。张猛复用为太中大夫、给事中。石显负责尚书事务，尚书台有五人，全都是他的党羽。周堪很少得见皇上，常常得通过石显上告事情，所以事务最终决定于石显之嘴。恰好周堪患上了哑疾，不能说话而死了。石显趁机诬告张猛，逼迫他在公车自杀了。更生伤悼这两个人，于是写了《疾谗》《擿要》《救危》以及《世颂》等文章，一共八篇。借古事作比喻，伤悼自己以及同类人。更生于是被弃用十多年。

成帝即位，显等伏辜[1]，更生乃复进用，更名向。向以故九卿召拜为中郎，使领护三辅都水[2]。数奏封事[3]，迁光禄大夫。是时帝元舅阳平侯王凤为大将军秉政[4]，倚太后，专国权，兄弟七人皆封为列侯[5]。时数有大异，向以为外戚贵盛，凤兄弟用事之咎。而上方精于《诗》《书》，观古文，诏向领校中《五经》秘书[6]。向见《尚书·洪范》，箕子为武王陈五行阴阳休咎之应[7]。向乃集合上古以来历春秋六国至秦汉符瑞灾异之记，推迹行事[8]，连传祸福，著其占验，比类相从，各有条目，凡十一篇，号曰《洪范五行传论》，奏之。天子心知向忠精，故为凤兄弟起此论也[9]，然终不能夺王氏权。

【注释】

〔1〕伏辜：承担罪责而死。　〔2〕领护：管理保卫。三辅都水：主管三辅地区的水利。三辅，西汉时指管理京畿地区的三位官员，后指三位官员所管辖的地区。　〔3〕封事：密封的奏章。　〔4〕元舅：长舅。王凤（？—前22）：字孝卿，汉元帝皇后之弟。成帝时任大司马、大将军，领尚书事。依仗太后，外戚辅政，专权蔽主。辅政共十一年，朝臣皆侧目而视不敢有言。　〔5〕列侯：爵位名。秦汉以二十等爵赏有功者，最高级叫彻侯。后因避汉武帝刘彻讳，改称通侯。后

又改称列侯。〔6〕领校：主持校勘。中《五经》秘书：中秘书指天禄阁、石渠阁所藏秘书。〔7〕箕子：名胥余，是商纣王的叔父。周武王灭商后，封箕子于朝鲜，建立了箕子朝鲜侯国。周武王曾向箕子询问治国之道，箕子以“洪范九畴”教之。休咎：吉凶，善恶。〔8〕推迹：根据迹象推求。〔9〕故：特。

【译文】

成帝即位，石显等人伏法，更生于是又被重新进用，改名为向。刘向以原九卿的身份召拜为中郎，使他领护三辅，主管水利。刘向数次启奏国事，升为光禄大夫。这时候，皇上的大舅阳平侯王凤大将军把持国政，依仗太后，专揽国权，兄弟七人都被封为列侯。当时又数次发生灾异，刘向认为是外戚贵横骄盛、王凤兄弟专权用事的过错。而皇上正专好《诗经》《尚书》，观览古文，诏令刘向主持校勘大内的《五经》的秘藏书。刘向看到《尚书·洪范》篇，箕子为周武王讲述阴阳五行休咎之类顺天应命的治国之道。刘向于是就搜集整合上古以来，自春秋六国到秦汉时期关于符瑞灾异的记载，反复推求做事的不同时机与方法，对应着什么样的祸福，著录其占卜灵验与否，按类归纳划分，各有条理项目，共十一篇，名为《洪范五行传论》，奏献皇上。天子心里知道刘向忠诚专一，有意针对王氏兄弟作出此种论说，但是终究不能削夺王氏的权力。

久之，营起昌陵[1]，数年不成，复还归延陵[2]，制度泰奢。向上疏谏曰：

【注释】

〔1〕营起：动工营造。〔2〕复还归延陵：成帝初于渭城营造延

陵。继以新丰戏乡为昌陵，后罢昌陵，复还营延陵。

【译文】

过了许久，成帝起造昌陵，几年没有建成，再返还延陵继续营造，规格太奢侈了。刘向上疏进谏说：

臣闻《易》曰："安不忘危，存不忘亡，是以身安而国家可保也[1]。"故贤圣之君，博观终始[2]，穷极事情，而是非分明。王者必通三统[3]，明天命所授者博，非独一姓也。孔子论《诗》，至于"殷士肤敏，祼将于京[4]"，喟然叹曰[5]："大哉天命！善不可不传于子孙，是以富贵无常；不如是，则王公其何以戒慎，民萌何以劝勉[6]？"盖伤微子之事周[7]，而痛殷之亡也。虽有尧舜之圣，不能化丹朱之子[8]；虽有禹汤之德，不能训末孙之桀纣。自古及今，未有不亡之国也。昔高皇帝既灭秦，将都洛阳，感寤刘敬之言[9]，自以德不及周，而贤于秦，遂徙都关中，依周之德，因秦之阻[10]。世之长短，以德为效[11]，故常战栗[12]，不敢讳亡。孔子所谓"富贵无常"，盖谓此也。

【注释】

〔1〕"《易》曰"句：引文见《周易·系辞下》。　〔2〕终始：谓终始五德之运。"五德终始说"为战国阴阳家邹衍所创，综合阴阳五行理论来阐释宇宙演变和历史兴衰。"五德"即土、木、金、火、水的五种德性。认为天道的运行、人世的变迁、王朝的更替是"五德转移"的结果，其目的在对当时的社会变革进行论证，但却陷入了"历史循环论"。　〔3〕三统：董仲舒提出的唯心主义"历史循环论"，认为朝

代的更替不仅和五德有关，而且因循黑、白、赤三统，每个朝代因循一统。新朝的建立是奉天承运，改朝换代要承接上天的任命。〔4〕“至于”句：引诗见《诗经·大雅·文王》。此言殷士降周，随周王祭祀而助祭。殷士，指殷商之后人。肤敏，壮美，敏捷。刘向和班固都认为指微子。祼（guàn），祭祀时洒酒以供神饮，称“祼”。将，献祭品。京，指镐京。 〔5〕喟（kuì）然：叹息貌。 〔6〕民萌：百姓，民众。萌，同“氓”。 〔7〕微子：名启，商纣的庶兄。屡次劝谏纣王，王不听，遂出走。武王灭商，降周，后封于宋，是为周代宋国的远祖。 〔8〕丹朱：尧的嫡长子。传说丹朱不肖，愚顽，又好争讼。尧因而不任用他，而禅位于舜。 〔9〕寤：同“悟”。刘敬：汉高祖刘邦的重要谋士之一，原本姓娄，因功赐姓刘。刘邦初欲建都洛阳，娄敬为之分析利弊，劝其定都长安，刘邦听之。事见《汉书》卷四十三《娄敬传》。 〔10〕阻：险要的地方。 〔11〕效：考验。〔12〕战栗：发抖，恐惧。

【译文】

我听《周易》上说：“安定的时候不要忘记危险的到来，国家存在不要忘记有亡国的危险，因此自身安全了国家也可以保全。”所以贤圣的君主，广泛地观察事物的终始，对事情追根究底，这样才能是非分明。帝王必须通晓“三统”说，认清天命所授予的对象是广博的，不仅仅是一姓而已。孔子评论《诗经》，读到“殷商的臣子壮美而又敏捷，到镐京来助祭”这两句时，叹息说：“伟大的天命啊！善良的德性不能不留传给子孙后代，因为富贵是变幻无常的；如果不如此，王公大人用什么来警惕审慎自己，民众用什么来劝勉自己?”大概是为微子侍奉周朝而感伤，并且哀痛殷朝的灭亡吧。虽然有尧、舜一般的仁圣，却不能感化丹朱这样的儿子；虽然有禹、汤这样的德行，却不能垂训末代的子孙桀、纣。从古到今，没有不灭亡的国家。先前高皇帝灭秦以后，打算定都洛阳，为刘敬的话所感悟，自认为德行比不上周朝，却比秦朝要好，于是迁徙国都于关中，依循周朝的美德，因袭秦朝的险阻。世人的长短，要用“德”来作为检验的标准，所以心底常常惶恐，不敢讳言亡国之事。孔子所说的“富贵无常”，大概说的就是这种情况吧。

孝文皇帝居霸陵〔1〕，北临厕〔2〕，意凄怆悲怀，顾谓群臣曰：“嗟乎！以北山石为椁〔3〕，用纻絮斫陈漆其间〔4〕，岂可动哉！”张释之进曰〔5〕：“使其中有可欲〔6〕，虽锢南山犹有隙〔7〕；使其中无可欲〔8〕，虽无石椁，又何戚焉〔9〕？”夫死者无终极，而国家有废兴，故释之之言，为无穷计也。孝文寤焉，遂薄葬，不起山坟〔10〕。

【注释】

〔1〕孝文皇帝（前202—前157）：汉文帝刘恒。他和他的儿子（景帝）统治期间，汉朝政治稳定，经济发展，处于繁荣昌盛时期，史家称为“文景之治”。　〔2〕临厕：谓近水。霸陵山北头靠近灞水。〔3〕椁：套在棺材外面的大棺材。　〔4〕纻絮：苎麻、粗丝棉。斫陈漆其间：斫而陈其间，又漆之。　〔5〕张释之：历仕汉文帝、汉景帝两朝，官至廷尉，以执法公正不阿闻名。事迹见《汉书》卷五十《张释之传》。　〔6〕有可欲：谓以金玉厚葬，人皆欲发取之。　〔7〕锢：谓铸塞。　〔8〕无可欲：谓薄葬而无人欲发取之。　〔9〕戚：担忧。〔10〕山坟：墓上筑起的高大土堆。

【译文】

孝文皇帝居住在霸陵，北面临近灞河，文帝意绪凄清，心怀悲伤，回望群臣说：“唉呀！用北山的石头作为外椁，将纻絮斩断铺陈其间，并用漆漆好，这样的坟墓难道还能被盗掘！”张释之进谏说：“如果里面有别人想得到的东西，即使把南山铸塞起来仍然会有空隙；假使里面没有别人想要得到的东西，即使没有石椁，又有什么好担忧的呢?”死去的人无所谓终点尽头，但是国家却有荒废振兴，所以张释之的话，实在是长久的计策啊。孝文皇帝有所感悟，于是薄葬，不修筑高大的坟墓。

《易》曰：“古之葬者，厚衣之以薪，臧之中野，不封不树。后世圣人易之以棺椁〔1〕。”棺椁之作，自黄帝始。黄帝葬于桥山〔2〕，尧葬济阴〔3〕，丘垅皆小〔4〕，葬具甚微。舜葬苍梧〔5〕，二妃不从〔6〕。禹葬会稽〔7〕，不改其列〔8〕。殷汤无葬处〔9〕。文、武、周公葬于毕〔10〕，秦穆公葬于雍橐泉宫祈年馆下〔11〕，樗里子葬于武库〔12〕，皆无丘陇之处。此圣帝明王贤君智士远览独虑无穷之计也。其贤臣孝子亦承命顺意而薄葬之，此诚奉安君父，忠孝之至也。

【注释】

〔1〕“《易》曰”句：引文见《周易·系辞下》。臧，葬。封，积土为坟。树，种植树木。　〔2〕桥山：山名。在今陕西子长县西北。〔3〕济阴：郡名。治定陶（在今山东定陶西北）。　〔4〕丘垄：冢墓。〔5〕苍梧：山名。即九疑山，在今湖南南部。　〔6〕二妃：舜的两个妃子，娥皇和女英，同为尧的女儿。不从，指不随葬。　〔7〕会稽：山名。在今浙江绍兴市东南。　〔8〕列：肆，市肆。不改其列：言不烦于民。　〔9〕无葬处：谓不知其葬处。　〔10〕毕：邑名。在今陕西咸阳市东北。　〔11〕雍：邑名。今陕西凤翔。橐（tuó）泉宫：秦

宫殿名。遗址在今陕西凤翔城内。祈年馆：秦穆公时所造宫殿名，有作祈年观。故地在今陕西凤翔县南。〔12〕樗里子：名疾，因居樗里，又称之为樗里疾。秦惠王异母弟。为人滑稽多智，秦人称之为“智囊”。武库：地名，在今陕西西安市。

【译文】

《周易》说：“古人在安葬时，用厚厚的柴草包裹，然后埋到野外就行了，既不堆坟也不种树。到后世出现圣人才改变为用棺椁埋葬。”棺椁的制作，是从黄帝开始的。黄帝埋葬在桥山，尧葬于济阴，坟堆都是很小的，随葬的器具也很简单。舜葬于苍梧，两个妃子也不随葬。大禹葬于会稽，不劳烦民众。殷汤的葬处无从得知。周文王、周武王、周公旦都葬于毕，秦穆公葬于橐泉宫祈年馆下边，樗里子葬于武库，都没有坟堆。这是仁圣的皇帝、明智的国王、贤能的国君和足智的士人高瞻远瞩、深谋熟虑、无穷无尽的长久之计。他们的贤臣孝子也继承他们的遗命，顺从他们的意愿简单地安葬他们，这才是侍奉君王、安养父辈，对他们最好的忠孝。

夫周公，武王弟也，葬兄甚微。孔子葬母于防〔1〕，称古墓而不坟〔2〕，曰：“丘，东西南北之人也，不可不识也〔3〕。”为四尺坟，遇雨而崩。弟子修之，以告孔子，孔子流涕曰：“吾闻之，古者不修墓〔4〕。”盖非之也。延陵季子适齐而反〔5〕，其子死，葬于嬴、博之间〔6〕，穿不及泉〔7〕，敛以时服，封坟掩坎〔8〕，其高可隐〔9〕，而号曰〔10〕：“骨肉归复于土，命也，魂气则无不之也。”夫嬴、博去吴千有余里，季子不归葬。孔子往观曰：“延陵季子于礼合矣〔11〕。”

故仲尼孝子，而延陵慈父，舜禹忠臣，周公弟弟[12]，其葬君亲骨肉，皆微薄矣；非苟为俭，诚便于体也。宋桓司马为石椁[13]，仲尼曰："不如速朽。"秦相吕不韦集知略之士而造《春秋》，亦言薄葬之义，皆明于事情者也。

【注释】

〔1〕防：邑名。在今山东成武县东。 〔2〕墓：谓圹穴。坟：谓积土。 〔3〕东西南北之人也，不可不识也：言周游四方，故墓必须做标记，以便祭拜。 〔4〕"孔子流涕"句：事见《礼记·檀弓上》。〔5〕延陵季子：即季札，春秋时吴国贵族，封于延陵（今江苏常州）。其父与兄皆欲传位于他，坚辞不受。 〔6〕嬴、博：二邑名。嬴在泰山东，博在泰山东南。 〔7〕穿不及泉：言墓圹之浅。 〔8〕掩坎：墓穴。 〔9〕隐：依靠。言不甚高。 〔10〕号：谓哭而且言。〔11〕"孔子往观"句：事见《礼记·檀弓下》。 〔12〕弟（tì）弟：第一个"弟"通"悌"，敬爱顺从兄长之意。 〔13〕桓司马：桓魋（tuí），春秋时宋人。

【译文】

周公，是周武王的弟弟，安葬兄长很简单。孔子安葬母亲于防这个地方，声称古人只挖墓穴而不堆坟，说："我孔丘，是游历东西南北的人，不能不做标识。"于是只堆了四尺高的坟堆，遇上下雨便崩塌了。孔子的弟子修好了坟，告诉孔子，孔子流着眼泪说："我听说，古人是不修坟墓的。"这是批评他的弟子。延陵季子到齐国返回吴国，他的儿子死了，埋葬在嬴、博之间的地方，墓穴的深度还没有挖到地下水，用当时穿着的衣服敛葬，堆土掩盖墓穴，高度也就垂下手臂来就能触到，他哭着说："骨肉回归到土里面，这是命啊，而魂魄则没有到不了的地方。”嬴、博离吴国有千里之遥，季子不把儿子运回吴国安葬。孔子去看了后说：“延陵季子合乎礼制的要求。”所以像仲尼这样的孝子，延陵季子这样的慈父，舜、禹这样的忠臣，周公这样尊敬兄长的弟弟，他们安葬君主亲人骨肉都很简单。不只是为了节俭，实在是认为这样很得体。宋国的桓司马制作了石椁，仲尼说：“还不如快点朽烂了呢。”秦国丞相吕不韦召集智略之士编辑了《吕氏春秋》，也谈薄葬的意义，这都是明白事理的人。

逮至吴王阖闾〔1〕，违礼厚葬，十有余年，越人发之。及秦惠文、武、昭、孝文、严襄五王〔2〕，皆大作丘陇，多其瘗臧〔3〕，咸尽发掘暴露，甚足悲也。秦始皇帝葬于骊山之阿〔4〕，下锢三泉，上崇山坟，其高五十余丈，周回五里有余；石椁为游馆〔5〕，人膏为灯烛，水银为江海，黄金为凫雁。珍宝之藏，机械之变〔6〕，棺椁之丽，宫馆之盛，不可胜原〔7〕。又多杀宫人，生薶工匠，计以万数。天下苦其役而反之，骊山之作未成，而周章百万之师至其下矣〔8〕。项籍燔其宫室营宇，往者咸见发掘。其后牧儿亡羊，羊入其凿〔9〕，牧者持火照求羊，失火烧其臧椁。自古至今，葬未有盛如始皇者也，数年之间，外被项籍之灾〔10〕，内离牧竖之祸〔11〕，岂不哀哉！

【注释】

〔1〕吴王阖闾（hé lǘ）：春秋末年吴国君主（前514—前496在位），名光。一作阖庐。他以楚国旧臣伍子胥为相，齐人孙武为将军，

使国势日益强盛。〔2〕严襄：即庄襄王，秦始皇之父。〔3〕瘗（yì）臧：犹瘗藏，殉葬品。〔4〕骊山：在今陕西临潼东。阿：谓山曲。〔5〕石椁为游馆：在圹中以石作椁，以为离宫别馆。〔6〕机械之变：言圹中设机弩矢，以防穿近。〔7〕原：推究，推算。〔8〕周章：陈胜部将。率军攻秦，孤军深入，缺乏战斗经验，兵败自杀。〔9〕凿：犹隧道。〔10〕项籍：项羽，名籍，字羽。秦末起义军领袖，史称"西楚霸王"。〔11〕离：遭受。

【译文】

到吴王阖闾的时候，违背礼制开始厚葬，过了十年左右，越国人发掘了他的坟墓。等到秦惠文王、武王、昭王、孝文王和庄襄王时，都大规模地修造坟墓，埋藏很多殉葬品，后来全都被人挖掘暴露出来，这是多么悲哀啊。秦始皇帝埋葬于骊山脚下，底下直达泉水干涸的地方，上面堆建了山一样高的坟头，高五十多丈，周围有五里多长；石椁内建造离宫别馆作为游玩场所，用人的脂肪做灯烛，水银为江河湖海，黄金制作成凫雁。埋藏的珍宝，设置的机弩弓矢，棺椁的富丽堂皇，离宫别馆的气势盛大，实在不能一一推究。又杀了很多的宫人，活埋了很多工匠，差不多有上万人。天下人苦于这种残酷的劳役而造反，骊山的坟墓还没有造成，而周章率领的百万军队已经兵临城下了。项籍放火烧毁宫殿，上面所说的东西全被挖掘出来了。后来有牧童走丢了羊，羊钻进了坟墓的隧道里，牧童拿着火把进去找羊，失火烧了他的棺椁。自古至今，安葬的坟墓没有比秦始皇更隆盛的了，只不过几年之间，外面遭受了项籍的火灾，里面又遭受了牧童失火之祸，难道还不悲哀吗！

是故德弥厚者葬弥薄，知愈深者葬愈微。无德寡知，其葬愈厚，丘陇弥高，宫庙甚丽，发掘必速。由是观之，明暗之效，葬之吉凶，昭然可见矣。周德既衰而奢侈，宣王贤而中兴〔1〕，更为俭宫室，小寝庙。诗人美之，《斯干》之诗是也〔2〕，上章道宫室之如制，下章言子孙之众多也。及鲁严公刻饰宗庙〔3〕，多筑台囿，后嗣再绝〔4〕，《春秋》刺焉。周宣如彼而昌，鲁、秦如此而绝，是则奢俭之得失也。

【注释】

〔1〕宣王：周宣王（前827—前781在位），周厉王之子。即位后励精图治，使周朝出现了短暂的中兴，是为“宣王中兴”。　〔2〕《斯干》：《诗经·小雅》之篇名。　〔3〕鲁严公：即鲁庄公（前693—前662在位）。　〔4〕后嗣再绝：鲁庄公后嗣子般、闵公皆被杀死。

【译文】

因此道德越深厚的人葬礼就越微薄，智慧越高深的人葬礼越简单。没有道德缺少智慧，他的葬礼就越优厚，坟堆就越高，宫室宗庙就越华丽，冢墓被发掘就越迅速。由此来看，英明与暗昧的效验，安葬的吉凶，很清楚地就可以看见了。周王朝道德衰败而奢侈之后，宣王贤能而王室中兴，而且缩减宫室，减小宗庙的规格。诗人赞美他，《斯干》之诗说的就是他，诗的上章讲的是宫室俭朴，下章讲的是子孙繁盛。到了鲁庄公的时候，雕刻修饰宗庙，筑造很多的台观园圃，后嗣却两次断绝了，所以《春秋》中有讽刺他的文字。周宣王因节俭而昌盛，鲁庄公、秦始皇因奢侈而绝后，这就是奢侈与节俭的得与失。

陛下即位，躬亲节俭，始营初陵，其制约小，天下莫不称贤明。及徙昌陵，增埤为高[1]，积土为山，发民坟墓，积以万数，营起邑居，期日迫卒[2]，功费大万百余。死者恨于下，生者愁于上，怨气感动阴阳，因之以饥馑，物故流离以十万数[3]，臣甚惽焉[4]。以死者为有知，发人之墓，其害多矣；若其无知，又安用大？谋之贤知则不说，以示众庶则苦之；若苟以说愚夫淫侈之人，又何为哉！陛下慈仁笃美甚厚，聪明疏达盖世，宜弘汉家之德，崇刘氏之美，光昭五帝、三王，而顾与暴秦乱君竞为奢侈，比方丘陇[5]，说愚夫之目，隆一时之观，违贤知之心，亡万世之安，臣窃为陛下羞之。唯陛下上览明圣黄帝、尧、舜、禹、汤、文、武、周公、仲尼之制，下观贤知穆公、延陵、樗里、张释之之意。孝文皇帝去坟薄葬，以俭安神，可以为则；秦昭、始皇增山厚臧，以侈生害，足以为戒。初陵之橅[6]，宜从公卿大臣之议，以息众庶。

【注释】

〔1〕埤（bēi）：同“卑”，低矮。 〔2〕迫卒：犹迫猝，急迫，仓促。 〔3〕物故：谓死。流离：谓离开故土。 〔4〕惽：同“愍”或“悯”，忧患，痛心。 〔5〕比方：比较，对照。 〔6〕橅：同“模”，规模。

【译文】

陛下即位，亲身厉行节俭，一开始建造陵墓的时候，规格简约，天下没有不称赞陛下贤明的。等到迁徙到昌陵后，把矮墙增高，积土如山样高，发掘百姓的坟墓，多达以万计算，营造兴建昌陵邑的居室，日期紧迫，费用达到百亿以上。死了的人痛恨于地下，活着的人忧愁于世上，哀怨之气触动阴阳，又加上饥荒灾害，死亡流徙的人多到以十万计数，我感到非常痛心。如果死者有知，那么发掘别人的坟墓，害处是很多的；如果死者无知，那么何必建造这么大的坟墓呢？与贤能多智的人商议，贤智的人会不高兴，拿它向平民显示，平民会叫苦连天；如果仅仅是为了愉悦愚蠢奢侈的人，又何必如此呢！陛下仁慈笃实有深厚的美德，耳聪目明、灵巧通达盖世无双，应当弘扬汉室的美德，推崇刘氏的美名，像三王五帝一样光耀，反而与暴虐的秦朝、混乱的君主比赛奢侈，比较谁的坟堆更高，取悦愚夫的眼睛，高显一时的观瞻，这违背了贤智的心意，丧失了万代的安泰，我私下为陛下感到羞愧。希望陛下向上看看明圣之人如黄帝、尧、舜、禹、商汤、周文王、周武王、周公旦、孔子时的制度，向下看看贤智的人如秦穆公、延陵季子、樗里子、张释之的意见。孝文皇帝去除坟头采取薄葬，用节俭来使灵魂安息，可以作为陛下的榜样；秦昭王、始皇帝增高坟山采取厚葬，因为奢侈造成了祸害，足以为陛下的警戒。初陵的规模，应当听取公卿大臣的议论，以平息百姓的怨气。

书奏，上甚感向言，而不能从其计。

向睹俗弥奢淫，而赵、卫之属起微贱[1]，逾礼制。向以为王教由内及外，自近者始。故采取《诗》《书》所载贤妃贞妇，兴国显家可法则，及孽嬖乱亡者[2]，序次为《列女传》，凡八篇，以戒天子。及采传记行事，著《新序》《说苑》凡五十篇奏之。数上疏言得失，陈法戒。书数十上，以助观览，补遗阙。上虽不能尽用，然内嘉其言，常嗟叹之。

【注释】

〔1〕赵、卫：赵指皇后，卫指卫婕妤。 〔2〕孽：庶也。嬖：爱也，犹宠妾。

【译文】

奏疏呈上后，皇上对刘向的话十分有感触，但是却不能听从他的计策。刘向目睹世俗愈加奢侈淫逸，而赵皇后、卫婕妤这些人出身卑微低贱，却逾越礼制。刘向认为王教应当从内到外，自皇上身边的人开始。所以采集取用《诗经》《尚书》里面记载的贤惠的妃子、贞洁的妇女，兴旺贵显国家可供效法的人，以及受宠爱导致国家混乱覆亡的人，按序排列为《列女传》，一共八篇，以警戒天子。又采录古人的传记事迹，写成《新序》《说苑》共五十篇呈奏。数次上书谈论政事得失，陈述可效法或可戒除之事。上书数十次，以帮助天子观察历览，拾遗补缺。皇上即使不能完全采纳，但是心里嘉许他的言论，常常为之感叹。

时上无继嗣，政由王氏出，灾异浸甚〔1〕。向雅奇陈汤智谋〔2〕，与相亲友，独谓汤曰："灾异如此，而外家日盛，其渐必危刘氏。吾幸得同姓末属，累世蒙汉厚恩，身为宗室遗老，历事三主。上以我先帝旧臣，每进见常加优礼，吾而不言，孰当言者？"向遂上封事极谏曰：

【注释】

〔1〕浸：逐渐。 〔2〕陈汤：字子公。西汉大将。汉元帝时任西

域副校尉，与西域都护甘延寿一起出奇兵攻杀匈奴郅支单于，为安定边疆做出了很大贡献。大胜后上疏汉元帝说“明犯强汉者，虽远必诛”，气势绝伦，扬眉吐气。事见《汉书》卷七十《陈汤传》。

【译文】

当时皇上没有继嗣，政事由王氏兄弟决断，灾异逐渐加剧了。刘向素来欣赏陈汤的智谋奇策，与他是亲近的好朋友，独自对陈汤说：“灾异这么严重，而外戚的权势也日益隆盛，这必定逐渐地威胁到刘氏。我有幸末附于同姓，世代蒙受大汉的厚恩，作为宗室的遗老，经历了三位君主。皇上因为我是先帝的旧臣，每次进见常常优待于我，如果我不站出来说话，谁还会站出来呢？”刘向于是呈上密封的奏章，极力进谏说：

臣闻人君莫不欲安，然而常危，莫不欲存，然而常亡，失御臣之术也。夫大臣操权柄，持国政，未有不为害者也。昔晋有六卿[1]，齐有田、崔，卫有孙、宁，鲁有季、孟，常掌国事，世执朝柄。终后田氏取齐；六卿分晋；崔杼弑其君光[2]；孙林父、宁殖出其君衎，弑其君剽[3]；季氏八佾舞于庭[4]，三家者以《雍》彻[5]，并专国政，卒逐昭公。周大夫尹氏筦朝事[6]，浊乱王室，子朝、子猛更立[7]，连年乃定。故经曰“王室乱”，又曰“尹氏杀王子克[8]”，甚之也。《春秋》举成败，录祸福，如此类甚众，皆阴盛而阳微，下失臣道之所致也。故《书》曰：“臣之有作威作福，害于而家，凶于而国[9]。”孔子曰“禄去公室，政逮大夫[10]”，危亡之兆。秦昭王舅穰侯及泾阳、叶阳君专国擅势[11]，上假太后之威，三人者权重于昭王，家富于秦国，国甚危殆，赖寤范雎之言，而秦复存。二世委任赵高[12]，专权自恣，壅蔽大臣，终有阎乐望夷之祸[13]，秦遂以亡。近事不远，即汉所代也。

【注释】

〔1〕六卿：指智伯、范、中行、韩、魏、赵六家。　〔2〕崔杼（zhù）：又称崔子、崔武子。春秋时齐国正卿。齐惠公时始为大夫。灵公卒，他迎立太子光，是为庄公。庄公与其妻棠姜私通，遂杀庄公。立庄公弟杵臼，即景公。其后家族发生内讧，为左相庆封乘机攻灭。崔杼自杀，尸体为景公戮曝。　〔3〕“孙林父”句：孙林父和宁殖废卫献公衎，立献公叔父剽为殇公。殇公十二年（前547），孙与宁喜争权，殇公使宁喜攻之。孙出奔晋，借晋兵使献公复位。献公诛杀殇公和宁喜。　〔4〕八佾（yì）舞于庭：事见《论语·八佾》。佾，舞者的行列。八人一佾，八佾为六十四人。本来，天子用八佾，诸侯国用六佾，大夫用四佾。季氏为大夫，只该用四佾；用八佾，乃越礼行为。〔5〕三家者以《雍》彻：事见《论语·八佾》。“三家”指鲁之孟孙氏、叔孙氏、季孙氏。《雍》，乐诗名。以《雍》彻，即唱着《雍》诗撤除祭品，这是用天子之礼。　〔6〕筦：同“管”。　〔7〕子朝、子猛：周景王之子。二人争继承权，王子猛死后，王子匄（gài）被拥立为王，称为东王。尹氏立王子朝，是为西王。西王五年后败，携周室典籍奔楚。　〔8〕尹氏杀王子克：今《春秋》经文，不见杀王子克，但有立王子朝。　〔9〕“故《书》曰”句：引文见《尚书·周书·洪范》。而，你的。　〔10〕“孔子曰”句：《论语·季氏》云：“孔子曰：‘禄之去公室五世矣，政逮于大夫四世矣，故夫三桓之子孙微矣。’”逮，及至。　〔11〕秦昭王：又称秦昭襄王（前306—前251在位）。昭王即位初，其母与异父弟穰侯魏冉为政。前266年，昭王听取范雎的计策夺回政权。　〔12〕赵高：秦朝二世皇帝时丞相。秦始皇死后

与李斯合谋篡改诏书，立始皇幼子胡亥为帝，并逼死始皇长子扶苏。秦二世即位后设计陷害李斯，并成为丞相。后派人杀死秦二世，不久后被秦王子婴所杀。　〔13〕阎乐：赵高女婿。秦二世三年（前207），协同赵高将秦二世骗到望夷宫，逼其自杀。望夷：秦宫名。在今陕西咸阳市北。

【译文】

我听说国君没有不想安定的，但是却常有危险，没有不想长存的，却常有灭亡的，这是由于丧失了正确驾驭臣子的方法。大臣掌握权柄、操持国政没有不为非作歹的。以前晋国有六卿，齐国有田氏、崔氏，卫国有孙氏、宁氏，鲁国有季孙氏、孟孙氏，长期掌握国事，世代执掌朝廷大权。最后田氏取代了齐国；六卿瓜分了晋国；崔杼杀害了国君齐庄公；孙林父、宁殖逐出国君姬衎，杀害国君姬剽，季孙氏在家里僭礼举行八佾之舞，三家公卿都在祭祀时违规使用《雍》乐，并且专揽国政，最后放逐了鲁昭公。周大夫尹氏管理朝事，污浊混乱王室，王子朝、王子猛先后被立为王，经过了几年才确定下来。所以《春秋》的经文说“王室乱”，又说“尹氏杀王子克”，罪恶太大了！《春秋》列举成败，记录祸福，像这样的事情很多，都是阴盛阳衰，向下失去了御臣之道导致的。所以《尚书》说：“臣子中有作威作福的，一定会祸害你的家，也会祸害你的国。”孔子所说的“官职不出于公室，政事出于大夫”，这是危亡的征兆。秦昭王的舅舅穰侯以及泾阳君、叶阳君专执国政、独霸权势，上借太后的威权，三人的权力比昭王还重，自家比秦国还富，国家非常危急了，幸亏昭王感悟了范雎的话，秦国好歹保存住了。秦二世委顺重用赵高，专权放肆，阻塞蒙蔽大臣，最终有“阎乐望夷”之祸，秦朝于是灭亡了。这是最近发生的事并不遥远，也就在被汉取代的秦朝。

汉兴，诸吕无道，擅相尊王，吕产、吕禄席太后之宠[1]，据将相之位[2]，兼南北军之众，拥梁、赵王之尊，骄盈无厌[3]，欲危刘氏。赖忠正大臣绛侯、朱虚侯等竭诚尽节以诛灭之[4]，然后刘氏复安。今王氏一姓乘朱轮华毂者二十三人，青紫貂蝉充盈幄内[5]，鱼鳞左右[6]。大将军秉事用权[7]，五侯骄奢僭盛[8]，并作威福，击断自恣[9]，行污而寄治，身私而托公[10]，依东宫之尊[11]，假甥舅之亲，以为威重。尚书九卿州牧郡守皆出其门，筦执枢机，朋党比周。称誉者登进，忤恨者诛伤；游谈者助之说，执政者为之言。排摈宗室，孤弱公族，其有智能者，尤非毁而不进。远绝宗室之任，不令得给事朝省[12]，恐其与己分权；数称燕王、盖主以疑上心[13]，避讳吕、霍而弗肯称[14]。内有管、蔡之萌，外假周公之论，兄弟据重，宗族磐互[15]。历上古至秦汉，外戚僭贵未有如王氏者也。虽周皇甫、秦穰侯、汉武安、吕、霍、上官之属[16]，皆不及也。

【注释】

〔1〕吕产（？—前 180）：汉高祖皇后吕雉的侄子。惠帝时，大事多决于吕后。前 188 年，惠帝死，吕后临朝称制，大封诸吕，吕产封梁王。后在叛乱中被周勃杀掉。吕禄（？—前 180）：大封诸吕时封赵王。亦为周勃捕杀。席：犹因。 〔2〕据将相之位：前 180 年吕后病重，任命赵王吕禄为上将军，并统领北军；又命吕产统领南军。〔3〕无厌：不知满足。 〔4〕绛侯：周勃（约前 240—前 169），西汉

开国功臣，汉高祖封为绛侯。吕后既死，周勃与陈平等合谋智夺吕禄军权，一举谋灭吕氏诸王，拥立文帝，后官至右丞相。汉文帝十一年（前169）去世，谥号为武侯。事见《汉书》卷四十《周勃传》。朱虚侯：刘章（前200—前177），汉高祖刘邦之孙。因诛吕功大，于文帝二年（前178）封城阳王。〔5〕青紫貂蝉：古代侍中、常侍等贵近之臣的冠饰。此泛指显贵的大臣。〔6〕鱼鳞左右：言王氏如鱼鳞般居于皇帝左右。〔7〕大将军：指王凤。〔8〕五侯：指汉成帝封其舅王谭平阿侯、王商成都侯、王立红阳侯、王根曲阳侯、王逢时高平侯。事见《汉书》卷九十八《元后传》。〔9〕击断：专断，决断。〔10〕身私而托公：谓行为自私而外托公道。〔11〕东宫：天子嫡妻，此指元后王政君，汉成帝生母。〔12〕朝省：朝廷和宫中。〔13〕燕王：指燕刺王刘旦（？—前80），汉武帝子。武帝既死，昭帝即位，刘旦与宗室及大臣谋夺帝位，失败，自杀。盖主：即鄂邑盖长公主（？—前80），汉武帝女。内行不修，骄纵不法，谋除霍光，失败被迫自杀。〔14〕避讳吕、霍而弗肯称：吕后、霍后二家皆坐僭乱诛灭，故王氏讳而不称。〔15〕磐互：交相连结。〔16〕皇甫：周幽王时宋戴公之子姬充石，字皇父。其后代把"父"改为"甫"，遂成皇甫氏。一说姬充石即虢石父，"烽火戏诸侯"的罪魁。武安：武安侯田蚡（？—前131），汉景帝皇后的同母异父弟，有口才，善阿谀，权重一时。事见《汉书》卷五十二《田蚡传》。霍：指霍光一族。上官：指上官皇后一族。上官皇后为霍光外孙女。

【译文】

大汉兴起，吕氏诸人无道，擅自互相尊王。吕产、吕禄依因太后的宠爱，霸居将相的位子，兼领南北两军，坐拥梁王、赵王的尊位，骄横盈天，贪得无厌，想要危害刘氏。幸赖忠心的大臣绛侯、朱虚侯等人竭诚尽节诛灭了他们，此后刘氏才又得安宁。如今王氏一族乘坐豪华车子的人就有二十三个，近侍之臣充盈皇帝帐内，鱼鳞一般围集皇帝左右。大将军掌事专权，五侯蛮横嚣张、奢靡僭越，一起作威作福，专断放肆，行为污浊而被寄以治国之望，自身中饱私囊而外托公道，依赖皇后的尊威，借着甥舅的亲戚关系，使自己权威并重。尚书九卿州牧郡守全部出自他们的门下，执掌管理显要关键的部门，党同伐异，狼狈为奸。称赞、赏誉他们的就被提拔进用，违逆、忌恨他们的就被诛杀伤害；游说的人、当权的人都为他们说好话。排斥摈弃宗室，孤立削弱公族，其中有智慧才能的人，尤其会遭受诽谤诋毁而不能进用。疏远断绝宗室中的有识之士，不让他们得以供职于朝廷，害怕与自己分享权力；屡屡谈到燕王和鄂邑长公主道德败坏的事情以迷惑皇上，避口讳谈吕氏、霍氏谋权篡位被诛杀的事实。他们内有管叔、蔡叔造反的萌芽，对外还要假托周公辅政的言论，兄弟相互倚重，宗族盘根错节。历数上古到秦汉，外戚僭越贵重没有比得上王氏的。即使周朝的皇甫氏、秦朝的穰侯、汉初的武安侯、吕氏、霍氏、上官氏之类，都比不上他们。

物盛必有非常之变先见，为其人微象[1]。孝昭帝时，冠石立于泰山[2]，仆柳起于上林[3]。而孝宣帝即位，今王氏先祖坟墓在济南者[4]，其梓柱生枝叶[5]，扶疏上出屋[6]，根臿地中，虽立石起柳，无以过此之明也。事势不两大，王氏与刘氏亦且不并立，如下有泰山之安，则上有累卵之危。陛下为人子孙，守持宗庙，而令国祚移于外亲，降为皂隶[7]，纵不为身，奈宗庙何！妇人内夫家[8]，外父母家，此亦非皇太后之福也。孝宣皇帝不与舅平昌、乐昌侯权[9]，所以安全之也。

【注释】

〔1〕“物盛”句：《周易·系辞下》云：“几者动之微，吉之先见者也。” 〔2〕冠石立于泰山：《汉书·眭孟传》：“孝昭元凤三年正月，泰山、莱芜山南匈匈有数千人声，民视之，有大石自立，高丈五尺，大四十八围，入地深八尺，三石为足。石立后有白乌数千下集其旁。” 〔3〕仆柳起于上林：《汉书·眭孟传》：“又上林苑中大柳树断枯卧地，亦自立生，有虫食树叶成文字，曰‘公孙病已立’，孟推《春秋》之意，以为石、柳，皆阴类，下民之象；泰山者，岱宗之岳，王者易姓告代之处。今大石自立，僵柳复起，非人力所为，此当有从匹夫为天子者。枯社木复生，故废之家公孙氏当复兴者也。” 〔4〕济南：郡名。治东平陵（在今山东章丘西北）。 〔5〕梓柱：梓木做的柱子。〔6〕扶疏：犹婆娑，形容舞动之态。 〔7〕皂隶：奴隶，卑贱者。〔8〕内：犹亲。下文“外”，犹疏。 〔9〕平昌、乐昌侯：平昌侯王元故，乐昌侯王武。

【译文】

事物太盛了必定会有不寻常的变化提前显现，作为反映某些人本质特征的表象。孝昭帝时，泰山顶有大石头自己站立上去，枯倒的柳树复活于上林苑。而到孝宣皇帝即位时，现在王氏先祖的坟墓在济南的，梓木的柱子萌生了枝叶，扶疏直上冲出了陵寝的屋顶，根深插在地中，即使是立石起柳这样怪异的事情，也比不上这个明显。事物的发展势头不容许两大并立的情况，王氏与刘氏也将不会并立，如果王氏有泰山般稳固，那么刘氏就有叠放鸡蛋一样的危险。陛下为人子孙，守护把持宗庙社稷，却让国家基业移交到外亲手里，降身为仆役一样的身份，纵使你不为自己打算，可是先祖的宗庙该怎么办啊？妇人本应亲近夫家，如果向外顾及到父母家，这也不是皇太后的福分了。孝宣皇帝不给舅舅平昌侯、乐昌侯权位，正是为了保全他们。

夫明者起福于无形，销患于未然。宜发明诏，吐德音，援近宗室[1]，亲而纳信，黜远外戚，毋授以政，皆罢令就弟[2]，以则效先帝之所行，厚安外戚，全其宗族，诚东宫之意，外家之福也。王氏永存，保其爵禄，刘氏长安，不失社稷，所以褒睦外内之姓[3]，子子孙孙无疆之计也。如不行此策，田氏复见于今，六卿必起于汉。为后嗣忧，昭昭甚明，不可不深图，不可不蚤虑。《易》曰："君不密，则失臣；臣不密，则失身；几事不密，则害成[4]。"唯陛下深留圣思，审固几密[5]，览往事之戒，以折中取信，居万安之实，用保宗庙，久承皇太后，天下幸甚。

【注释】

〔1〕援近：引用，接近。 〔2〕弟：同"第"，宅第。 〔3〕褒睦：褒重敦睦。 〔4〕"《易》曰"句：引文见《周易·系辞上》。密，慎密。 〔5〕审固：审慎，保固。

【译文】

英明人的福分在不知不觉中就会升起，在忧患还没有发生前就将其消解。陛下应当发布圣明的诏令，吐露德音，引用接近宗室，亲近并接纳信任他们，罢黜远离外戚，不要授予他们政事，全部罢退让他们返回宅第，然后效法先帝的做法，优厚地安顿外戚，保全他们的宗族，这才是东宫的心意，外戚的福分。王氏永远存在，保全他们的爵位和俸禄，刘氏长期安定，不丧失社稷，这才是用来保全内外亲戚，子子孙孙永无穷尽的计策。如果不施行这个计策，田氏将会重现于当今，六卿也必定会复起于大汉。为后嗣着想，这是非常明白的事情，不可不深思熟虑，不可不早做打算。《周易》说："君主说话不谨慎，就会失去在臣子面前的威信；臣子说话不慎密，就会招致杀身之祸；机密的事情不谨慎严密，就会破坏成功。"希望陛下深谋远图，审慎保固机密的事情，接受历史的教训并引以为戒，用折中的办法取信于人，处于万安的境地，用以保全宗庙，长久地侍奉皇太后，天下就万幸了。

书奏，天子召见向，叹息悲伤其意，谓曰："君且休矣[1]，吾将思之。"以向为中垒校尉[2]。

【注释】

〔1〕且休：姑且休息。　〔2〕中垒校尉：官名。中垒本中尉（执金吾）属官，有令、丞、两尉。中尉所掌为备京师盗贼之事，中垒所掌当同。武帝以中垒进为校尉，为新置八校尉之一，秩比二千石，掌北军垒门之内，而又外掌西域。

【译文】

书奏上呈后，天子召见刘向，对刘向奏章里的话叹息悲伤，对他说："您暂且回去休息，我将考虑这个问题。"任命刘向为中垒校尉。

向为人简易无威仪，廉靖乐道[1]，不交接世俗，专积思于经术，昼诵书传，夜观星宿，或不寐达旦[2]。元延中[3]，星孛东井[4]，蜀郡岷山崩雍江。向恶此异，语在《五行志》。怀不能已[5]，复上其辞曰：

【注释】

〔1〕廉靖：逊让谦恭。　〔2〕不寐达旦：谓通宵达旦。　〔3〕元延：成帝年号（前12—前9）。　〔4〕星孛东井：《汉书·五行志》："元延元年七月辛未，有星孛于东井。"星孛，古代对彗星的称呼。东井，即井宿，属今日之双子座。《开元占经》："石氏曰：'东井堕，天下涌水。'"　〔5〕怀：心思。不能已：不能撂下。

【译文】

刘向为人简单平易不讲究威仪，逊让谦恭，喜好道家之术，不与世俗之人打交道，专心沉思于经术，白天诵读经书传记，晚上观察星宿，有时通宵达旦。元延年间，彗星出现于东井，蜀郡岷山崩塌堵塞了长江。刘向厌恶这个灾异，话在《汉书·五行志》中。刘向心里放不下这件事，又上书说：

臣闻帝舜戒伯禹[1]，毋若丹朱敖[2]；周公戒成王[3]，毋若殷王纣。《诗》曰"殷监不远，在夏后之世[4]"，亦言汤以桀为戒也。圣帝明王常以败乱自戒，不讳废兴，故臣敢极陈其愚，唯陛下留神察焉。

【注释】

〔1〕舜戒伯禹：事见《尚书·虞书·益稷》。伯禹，即禹。

〔2〕丹朱：尧之子。敖：同“傲”，傲慢。　〔3〕周公戒成王：事见《尚书·周书·无逸》。　〔4〕“《诗》曰”句：引诗见《诗经·大雅·荡》。监，同“鉴”，镜子。

【译文】

我听说舜帝告诫大禹，不要像丹朱那样傲慢；周公告诫成王，不要像商纣王那样荒淫无度。《诗经》里说“值得商朝借鉴的事情还不远，就在夏朝末年”，也是讲商汤要用夏桀作为警戒。圣明的君王常常以败政乱国自我警戒，不讳言兴衰废亡，所以我敢尽情地陈述我愚蠢的意见，希望陛下留意审查。

谨案春秋二百四十二年，日蚀三十六，襄公尤数〔1〕，率三岁五月有奇而一食〔2〕。汉兴讫竟宁〔3〕，孝景帝尤数，率三岁一月而一食。臣向前数言日当食，今连三年比食〔4〕。自建始以来〔5〕，二十岁间而八食，率二岁六月而一发，古今罕有。异有小大希稠，占有舒疾缓急，而圣人所以断疑也。《易》曰：“观乎天文，以察时变〔6〕。”昔孔子对鲁哀公，并言夏桀、殷纣暴虐天下，故历失则，摄提失方〔7〕，孟陬无纪〔8〕，此皆易姓之变也。秦始皇之末至二世时，日月薄食，山陵沦亡，辰星出于四孟〔9〕，太白经天而行〔10〕，无云而雷，枉矢夜光〔11〕，荧惑袭月〔12〕，孽火烧宫〔13〕，野禽戏廷〔14〕，都门内崩〔15〕，长人见临洮〔16〕，石陨于东郡〔17〕，星孛大角，大角以亡〔18〕。观孔子之言，考暴秦之异，天命信可畏也。及项籍之败，亦孛大角。汉之入秦，五星聚于东井〔19〕，得天下之象也。孝惠时，有雨血，日食于冲〔20〕，灭光星见之异。孝昭时，有泰山卧石自立，上林僵柳复起，大星如月西行，众星随之，此为特异。孝宣兴起之表，天狗夹汉而西[21]。久阴不雨者二十余日，昌邑不终之异也[22]。皆著于《汉纪》[23]。观秦、汉之易世[24]，览惠、昭之无后，察昌邑之不终，视孝宣之绍起，天之去就，岂不昭昭然哉！高宗、成王亦有雊雉拔木之变[25]，能思其故，故高宗有百年之福，成王有复风之报[26]。神明之应，应若景向[27]，世所同闻也。

【注释】

〔1〕襄公：指鲁襄公（前575—前542）之时。数（shuò）：频繁。〔2〕奇（jī）：零数。〔3〕竟宁：元帝最后的一个年号（前33），使用一年。〔4〕比：接连。〔5〕建始：成帝第一个年号（前32—前29）。〔6〕“《易》曰”句：引文见《周易·贲卦》彖辞。〔7〕摄提：星名。《开元占经》引石氏曰：“星东西三三而居，形似鼎足，常东向，天子吉昌。若北向，即大人失位，圣人更制，天下有事，期三十日，兵出，复三十日，兵罢。若摄提北向，向格而治，十日而令出，其反故位，十日而兵罢。”〔8〕孟陬：首时为孟，正月为陬。〔9〕辰星：即水星。四孟：古人把每一个季节的第一个月称之为“孟月”，第二个月称为“仲月”。古时以为辰星当现于四仲月。《开元占经》引《春秋纬》曰：“辰星失其时而出，当寒反温，当温反寒，政反清浊、同伦也。”又引《洪范五行传》曰：“辰星出孟，易王之表也；汉高三年，辰星出四孟；后二年，汉灭楚也。”〔10〕太白：即金星。经天：谓过午。《开元占经》引《荆州占》曰：“太白昼见于午，名曰‘经天’，是谓乱纪；天下乱，改政易王，人民流亡，弃其子，去其乡里。”〔11〕枉矢：《开元占经》引《洪范五行传》曰：“枉矢者，弓弩之象也。枉矢之所触。天下之所伐。灭亡之象也。”〔12〕荧惑：即火星。由于火星呈红色，荧荧像火，亮度常有变化；而

且在天空中运动，有时从西向东，有时又从东向西，情况复杂，令人迷惑，所以我国古代叫它“荧惑”，有“荧荧火光，离离乱惑”之意。《开元占经》引《荆州占》曰：“火星入月中臣贼其主。” 〔13〕孽(niè)：妖，灾。 〔14〕廷：宫廷。 〔15〕内崩：向内崩坏。 〔16〕临洮：县名，在今甘肃岷县。 〔17〕东郡：郡治濮阳（在今河南濮阳市西南）。 〔18〕大角：星名。《开元占经》引《尚书纬》曰：“栋星（大角）亡，罪深重，诛。”亡：伏而不见。 〔19〕东井：星名，即井宿。《汉书·天文志》曰：“汉高元年，有五星聚于东井。历推之，从岁星也。此高皇帝受命之符，故客谓张耳曰：‘东井，秦地。汉王入秦，五星从岁星聚，当以义取天下。’” 〔20〕冲：日月轨道相交的要冲。 〔21〕天狗：《山海经·西山经》有云：“阴山……有兽焉，其状如狸而白首，名曰天狗，其音如榴榴，可以御凶。”如文中所述，最初的天狗是可以御凶的吉兽，但后来演变成用来形容彗星和流星，古人将天空奔星视为大不吉，所以天狗也变成了凶星的称谓。汉：银河。 〔22〕昌邑：昌邑王刘贺（前92—前59）。十九岁即位，当了二十七天皇帝，因荒淫无度、不保社稷而被废去。不终：即帝位旋被废。 〔23〕《汉纪》：汉编年体史书，内容多据《汉书》。 〔24〕汉：“楚”之误。 〔25〕高宗：指殷高宗武丁（？—前1192），姓子，名昭，是中国商朝第二十三位国王，庙号为高宗。武丁在位时期任用贤臣傅说为相，妻子妇好为将军，商朝再度强盛，史称“武丁中兴”。《尚书·高宗肜日》：“高宗祭成汤，有飞雉升鼎耳而雊。”成王：周成王姬诵，周武王之子。《尚书·周书·金縢》：“秋，大熟，未获，天大雷电以风，禾尽偃，大木斯拔，邦人大恐。” 〔26〕高宗有百年之福，成王有复风之报：参考《汉书·五行志》：“野木生朝，野鸟入庙，败亡之异也。武丁恐骇，谋于忠贤，修德而正事，内举傅说，授以国政，外伐鬼方，以安诸夏，故能攘木、鸟之妖，致百年之寿。”《论衡·气寿篇》：“高宗享国百年。”《尚书·周书·金縢》：“王出郊，天乃雨，反风，禾则尽起。二公命邦人凡大木所偃，尽起而筑之。岁则大熟。” 〔27〕景向：同“影响”，影子和回声。

【译文】

谨慎地考察春秋二百四十二年，日蚀发生三十六次，鲁襄公期间尤其频繁，大抵三年零五个月多点的时间就发生一次。大汉兴起到竟宁年间，孝景皇帝时比较频繁，大抵三年零一个月发生一次。我先前屡次说到要发生日蚀，现在连续三年接连发生。自建始以来，二十年间发生了八次日食，大约两年零六个月发生一次，古今都是少有的。灾异有大小稀稠的分别，占卜有轻重缓急的不同，但却是圣人用以决断疑问的方法。《周易》说：“观察天文现象的变化，可以审查时势的变异。”从前孔子回答鲁哀公咨询时，同时讲了夏桀、商纣王因为暴虐天下，导致旧历失去了准则，摄提星失去了正常的方位，正月无法确定，这都是皇权要变换姓氏的变化。秦始皇末年到秦二世的时候，日月相掩而蚀，山陵沦陷亡灭，辰星在每个季节的首月出现，太白星午时出现运行，没有云却打雷，枉矢星夜里大放光亮，荧惑星触犯月亮，妖火焚烧宫殿，野禽嬉戏于户庭，都门向内崩坏，巨人在临洮出现，陨石落于东郡，彗星入侵大角星，大角星消失了。看孔子说的话，考察暴秦的灾异，天命真的非常可畏。及至项籍失败，彗星也冲突大角星了。汉军进入秦地，五星汇聚于东井区域，这是要得到天下的象征。孝惠帝时，下血雨，太阳在日月相交的要冲发生蚀变，出现太阳光隐去、星星出现的灾异。孝昭帝时，泰山上卧倒的石头站立起来，上林苑的枯柳复活，如月亮一样大的星星向西运行，许多星追随着，这实在是特别地怪异。孝宣皇帝兴起时的表象，天狗沿银河两侧向西运行。长时间地阴霾却不下雨有二十多天，这是昌邑王不能善终的灾异表象。都著录在《汉纪》里面。观察秦汉的更革，惠帝、昭帝的绝后，昌邑王的不能善终，孝宣皇帝的兴起，上天的亲疏远近，难道不是很明显的吗！商高宗、周成王也有“雊雉”“拔木”的灾异，但他们能思考其中的原因，所以高宗有百年之福，成王有复风之报。神明的报应，就像影子、回声一样紧紧跟随，这是世人所共同听说的。

臣幸得托末属，诚见陛下有宽明之德，冀销大异，而兴高宗、成王之声，以崇刘氏，故恳恳数奸死亡之诛[1]。今日食尤屡，星孛东井，摄提炎及紫宫[2]，有识长老莫不震动，此变之大者也。其事难一二记，故《易》曰“书不尽言，言不尽意[3]”，是以设卦指爻，而复说义。《书》曰“伻来以图[4]”，天文难以相晓，臣虽图上，犹须口说，然后可知，愿赐清燕之闲[5]，指图陈状。

【注释】

〔1〕恳恳：款诚之意。奸：同“干”，触犯。 〔2〕摄提：星名。紫宫：星座名。 〔3〕“《易》曰”等句：引文见《周易·系辞上》。〔4〕“《书》曰”等句：引文见《尚书·周书·洛诰》。言使者来以图示意。伻（bēng），使者。 〔5〕清燕：同“清晏”，清静安闲。

【译文】

我有幸得以附寄在皇室末枝，的确看到陛下有宽容明智的品德，希望能消除这些灾异，而振兴高宗、成王的英声，以推崇刘氏，所以我诚恳地甘愿触犯被诛之罪以向皇上指陈情况。现在日蚀尤其频繁，彗星耀于东井，摄提光焰波及紫宫，有见识的长老没有不震惊的，这是变异中非常严重的。这种事难以一一记录，所以《周易》说“书不能将话全部说尽，语言也不能完全表达意思”，因此设立卦爻，进一步说解义理。《尚书》说“使者拿着图来说明情况”，天文很难理解透彻，我即使向皇上献上画图，还是需要亲口讲解，然后才可以明白。希望皇上能赏赐给我一点闲暇时间，对着画图陈述情况。

上辄入之[1]，然终不能用也。向每召见，数言公族者国之枝叶，枝叶落则本根无所庇荫，方今同姓疏远，母党专政，禄去公室，权在外家，非所以强汉宗[2]，卑私门，保守社稷，安固后嗣也。

【注释】

〔1〕入：谓召入。　〔2〕汉宗：指刘氏宗室。

【译文】

于是皇上召入刘向，但最终还是不能任用他。刘向每次被召见，多次讲到公族是国家的枝叶，如果枝叶陨落了那么树干、树根就没有可以为之庇护的东西了，现在同姓被疏远，母党专权，任免爵禄之权不在公室，权力为外戚掌握，这不是用以加强汉室、削弱私门、保存固守社稷、安定稳固后代的方法。

向自见得信于上，故常显讼宗室，讥刺王氏及在位大臣，其言多痛切，发于至诚。上数欲用向为九卿，辄不为王氏居位者及丞相御史所持[1]，故终不迁。居列大夫官前后三十余年，年七十二卒[2]。卒后十三岁而王氏代汉。向三子皆好学：长子伋，以《易》教授，官至郡守；中子赐，九卿丞，早卒；少子歆[3]，最知名。

【注释】

〔1〕持：支持。　〔2〕年七十二卒：刘向终年七十二岁（约前77—前6）。　〔3〕歆：刘歆（约前52—前23），字子骏，后改名秀，字颖叔。西汉古文经学家。

【译文】

刘向觉得自己取信于皇上，所以常常颂扬宗室，讽刺王氏以及在位的大臣，其言论大多痛快真切，出于至诚的心。皇上多次想任用刘向为九卿，但总是不被王氏在位者以及丞相御史支持，所以最终不能升任。在列大夫官职上前后呆了有三十余年，七十二岁去世。死后十三年，王氏取代大汉。刘向的三个儿子都好学：长子刘伋，教授《易经》，官至郡守；二儿子刘赐，官至九卿丞，早死；小儿子刘歆，最出名。

苏武传

【题记】

本篇选自《汉书》卷五十四《李广苏建传》。苏建，武帝时为将，多次随大将军卫青抗击匈奴，因功封平陵侯。其子苏武，武帝时为中郎将出使匈奴，被扣留十九年，牧羊北海，受尽磨难，坚贞不屈。本篇集中笔墨写苏武奉命出使匈奴，以及在异国十九年的种种遭遇和表现。记事详尽，主题鲜明，感人至深。李陵劝降和送别两节，用对比和衬托手法刻画、烘托苏武，生动地再现了人物的性格和节操，收到了很好的艺术效果。这是《汉书》中闪烁爱国主义精神的光辉篇章，传颂千古，教育万代。

苏建，杜陵人也〔1〕。以校尉从大将青击匈奴〔2〕，封平陵侯。以将军筑朔方〔3〕。后以卫尉为游击将军〔4〕，从大将军出朔方。后一岁，以右将军再从大将军出定襄〔5〕，亡翕侯〔6〕，失军当斩，赎为庶人。其后为代郡太守〔7〕，卒官。有三子：嘉为奉车都尉〔8〕，贤为骑都尉〔9〕，中子武最知名。

【注释】

〔1〕杜陵：县名。今陕西西安市东南。　〔2〕校尉：官名。汉承秦置，为中上级军官，系据军队一部一校的编制而来，名目繁多。大

将青：指大将军卫青（？一前106），西汉名将，字仲卿，河东平阳（今山西临汾西南）人。他是西汉时期能征惯战、为汉朝北部疆域的开拓做出过重大贡献的将领。率军与匈奴作战，屡立战功，但从不结党干预政事。他对士卒体恤较多，威信很高。〔3〕朔方：郡名。西汉元朔二年（前127）设立。治所在朔方（今内蒙古自治区杭锦旗北），东汉末废。〔4〕卫尉：官名。战国始置，秦汉时九卿之一。掌宫门卫屯兵。游击将军：官名。汉朝始置，本为杂号将军之一。〔5〕右将军：武官名。将军为古代高级武官的通称。秦所置右将军，位上卿，掌兵及四夷。汉不常置，因事而设。定襄：郡名。汉初分秦云中郡置。郡治成乐（故治在今内蒙古和林格尔西北土城子）。〔6〕翕（xī）侯：即赵信，西汉诸侯。匈奴人，原为匈奴相，武帝时降汉。〔7〕代郡：郡名。治代县（故治在今河北蔚县东北）。太守：官名。管理一郡政务。〔8〕嘉：即苏嘉，苏武长兄，字长君。后因御车触柱折辕而被劾大不敬，伏剑自杀。奉车都尉：官名。汉武帝始置，掌天子车舆，多由皇帝亲信充任。〔9〕贤：即苏贤，苏武之弟，字孺卿。后因罪自杀。骑都尉：官名。西汉时为中级武官，因亲近皇帝，多加官侍中。

【译文】

苏建，杜陵人。以校尉身份跟随大将军卫青出击匈奴，封为平陵侯。又以将军身份建造朔方城。后以卫尉身份任游击将军，跟随大将军出兵朔方。一年后，以右将军身份再次跟从大将军出兵定襄，损兵折将，部将翕侯赵信逃降匈奴，苏建损失部队应当问斩，最后被贬为平民免除了死罪。之后又但任代郡太守，死在官位上。苏建有三个儿子：苏嘉做奉车都尉，苏贤做骑都尉，而二儿子苏武最有名气。

武字子卿，少以父任[1]，兄弟并为郎[2]，稍迁至栘中厩监[3]。时汉连伐胡，数通使相窥观[4]，匈奴留汉使郭吉、路充国等[5]，前后十余辈[6]。匈奴使来，汉亦留之以相当。天汉元年[7]，且鞮侯单于初立[8]，恐汉袭之，乃曰："汉天子我丈人行也[9]。"尽归汉使路充国等。武帝嘉其义，乃遣武以中郎将使持节送匈奴使留在汉者[10]，因厚赂单于，答其善意。武与副中郎将张胜及假吏常惠等募士斥候百余人俱[11]。既至匈奴，置币遗单于[12]。单于益骄，非汉所望也。

【注释】

〔1〕以父任：因为父亲职位的关系而任官。汉制，官俸二千石以上的官员，任满三年，其子弟可保任郎官。　〔2〕兄弟：指苏嘉、苏武、苏贤三兄弟。郎：官名。汉承秦置，为九卿之一郎中令的属官。掌守皇宫门户，出充皇帝车骑，实为皇帝的侍从卫队。　〔3〕移（yí）中厩监：官名。汉掌管皇室马厩之官。　〔4〕数（shuò）：多次，屡次。窥观：窥探、观察对方的情况。　〔5〕郭吉：西汉官吏。元封元年（前110），武帝亲率十八万骑巡行北边，以威慑匈奴。而他则奉命使匈奴，劝告匈奴臣服。乌维单于将他扣留，使居于北海边，他坚贞不屈。路充国：西汉官吏。武帝时，有匈奴贵人使者病死于汉，乃派他佩二千石印绶携数千金出使匈奴，送其丧归，被乌维单于扣留于匈奴。　〔6〕辈：批。　〔7〕天汉元年：前100年。　〔8〕且（jū）鞮（dī）侯单于：匈奴王，前100年继位。且鞮侯，单于的封号。单于，匈奴君主的称号。　〔9〕丈人行（háng）：父辈，长辈。〔10〕中郎将：官名。汉承秦置，为九卿之一郎中令属官。节：使臣所持的信物，亦称旄节，以竹为杆，柄长八尺，其上缀牦牛尾，共三层。〔11〕张胜：西汉官吏。武帝天汉元年以中郎将为苏武副使出使匈奴，

背武私下与虞常等密谋劫单于母归汉。事发，虞常被杀，张胜降匈奴。假吏：临时充任的官。常惠（？—前47）：西汉诸侯。太原（今山西太原西）人。少时家贫，应募从苏武使匈奴，被扣留十余年。斥候：侦查人员。俱：一同出发。　〔12〕置币：准备财物。遗（wèi）：赠送。

【译文】

苏武，字子卿，年轻时因为父亲的官位被任职，兄弟三人都做了郎官，苏武后来逐渐升迁到移中厩监的职位。当时汉朝不断讨伐匈奴，双方多次派使者暗察对方情况，匈奴先后扣留了郭吉、路充国等十多批汉朝的使者。匈奴使者来汉，汉朝也将他们扣留以作抵偿。天汉元年，且鞮侯单于刚刚即位，害怕汉朝趁机袭击匈奴，于是说："汉朝的皇帝是我的长辈。"并且全部送回被扣留的汉使路充国等人。汉武帝很赞赏他的深明大义，就派苏武以中郎将的身份带着汉朝符节护送被扣留在汉朝的匈奴使者回国，并借这个机会赠送给单于丰厚的礼物，以答谢他的好意。苏武与副中郎将张胜以及临时委任的下属官员常惠等，招募了兵士、侦查员一百多人一起出发。到达匈奴后，把准备好的财物送给单于。然而，单于却变得更加骄横了，完全不像汉朝所希望的那样。

方欲发使送武等，会缑王与长水虞常等谋反匈奴中[1]。缑王者，昆邪王姊子也[2]，与昆邪王俱降汉，后随浞野侯没胡中[3]。及卫律所将降者[4]，阴相与谋劫单于母阏氏归汉[5]。会武等至匈奴，虞常在汉时素与副张胜相知，私候胜曰[6]："闻汉天子甚怨卫律，常能为汉伏弩射杀之。吾母与弟在汉，幸蒙其赏赐[7]。”张胜许之，以货物与常。后月余，单于出猎，独阏氏子弟在。虞常等七十余人欲发，其一人夜亡，告之。单于子弟发兵与战。缑王等皆死，虞常生得[8]。

【注释】

〔1〕会：适逢。缑（gōu）王（？—前100）：匈奴贵族。昆邪王外甥。武帝时从昆邪王降汉。后从浞野侯赵破奴击匈奴，被俘。长水：这里是长水校尉的省称，掌管长水的胡骑。虞常：西汉武帝时人。降于匈奴，而其母与弟在汉。 〔2〕昆（hún）邪（yé）王（？—前120）：西汉诸侯，原为匈奴诸王。于武帝元狩二年（前121）降汉。〔3〕浞（zhuó）野侯：汉将赵破奴的封号，太原人。太初二年（前103）春率两万骑兵抗击匈奴，兵败后投降匈奴。 〔4〕卫律（？—前81）：西汉时匈奴诸王。其父本为长水胡人，后降汉。曾出使匈奴。后又投奔匈奴，封为丁灵王。 〔5〕阏氏（yān zhī）：匈奴王后的封号。 〔6〕候：拜访。 〔7〕其：指汉朝廷。 〔8〕生得：活捉。

【译文】

匈奴正要派使者护送苏武等人返回，恰巧遇上缑王和原长水校尉虞常等人在匈奴谋反。缑王是昆邪王姐姐的儿子，曾与昆邪王一起投降汉朝，后来跟随浞野侯赵破奴出征匈奴，兵败沦落于匈奴。这时候缑王、虞常与随同卫律投降匈奴的人，暗中串通策划要劫持单于的母亲投奔汉朝。恰巧遇上苏武等人到了匈奴，虞常在汉朝时一向与副使张胜熟识，就私下拜访张胜，对他说：“听说汉朝皇帝非常怨恨卫律，我能为汉朝效力，用暗箭射杀他。我的母亲和弟弟在汉朝，希望朝廷能赏赐他们。”张胜赞许他们这样做，并送了一些财物给虞常。一个多月以后，单于出去打猎，只有王后阏氏及王室子弟留在宫中。虞常等七十多人想趁机发难，但是其中有一个人晚上逃跑，向单于告发了这件事。单于子弟发兵与他们战斗，缑王等人都战死了，只有虞常被活捉。

单于使卫律治其事[1]。张胜闻之，恐前语发[2]，以状语武[3]。武曰："事如此，此必及我。见犯乃死[4]，重负国[5]。"欲自杀，胜、惠共止之。虞常果引张胜[6]。单于怒，召诸贵人议，欲杀汉使者。左伊秩訾曰[7]："即谋单于，何以复加？宜皆降之。"单于使卫律召武受辞[8]，武谓惠等："屈节辱命，虽生，何面目以归汉！"引佩刀自刺。卫律惊，自抱持武，驰召毉[9]。凿地为坎[10]，置煴火[11]，覆武其上，蹈其背以出血[12]。武气绝，半日复息。惠等哭，舆归营[13]。单于壮其节[14]，朝夕遣人候问武，而收系张胜。

【注释】

〔1〕治：审理。　〔2〕发：泄露。此指被揭发。　〔3〕状：情况。语：此处作动词用，告诉。　〔4〕见犯：受到侮辱。　〔5〕重：更加。　〔6〕引：牵扯。　〔7〕左伊秩訾（zī）：匈奴王号。匈奴王号有左、右之分。　〔8〕受辞：受审，取口供。　〔9〕毉：同"医"。　〔10〕坎：坑穴。　〔11〕煴（yūn）火：无焰的微火。〔12〕蹈（tāo）：通"搯"，叩，轻敲。　〔13〕舆：车。这里作动词用，抬。　〔14〕壮：推崇，赞许。

【译文】

单于派卫律审理这个案件。张胜听到这个消息后，害怕以前和虞常说的话被揭发出来，就把这个情况告诉了苏武。苏武说："事情已发展到这个地步，一定会牵连到我。受到侮辱后而死，就更加对不起国家了。"苏武想要自杀，被张胜、常惠劝止住了。虞常果然牵扯上了张胜。单于很生气，召集一些贵族商议，要杀死汉朝使者。左伊秩訾说："谋杀卫律就判处死罪，假如谋杀单于，那又怎样加重处罚呢？最好让他们全部投降匈奴。"于是单于派卫律召来苏武受审。苏武对常惠等人说："丧失气节侮辱了国家的使命，即使活着，还有什么脸面回汉朝！"说完拔出佩刀就往身上刺。卫律大吃一惊，抱住苏武，并派人骑马请来医生。医生吩咐在地上挖了个坑穴，坑内点起微火，然后把苏武面朝下放在坑穴上，医生轻轻地敲击他的背，使淤血从伤口中流出来。苏武昏死过去，半天才苏醒过来。常惠等人哭着把他抬回汉使的营帐。单于赞赏苏武的气节，早晚派人问候苏武，却把张胜逮捕囚禁了。

武益愈，单于使使晓武[1]。会论虞常[2]，欲因此时降武。剑斩虞常已，律曰："汉使张胜谋杀单于近臣，当死，单于募降者赦罪[3]。"举剑欲击之，胜请降。律谓武曰："副有罪，当相坐[4]。"武曰："本无谋，又非亲属，何谓相坐？"复举剑拟之[5]，武不动。律曰："苏君，律前负汉归匈奴，幸蒙大恩，赐号称王，拥众数万，马畜弥山[6]，富贵如此。苏君今日降，明日复然。空以身膏草野[7]，谁复知之！"武不应。律曰："君因我降，与君为兄弟，今不听吾计，后虽欲复见我，尚可得乎？"武骂律曰："女为人臣子[8]，不顾恩义，畔主背亲[9]，为降虏于蛮夷，何以女为见？且单于信女，使决人死生，不平心持正，反欲斗两主〔10〕，观祸败。南越杀汉使者，屠为九郡〔11〕；宛王杀汉使者，头县北阙〔12〕；朝鲜杀汉使者，即时诛灭〔13〕。独匈奴未耳。若知我不降明〔14〕，欲令两国相攻，匈奴之祸从我始矣。”

【注释】

〔1〕使使：派遣使者。前一“使”字为动词，后一“使”字为名词。晓：通知。 〔2〕会：共同。论：判定罪名。 〔3〕募：招求。〔4〕相坐：相连坐。古代法律，凡犯谋反等大罪者，其亲属也要连同治罪，称为连坐。 〔5〕拟：比划，此指用剑做出杀人的样子。〔6〕弥：充满。 〔7〕膏：作动词用，做肥料。 〔8〕女：通“汝”，你。 〔9〕畔：通“叛”，背叛。 〔10〕斗两主：使两国君主相斗。 〔11〕南越杀汉使者，屠为九郡：南越，汉代国名，在今广东广西一带。汉武帝元鼎元年（前112），南越王相吕嘉杀死南越王、王太后及汉使者，汉武帝遣将讨伐。次年，南越降，吕嘉被杀。以南越之地，设置儋耳、南海、苍梧等九郡。 〔12〕宛王杀汉使者，头县北阙：太初元年（前104），汉武帝遣使者往大宛求良马，大宛毋寡杀汉使。武帝大怒，于太初三年，派大将军李广利讨伐大宛。次年，大宛因遭到汉兵围攻，国中贵人杀死国王毋寡，汉军乃立亲汉者昧蔡为王。县，通“悬”。 〔13〕朝鲜杀汉使者，即时诛灭：元封二年（前109），朝鲜王右渠杀汉使涉河。汉武帝派兵讨伐朝鲜，右渠部下杀了右渠后投降。 〔14〕若：你。

【译文】

苏武的伤势渐渐好了，单于派遣使者通知苏武，让他共同审判虞常，想借此机会迫使苏武投降。用剑杀死虞常之后，卫律说："汉朝副使张胜图谋暗杀单于亲近的大臣，罪当处死，不过单于招求投降的人，可以赦免他的罪过。"说完，举剑要杀张胜，张胜请求投降。卫律又对苏武说："副使有罪，你也应当连坐。"苏武说："我根本没有参与密谋，又不是他的亲属，怎么能说连坐呢?"卫律又举起剑，做出杀人的样子，苏武毫不动摇。卫律说："苏先生，我从前背叛汉朝归降匈奴，有幸得到单于的恩典，赐给封号为王侯，拥有部众几万人，马牛牲畜漫山遍野，得到了这样的荣华富贵。您今日归降匈奴，明天也会像我这样。何必白白地葬身荒漠草原当肥料，谁又会知道您呢?"苏武不理他。卫律又说："您依靠我的引荐归降匈奴，我与您结拜为兄弟，如果您今天不听我的劝告，以后再想见到我，还有可能吗?"苏武大骂卫律说："你作为汉朝臣民，不顾念朝廷的恩惠，背叛国家君主和亲人，甘愿在匈奴作降附之人，我见你干什么？况且单于信任你，让你裁决人的生死，你却不出于公心主持正义，反而想挑起两国君主相互争斗，你却旁观双方混战所造成的祸乱。南越曾经杀了汉朝使者，结果被汉朝消灭，划为九个郡；大宛王杀了汉朝使者，后来也遭诛杀，他的头颅悬挂在汉宫的北阙下示众；朝鲜杀了汉朝使者，也很快被汉朝讨平。如今只有匈奴还没有被诛灭。你明知我不会投降，如果想让两国互相征战，那么匈奴的灾祸就要从我身上开始了。"

律知武终不可胁，白单于[1]。单于愈益欲降之，乃幽武置大窖中[2]，绝不饮食[3]。天雨雪[4]，武卧啮雪与旃毛并咽之[5]，数日不死，匈奴以为神。乃徙武北海上无人处[6]，使牧羝[7]，羝乳乃得归[8]。别其官属常惠等，各置他所。

【注释】

〔1〕白：下对上陈述。 〔2〕幽：囚禁。窖：储存粮食的地穴。此指空窖。 〔3〕饮食：指吃饭、喝水。皆作及物动词用。 〔4〕雨雪：下雪。雨，作动词用。 〔5〕啮（niè）：咬。旃（zhān）：通"毡"，毛织物。 〔6〕北海：今俄罗斯境内的贝加尔湖。为当时匈奴最北方，故称北海。 〔7〕羝（dī）：公羊。 〔8〕乳：生育。

【译文】

卫律知道苏武最终不能因威胁而投降，就把情况汇报给单于。单于越发想使苏武投降，于是把苏武囚禁在空地窖里，断绝他的吃喝。天下着大雪，苏武躺在地上，口中咬着雪和着毡毛一起吞咽，过了好多天也没饿死，匈奴以为有神保佑。于是把苏武流放到荒无人烟的北海边上，让他放牧公羊，声言直到公羊生育后，才允许他回来。匈奴把苏武的官员属吏常惠等人分开，囚禁在不同的地方。

武既至海上，廪食不至[1]，掘野鼠去中实而食之[2]。杖汉节牧羊，卧起操持，节旄尽落。积五六年，单于弟于靬王弋射海上[3]。武能网纺缴[4]，檠弓弩[5]，于靬王爱之，给其衣食。三岁余，王病，赐武马畜服匿穹庐[6]。王死后，人众徙去。其冬，丁令盗武牛羊[7]，武复穷厄。

【注释】

〔1〕廪（lǐn）食：官方供给的粮食。 〔2〕去（jǔ）：通"弆"，

收藏。屮：同“草”。 〔3〕于靬（wū jiān）王：且鞮侯单于的弟弟。弋（yì）射：射猎。弋，带丝绳的箭。 〔4〕网：王念孙《汉书补注》考证应为“结网”，漏“结”字。结网，编织狩猎所用的网。缴（zhuó）：系在箭上的生丝绳，射鸟用。 〔5〕檠（qíng）：矫正弓弩的器具。这里作动词用，指以檠矫正弓弩。 〔6〕服匿：盛酒酪的器皿，小口，大腹，方底。穹庐：大型的圆顶帐篷。 〔7〕丁令：即丁灵，匈奴族的别支。当时卫律为丁灵王，丁灵盗苏武牛羊，应是卫律主使。

【译文】

苏武被流放到北海以后，匈奴不供给他粮食，他只好挖掘野鼠所贮藏的草籽充饥。苏武每天都拄着汉朝的旄节牧羊，因为早晚都握在手中，连旄节上的旄尾都脱落了。这样过了五六年，单于的弟弟于靬王到北海边射猎，因为苏武会织网纺系箭丝绳，还善于矫正弓弩，所以于靬王很喜欢他，就供给他一些衣服和食物。又过了三年多，于靬王病重，就赏赐给苏武一些马牛羊、陶罐容器和帐篷等。于靬王死后，他的部众也纷纷迁移离开北海。这年冬天，丁灵部落偷走了苏武的牛羊，苏武又陷于穷困之中。

初，武与李陵俱为侍中〔1〕，武使匈奴明年，陵降，不敢求武〔2〕。久之，单于使陵至海上，为武置酒设乐，因谓武曰：“单于闻陵与子卿素厚，故使陵来说足下〔3〕，虚心欲相待。终不得归汉，空自苦亡人之地〔4〕，信义安所见乎？前长君为奉车，从至雍棫阳宫〔5〕，扶辇下除〔6〕，触柱折辕，劾大不敬，伏剑自刎〔7〕，赐钱二百万以葬。孺卿从祠河东后土〔8〕，宦骑与黄门驸马争船〔9〕，推堕驸马河中溺死，宦骑亡，诏使孺卿逐捕不得，惶恐饮药而死。来时，大夫人已不幸[10]，陵送葬至阳陵[11]。子卿妇年少，闻已更嫁矣。独有女弟二人[12]，两女一男，今复十余年，存亡不可知。人生如朝露，何久自苦如此！陵始降时，忽忽如狂[13]，自痛负汉，加以老母系保宫[14]，子卿不欲降，何以过陵？且陛下春秋高[15]，法令亡常，大臣亡罪夷灭者数十家，安危不可知，子卿尚复谁为乎？愿听陵计，勿复有云。”武曰：“武父子亡功德，皆为陛下所成就，位列将[16]，爵通侯[17]，兄弟亲近，常愿肝脑涂地。今得杀身自效，虽蒙斧钺汤镬[18]，诚甘乐之。臣事君，犹子事父也，子为父死亡所恨。愿勿复再言。”陵与武饮数日，复曰：“子卿一听陵言[19]。”武曰：“自分已死久矣[20]！王必欲降武[21]，请毕今日之驩[22]，效死于前！”陵见其至诚，喟然叹曰：“嗟乎，义士！陵与卫律之罪上通于天。”因泣下沾衿[23]，与武决去[24]。

【注释】

〔1〕李陵（？—前74）：字少卿。陇西成纪（今甘肃静宁南）人。西汉将领，李广之孙。曾率军与匈奴作战，战败投降匈奴，汉朝夷其三族，致使其彻底与汉朝断绝关系。侍中：古代职官名。秦始置，两汉沿置，为正规官职外的加官之一。因侍从皇帝左右，出入宫廷，与闻朝政，逐渐变为亲信贵重之职。　〔2〕求：求见。　〔3〕说（shuì）：劝说。足下：同辈相称的敬辞。　〔4〕亡：通“无”。〔5〕雍：地名，今陕西凤翔。棫（yù）阳宫：秦宫名。在雍县东北，汉代尚存。　〔6〕辇：原指用人拉的车。汉以后特指帝王乘坐的车。除：台阶。此指殿阶。又说为门与屏风之间。　〔7〕伏：通“服”，

使用。〔8〕祠：祭祀。河东：郡名。秦置，今山西境内黄河以东之地。后土：土地神。〔9〕宦骑：即骑马侍卫皇帝的宦者。黄门驸马：官名。汉时给事黄门的天子驸马。〔10〕大夫人：即太夫人。汉制，列侯之母称太夫人。此指苏武的母亲。〔11〕阳陵：地名，汉时有阳陵县，在今陕西咸阳东。〔12〕女弟：妹妹。〔13〕忽忽：恍惚，失意的样子。〔14〕保宫：狱名，初名居室，囚禁罪臣及家属的地方。〔15〕春秋：年龄。〔16〕位列将：指苏武父亲苏建曾为右将军，武为中郎将，兄嘉为奉车都尉，弟贤为骑都尉。〔17〕通侯：爵位名，即“彻侯”。因避汉武帝刘彻讳，改称通侯。汉代爵分十二级，以通侯为尊。〔18〕斧钺（yuè）：泛指刑罚、杀戮。汤镬（huò）：煮着滚水的大锅。古代常作刑具，用来烹煮罪人。〔19〕一：一定。〔20〕分（fèn）：料想。〔21〕王：指李陵，匈奴封李陵为右校王。〔22〕驩：同“欢”。〔23〕衿：同“襟”。〔24〕决：通“诀”，辞别。

【译文】

当初，苏武与李陵都在汉朝做过侍中，苏武出使匈奴的第二年，李陵投降了匈奴，不敢求见苏武。过了很长时间，单于派李陵到北海边，为苏武置办酒宴，陈设乐舞，席间李陵对苏武说：“单于听说我与您一向交情深厚，因此派我来劝您，单于诚心以礼相待。您终究也回不了汉朝，白白地在这荒无人烟的地方自找苦吃，您所守的信义又有谁知道呢？先前，您的大哥苏嘉任奉车都尉，跟随皇帝到雍城的棫阳宫，扶着车辇下殿阶时，辇撞到柱子上，折断了车辕，被弹劾犯了大不敬之罪，用剑自杀了，皇帝只赐给了二百万钱用来安葬。您的弟弟苏贤随从皇帝去河东郡祭祀土地神，一个骑马的宦官与黄门驸马争夺船只，宦官把黄门驸马推到河里淹死了，宦官畏罪逃跑，皇帝命令苏贤去追捕，没有捕获，他很惶恐害怕，便服毒药自杀了。我来的时候，您的母亲已经去世了，我送葬到了阳陵。您的妻子还年轻，听说已经改嫁了。只剩下您的两个妹妹、两个女儿和一个儿子，现在已过去十多年，不知是死是活。人生就像早上的露水那样短促，何必这样长久地自讨苦吃呢！我刚投降匈奴的时候，整日恍恍惚惚像疯了一样，为自己背叛汉朝而自责痛苦，再加上老母亲被囚禁在监狱里，您如今不想投降的心情，怎么会超过我呢？况且，皇帝年岁大了，法令反复无常，大臣无罪而遭到诛灭的有几十家，连自己的安危都难以预料，您还为谁守节呢？希望您能听从我的计策，不要再说什么了。”苏武说：“我苏武父子没有什么功德，都是由于皇帝的栽培提拔，我父亲才做了将军，被封为通侯，我兄弟三人也都做了皇帝的近臣，我常希望有机会能报答皇帝，情愿为此肝脑涂地。现在有了杀身报效国家的机会，即使遭受斧钺之诛、汤镬之刑，也心甘情愿。大臣侍奉君主，如同儿子侍奉父亲，儿子为父亲而死，毫无怨恨。希望您不要再说了。”李陵与苏武宴饮了几天之后，李陵又劝苏武说：“您一定要听我的劝说呀。”苏武说：“我自认为已经死了很久了！您一定要让我投降，就请结束今天的欢宴，让我死在您面前！”李陵见他对汉朝如此忠诚，长叹一声说：“唉，真是忠义之士啊！我和卫律真是罪恶滔天啊！”随之泪如雨下，沾湿了衣襟，与苏武告别离去了。

陵恶自赐武[1]，使其妻赐武牛羊数十头。后陵复至北海上，语武：“区脱捕得云中生口[2]，言太守以下吏民皆白服，曰上崩[3]。”武闻之，南乡号哭[4]，欧血[5]，旦夕临[6]。

【注释】

〔1〕恶（wù）：羞愧。 〔2〕区（ōu）脱：匈奴语。指汉朝与匈奴连界处所建的土堡哨所。因此也称边界地区为区脱。云中：汉云中郡，在今内蒙古自治区南部。生口：俘虏。 〔3〕崩：帝王死称崩。〔4〕乡：通“向”，面向。 〔5〕欧：同“呕”。 〔6〕临：哭吊。

【译文】

李陵羞于亲自馈赠苏武财物，就派他的妻子给苏武送去几十头牛羊。后来，李陵又来到北海，告诉苏武说：“在边界捕获到云中郡的俘虏，说太守以下的官民都穿着白色丧服，据说是皇帝去世了。”苏武听到这个消息，面向南方大声痛哭，口吐鲜血，每天早晚都哭吊武帝。

数月，昭帝即位〔1〕。数年，匈奴与汉和亲。汉求武等，匈奴诡言武死。后汉使复至匈奴，常惠请其守者与俱，得夜见汉使，具自陈道。教使者谓单于，言天子射上林中〔2〕，得雁，足有系帛书，言武等在某泽中〔3〕。使者大喜，如惠语以让单于〔4〕。单于视左右而惊，谢汉使曰〔5〕：“武等实在。”于是李陵置酒贺武曰：“今足下还归，扬名于匈奴，功显于汉室，虽古竹帛所载〔6〕，丹青所画〔7〕，何以过子卿！陵虽驽怯〔8〕，令汉且贯陵罪〔9〕，全其老母，使得奋大辱之积志，庶几乎曹柯之盟〔10〕，此陵宿昔之所不忘也〔11〕。收族陵家〔12〕，为世大戮，陵尚复何顾乎？已矣！令子卿知吾心耳。异域之人，一别长绝！”陵起舞，歌曰：“径万里兮度沙幕〔13〕，为君将兮奋匈奴。路穷绝兮矢刃摧，士众灭兮名已隤〔14〕。老母已死，虽欲报恩将安归！”陵泣下数行，因与武决。单于召会武官属，前以降及物故[15]，凡随武还者九人。

【注释】

〔1〕昭帝（前94—前74）：西汉皇帝。姓刘，名弗陵。武帝少子，年八岁立为太子。后元二年（前87）即帝位。因年幼，由大司马大将军霍光辅政。在位期间，继续推行减轻赋役、与民休息政策，使社会矛盾相对缓和，生产有所发展。 〔2〕上林：古宫苑名。秦旧苑，汉初荒废，至汉武帝时重新扩建。故址在今陕西省长安、周至、鄠县一带。 〔3〕某泽：王念孙《汉书补注》考证，“某”当为“荒”字之误，某泽即荒泽，指北海。 〔4〕让：责备。 〔5〕谢：道歉。〔6〕竹帛：竹简、白绢。古代无纸，以此书写文字。后来竹帛也指书册、史籍。 〔7〕丹青：绘画用的颜料。这里指图画。 〔8〕驽：本指能力低下的劣马，此处比喻人的才能低下。 〔9〕令：假使。贳(shì)：赦免，宽恕。 〔10〕庶几：也许。曹柯之盟：指曹沫劫齐桓公之事。齐军伐鲁，曹沫三战皆败，庄公遂献地以求和，与齐盟于柯地。曹沫于盟时持匕首劫持齐桓公，迫使桓公归还所侵之地。此处，李陵以曹沫自喻，说明想立功赎罪。 〔11〕宿昔：以前。〔12〕族:灭族，诛杀全家族。 〔13〕径：走过，穿过。幕：通“漠”。 〔14〕隤（tuí）：崩颓，坠下。 〔15〕物故：死亡。

【译文】

几个月后，昭帝即位。过了几年，匈奴与汉朝和好结亲。汉朝要求放回苏武等人，匈奴谎称苏武已经死了。后来汉朝使者又到了匈奴，常惠听说后，请求看守他的人和他晚上一起去见汉朝使者，这样才有机会把全部情况向汉使陈述。又教汉使对单于说，皇帝在上林苑射猎，射下一只大雁，大雁的脚上系着一封帛书，上面写着苏武等人还活在荒泽中。汉使非常高兴，就按常惠所说的责问单于。单于左顾右盼，暗暗吃惊，只好向汉使道歉说："苏武他们确实还活着。"于是李陵摆设酒宴庆贺苏武，说："如今您返回汉朝，美名传颂于匈奴，功勋显扬于汉朝，即使是古代史书上所记载的，图画所描绘的英雄豪杰，又有谁能胜过您呢？我李陵虽然才能低下、生性懦弱，假使当年汉朝姑且宽赦我的罪过，保全我的老母亲，使我能把在奇耻大辱处境中所蓄积的志向施展出来，也许我能像曹沫在柯邑结盟时那样寻找机会立功赎罪，这是我从前念念不忘的啊。但是皇帝逮捕族灭了我全家，活在世上蒙受奇耻大辱，我还有什么可留恋的呢？算了吧！我只是让您知道我的心情罢了。从此，你我成为两个国家的人，今日一别就是永别了！"李陵说完起身舞蹈，唱道："驰骋万里啊横度沙漠，为皇帝领兵啊奋击匈奴。被困于狭谷啊矢尽刀折，士兵战死啊名声扫地。老母已死，虽想报国啊何处是归宿！"李陵唱罢泪流满面，就此与苏武诀别。单于召集苏武的随从官员，除了先前已经投降的和死去的以外，随苏武返回的总共九人。

武以始元六年春至京师[1]。诏武奉一太牢谒武帝园庙[2]，拜为典属国[3]，秩中二千石[4]，赐钱二百万，公田二顷，宅一区[5]。常惠、徐圣、赵终根皆拜为中郎[6]，赐帛各二百匹。其余六人老归家，赐钱人十万，复终身[7]。常惠后至右将军，封列侯，自有传。武留匈奴凡十九岁，始以强壮出，及还，须发尽白。

【注释】

〔1〕始元六年：即前81年。始元，汉昭帝年号。 〔2〕太牢：

以牛、羊、豕三牲为祭品的祭祀称太牢。园：陵寝，帝王的墓地。庙：古代供祀祖先的处所。〔3〕典属国：官名。汉承秦置，掌蛮夷降者，即负责归附的诸少数民族事务。〔4〕秩中二千石：汉代二千石的官秩分为三等。最高一等是中二千石，次为二千石，再次为比二千石。秩，俸禄。〔5〕区：建筑物的量词。相当于“一所”。〔6〕徐圣、赵终根：西汉官吏。武帝天汉元年（前100），与苏武等出使匈奴，被匈奴扣留。昭帝始元六年（前81）春，与武等人返汉，皆拜为中郎。中郎：官名。秦置，汉沿用。为秦汉九卿之一郎中令所属郎官之一。担任宫中护卫、侍从。〔7〕复：免除赋税或徭役。

【译文】

苏武在昭帝始元六年春天回到都城长安。昭帝命令他供奉一份太牢祭品谒拜武帝陵庙，并任命苏武做了典属国，俸禄中二千石，并赏赐二百万钱，公田二顷，住宅一所。常惠、徐圣、赵终根都被任命为中郎，每人得赏赐绢帛二百匹。其余六个人因为年老，让他们返回故乡，每人得赏赐十万钱，免除终身徭役。常惠后来官至右将军，封了通侯的爵位，在《汉书》中有他的传记。苏武在匈奴被扣留十九年，出使时正当壮年，等到返回汉朝的时候，胡须和头发已经全都白了。

武来归明年，上官桀子安与桑弘羊及燕王、盖主谋反〔1〕。武子男元与安有谋，坐死〔2〕。

【注释】

〔1〕上官桀（？—前80）：西汉陇西上邽（今甘肃天水）人，字少叔。少为羽林期门郎。有才力，累迁未央厩令、侍中、太仆。昭帝即位，以左将军受遗诏辅政，封安阳侯。后与大将军霍光争权，欲谋

杀光，并废昭帝立燕王旦，事败被族诛。安：即上官安（？—前80）西汉诸侯。上官桀之子。始元四年（前83）为车骑将军。五年，以女为昭帝后，封为桑乐侯。骄蹇荒淫，与大将军霍光争权。元凤元年（前80），以父子谋反罪，遭族诛，国除。桑弘羊（前152—前80）：西汉大臣、财政家。洛阳（今河南洛阳东）人。历任大司农中丞、大司农、御史大夫等重要职务，桑弘羊因与霍光政见发生分歧，被卷入燕王旦和上官桀父子的谋反事件，结果被处死。燕王（？—前80）：西汉诸侯王。武帝之子。武帝卒，昭帝即位，他以不得立于始元元年（前86）谋反。事泄，昭帝诛其党，因至亲未治他罪。元凤元年他与上官桀父子、桑弘羊等谋杀霍光，谋泄，自杀。盖主：昭帝之姊，武帝妃赵婕妤所生女。〔2〕坐：以罪而受处罚。

【译文】

苏武回来的第二年，上官桀及他的儿子上官安与桑弘羊及燕王、盖主策划造反。苏武的儿子苏元与上官安同谋，被牵连处死。

初桀、安与大将军霍光争权〔1〕，数疏光过失予燕王〔2〕，令上书告之。又言苏武使匈奴二十年不降〔3〕，还乃为典属国，大将军长史无功劳〔4〕，为搜粟都尉〔5〕，光颛权自恣〔6〕。及燕王等反诛，穷治党与，武素与桀、弘羊有旧，数为燕王所讼，子又在谋中，廷尉奏请逮捕武〔7〕。霍光寝其奏〔8〕，免武官。

【注释】

〔1〕霍光（？—前68）：字子孟，河东平阳（今山西临汾市）人。是汉昭帝的辅政大臣，执掌汉室最高权力近二十年，为汉室的安定和

中兴建立了功勋，成为西汉历史发展中的重要政治人物。〔2〕疏：分条记录。〔3〕二十年：实为十九年，二十年取其整数。〔4〕长史：官名。丞相府、将军府等各有长史，此指霍光的辅佐官杨敞。〔5〕搜粟都尉：官名。掌管军粮。〔6〕颛：通“专”。〔7〕廷尉：官名。汉承秦置，为九卿之一。掌刑狱，为主管司法的最高长官。〔8〕寝：搁置，扣下不放。

【译文】

当初，上官桀父子与大将军霍光争权，多次逐条记录霍光的过失，送给燕王，让燕王上书昭帝，告发霍光。又说苏武出使匈奴被扣留二十年不投降，回来后仅仅封了个典属国的官职，霍光府中的长史杨敞没有什么功劳，却做了搜粟都尉，霍光太专权为所欲为了。等到燕王等人因谋反被杀之后，朝廷追究与他们同谋的人。因为苏武平素与上官桀、桑弘羊有交情，燕王也曾就苏武为国立功之事多次向皇帝申诉过，苏武的儿子苏元又参加了谋反，因此廷尉上奏昭帝请求逮捕苏武。霍光扣下了廷尉的奏章，只免除了苏武的官职。

数年，昭帝崩，武以故二千石与计谋立宣帝〔1〕，赐爵关内侯〔2〕，食邑三百户〔3〕。久之，卫将军张安世荐武明习故事〔4〕，奉使不辱命，先帝以为遗言。宣帝即时召武待诏宦者署〔5〕，数进见，复为右曹典属国〔6〕。以武著节老臣，令朝朔望〔7〕，号称祭酒〔8〕，甚优宠之。

【注释】

〔1〕宣帝：刘询（前91—前49），本名刘病已，字次卿，即位后改名询，前74年—前49年在位。他是汉武帝刘彻的曾孙，戾太子刘

据的孙子，幼年时流落民间，于前74年被朝臣迎立为帝。去世后庙号为中宗，谥号孝宣。〔2〕关内侯：秦汉时的一种封爵。关内侯虽有侯的称号，但无统辖的土地。〔3〕食邑：卿大夫的封地。因收其赋税而食，故名食邑。〔4〕张安世（？—前62）：西汉大臣。字子孺，杜陵（今陕西西安东南）人。张汤之子。性谨慎，以父荫任为郎。汉武帝时，因其记忆力强，擢为尚书令，迁光禄大夫。汉昭帝即位，拜右将军，以辅佐有功，封富平侯。昭帝死后，他与大将军霍光谋立宣帝有功，拜为大司马。明习：熟悉。故事：先例，旧日的典章制度。〔5〕宦者署：官署名。宦者令的衙署，靠近皇宫。〔6〕右曹：官名。属于尚书令下设的官，加衔。〔7〕朔望：指朔望朝谒之礼。朔，指农历初一。望，指农历十五。〔8〕祭酒：对年长有德望者的尊称。古礼宴会必推尊长者先举酒以祭，因此，年高有德的人，也常称为祭酒。

【译文】

几年以后，昭帝去世，苏武因曾以中二千石的身份参与了朝臣迎立宣帝的计谋，被赐给关内侯的爵位和三百户的食邑。过了很长时间，卫将军张安世向皇帝推荐，说苏武熟悉过去的典章制度，奉命出使匈奴，不玷辱皇帝的使命，昭帝特以此为遗言。宣帝立即征召苏武在宦者署听候命令，苏武多次进见宣帝，又加了右曹典属国的官衔。因为苏武是有名望的持节老臣，宣帝命他只在初一、十五入朝即可，给予祭酒的尊号，对他很优待尊宠。

武所得赏赐，尽以施予昆弟故人，家不余财。皇后父平恩侯、帝舅平昌侯、乐昌侯、车骑将军韩增、丞相魏相、御史大夫丙吉皆敬重武〔1〕。武年老，子前坐事死，上闵之〔2〕，问左右："武在匈奴久，岂有子乎？"武因平恩侯自白："前发匈奴时，胡妇适产一子通国，有声问来[3]，愿因使者致金帛赎之。"上许焉。后通国随使者至，上以为郎。又以武弟子为右曹。武年八十余，神爵二年病卒[4]。

【注释】

〔1〕平恩侯：即许广汉（？—前61）。西汉外戚。汉宣帝许皇后之父。昌邑（今山东金乡西）人。平昌侯：即王无故（？—前58）。西汉诸侯。涿郡广望（今河北保定南）人。宣帝母王夫人之弟。乐昌侯：即王武（？—前53）。西汉外戚、诸侯。涿郡蠡吾（今河北博野西）人，后徙杜陵（今陕西西安东南）。宣帝之舅。其姐翁须为宣帝之母，死于戾太子巫蛊案。车骑将军：官名。将军为古代高级武官的通称，车骑为将军之号，因将车骑士而得名。韩增（？—前58或前56）：西汉诸侯。汉武帝宠臣韩说之子。丞相：官名。战国始置，为我国古代官僚机构中的最高官职。魏相（？—前59）：字弱翁，济阴定陶（今定陶县东王店乡魏胡同）人，古代政治家，西汉著名大臣。他先后任茂陵令、扬州刺史、河南太守、大司农、御史大夫等职。霍光死后，官至丞相，封高平侯。御史大夫：官名。秦始置，为秦汉三公之一。其内承朝廷风化，外佐丞相统理天下，主管图籍秘书、四方文书，握有考课、监察和弹劾百官之权。丙吉（？—前55）：字少卿，鲁国（今山东）人。西汉大臣。治律令，本为鲁狱史，累迁廷尉监。武帝末诏治巫蛊郡邸狱。后任大将军霍光长史，建议迎立宣帝。〔2〕闵：同"悯"，怜悯。〔3〕声问：音讯，消息。〔4〕神爵：汉宣帝年号。

【译文】

苏武得到的赏赐财物，全都赠送给兄弟和旧友，家里没有多余的钱财。皇后的父亲平恩侯，皇帝的舅舅平昌侯、乐昌侯、车骑将军韩增，丞相魏相，御史大夫丙吉，都很敬重苏武。苏武年纪大了，儿子苏元以前因为参加谋反被处死了，皇帝很怜悯他，就询问左右大臣："苏武在匈奴那么长时间，可有儿子吗？"苏武通过平恩侯向皇帝陈述说："当初从匈奴动身回来时，我的匈奴族妻子正好生下一个儿子，叫苏通国，刚好有音信传来，希望能通过使者用金帛把他赎回来。"皇帝同意了。后来苏通国随使者回到汉朝，皇帝封他做了郎官。又封苏武弟弟的儿子为右曹。苏武活到八十多岁，于神爵二年病死。

朱买臣传

【题记】

本篇选自《汉书》卷六十四《严朱吾丘主父徐严终王贾传》。朱买臣的故事是民间所熟悉的，他是封建社会里出身贫苦的知识分子，一心想以读书求取功名，换取荣华富贵。因此，他只有依附于统治阶级而生存，并以统治阶级是否收容来决定他的富贵荣辱。本篇生动地描写了朱买臣跌宕起伏的一生。在贫贱时，受到别人的侮辱，连自己的妻子也不安而求去；等到爬上统治阶级高位，当了会稽太守，大家又都来奉承，他自己也趾高气扬起来。荣归故里后，对他有恩的，一一报答酬谢，并有意屈辱前妻，使其羞愧自杀。在他个人自以为恩怨分明，但也形象地说明他度量的狭窄。他怨恨张汤对他的欺凌羞辱，并告发张汤，迫使其自杀，而他自己也没逃过被诛的下场。

朱买臣字翁子，吴人也。家贫，好读书，不治产业，常艾薪樵[1]，卖以给食，担束薪，行且诵书。其妻亦负戴相随[2]，数止买臣毋歌呕道中[3]。买臣愈益疾歌，妻羞之，求去。买臣笑曰："我年五十当富贵，今已四十余矣。女苦日久[4]，待我富贵报女功。"妻恚怒曰[5]："如公等，终饿死沟中耳，何能富贵？"买臣不能留，即听去。其后，买臣独行歌道中，负薪墓间。故妻与夫家俱上冢，见买臣饥寒，呼饭饮之[6]。

【注释】

〔1〕艾（yì）：通“刈”，砍割。 〔2〕负：背在背上。戴：顶在头上。 〔3〕呕（ōu）：通“讴”，歌唱。 〔4〕女：通“汝”，你。 〔5〕恚（huì）怒：生气，愤怒。 〔6〕饭饮：给予饮食，使吃喝。

【译文】

朱买臣，字翁子，吴县人。家庭贫穷，但非常喜欢读书，不治产业，常常去砍柴草，靠卖柴维持生活，背着一束柴草，在路上一边走一边朗诵诗书。他的妻子也背着柴跟在后面，多次劝阻买臣不要在路上歌咏读书。朱买臣却更加高声朗诵，妻子为此感到羞愧，便要求离开他。朱买臣笑着说：“我五十岁时应当富贵，现在已经四十多了。你跟着我苦了很久了，等到我富贵的时候报答你的功劳。”他的妻子愤怒地说：“像你这种人，最后只能饿死在沟壑中，怎么可能富贵？”朱买臣没能留住妻子，就听任她离去了。后来，朱买臣独自在路上边走边歌咏，背着柴草从坟墓间经过。他的前妻和丈夫一起上坟，看见朱买臣又饿又冷，就招呼他前去吃饭喝水。

后数岁，买臣随上计吏为卒[1]，将重车至长安[2]，诣阙上书[3]，书久不报。待诏公车[4]，粮用乏，上计吏卒更乞匄之[5]。会邑子严助贵幸[6]，荐买臣。召见，说《春秋》，言《楚词》，帝甚说之，拜买臣为中大夫[7]，与严助俱侍中。是时方筑朔方[8]，公孙弘谏[9]，以为罢敝中国[10]。上使买臣难诎弘，语在《弘传》。后买臣坐事免，久之，召待诏。

【注释】

〔1〕上计：战国、秦、汉时地方官在年终将境内户口、赋税、盗贼、狱讼等项编造计簿，遣吏逐级上报，奏呈朝廷，叫做“上计”。〔2〕重车：辎重之车，即装载器物、粮食的车子。〔3〕阙（què）：皇宫门前。〔4〕公车：汉代官署名。应征的人由公家用车马递送至京城后，住在这里等待皇帝召见。〔5〕更：轮流。乞匄（gài）：给予。〔6〕邑子：同县的人。严助（？—前122）：为西汉会稽郡吴县人，严忌之子，也有人说他是严忌的族子。汉武帝建元元年（前140）郡举贤良方正，深受武帝赏识，擢为中大夫，参事最为力。元狩元年（前122），淮南王刘安、衡山王刘衡被告谋反，因为他与淮南王刘安交好，受牵连被诛。贵幸：位尊且受君王宠信。〔7〕中大夫：官名，属光禄勋，没有固定的职务，似皇帝的顾问，有时也派到外面工作。〔8〕朔方：郡名。西汉元朔二年（前127）设立。治所在朔方（今内蒙古自治区杭锦旗北）。东汉末废。〔9〕公孙弘（前200—前121）：字季，一字次卿，汉族，西汉菑川国（郡治在寿光南纪台乡）薛人。汉武帝时名臣，官至丞相。他为御史大夫时，谏阻设朔方郡，朱买臣等说明设郡之利十条，和他辩论，他一条也不能对答。〔10〕罢（pí）：通“疲”，疲劳；衰弱。

【译文】

过了几年，朱买臣跟随上计吏为士卒，押送载有衣食用具的车到长安，他到皇宫门前送奏书，奏书送上去以后很长时间没接到回音。于是在公车署里等待诏令，粮食用品都没有了，上计吏的兵卒轮流送给他吃的东西。恰巧碰上同乡严助，严助尊贵而受宠信，他向皇帝推荐了朱买臣。皇帝召见朱买臣，朱买臣讲解《春秋》，谈论《楚辞》，皇帝听了很高兴，任命朱买臣为中大夫，与严助一起侍奉朝廷。这时汉朝正在修筑朔方城，公孙弘劝阻皇帝，认为筑朔方城会使中国疲劳困乏。皇帝让朱买臣去和公孙弘辩论以使其折服，这件事记录在《公孙弘传》。后来朱买臣因事获罪被免官，过了很久，又召来让他等待诏令。

是时，东越数反覆〔1〕，买臣因言：“故东越王居保泉山〔2〕，一人守险，千人不得上。今闻东越王更徙处南行，去泉山五百里，居大泽中。今发兵浮海〔3〕，直指泉山，陈舟列兵，席卷南行，可破灭也。”上拜买臣会稽太守。上谓买臣曰：“富贵不归故乡，如衣绣夜行〔4〕，今子何如？”买臣顿首辞谢。诏买臣到郡，治楼船〔5〕，备粮食、水战具，须诏书到〔6〕，军与俱进。

【注释】

〔1〕东越：古代越人的一支。相传为越王勾践的后裔。秦汉时分布在今浙江省东南部、福建省北部一带。汉武帝元鼎六年（前111）东越王余善反汉，旋被其部属所杀。部分族人被迫迁入江淮地区。〔2〕保：保卫；守卫。泉山：山名，后称清源山，在今福建泉州。〔3〕浮：水上航行。　〔4〕衣绣夜行：穿了锦绣衣裳在夜间出行。比喻虽居官位，却不能使人看到自己的荣耀显贵。出自《史记·项羽本纪》。　〔5〕楼船：有楼的大船，古代多用作战船。　〔6〕须：等待。

【译文】

这时，东越多次反叛后又归服，朱买臣建议说：“以前的东越王居住守护在泉山之上，一个人守在险要的地方，一千人也不能攻上去。现在听说东越王又向南迁徙，距离泉山五百里，住在大泽里面。现在派军队乘船渡海，直接攻击泉山，陈列战船集结军队，席卷南下，就可以破灭东越国了。”于是皇帝任命朱买臣为会稽郡太守。皇帝对朱买臣说：“荣华富贵以后不返回故乡，就像穿着锦绣衣服走夜路，没人看得见，你现在打算怎么办?”朱买臣叩头谢恩。于是皇帝诏令朱买臣到会稽郡后，修造备办兵船，准备粮食、淡水及其他水战用的器具，等进军的诏书一到，各军一同进发。

初，买臣免，待诏，常从会稽守邸者寄居饭食〔1〕。拜为太守，买臣衣故衣，怀其印绶〔2〕，步归郡邸。直上计时〔3〕，会稽吏方相与群饮，不视买臣。买臣入室中，守邸与共食，食且饱，少见其绶〔4〕。守邸怪之，前引其绶，视其印，会稽太守章也。守邸惊，出语上计掾吏〔5〕。皆醉，大呼曰：“妄诞耳〔6〕!”守邸曰：“试来视之。”其故人素轻买臣者入内视之，还走，疾呼曰：“实然!”坐中惊骇，白守丞〔7〕，相推排陈列中庭拜谒。买臣徐出户。有顷，长安厩吏乘驷马车来迎，买臣遂乘传去〔8〕。会稽闻太守且至，发民除道，县吏并送迎，车百余乘。入吴界，见其故妻、妻夫治道。买臣驻车，呼令后车载其夫妻，到太守舍，置园中，给食之。居一月，妻自经死〔9〕，买臣乞其夫钱〔10〕，令葬。悉召见故人与饮食诸尝有恩者，皆报复焉〔11〕。

【注释】

〔1〕守邸（dǐ）：守卫官邸的人。邸，汉朝郡王侯为朝见而在京城

设置的住所。此指会稽太守在京城的官舍。〔2〕印绶：印信和系印信的丝带。古人印信上系有丝带，佩带在身。〔3〕直：通“值”，正当。〔4〕见：通“现”，显示。〔5〕掾（yuàn）吏：官吏。掾，古代属官的通称。〔6〕妄诞：乱说大话。〔7〕守丞：辅助郡守县令的主要官吏，此指会稽郡丞。〔8〕传（zhuàn）：驿车。〔9〕自经：上吊自杀。〔10〕乞（qǐ）：给予。〔11〕报复：酬报；报答。

【译文】

起初，朱买臣被免了官，正等待着皇帝重新任命，日常就在会稽郡邸的守邸人那里借住吃饭。被任命为太守后，朱买臣仍然穿着从前的衣服，怀揣会稽太守官印，步行回到郡邸。正碰上会稽郡来人到京城上交计簿，会稽郡来京的官吏正相聚在一起喝酒，不理睬朱买臣。朱买臣走进屋中，守邸和他一起吃饭，快吃饱时，朱买臣稍稍将怀里系官印的绶带露出来一些。守邸看见了很奇怪，就上前抽出绶带，看到那方印章，正是会稽太守的官印。守邸人很吃惊，出屋告诉上计官吏。这些人都喝醉了，大叫说：“乱说大话！”守邸说：“你们不信，来看看吧。”朱买臣的旧友中有个一向瞧不起朱买臣的人进屋去看印，看过之后转身就跑，大喊说：“真是那样！”在座的人都惊慌害怕起来，将此事报告了守丞，并赶忙互相推拥着排列在郡邸的中庭里请求拜见朱买臣。朱买臣这时慢慢地从内室中走出来。过了一会儿，长安的厩吏驾着四匹马拉的车来迎接朱买臣，朱买臣就乘坐驿车离开了长安。会稽郡听说新太守快要到了，征召百姓清扫道路，县里的官吏一起去迎接，有一百多辆车。朱买臣进入吴县境内，看见他从前的妻子和她现在的丈夫都在修路，就停住车，大声令跟随的车子载上他们夫妻，送到太守府，并把他们安置在后园里居住，供给衣食。住了一个月，朱买臣的前妻上吊自杀了，朱买臣给前妻的丈夫一些钱，让他安葬妻子。他还把朋友、供给他饮食以及曾有恩于他的人全部召来相见，一一回报他们。

居岁余，买臣受诏将兵，与横海将军韩说等俱击破东越〔1〕，有功。征入为主爵都尉〔2〕，列于九卿〔3〕。

【注释】

〔1〕韩说：弓高侯庶孙，韩嫣的弟弟。元鼎六年，以待诏为横海将军，击东越有功，为按道侯。太初三年为游击将军，屯于五原外列城。为光禄勋，掘蛊太子宫，卫太子刘据杀之。 〔2〕主爵都尉：汉官名，管理列侯和封爵之事。武帝时改名右扶风，成为地方行政长官，又变为行政区之名。 〔3〕九卿：古代中央政府的九个高级官职。汉以太常、光禄勋、卫尉、太仆、廷尉、大鸿胪、宗正、司农、少府为九寺大卿（即九卿）。以后各朝的名称、司职略有不同。

【译文】

过了一年多，朱买臣接受诏令率领兵士，与横海将军韩说等人一起击败东越，立下功劳。被征召入京担任主爵都尉，列于九卿之中。

数年，坐法免官，复为丞相长史〔1〕。张汤为御史大夫〔2〕。始买臣与严助俱侍中，贵用事，汤尚为小吏，趋走买臣等前。后汤以廷尉治淮南狱〔3〕，排陷严助，买臣怨汤。及买臣为长史，汤数行丞相事，知买臣素贵，故陵折之〔4〕。

买臣见汤，坐床上弗为礼。买臣深怨，常欲死之[5]。后遂告汤阴事，汤自杀，上亦诛买臣。买臣子山拊官至郡守，右扶风[6]。

【注释】

〔1〕长史：官名，汉相国、丞相府都有长史，为诸史的领导。〔2〕张汤（？—前115）：西汉杜陵（今陕西西安东南）人。幼时喜法律，曾任长安吏、内史掾和茂陵尉，后补侍御史。中国古代著名的酷吏，又以廉洁著称。《汉书·酷吏传》有其传。御史大夫：官名，职务是监察官吏与掌管文件，并帮助丞相处理国政。〔3〕廷尉：官名，掌管刑罚。淮南狱：前122年淮南王刘安谋反被发觉后所兴起的大案件。严助与淮南王结交，也被牵连。武帝想减轻其罪，而张汤坚持不可，严助因此被杀。〔4〕陵折：欺凌，折辱。〔5〕死之：舍命以害之。〔6〕右扶风：官名，汉太初元年（前104）更名主爵都尉为右扶风。

【译文】

几年以后，朱买臣因犯法被免官，后来又做了丞相长史。当时张汤任御史大夫。先前朱买臣和严助都在宫中侍奉皇帝，很受重用，张汤那时还是小吏，奔走在朱买臣等人的身前效劳。后来张汤以廷尉身份审理淮南一案，排挤陷害严助，朱买臣因此怨恨张汤。等到朱买臣担任丞相长史，张汤多次行使丞相权力，他知道朱买臣一向自尊自贵，就故意欺凌折辱他。朱买臣拜见张汤的时候，张汤就坐在床上，不以礼相待。因此，朱买臣非常怨恨张汤，常常想舍命害死他，后来就告发了张汤暗中所做的不法事情，张汤自杀，皇上也杀了朱买臣。朱买臣的儿子朱山拊官至郡守，右扶风。

东方朔传

【题记】

本篇选自《汉书》卷六十五《东方朔传》。东方朔，武帝时上书自荐而入仕，滑稽多智，敢于直言切谏，曾以辞赋谏武帝戒奢侈。因他诙谐，武帝以俳优待之，故终不得重用。本文以一些具体生动的事实，刻画了东方朔直言不讳、诙谐不羁的性格形象。传中既有一些富有喜剧色彩的故事，言语诙谐多智，如欺骗戏弄侏儒、射覆、拔剑割肉等；又有表现东方朔“直言切谏”的历史事实，如反对武帝微行和修建上林苑、痛斥董偃、劝谏武帝戒奢以风化百姓等。本文的后半部分《答客难》《非有先生论》是其辞赋名篇，其中散文赋《答客难》，抒发了其不能施展才智的苦闷。东方朔以其直言和暗讽，曾使武帝以及一些宗室大臣、外戚肆无忌惮的胡作非为在一定程度上有所收敛，因此东方朔这个历史人物，也就为当时和后世人所称道了。

东方朔字曼倩，平原厌次人也[1]。武帝初即位[2]，征天下举方正贤良文学材力之士，待以不次之位[3]，四方士多上书言得失，自衒鬻者以千数[4]，其不足采者辄报闻罢[5]。朔初来，上书曰：“臣朔少失父母，长养兄嫂。年十三学书，三冬文史足用[6]。十五学击剑。十六学《诗》

《书》，诵二十二万言[7]。十九学孙吴兵法[8]，战阵之具，钲鼓之教[9]，亦诵二十二万言。凡臣朔固已诵四十四万言。又常服子路之言[10]。臣朔年二十二，长九尺三寸，目若悬珠[11]，齿若编贝[12]，勇若孟贲[13]，捷若庆忌[14]，廉若鲍叔[15]，信若尾生[16]。若此，可以为天子大臣矣。臣朔昧死再拜以闻[17]。”

【注释】

〔1〕平原：郡名。郡治平原（故治在今山东平原西南）。厌次：县名（在今山东惠民）。　〔2〕武帝（前156—前87）：西汉皇帝。姓刘，名彻。景帝之子。四岁时被册立为胶东王，七岁时被册立为太子，十六岁登基，在位五十四年，建立了西汉王朝最辉煌的功业。前87年崩于五柞宫，享年七十岁，葬于茂陵，谥号孝武，庙号世宗。〔3〕不次：不依寻常次序。犹言破格。　〔4〕自衒（xuàn）鬻（yù）：犹夸耀，卖弄自己的才能。　〔5〕报闻罢：意谓经过请示皇帝而不任用。报闻，封建时代，天子批答臣下奏章时，书一“闻”字，谓之报闻。意谓所奏之事已知。　〔6〕三冬：三年。　〔7〕言：一字为一“言”。　〔8〕孙吴：先秦两位著名的军事家。孙，指孙武，春秋时吴国将领，军事家。字长卿，齐国安乐（今山东惠民）人，著有《孙子兵法》。吴，指吴起（？—前381），战国时期军事家。卫国左氏（今山东曹县北）人。　〔9〕钲（zhēng）鼓：古代行军或歌舞时用以指挥进退、动静的两种乐器。行军时敲钲表示停止，击鼓表示行动。二者并称以言兵事。　〔10〕子路（前542—前480）：春秋时孔子弟子。姓仲氏，名由，又字季路。鲁国卞（今山东泗水）人。性直爽勇敢。〔11〕悬珠：比喻美目。　〔12〕编贝：编排起来的贝壳。常用以比喻洁白整齐的牙齿。　〔13〕孟贲（bēn ？—前307）：战国时齐国人，一说卫国人。生有勇力，据说能生拔牛角。　〔14〕庆忌：春秋时吴

国贵族。姬姓。吴王僚之子。传说他能走追奔兽，手接飞鸟，驷马追不上，箭射不着。〔15〕鲍叔：即鲍叔牙，春秋时齐国大夫。颍上（颍水之滨）人。有名的廉士，传说他与管仲合作经商，分盈利，总是多分与管仲。〔16〕尾生：春秋时鲁人。即尾生高。古代传说中坚守信约的人。他与女子约会于桥下，女子不来，潮水上涨，他为了不失信约，抱梁柱而死。〔17〕昧死：冒死。犹言冒昧而犯死罪。古时臣下上书帝王习用此语，表示敬畏之意。

【译文】

东方朔字曼倩，是平原郡厌次县人。汉武帝即位不久，征告天下推荐方正、贤良、文学等有才能的人士，以破格授给职位任用他们，各地的士人纷纷上书议论国家政治的得失，炫耀卖弄自己才能的人数以千计，其中不值得录用的就通知他们，上书皇帝已经看了，让他们回家去。东方朔刚到长安，就上书给汉武帝说："我东方朔从小失去了父母，由哥哥嫂子养大。十三岁开始读书，三年学会了各种字体的写法和记事。十五岁学击剑。十六岁学习《诗经》《尚书》，背诵了二十二万字。十九岁学习孙吴兵法，有关战阵的布置、打仗时队伍进退的节制等内容，也背诵了二十二万字。我总共已背诵了四十四万字的书。还牢记了子路的一些格言。我今年二十二岁，身高九尺三寸，眼睛像挂着的珍珠那样明亮，牙齿像编成串的贝壳那样整齐洁白，像孟贲一样勇敢，像庆忌一样敏捷，像鲍叔那样廉洁无私，像尾生那样恪守信约。像这样的人，可以做天子的大臣了，我东方朔冒死再拜向皇上禀奏。"

朔文辞不逊，高自称誉，上伟之〔1〕，令待诏公车〔2〕，奉禄薄〔3〕，未得省见〔4〕。

【注释】

〔1〕伟之：认为他是奇伟之人。　〔2〕公车：官署名。汉代卫尉的下属机构设公车司马令（省称"公车令"），负责警卫宫殿中的司马门和夜间宫中巡逻。凡臣民上书和朝廷征召，均由公车令掌管。〔3〕奉：通"俸"。　〔4〕省见：犹言赏识提拔。

【译文】

东方朔上书的文辞不谦逊，赞美抬高自己，汉武帝却认为他是个奇伟的人，命令他在公车署等待诏令，但俸禄微薄，没有得到汉武帝的召见提拔。

久之，朔绐驺朱儒[1]，曰："上以若曹无益于县官[2]，耕田力作固不及人，临众处官不能治民，从军击虏不任兵事，无益于国用，徒索衣食，今欲尽杀若曹。"朱儒大恐，啼泣。朔教曰："上即过，叩头请罪。"居有顷，闻上过，朱儒皆号泣顿首。上问："何为？"对曰："东方朔言上欲尽诛臣等。"上知朔多端[3]，召问朔："何恐朱儒为？"对曰："臣朔生亦言，死亦言。朱儒长三尺余，奉一囊粟[4]，钱二百四十。臣朔长九尺余，亦奉一囊粟，钱二百四十[5]。朱儒饱欲死，臣朔饥欲死。臣言可用，幸异其礼；不可用，罢之，无令但索长安米。"上大笑，因使待诏金马门[6]，稍得亲近。

【注释】

〔1〕绐（dài）：哄骗。驺（zōu）：古时掌管养马并管驾车的人。朱儒：同"侏儒"，矮人。古代权贵好以侏儒为倡优取乐，故亦指侏儒

中充任优伶、乐师者。〔2〕若曹：你们这些人。若，你。曹，辈。县官：指朝廷，或指皇帝。〔3〕多端：点子计谋多。〔4〕囊：用作量词。〔5〕钱二百四十：为待诏一日之俸，每月俸钱为七千二百。〔6〕金马门：汉未央宫前有铜马，因称为金马门。武帝使学士待诏于此，充任顾问。

【译文】

过了很久，有一次东方朔哄骗看管马圈的侏儒，说："皇上认为你们这些人对朝廷毫无益处，耕田劳作当然赶不上别人，位居民众之上做官又不能治理民事，参军杀敌不能胜任用兵作战，对国家没有丝毫用处，白白地耗费衣食，所以现在皇上要把你们全都杀掉。"侏儒们听了非常害怕，哭哭啼啼。于是东方朔教唆他们说："皇上就要从这里经过，你们要叩头请罪。"过了一会儿，听说皇上路过，侏儒们都跪在地上，一边哭着一边磕头。皇上问："你们为什么这样？"侏儒们回答说："东方朔说皇上要把我们全都杀掉。"皇上知道东方朔花招诡计多，就召见东方朔，并责问他："你为什么恐吓那些侏儒呢？"东方朔回答说："我活也要说，死也要说。侏儒高三尺多，俸禄是一袋粟，二百四十钱。我身高九尺多，俸禄也是一袋粟，二百四十钱。侏儒饱得要死，我东方朔饿得要死。我的话如果可以被采用，希望用不同的礼节待我；如果不被采用，请让我回家，不要让我白吃长安的米。"武帝听了大笑，因此让东方朔在金马门待诏，渐渐地得到皇上的亲近。

上尝使诸数家射覆〔1〕，置守宫盂下〔2〕，射之，皆不能中。朔自赞曰〔3〕："臣尝受《易》，请射之。"乃别蓍布卦而对曰〔4〕："臣以为龙又无角，谓之为蛇又有足〔5〕，跂跂脉脉善缘壁[6]，是非守宫即蜥蜴。”上曰：“善。”赐帛十匹。复使射他物，连中，辄赐帛。

【注释】

〔1〕数家：研究占候、卜筮、星命的人。射覆：猜测被覆盖之物，古时的一种猜物游戏，亦往往以占卜的方式求取答案。 〔2〕守宫：壁虎。盂：盛汤浆或饭食的圆口器皿。 〔3〕赞：进，介绍。 〔4〕别：分。蓍（shī）：草名。古代用蓍草占卜。 〔5〕虵（shé）：同“蛇”。 〔6〕跂跂（qí）：虫爬行的样子。脉脉（mò）：凝视的样子。

【译文】

武帝曾经让一些擅长占卜的人射覆，把壁虎扣在盆子下面，让他们猜是什么东西，都没有猜中。东方朔自我介绍说：“我曾经学过《周易》，请允许我猜猜是什么。”于是他分开蓍草摆成各种卦局，然后回答说：“我以为，说它是龙又没有角，说它是蛇又有脚，跂跂而行脉脉而视，善于爬墙，这物不是壁虎就是蜥蜴。”皇上说：“猜对了！”赏赐给他十匹帛。又让他猜别的东西，接连都猜中了，每次都赐给他帛。

时有幸倡郭舍人[1]，滑稽不穷[2]，常侍左右，曰：“朔狂，幸中耳，非至数也[3]。臣愿令朔复射，朔中之，臣榜百[4]，不能中，臣赐帛。”乃覆树上寄生[5]，令朔射之。朔曰：“是窭薮也[6]。”舍人曰：“果知朔不能中也。”朔曰：“生肉为脍[7]，干肉为脯[8]；著树为寄生，盆下为窭薮。”上令倡监榜舍人[9]，舍人不胜痛，呼謈[10]。朔笑之曰：

“咄[11]！口无毛，声謷謷[12]，尻益高[13]。”舍人恚曰：“朔擅诋欺天子从官，当弃市[14]。”上问朔：“何故诋之？”对曰：“臣非敢诋之，乃与为隐耳[15]。”上曰：“隐云何？”朔曰：“夫口无毛者，狗窦也[16]；声謷謷者，鸟哺鷇也[17]；尻益高者，鹤俛啄也[18]。”舍人不服，因曰：“臣愿复问朔隐语，不知，亦当榜。”即妄为谐语曰[19]：“令壶龃，老柏涂，伊优亚[20]，狋吽牙[21]。何谓也？”朔曰：“令者，命也。壶者，所以盛也。龃者，齿不正也。老者，人所敬也。柏者[22]，鬼之廷也。涂者，渐洳径也[23]。伊优亚者，辞未定也。狋吽牙者，两犬争也。”舍人所问，朔应声辄对，变诈锋出，莫能穷者，左右大惊。上以朔为常侍郎[24]，遂得爱幸。

【注释】

〔1〕幸倡：得宠的宫廷倡优。郭舍人：西汉皇宫倡优。为武帝所宠幸，发言陈辞虽不合大道，然常令武帝和悦。 〔2〕滑（gǔ）稽：能言善辩，幽默风趣。 〔3〕数：数术，也称术数。古代关于天文、历法、占卜的学问。 〔4〕榜（bēng）：古代刑法之一。杖击或鞭打。〔5〕寄生：芝菌之类，寄生木上。 〔6〕窭数（jù sǒu），以头顶盆时盆底所垫之物。 〔7〕脍（kuài）：细切的肉。 〔8〕脯：干肉。〔9〕倡监：官名。西汉宫廷中掌倡优之官。 〔10〕謈（pó）：痛极大声呼叫。 〔11〕咄（duō）：叹词，表示呵斥或轻蔑。 〔12〕謷謷（áo）：愁叹声。 〔13〕尻（kāo）：方言。臀部。 〔14〕弃市：古代死刑的一种，在闹市执刑，并陈尸街头示众。 〔15〕隐：隐语，谜语。 〔16〕狗窦：狗洞。 〔17〕鷇（kòu）：需要母鸟哺食的雏鸟。 〔18〕俛（fǔ）：同“俯”。 〔19〕谐语：押韵的隐语。

〔20〕伊优亚：象声词。学语之声。　〔21〕狋（yí）吽（óu）牙：两犬相争。　〔22〕柏：墓地多种柏树，故称鬼廷。　〔23〕渐洳（rù）：浸湿。　〔24〕常侍郎：官名。汉时常侍于皇帝左右的郎官。或谓武帝时所置加官。

【译文】

当时宫中有个受宠的倡优叫郭舍人，能言善辩，非常幽默风趣，时常在武帝左右侍从，他说："东方朔太狂妄，不过是侥幸猜中罢了，并不是有实在的术数。我希望让东方朔再猜，如果他猜中了，就鞭打我一百下，要是猜不中，就赐给我帛。"于是他把树上长的寄生扣在盆子下面，让东方朔猜是什么东西。东方朔说："是窭薮。"郭舍人说："果然知道他不能猜中。"东方朔说："鲜肉叫脍，干肉叫脯，附着在树上叫寄生，垫在盆子下面就叫窭薮。"皇上命令倡监鞭打郭舍人，郭舍人疼痛难忍，大声呼叫。东方朔讥笑他说："咄，嘴上没毛，叫声嗷嗷，屁股越来越高。"郭舍人怨恨地说："东方朔竟敢随便诋毁欺辱天子的侍从官，应该判处弃市的死罪。"皇上责问东方朔说："你为什么诋毁侮辱他？"东方朔回答说："我不敢诋毁侮辱他，只是跟他说个谜语而已。"皇上问："说的是什么谜语？"东方朔说："所说的嘴上没毛，是狗洞；叫声嗷嗷，是母鸟给雏鸟喂食时的叫声；屁股越来越高，是鹤低头啄食的样子。"郭舍人不服气，就说："我希望也问东方朔一个谜语，如果不知道，他也应该挨鞭子。"随即胡乱编了个谐音谜语说："令壶龃，老柏涂，伊优亚，狋吽牙。说的是什么？"东方朔说："令，就是命令。壶，是用来盛水的。龃，是牙齿长得不正。老，是人所尊敬的老人。柏，是鬼的廷府。涂，就是浸湿的路。伊优亚，是说话含糊不清。狋吽牙，是两只狗打架。"郭舍人问的谜语，东方朔应声对答，变化奇巧锋芒毕出，没有哪个谜语能难住他，在场的人都非常惊讶。于是皇上任命东方朔为常侍郎，得到了亲近和宠幸。

久之，伏日[1]，诏赐从官肉。大官丞日晏不来[2]，朔独拔剑割肉，谓其同官曰："伏日当蚤归[3]，请受赐。"即怀肉去。大官奏之。朔入，上曰："昨赐肉，不待诏，以剑割肉而去之，何也?"朔免冠谢。上曰："先生起自责也。"朔再拜曰："朔来[4]！朔来！受赐不待诏，何无礼也！拔剑割肉，一何壮也！割之不多，又何廉也！归遗细君[5]，又何仁也!"上笑曰："使先生自责，乃反自誉!"复赐酒一石，肉百斤，归遗细君。

【注释】

〔1〕伏日：三伏的总称，一年中最热的时候。 〔2〕大官丞：官名，掌管宫廷膳食。晏：晚。 〔3〕蚤：通"早"。 〔4〕来：语气词。 〔5〕遗（wèi）：赠送。细君：古代诸侯的妻称小君，也称细君，后为妻子的通称。

【译文】

过了很久，在一个三伏天，武帝诏令把肉赏赐给侍从官员。天晚了大官丞还不来分肉，东方朔便独自拔剑割了块肉，然后对他的同僚们说："三伏天应当早点回家，请允许我接受皇上的赏赐。"随即把肉包好怀揣着离去。大官丞将此事上奏皇帝。东方朔上朝时，武帝说："昨天赐肉，你不等诏令下来，就用剑割了肉离开，这是为什么?"东方朔摘下帽子谢罪。皇上说："先生站起来自己责备自己吧。"东方朔再拜说："东方朔呀！东方朔呀！你接受赏赐不等诏令下达，是多么无礼！拔剑割肉，是多么豪壮！割的肉不多，又是多么廉洁！回家把肉送给妻子吃，又是多么仁爱！"武帝笑了起来，说："让先生责备自己，竟反而称赞起自己来了！"然后又赏给他一石酒，一百斤肉，让他回家送给妻子。

初，建元三年〔1〕，微行始出〔2〕，北至池阳〔3〕，西至黄山〔4〕，南猎长杨〔5〕，东游宜春〔6〕。微行常用饮酎已〔7〕。八九月中，与侍中常侍武骑及待诏陇西北地良家子能骑射者期诸殿门〔8〕，故有"期门"之号自此始〔9〕。微行以夜漏下十刻乃出〔10〕，常称平阳侯〔11〕。旦明，入山下驰射鹿豕狐兔，手格熊罴〔12〕，驰骛禾稼稻秔之地〔13〕。民皆号呼骂詈〔14〕，相聚会，自言鄠杜令〔15〕。令往，欲谒平阳侯，诸骑欲击鞭之。令大怒，使吏呵止，猎者数骑见留，乃示以乘舆物〔16〕，久之乃得去。时夜出夕还，后赍五日粮〔17〕，会朝长信宫〔18〕，上大驩乐之〔19〕。是后，南山下乃知微行数出也〔20〕，然尚迫于太后，未敢远出。丞相御史知指〔21〕，乃使右辅都尉徼循长杨以东〔22〕，右内史发小民共待会所〔23〕。后乃私置更衣〔24〕，从宣曲以南十二所，中休更衣，投宿诸宫，长杨、五柞、倍阳、宣曲尤幸〔25〕。于是上以为道远劳苦，又为百姓所患，乃使太中大夫吾丘寿王与待诏能用算者二人〔26〕，举籍阿城以南〔27〕，盩厔以东〔28〕，宜春以西，提封顷亩〔29〕，及其贾直〔30〕，欲除以为上林苑，属之南山〔31〕。又诏中尉、左右内史表属县草田[32]，欲以偿鄠杜之民。吾丘寿王奏事，上大说称善[33]。时朔在傍，进谏曰：

【注释】

〔1〕建元三年：前138年。　〔2〕微行：旧时谓帝王或有权势者隐匿身份，易服出行或私访。　〔3〕池阳：汉宫名，在今陕西泾阳西北。　〔4〕黄山：汉宫名，在今陕西兴平西南。　〔5〕长杨：汉宫名，在今陕西周至东南。　〔6〕宜春：汉宫名，在今陕西长安东南。〔7〕饮酎（zhòu）：宗庙里一种隆重的祭祀。汉制，八月饮酎于宗庙。酎，醇酒。　〔8〕侍中：古代职官名。秦始置，两汉沿置，为正规官职外的加官之一。因侍从皇帝左右，出入宫廷，与闻朝政，逐渐变为亲信贵重之职。常侍：官名。汉时皇帝左右亲近侍从之官。武骑：武骑常侍之简称。陇西：郡名。今甘肃省东南部。北地：古代郡名。约在今宁夏、甘肃省东北部。　〔9〕期门：汉禁卫军名。为中央禁军之一，武帝建元三年（前138）置。　〔10〕夜漏：古代夜间用铜壶漏水，以计时刻。　〔11〕平阳侯：曹寿（？—前131），西汉诸侯。娶景帝之女（武帝姊）平阳公主为妻，故久居京城，权势显赫。〔12〕格：击，斗。罴（pí）：熊的一种。俗称人熊或马熊。　〔13〕秔（jīng）：不粘的稻。也作“粳”。　〔14〕詈（lì）：骂。　〔15〕鄠（hù）：古县名。故治在今陕西户县北。汉置鄠县，属右扶风。杜：古县名。故治在今陕西长安西。　〔16〕示：通“视”，给人看。〔17〕赍（jī）：持，携带。　〔18〕长信宫：汉宫名，太后所居。皇帝每五天朝谒一次太后。　〔19〕驩（huān）：通“欢”。　〔20〕南山：指终南山，属秦岭山脉，在今陕西省西安市南。　〔21〕指：通“旨”，意旨。　〔22〕右辅都尉：官名。始置于汉武帝元鼎四年（前113），为佐助右内史掌典武职甲卒之官。右内史改名右扶风后，即为佐助右扶风的最高武官，是所谓三辅都尉之一。徼循：巡逻。〔23〕右内史：汉官名，掌治京师。景帝二年分置左右内史，武帝太初

元年右内史为京兆尹，左内史为左冯翊。共：通“供”。〔24〕更衣：指休息更衣之处。〔25〕五柞、倍阳、宣曲：皆汉宫名。幸：特指皇帝到某处去。〔26〕太中大夫：官名。亦作大中大夫。秦汉九卿之一郎中令属官，掌议论。吾丘寿王：西汉官吏、学者。字子赣，赵（今河北邯郸）人。武帝时为侍中，后来官至光禄大夫。辩知甚宏，善于文辞，为武帝所信用。〔27〕举籍：统计其数，编制图册。阿城：即秦阿房宫旧址，在今长安西。〔28〕盩厔（zhōu zhì）：县名，今作“周至”，属陕西。〔29〕提封：提举四境之内的土地，总计其数字。〔30〕直：通“值”，价值。〔31〕属（zhǔ）：连接。〔32〕中尉：官名。战国始置。西汉初中尉为将兵武职，后遂常置，掌京师治安。景帝、武帝时多用刀笔吏任此职。内史：古职官名。景帝前元二年分为左内史、右内史。草田：未垦种的田地。〔33〕说：同“悦”。

【译文】

当初，在建元三年，汉武帝开始便装出行，从长安出发，往北到了池阳宫，往西到了黄山宫，往南到了长杨宫，往东到了宜春宫，四处游玩射猎。皇帝便装出行常常在每年宗庙饮酒完毕的时候。八九月间，随从的侍中、常侍、武骑常侍，以及待诏的陇西郡和北地郡能骑善射的良家子弟约定在殿门等候，所以从这时开始有了“期门”的称号。皇帝微服出行都在夜漏下了十刻才出发，常常假称是平阳侯曹寿。第二天天亮，到达终南山下，或追射鹿猪狐兔，或徒手格击熊罴，奔驰在庄稼地里。农民们都大声呼喊叫骂，并聚在一起，亲自向鄠杜县令告发。县令前往射猎的地方，要求谒见平阳侯，那些骑手想要鞭打县令。县令大怒，派吏员呵斥制止，射猎的几个骑手被扣留，于是他们便出示皇帝的御用物品，纠缠了好大一会儿才得以离去。当时皇帝深夜出宫，到第二天傍晚返回，后来就携带五天的食物，到第五天该去长信宫谒见太后时才返回。武帝对于这种便服出游射猎感到十分快乐。从此以后，终南山下的老百姓才知道是皇帝经常微服出来射猎，但武帝还是迫于太后的压力，不敢远行。丞相御史了解皇上的心思，就派右辅都尉在长杨宫以东巡逻，又命令右内史调遣平民，到皇帝射猎的地方，供使用。后来又私下为皇帝设置了更衣处，还配置了宫人，从宣曲宫以南，共设置了十二所更衣处，专供皇帝白天休息更衣，夜晚则去各行宫住宿，当时武帝多临驾长杨宫、五柞宫、倍阳宫、宣曲宫。汉武帝觉得这样路远劳苦，又被百姓所厌恨，于是命令太中大夫吾丘寿王和两个会算术的待诏官员，将阿房宫以南，周至县以东，宜春宫以西的地区，统计其中农田的亩数，及农田折合价值的多少，编为簿册，打算在这里建上林苑，让它和终南山相接。武帝又诏令中尉、左右内史标划出属县的荒地，想以此抵偿给鄠杜的农民。吾丘寿王向皇帝奏报了所做的事，皇上很高兴，称赞他做得好。当时东方朔在旁边，向皇上规劝说：

臣闻谦逊静悫[1]，天表之应，应之以福；骄溢靡丽，天表之应，应之以异[2]。今陛下累郎台[3]，恐其不高也；戈猎之处，恐其不广也。如天不为变，则三辅之地尽可以为苑[4]，何必盩厔、鄠、杜乎！奢侈越制，天为之变，上林虽小，臣尚以为大也。

【注释】

〔1〕悫（què）：诚实谨厚。　〔2〕异：怪异不祥之事，灾祸。

〔3〕郎台：回廊边的高台。郎，通“廊”，厅堂周围的屋。〔4〕三辅：西汉左内史、右内史、主爵中尉和京兆尹、左冯翊、右扶风三职官及其辖地之合称。管辖京畿之地，相当今陕西中部地区。

【译文】

我听说，为人谦逊清静谨厚，天会显示报应，用福泽来回报他；为人骄纵奢侈，天也会显示报应，用灾祸来报应他。现在陛下修建高台廊屋，唯恐它不高；射猎的地方，唯恐它不广大。如果天不降灾祸，那么三辅地区都可以成为您弋猎的苑囿，何必局限于周至、鄠、杜这个范围呢？奢侈超越了礼制，天为此而降临灾难，上林苑虽然小，我还认为它太大了。

夫南山，天下之阻也，南有江淮[1]，北有河渭[2]，其地从汧陇以东[3]，商雒以西[4]，厥壤肥饶。汉兴，去三河之地[5]，止霸产以西[6]，都泾渭之南，此所谓天下陆海之地[7]，秦之所以虏西戎兼山东者也[8]。其山出玉石，金、银、铜、铁，豫章、檀、柘[9]，异类之物，不可胜原，此百工所取给，万民所卬足也[10]。又有秔稻梨栗桑麻竹箭之饶，土宜姜芋，水多鼃鱼[11]，贫者得以人给家足，无饥寒之忧。故酆镐之间号为土膏[12]，其贾亩一金。今规以为苑，绝陂池水泽之利，而取民膏腴之地，上乏国家之用，下夺农桑之业，弃成功，就败事，损耗五谷，是其不可一也。且盛荆棘之林，而长养麋鹿，广狐兔之苑，大虎狼之虚[13]，又坏人冢墓，发人室庐，令幼弱怀土而思，耆老泣涕而悲，是其不可二也。斥而营之[14]，垣而囿之，骑驰东西，车骛南北[15]，又有深沟大渠，夫一日之乐不足以危无堤之舆[16]，是其不可三也。故务苑囿之大，不恤农时，非所以强国富人也。

【注释】

〔1〕江淮：指长江和淮河。 〔2〕河渭：指黄河和渭水。 〔3〕汧（qiān）：汧水，渭水支流，今名千河。源出甘肃省六盘山南麓，上游东南流经陕西省陇县千阳注入渭河。陇：陇山，绵延于甘肃、陕西交界的地方。 〔4〕商：商县，在今陕西商县东。雒（luò）：上洛县，今陕西商县。 〔5〕三河：地名。汉代以河内、河东、河南三郡为三河，即今河南省洛阳市黄河南北一带。 〔6〕霸：灞水，源出陕西省蓝田县西北，流入渭水。产：浐水，源出陕西省蓝田县，会灞水，入渭水。 〔7〕陆海之地：关中山川物产丰富，故称陆海之地。〔8〕西戎：古代对西北戎族的总称。原分布在黄河上游及甘肃西北部一带，后渐向东迁移。山东：古地区名。战国、秦汉时通称华山（今陕西境）或崤山（今河南境）以东地区为山东。 〔9〕豫章：亦作“豫樟”。木名，枕木与樟木的并称。檀：木名。柘：木名，桑科。木质密致坚韧，是贵重的木料。 〔10〕卬（yǎng）：仰仗，依靠。〔11〕鼃（wā）：同“蛙”。 〔12〕酆（fēng）：地名，在今陕西省鄠县东。镐（hào）：镐京，地名，在今陕西长安西南。 〔13〕虚：通“墟”。 〔14〕斥：丈量。 〔15〕骛：疾速行进；驰骋。 〔16〕堤（dī）：限度。

【译文】

终南山是天下险要的地方，南边有长江、淮河，北边有黄河、渭水。这块地方，起自汧水、陇山以东，直至商县与上洛县以西，土地肥沃，物产富饶。汉朝建立的时候，离开三河郡，居留在灞水、浐水以西，定都于泾水、渭水以南的长安，这一带是被称为天下山川之胜、物产富饶的地方，秦国之所以能够降服西戎吞并山东六国，依靠的就是这种地利条件。这里的山上出产玉石、金、银、铜、铁等矿产，还出产豫章、檀香、柘树等珍贵木材，奇异的物产，不可穷尽它的原本，这里有工匠取之不尽的原料，是百姓赖以致富的宝地。这里又有粳稻、梨树、栗子树、桑、麻、竹箭的丰饶，土壤适宜种姜和芋头，江河盛产蛙、鱼。贫穷的人靠这些丰衣足食，没有饥寒之忧。所以鄠县、镐京之间号称沃土膏壤，这里的地价每亩值一斤黄金。现在把它划为苑囿，断绝了陂池水泽的利益，而又占取了农民肥沃的土地，对上使国家的财用匮乏，对下剥夺了百姓赖以谋生的农桑之业。离弃成功，趋就失败，消减了粮食收入，这是不能修上林苑的第一个原因。况且，使荆棘丛林茂密繁盛，以生长养育麋鹿，使狐兔活动的园地增广，使虎狼栖息的丘墟扩大，又毁坏人家的坟茔墓地，拆除人家的居室屋庐，使幼弱的人怀念乡土而愁思，年老的人涕泣而悲哀，这是不能修建上林苑的第二个原因。开拓丈量土地而营建上林，筑垣墙圈围上林，骑马奔驰于东西，驾车驰骋于南北，又有深沟大渠，尽一日田猎的欢乐还远不足以危及天子无限的富贵，这是不可修上林苑的第三个原因。因此，一味追求苑囿的广大，不体恤农时，不是强国富民的做法。

夫殷作九市之宫而诸侯畔[1]，灵王起章华之台而楚民散[2]，秦兴阿房之殿而天下乱。粪土愚臣，忘生触死，逆盛意，犯隆指，罪当万死，不胜大愿，愿陈《泰阶六符》[3]，以观天变，不可不省。

【注释】

〔1〕殷：指殷纣王，商代最后一代君主，相传是个暴君。历代著作中多以为暴君的典型。九市之宫：殷纣王造宫室七十三所，大宫百里，在宫中设九市。畔：通“叛”。 〔2〕灵王（？—前529）：春秋时期楚国国君。章华之台：春秋时楚灵王所建，在今湖北监利县西北。〔3〕《泰阶六符》：古人以为天星与世事相符合，如有变故，则天上先示变异。传说黄帝著有《泰阶六符》。泰阶，星名，即三台，每台二星，凡六星。六符，六星的应验。

【译文】

殷纣王修建九市之宫，因而诸侯反叛；楚灵王筑起章华台，因而楚民离散；秦朝兴建阿房宫，因而天下大乱。我是像粪土一样的愚昧臣子，忘掉生命而触犯死罪，违逆皇上隆盛的旨意，罪该万死，不能了却一片心愿，我愿陈述《泰阶六符》，用它来观察天象的变异，这是不可不明察的。

是日因奏《泰阶》之事，上乃拜朔为太中大夫给事中〔1〕，赐黄金百斤。然遂起上林苑〔2〕，如寿王所奏云。

【注释】

〔1〕给事中：汉承秦制，为加官。即给事禁中之意。凡加此官者，即可侍从皇帝左右，掌顾问应对，位次中常侍。 〔2〕遂：仍然。

【译文】

这天东方朔因为上奏《泰阶六符》的事，汉武帝就封东方朔做了太中大夫给事中，赏赐黄金一百斤。但武帝仍然按照吾丘寿王所奏的计划，修建了上林苑。

久之，隆虑公主子昭平君尚帝女夷安公主[1]，隆虑主病困，以金千斤钱千万为昭平君豫赎死罪，上许之。隆虑主卒，昭平君日骄，醉杀主傅[2]，狱系内官[3]。以公主子，廷尉上请请论[4]，左右人人为言：“前又入赎，陛下许之。”上曰：“吾弟老有是一子[5]，死以属我[6]。”于是为之垂涕叹息，良久曰：“法令者，先帝所造也，用弟故而诬先帝之法，吾何面目入高庙乎！又下负万民。”乃可其奏，哀不能自止，左右尽悲。朔前上寿，曰：“臣闻圣王为政，赏不避仇雠，诛不择骨肉。《书》曰：‘不偏不党，王道荡荡[7]。’此二者，五帝所重[8]，三王所难也[9]。陛下行之，是以四海之内元元之民各得其所，天下幸甚！臣朔奉觞[10]，昧死再拜上万岁寿。”上乃起，入省中[11]，夕时召让朔[12]，曰：“传曰：‘时然后言，人不厌其言[13]。’今先生上寿，时乎？”朔免冠顿首曰：“臣闻乐太甚则阳溢，哀太甚则阴损，阴阳变则心气动，心气动则精神散，精神散而邪气及。销忧者莫若酒，臣朔所以上寿者，明陛下正而不阿，因以止哀也。愚不知忌讳，当死。”先是，朔尝醉入殿中，小遗殿上[14]，劾不敬。有诏免为庶人，待诏宦者署[15]，因此对复为中郎[16]，赐帛百匹。

【注释】

〔1〕隆虑公主：西汉景帝王皇后之幼女。尚：特指娶公主为妻。夷安公主：西汉武帝之女。　〔2〕主傅：傅姆，即保姆。　〔3〕内官：官署名。秦汉时掌管分、寸、尺、丈等长度标准的机关。

〔4〕廷尉：官名。汉承秦置，为九卿之一。掌刑狱，为主管司法的最高长官。　〔5〕弟：女弟，妹妹。　〔6〕属：通“嘱”。　〔7〕不偏不党，王道荡荡：语出《尚书·洪范》。意为不偏私不袒护，先王的道路才能坦荡无阻。荡荡，平坦的样子。　〔8〕五帝：传说中的五位古代帝王，说法不一，一般指黄帝、颛顼、帝喾、唐尧、虞舜。〔9〕三王：夏禹、商汤、周文王。　〔10〕奉觞：举杯敬酒。〔11〕省中：汉时称宫中为禁中，到元帝时，因皇后父名禁，避讳改为省中。　〔12〕让：责问。　〔13〕传：解释经书的书，也泛指古书。这里指《论语》。时然后言，人不厌其言：语出《论语·宪问》。意为应该说话的时候才说话，别人就不讨厌他的话。　〔14〕小遗：小便。〔15〕宦者署：宦者令的衙署。靠近皇宫。　〔16〕中郎：官名。秦置，汉沿用。为秦汉九卿之一郎中令所属郎官之一。担任宫中护卫、侍从。

【译文】

过了很久，隆虑公主的儿子昭平君娶了汉武帝的女儿夷安公主。隆虑公主病危时，用黄金千斤、钱一千万替昭平君预先赎免死罪，武帝允许了她。隆虑公主死后，昭平君日益骄纵，有一次喝醉了酒，杀死了夷安公主的保姆，被收进监狱囚禁在内官。因为他是隆虑公主的儿子，廷尉向武帝请示，请求给昭平君定罪。皇帝左右大臣纷纷为昭平君说情：“以前隆虑公主拿重金为他赎过死罪，陛下已经允许了这件事的。”武帝说：“我妹妹年纪大了，才生了这么个儿子，临死把他托付给我。”于是为昭平君的事流泪叹息，过了好大一会儿才说：“法令，是先帝制定的，要是因为同情妹妹的缘故而违背先帝的法令，我还有什么脸面进高帝的祠庙呢！再说也对不起老百姓啊。”于是批准了廷尉的奏请，为此武帝哀痛不止，左右的人也都非常悲伤。东方朔却走上前向武帝祝寿说：“我听说，圣明的君王治理政事，赏赐不避开仇人，诛杀不论是不是亲骨肉。《尚书》上说：‘不偏私不袒护，先王的道路才能坦荡无阻。’这两句话，是五帝所推崇的，也是三王难以做到的。陛下这样做了，因此四海之内平民百姓各得其所，是国家的大幸！我东方朔举杯敬酒，冒死再拜，祝皇上万岁。”武帝竟然站起身，回后宫去了，傍晚时召见东方朔，责备他说：“古书上说：‘应该说话的时候才说话，别人就不讨厌他的话。’今天先生给我祝寿，是时候吗？”东方朔摘下帽子叩头说：“我听说，高兴过度就会阳气过盛，悲哀过度就会阴气亏损，阴阳变异就会心气躁动，心气躁动就会精神散乱，精神散乱就会使邪气趁虚而入。消愁解忧没有什么能比得上酒，我东方朔之所以给陛下祝寿，是为了明扬陛下刚正无私，因此才用酒为陛下止哀啊。我愚昧不知忌讳，该死。”在这以前，东方朔曾因喝醉了酒进入殿中，在殿上小便，被弹劾犯下大不敬的罪，武帝下令把他贬为平民，在宦者署待诏，因为这次与皇上的对话，重新被任命为中郎，赏赐帛一百匹。

初，帝姑馆陶公主号窦太主[1]，堂邑侯陈午尚之[2]。午死，主寡居，年五十余矣，近幸董偃。始偃与母以卖珠为事，偃年十三，随母出入主家。左右言其姣好，主召见，曰：“吾为母养之。”因留第中，教书计相马御射[3]，颇读传记。至年十八而冠，出则执辔，入则侍内。为人温柔爱人，以主故，诸公接之，名称城中，号曰董君。主因推令散财交士[4]，令中府曰[5]：“董君所发，一日金满百斤，钱满百万，帛满千匹，乃白之[6]。”安陵爰叔者[7]，爰盎兄子也[8]；与偃善，谓偃曰："足下私侍汉主，挟不测之罪，将欲安处乎？"偃惧曰："忧之久矣，不知所以。"爰叔曰："顾城庙远无宿宫[9]，又有萩竹籍田[10]，足下何不白主献长门园[11]？此上所欲也。如是，上知计出于足下也，则安枕而卧，长无惨怛之忧[12]。久之不然，上且请之，于足下何如？"偃顿首曰："敬奉教。"入言之主，主立奏书献之。上大说[13]，更名窦太主园为长门宫。主大喜，使偃以黄金百斤为爰叔寿。

【注释】

〔1〕馆陶公主：西汉公主。名嫖，文帝之女。以封于馆陶，称馆陶公主。因其为武帝之姑，人称馆陶长公主。又以母为窦太后，故亦称窦太主。太主：汉制，皇帝的女儿称公主，皇帝的姐妹称长公主，皇帝的姑母称太主。 〔2〕陈午：西汉诸侯。东阳（今安徽天长西）人。高祖功臣陈婴之孙，堂邑共侯陈禄之子。文帝前元三年（前177）嗣为堂邑侯，在位四十八年卒，谥夷。 〔3〕计：算术。御：驾驭车马。 〔4〕推：推荐。 〔5〕中府：官署名。汉时诸侯王宫中和列侯府中保管财物的机构。 〔6〕白：告诉。 〔7〕爰叔：西汉人，爰盎兄子，曾帮助馆陶公主之幸臣董偃出计亲近武帝，使董偃大受贵幸。 〔8〕爰盎（？—前148）：西汉官吏。字丝，楚人，后徙居安陵（今陕西咸阳东北）。文帝时为中郎将，常直言极谏。 〔9〕顾城庙：文帝的祠庙。 〔10〕萩（qiū）：通"楸"，树名。籍田：古代天子、诸侯征用民力耕种的田。相传天子籍田千亩，诸侯百亩。每逢春耕前，由天子、诸侯执耒耜在籍田上三推或一拨，称为"籍礼"，以示对农业的重视。亦指天子示范性的耕作。 〔11〕长门园：古园名。在今陕西西安西北汉长安城东南。窦太后女馆陶公主私园，因地处长

门亭，故曰长门园。汉武帝时献为长门宫。〔12〕惨怛：忧伤，悲痛。〔13〕说：同“悦”，高兴。

【译文】

当初，武帝的姑母馆陶公主称为窦太主，堂邑侯陈午娶了她。陈午死后，太主寡居，五十多岁了，却亲近、宠幸一个年轻人董偃。起先董偃和母亲以卖珠为生，那时董偃十三岁，经常跟随母亲出入窦太主家。窦太主的侍从都夸董偃俊秀漂亮，于是窦太主召见了董偃母子，对董偃母亲说：“我替你抚养这孩子吧。”因而将他留在府中，教他写字、算术、相马、驾车、射箭等技巧，还让他读了一些书。董偃到十八岁成年时行了加冠礼后，太主出门他驾车，太主回府他在身边侍奉。董偃性情温柔，爱护他人。因为窦太主宠爱他的缘故，一些有地位的人也都接待他，在长安城中很出名，都称呼他“董君”。窦太主为了推荐他，让他用钱财与士人结交，并命令中府说：“董君支取出去的财物，每天黄金达到一百斤，钱达到一百万，帛达到一千匹，才告诉我。”安陵人爰叔，是爰盎哥哥的儿子，和董偃要好，他对董偃说：“你私下侍奉窦太主，暗藏着难以预料的大祸，你将怎样自处呢?”董偃害怕地说：“我担忧这件事已经很久了，不知道用什么办法解决。”爰叔说：“顾城庙远离长安又没有供皇上居住的宿宫，再说那里有竹林和楸树林，可供皇上游玩，又有皇帝的籍田，实在没有什么地方可建宿宫，你为什么不禀告太主，把长门园献给皇帝呢？这正是皇上想要的地方。这样一来，皇上知道主意是你出的，那你就可以安枕无忧，永远不用恐惧担心了。如果长久不这样做，等到皇上要长门园，你要怎么办呢?”董偃点头说：“遵从您的教诲。”于是，董偃入府把这个主意告诉了太主，窦太主立即上书，把长门园献给武帝。武帝很高兴，把窦太主的长门园改名为长门宫。太主也很高兴，让董偃用一百斤黄金给爰叔祝寿。

叔因是为董君画求见上之策，令主称疾不朝。上往临疾，问所欲，主辞谢曰：“妾幸蒙陛下厚恩，先帝遗德，奉朝请之礼[1]，备臣妾之仪，列为公主，赏赐邑入[2]，隆天重地，死无以塞责[3]。一日卒有不胜洒扫之职[4]，先狗马填沟壑，窃有所恨，不胜大愿，愿陛下时忘万事，养精游神，从中掖庭回舆，枉路临妾山林[5]，得献觞上寿，娱乐左右。如是而死，何恨之有!”上曰：“主何忧？幸得愈。恐群臣从官多，大为主费。”上还。有顷，主疾愈，起谒，上以钱千万从主饮。后数日，上临山林，主自执宰敝膝[6]，道入登阶就坐[7]。坐未定，上曰：“愿谒主人翁。”主乃下殿，去簪珥[8]，徒跣顿首谢曰[9]：“妾无状，负陛下，身当伏诛。陛下不致之法，顿首死罪。”有诏谢。主簪履起，之东箱自引董君[10]。董君绿帻傅韝[11]，随主前，伏殿下。主乃赞：“馆陶公主胞人臣偃昧死再拜谒[12]。”因叩头谢，上为之起。有诏赐衣冠上[13]。偃起，走就衣冠。主自奉食进觞。当是时，董君见尊不名，称为“主人翁”，饮大欢乐。主乃请赐将军列侯从官金钱杂缯各有数。于是董君贵宠，天下莫不闻。郡国狗马蹴鞠剑客辐凑董氏[14]。常从游戏北宫[15]，驰逐平乐[16]，观鸡鞠之会[17]，角狗马之足[18]，上大欢乐之。于是上为窦太主置酒宣室[19]，使谒者引内董君[20]。

【注释】

〔1〕奉朝请：古代诸侯春季朝见天子叫朝，秋季朝见为请。因称定期参加朝会为奉朝请。汉代退职大臣、将军和皇室、外戚多以奉朝请名义参加朝会。〔2〕邑入：封邑所收的租税。〔3〕塞：弥补，抵偿。〔4〕卒：通"猝"，突然。〔5〕山林：此代指窦太主的府第。〔6〕执宰敝膝：穿上厨子的衣服。〔7〕道：同"导"，引导，引路。〔8〕簪（zān）：插定发髻的首饰。珥（ěr）：用珠玉做的耳饰。〔9〕徒跣（xiǎn）：赤着脚。〔10〕箱：同"厢"，厢房。〔11〕绿帻（zé）：古时侍役戴的帽子。傅鞲（gōu）：袖套。〔12〕胞：通"庖"，厨子。〔13〕上：上殿。〔14〕蹴鞠（cù jū）：古时一种踢球游戏。辐凑：比喻聚集，像车辐集中于毂一样。辐，车轮的辐条，三十根辐条与车轮中心的圆木（毂）相接。〔15〕北宫：古宫名。在今陕西西安西北汉长安城中。位于未央宫北，桂宫东。〔16〕平乐：古馆名。一作"平乐观"。在今陕西西安西汉上林苑。〔17〕鸡鞠：指斗鸡和蹴球。〔18〕角：比赛，较量。〔19〕宣室：古宫室名。汉长安城未央宫前殿（遗址在今陕西西安西北未央宫乡西北马寨村北）宫室之一。〔20〕谒者：官名。秦汉九卿之一郎中令属官。掌宾赞受事，即为天子传达。

【译文】

爰叔因此替董偃筹划求见皇上的计策，让太主假装有病不能朝见皇帝。武帝亲自到窦太主府上探视病情，问太主需要什么，太主辞谢说："我幸运地得到皇帝的厚恩、先帝的遗德，使我能参加奉朝请的大典，行君臣之礼，置身公主的行列，赏赐给我封地，并使我享受封地的收入，这恩德天高地厚，我即使是死也无法弥补自己的过错。如果有一天我突然不能尽侍奉皇上的职事，让我这贱躯先死去，我私下感到遗憾的是，不能了却我报答陛下的一片心愿，希望陛下有时也能忘掉朝中的事务，调养精神，从中掖庭返回宫中时，多弯点儿路光临我的府第，使我有机会敬献一杯酒给陛下祝寿，在您身边使您快乐。如果能这样，即使是死了，还有什么遗憾呢！”武帝说：“太主担忧什么？希望你早日康复。我只是担心跟随我的群臣侍从太多，让你太破费了。”武帝返回宫去。不久，太主病好了，上朝谒见皇帝，武帝以一千万钱置办酒宴与太主宴饮。过了几天，武帝来到太主府第，太主穿上厨子用的围裙，亲自引路而入，登上台阶请武帝在大厅就坐。还没坐定，武帝就说：“希望见见主人翁。”太主就急忙下殿，除下簪子耳环，光着脚叩头请罪说：“我没有脸面见人，辜负了陛下，犯下了死罪。陛下不要加罪于我，我磕头请罪。”武帝下诏免去太主的罪。太主戴上簪子穿好鞋站起身，到东厢房领董偃出来。董偃戴着绿帻，臂上套着袖套，一副仆役的打扮，随着太主来到殿前，俯伏在殿下。太主这才介绍说：“馆陶公主的厨子董偃冒死罪拜见皇上。”董偃叩头请罪，皇上让他起来。下诏赐给他衣帽让他上殿。董偃起身，忙去换衣服就座。太主亲自给武帝献食敬酒。在这个时候，董偃受尊重而不称名，称之为“主人翁”，席上君臣开怀畅饮，欢乐异常。于是太主奉献了许多黄金、钱、杂色丝帛，请武帝赏赐给将军、列侯、侍从官员。从此董偃更加显贵尊宠，天下没有不知道他的。各郡国那些赛狗的、跑马的、踢球的、弄剑的，纷纷聚集到董偃那里。董偃经常陪同武帝在北宫游戏，去上林苑平乐观射猎、观看斗鸡、踢球、赛狗、跑马等比赛场面，武帝对于这样的游玩也十分高兴。于是皇上在宣室设酒宴招待窦太主，让谒者引董偃进宫。

是时，朔陛戟殿下[1]，辟戟而前曰：“董偃有斩罪三，安得入乎？”上曰：“何谓也？”朔曰：“偃以人臣私侍公主，其罪一也。败男女之化，而乱婚姻之礼，伤王制，其罪二也。陛下富于春秋[2]，方积思于《六经》[3]，留神于王事，驰骛于唐虞[4]，折节于三代[5]，偃不遵经劝学，反以靡丽为右[6]，奢侈为务，尽狗马之乐，极耳目之欲，行邪枉之道，径淫辟之路，是乃国家之大贼[7]，人主之大蜮[8]。偃为淫首，其罪三也。昔伯姬燔而诸侯惮[9]，奈何乎陛下？”上默然不应，良久曰：“吾业以设饮，后而自改。”朔曰：“不可。夫宣室者，先帝之正处也，非法度之政不得入焉。故淫乱之渐，其变为篡，是以竖貂为淫而易牙作患[10]，庆父死而鲁国全[11]，管蔡诛而周室安[12]。”上曰：“善。”有诏止，更置酒北宫，引董君从东司马门[13]。东司马门更名东交门。赐朔黄金三十斤。董君之宠由是日衰，至年三十而终。后数岁，窦太主卒，与董君会葬于霸陵[14]。是后，公主贵人多逾礼制，自董偃始。

【注释】

〔1〕陛戟（jǐ）：持戟立在阶前。　〔2〕富于春秋：犹言年富力强，来日方长。春秋，年龄。　〔3〕《六经》：指《周易》《尚书》《诗经》《春秋》《仪礼》《乐经》六部经典。　〔4〕唐：陶唐氏。传说中远古部落名，尧为部落酋长。虞：有虞氏，传说中远古部落名，舜为部落酋长。　〔5〕折节：钦服。三代：夏、商、周称为三代。〔6〕右：尊崇，崇尚。　〔7〕贼：一种专食苗节的害虫。　〔8〕蜮（yù）：虫名，相传它能含沙射人，比喻阴险小人。　〔9〕伯姬：春秋时宋共公夫人。姬姓，鲁宣公长女，故称之。宫中失火时，她守礼等

待保姆，被烧死。燔（fán）：烧。〔10〕竖貂：春秋时齐国宦官。受宠于桓公，与易牙、开方互为羽翼。桓公卒，五公子争位，引起内乱。他与易牙等杀群吏，立公子无诡为君，使内乱加剧。易牙：春秋时齐桓公嬖臣。名巫，为雍人（厨师）。周襄王九年（前643），桓公病重，他与竖貂乘机作乱，齐国因之大乱。〔11〕庆父（？—前660）：春秋时鲁国公室贵族。庄公之弟。与庄公夫人哀姜通奸。庄公卒，庶子子般立，他杀死子般。鲁人立闵公，他又袭杀闵公。因屡次制造内乱，不得人心，逃奔莒。其弟公子季友重金贿赂莒国，将他押送回鲁，途中自缢而死。〔12〕管蔡：指管叔鲜和蔡叔度，都是周武王的弟弟。武王死后，成王年幼，周公摄政，管、蔡联合纣的儿子武庚作乱，后来武庚、管叔鲜被杀，蔡叔度被流放。〔13〕司马门：皇宫外门。〔14〕霸陵：汉文帝刘恒陵墓，在今陕西西安东郊白鹿原东北角。

【译文】

这时候，东方朔正持戟站在殿阶下，他放下戟走上前对武帝说："董偃犯有三条该杀的罪，怎么能让他进宫呢？"皇上说："是什么罪？"东方朔说："董偃作为皇上的臣民，私下侍奉公主，这是第一桩罪。败坏男女之间的风化，扰乱婚姻大礼，破坏朝廷制度，这是第二桩罪。陛下年富力强，正应该专心学习《六经》，留心于国家的政事，追随唐、虞盛世，钦服夏、商、周三代的贤君。董偃不遵从经典不劝勉学习，反而崇尚华丽，追求奢侈，极尽狗马声色之乐，走的是淫逸邪恶的歪道。这个人正是国家的大贼，迷惑皇上的阴险小人。董偃是淫逸邪恶的祸首，这是他的第三桩罪。从前，宋恭姬遇到火灾，为了恪守礼制等待保姆而被烧死，从而受到诸侯的敬佩，陛下该怎么办呢？"武帝沉默不回答，好大一会儿才说："我已经设下酒宴，以后改正就是了。"东方朔说："不可以。宣室是先帝的正殿，不是商讨国家大事不得入内。因为淫乱开了头，就会逐渐演变为篡位作乱的大祸，所以春秋时竖貂行为淫乱而勾结易牙作乱，庆父死了鲁国才得以保全，诛杀管叔、蔡叔西周王室才得安宁。”武帝说：“好吧。”于是下诏不在宣室设宴，把酒宴改设在北宫，引董偃从东司马门进宫。把东司马门改名为东交门。赏赐给东方朔黄金三十斤。董偃的尊宠从此日益衰落，活到三十岁就死了。又过了几年，窦太主也去世了，与董偃合葬在霸陵。这以后，公主贵人多有越礼的行为，就是从董偃开始的。

时天下侈靡趋末[1]，百姓多离农亩。上从容问朔：“吾欲化民，岂有道乎?”朔对曰：“尧舜禹汤文武成康上古之事[2]，经历数千载，尚难言也，臣不敢陈。愿近述孝文皇帝之时[3]，当世耆老皆闻见之。贵为天子，富有四海，身衣弋绨[4]，足履革舄[5]，以韦带剑[6]，莞蒲为席[7]，兵木无刃，衣缊无文[8]，集上书囊以为殿帷[9]；以道德为丽，以仁义为准。于是天下望风成俗，昭然化之。今陛下以城中为小，图起建章[10]，左凤阙[11]，右神明[12]，号称千门万户；木土衣绮绣，狗马被缋罽[13]；宫人簪瑇瑁[14]，垂珠玑；设戏车[15]，教驰逐，饰文采，藂珍怪[16]；撞万石之钟，击雷霆之鼓，作俳优，舞郑女。上为淫侈如此，而欲使民独不奢侈失农，事之难者也。陛下诚能用臣朔之计，推甲乙之帐燔之于四通之衢，却走马示不复用，则尧舜之隆宜可与比治矣。《易》曰：‘正其本，万事理；失之豪氂，差以千里[17]。'愿陛下留意察之。"

【注释】

〔1〕趋末：争相从事工商业。末，古书中常以本指农业，末指工商业。〔2〕尧舜：唐尧和虞舜的并称。远古部落联盟的首领。古史传说中的圣明君主。禹汤：夏禹和商汤。后视为贤明君主的典范。文武：指周文王与周武王。成康：周成王与周康王的并称。史称其时天下安宁，刑措不用，故用以称至治之世。〔3〕孝文皇帝：汉文帝刘恒（前202—前157）。汉高祖刘邦四子，惠帝刘盈弟。在位期间，继续执行与民休息和轻徭薄赋的政策，是汉朝从国家初定走向繁荣昌盛的过渡时期。后世将这一时期与其子景帝执政的时期统称为"文景之治"。谥孝文。〔4〕弋绨（yì tì）：黑色粗厚的丝织物。〔5〕革舄（xì）：生皮做的鞋子。〔6〕韦带：古代平民或未仕者所系的无饰的皮带。〔7〕莞（guān）蒲：皆为草名，都可以制席。〔8〕衣緼（yūn）：旧絮铺成的衣服。〔9〕上书囊：封奏章用的青布袋。〔10〕建章：古宫名。古址在今陕西西安汉长安城西。汉武帝太初元年（前104）建。〔11〕凤阙：建章宫的门观。〔12〕神明：建章宫的台名，祭祀神仙的地方。〔13〕缋罽（huì jì）：五彩的毛毯。缋，同"绘"。〔14〕瑇瑁：即玳瑁，爬行动物，形似龟。甲壳黄褐色，有黑斑和光泽，可做装饰品。甲片可入药。这里指玳瑁的甲壳。亦指用其甲壳制成的装饰品。瑇，同"玳"。〔15〕戏车：供表演杂技的车。〔16〕藂：同"丛"。〔17〕正其本，万事理；失之豪氂，差以千里：今本《易经》无此语。豪，通"毫"。氂，同"厘"。

【译文】

当时天下风气奢华，争相从事工商业，农民纷纷离开农田。有一天武帝闲谈时随便问东方朔："我想教化老百姓，有什么办法吗？"东方朔回答说："尧、舜、禹、汤、文王、武王、成王、康王都是上古的事，大都经历了数千年，还难以说清楚，我不敢陈述。我愿意就近说说孝文皇帝时候的事，这是当今在世的老人都知道的情形。文帝贵为天子，拥有四海之内的财富，但是，文帝身上穿着黑粗布做的衣服，脚上穿着生皮制成的鞋，用没有饰物的皮带挂着剑，铺着莞蒲编的草席，兵器像木制的那样没有利刃，穿着不带文采用旧絮铺成的棉衣，收集装奏章的青布袋缝成宫殿帷幕；文帝以道德崇高为美，以仁义为准绳。于是天下人都仰望他的风范，形成当时淳厚的风俗，显明昭著地教化了天下的民众。现在陛下嫌长安城内地方小，在城外筑起建章宫，左有凤阙观，右有神明台，号称千门万户；宫内土木铺裹着锦绣丝绸，狗马披着五彩毛毯；宫人头上簪着玳瑁，身上佩挂珠玑；设置杂耍车，倡导驰逐游猎之乐，追求装饰的文采绚丽，大量搜集奇珍异物；宫内撞响万石重的巨钟，敲击声如雷霆的大鼓，乐人演戏，郑女起舞。皇上像这样的奢侈无度，而想使老百姓不奢侈，不弃农经商，这是难以做到的事。陛下如真能采纳我东方朔的建议，撤去许许多多华丽的帷帐，在四通八达的大街上烧掉，放弃那些善于奔驰的良马表示不再骑用，那就只有尧舜盛世可以和陛下的功业相媲美了。《易经》上说：'理正事物的本源，万事才有条理；开始失误毫厘，最后就会相差千里。'希望陛下能用心省察上面所说的事。"

朔虽诙笑[1]，然时观察颜色，直言切谏，上常用之。自公卿在位，朔皆敖弄[2]，无所为屈。

【注释】

〔1〕诙笑：嘲谑，发言可笑。　〔2〕敖：同“傲”，轻视。

【译文】

东方朔虽然诙谐调笑，然而他时常观察皇帝的脸色情绪，适时地直言进谏，武帝常常采用他的意见。从公卿到在位的群臣，东方朔都轻视嘲弄，没有什么人是他肯屈从的。

上以朔口谐辞给[1]，好作问之。尝问朔曰：“先生视朕何如主也?”朔对曰：“自唐虞之隆，成康之际，未足以谕当世。臣伏观陛下功德，陈五帝之上，在三王之右。非若此而已，诚得天下贤士，公卿在位咸得其人矣。譬若以周邵为丞相[2]，孔丘为御史大夫[3]，太公为将军[4]，毕公高拾遗于后[5]，弁严子为卫尉[6]，皋陶为大理[7]，后稷为司农[8]，伊尹为少府[9]，子赣使外国[10]，颜闵为博士[11]，子夏为太常[12]，益为右扶风[13]，季路为执金吾[14]，契为鸿胪[15]，龙逢为宗正[16]，伯夷为京兆[17]，管仲为冯翊[18]，鲁般为将作[19]，仲山甫为光禄[20]，申伯为太仆[21]，延陵季子为水衡[22]，百里奚为典属国[23]，柳下惠为大长秋[24]，史鱼为司直[25]，蘧伯玉为太傅[26]，孔父为詹事[27]，孙叔敖为诸侯相[28]，子产为郡守[29]，王庆忌为期门[30]，夏育为鼎官[31]，羿为旄头[32]，宋万为式道侯[33]。”上乃大笑。

【注释】

〔1〕给：敏捷。　〔2〕周邵：指周公旦和邵公奭。周公旦，姓

姬，名旦，氏号为周，爵位为公。西周政治家。因采邑在周，称为周公，因谥号为文，又称为周文公。他辅佐文王、武王、成王，为周王朝的建立以及巩固立下了不可磨灭的功劳。邵公奭，西周时燕国始祖。尝佐周武王灭商，被封于北燕。成王时为太保。成王死后，与毕公率诸侯共辅康王即位。　〔3〕孔丘（前551—前479）：春秋末儒家学派创始人。字仲尼。其学说为中国传统思想文化之正统。御史大夫：官名。秦始置，为秦汉三公之一。其内承朝廷风化，外佐丞相统理天下，主管图籍秘书、四方文书，握有考课、监察和弹劾百官之权。

〔4〕太公：西周开国功臣。姜姓，名尚，字子牙。号“太公望”，亦称“吕望”。辅佐武王灭纣，以功封于齐。　〔5〕毕公高：西周初大臣。姬姓，名高。周文王之子。武王灭商后，封于毕（今陕西长安西北），遂以毕为氏，颇有政绩。拾遗：纠匡帝王过失。　〔6〕弁严子：即卞庄子。春秋时鲁国大夫。他曾刺杀两虎。齐人欲伐鲁，闻其勇力而止。卫尉：官名。战国始置，秦汉时为九卿之一。掌宫门卫屯兵。

〔7〕皋陶：古代传说中人物。相传为东夷族首领，曾被舜任为执掌刑法的官，民皆服其执法公平。大理：官名。古主管刑法之官。

〔8〕后稷：周的始祖。名弃，曾经被尧举为“农师”，被舜命为后稷。司农：官名。汉始置，掌钱谷之事。亦称大司农，为九卿之一。

〔9〕伊尹：商初大臣。原名伊挚，尹为官名。汤时任右相，助汤灭夏建商。少府：官名。秦始置，源出于周官太府，掌山海地泽之税，以供宫廷之用，为皇帝的私府，兼管皇帝衣食器用、医药、娱乐丧葬等事宜，位列九卿。　〔10〕子赣（前520—?）：春秋时孔子弟子。字子贡，卫国人。善辞令。　〔11〕颜闵：颜回和闵子骞的并称，二人都是孔子的弟子，均以德行著称。博士：官名。秦置，汉因之，隶属九卿之一奉常。掌通古今，教弟子；国有疑事，掌承问对。　〔12〕子夏（前507—?）：春秋时孔子弟子。古人称其才优品高，尤以文学见称。太常：官名。九卿之首。掌宗庙礼仪，兼管文化教育，包括选拔、培养、录用博士弟子员，以及选拔博士等。常以列侯、忠孝敬慎并有

学问者任之。　〔13〕益：古代传说人物。一称“伯益”。曾随禹治水，定高山大川。右扶风：职官名。为西汉畿辅地区行政长官之一。〔14〕季路：即子路（前542—前480），春秋时孔子弟子。姓仲氏，名由。性直爽勇敢。执金吾：官名。为列卿之一。主要职掌是担任宫殿之外，京城之内的警卫消防工作，并督巡三辅治安，有权直接逮捕罪犯，巡行郡县。　〔15〕契：相传为商族之始祖。因助禹治水有功，被舜任为司徒，掌教化之职。鸿胪：官名省称。即大鸿胪。掌管诸侯王入朝之迎送、接待、朝会、封授等礼仪。　〔16〕龙逢：即关龙逢。夏之贤人，因谏而被桀所杀，后用为忠臣之代称。宗正：官名。汉承秦置。为九卿之一，是管理皇族和外戚事务之官。　〔17〕伯夷：远古传说中的人物。舜时为秩宗，典三礼。京兆：即京兆尹。职官名。西汉京畿地方行政长官之一，位列九卿，职掌相当于郡守，但地位远高于郡守。　〔18〕管仲（？—前645）：春秋时齐国大臣。任齐相，助桓公进行改革，使桓公成为春秋时期第一个霸主。冯翊：职官名。职守相当于郡太守，辖区相当于一郡。因地属畿辅，故不称郡，而以职官名称之，为三辅之一。　〔19〕鲁般：即鲁班。我国古代杰出的建筑工匠。传为春秋时鲁国人，姓公输，名班，技艺超绝，多有发明，后世被尊为建筑工匠的祖师。将作：即将作少府，官名。掌治宫室、陵墓等土木工程。　〔20〕仲山甫：西周宣王卿士。曾多次向宣王进谏。光禄：即光禄勋。官名。为宿卫侍从卫士首领，实际是宫中总管，并兼皇帝的顾问参议，位列九卿。　〔21〕申伯：西周时申国国君。姜姓，传为伯夷之后。周宣王之舅，封于谢。其国在今河南南阳境。太仆：官名。掌管皇帝舆马外，还兼主马政。　〔22〕延陵季子：即季札，春秋时吴国贵族。姬姓，名札。吴王寿梦少子，贤明博学。水衡：即水衡都尉，掌上林苑，兼保管皇室财物及铸钱。　〔23〕百里奚：春秋时秦国大夫。少时贫困，尝以养牛谋生于齐。后任虞国大夫。秦近西戎，晓其风俗，故令为典属国。典属国：官名。汉承秦置，掌蛮夷降者，即负责归附的诸少数民族事务。　〔24〕柳下惠：春秋时鲁国大夫。以善于讲究贵族礼节著称，深受孔子赞赏。大长秋：为皇后近侍，负责宣达皇后旨意，管理宫中事宜，多由宦官担任。〔25〕史鱼：春秋末卫国史官。以正直著称。司直：官名。为丞相属官之首，掌佐丞相举不法。〔26〕蘧伯玉：春秋时卫国大夫。仕灵公称贤大夫，封“先贤”。太傅：官名。古三公之一。〔27〕孔父（？—前710）：春秋时宋国大夫。正色立于朝，敢直谏。詹事：官名。掌皇后、太子家。〔28〕孙叔敖：春秋时楚国令尹。自奉极简，为楚庄王擢为令尹。〔29〕子产（？—前522）：春秋时郑国相。博洽多闻，为政贤明。郡守：官名。掌治其郡，为一郡最高长官。〔30〕王庆忌：春秋时吴国贵族。以勇力、敏捷著称。〔31〕夏育：战国时著名勇士。卫国人。传说能力举千钧。鼎官：指举鼎的武士。〔32〕羿：相传为有穷氏部落首领。善于射箭。旄头：官名。古仪仗之官。〔33〕宋万（？—前680）：春秋时宋国卿。式道侯：官名。秦汉中尉属官。掌车驾之前导。

【译文】

皇上因为东方朔说话诙谐，言辞敏捷，喜欢故意提些问题问东方朔。武帝曾经问东方朔说：“先生看我是什么样的君主呢?”东方朔回答说：“即使唐虞的盛世，周成王、周康王的时代，都不足以比喻当世。我观察陛下的功德，可以排在五帝、三王之上。不仅如此，实在是得到了天下有才德的士人，公卿的职位都有适合的安排。这就像用周公旦、邵公奭做丞相，孔丘做御史大夫，懂兵法的吕望做将军，毕公高做拾遗，勇士弁严子做卫尉，让有经验的皋陶做大理，后稷做司农，伊尹做少府，有辩说之才的子贡出使外国，有德行的颜回、闵子骞做博士，懂文学的子夏做太常，管山泽的益做右扶风，有勇力的季路做执金吾，契做大鸿胪，忠谏而死的关龙逢做宗正，主管过郊庙的伯夷做京兆，管理内政的管仲做冯翊，灵巧的鲁般做将作少府，曾主管进谏皇上的仲山甫做光禄大夫，申伯做太仆，延陵季子做水衡都尉，通晓民族风俗的百里奚做典属国，贞洁的柳下惠做大长秋，正直的史鱼做司直，少过失的蘧伯玉做太傅，正色立朝的孔父做詹事，善于治理的孙叔敖做诸侯相，为政贤明的子产做郡守，劲捷的王庆忌做期门，力举千钧的夏育做鼎官，善于射箭的羿做旄头，勇力双全的宋万做式道候。”皇上于是大笑起来。

是时朝廷多贤材，上复问朔：“方今公孙丞相、儿大夫、董仲舒、夏侯始昌、司马相如、吾丘寿王、主父偃、朱买臣、严助、汲黯、胶仓、终军、严安、徐乐、司马迁之伦〔1〕，皆辩知闳达，溢于文辞〔2〕，先生自视，何与比哉?”朔对曰：“臣观其臿齿牙〔3〕，树颊胲〔4〕，吐唇吻，擢项颐〔5〕，结股脚，连脽尻〔6〕，遗蛇其迹〔7〕，行步偶旅〔8〕，臣朔虽不肖，尚兼此数子者。”朔之进对澹辞〔9〕，皆此类也。

【注释】

〔1〕公孙丞相：公孙弘（前200—前121），字季，一字次卿，西汉菑川国（郡治在寿光南纪台乡）薛人。为汉朝白衣拜相封侯第一人。儿大夫：儿宽（?一前103）西汉大臣、水利家。西汉千乘（今山东高青）人。治《尚书》，为孔安国弟子。在任数年内，劝农业，缓刑罚，并负责在郑国渠上流南岸开六条小渠，“六辅渠”。后任御史大夫，与司马迁等共同制定“太初历”。董仲舒（前179—前104）：西汉学者，汉广川郡（今河北省景县）人。儒家公羊学派大师，今文经学创始人。其教育思想和“大一统”、“天人感应”理论，为后世封建统治者提供了统治的理论基础。夏侯始昌：西汉儒生。鲁东平（今山东东

平东）人。因饱学通儒受武帝敬重。司马相如（前179—前118）：西汉文学家。字长卿，蜀郡成都（今四川成都）人。其作品词藻富丽，结构宏大，使他成为汉赋的代表作家，后人称之为赋圣。吾丘寿王：西汉官吏、学者。字子赣，赵（今河北邯郸）人。武帝时为侍中，后来官至光禄大夫。辩知甚宏，善于文辞，为武帝所信用。主父偃（？—前126）：西汉官吏。临菑（今山东淄博东）人。早年学长短纵横之术，后学《易》《春秋》和百家之言。朱买臣（？—前115）：西汉官吏。吴（今江苏苏州）人。早年家贫，以伐薪为生。后经人推荐，为武帝所重，官拜中大夫。严助（？—前122）：为西汉会稽郡吴县人，严忌之子，也有人说他是严忌的族子。汉武帝建元元年（前140）郡举贤良方正，深受武帝赏识，擢为中大夫，参事最为力。汲黯（？—前112）：西汉官吏。字长孺。濮阳（今河南濮阳西南）人。性倨少礼，好游侠，尚气节。胶仓：西汉官吏。赵（今属河北邯郸）人。博知广闻，有辩才，甚为帝所重。终军（？—前112）：西汉官吏。字子云，济南（今山东章丘西）人。少好学，甚有文名，年十八被选为博士弟子。至长安上书议论国事，武帝颇赏识，任为谒者给事中，后迁谏大夫。严安：西汉官吏。临菑（今山东临淄北）人。武帝初为丞相史。元光中，上书陈击匈奴之非利，武帝有相见恨晚之叹，拜为郎中。徐乐：西汉官吏。燕无终（治今河北蓟县）人。武帝时，曾上疏言世务，讽劝君主安民，辩知闳达，溢于文辞。官拜郎中。司马迁（约前145或前135—前87或前86）：西汉史学家。字子长，夏阳（今陕西韩城南）人，伟大的史学家、思想家、文学家，著有《史记》。〔2〕溢：流露。　〔3〕臿：插地起土的工具。即锹。　〔4〕胲（gǎi）：颊肉；脸面。　〔5〕颐：指口腔的下部。俗称下巴。〔6〕脽尻（shuí kāo）：臀部。　〔7〕遗蛇：同“逶迤”。斜行；曲折前进。　〔8〕偊旅：同“伛偻”。身体弯曲。　〔9〕澹辞：谓口才敏捷善辩。澹，同“赡”，供给。

【译文】

这时朝廷有很多德才兼备的人，皇上又问东方朔：“如今公孙弘丞相、儿宽大夫、董仲舒、夏侯始昌、司马相如、吾丘寿王、主父偃、朱买臣、严助、汲黯、胶仓、终军、严安、徐乐、司马迁之类，都能言善辩，知识丰富，才识广博通达，能用文辞充分表达，先生你看看自己，与他们相比怎么样呢?”东方朔回答说：“我看他们铁锹一样的牙，树皮一样的脸，漏风的嘴唇，伸长的脖子，结为一体的腿脚，紧密相连的椎骨屁股，走路曲折倾斜，弯躬曲背，我东方朔虽然不怎么样，但也还兼备其中的几点。”东方朔的进言对答敏捷善辩，都是这一类。

武帝既招英俊，程其器能〔1〕，用之如不及。时方外事胡越〔2〕，内兴制度，国家多事，自公孙弘以下至司马迁皆奉使方外〔3〕，或为郡国守相至公卿〔4〕，而朔尝至太中大夫，后常为郎，与枚皋、郭舍人俱在左右〔5〕，诙啁而已〔6〕。久之，朔上书陈农战强国之计，因自讼独不得大官，欲求试用。其言专商鞅、韩非之语也〔7〕，指意放荡，颇复诙谐，辞数万言，终不见用。朔因著论，设客难己，用位卑以自慰谕。其辞曰：

【注释】

〔1〕程：衡量，品评。　〔2〕胡：古代对北方和西方各族的泛称，多指北方各族。越：古族名。广泛分布在长江中下游以南地区。〔3〕方外：域外，边远地区。　〔4〕守相：指王国相。公卿：古时泛指中央高级官员。　〔5〕枚皋：西汉官吏，著名辞赋家。字少孺，淮阴（今江苏淮阴西南）人。不通经术，善谐笑，为赋颂好嫚戏，得武

帝宠幸。〔6〕啁（tiáo）：戏谑，嘲笑。〔7〕商鞅（约前390—前338）：战国政治改革家。姬姓，公孙氏，名鞅。卫国（今河南安阳市内黄梁庄镇一带）人。其在秦执政二十余年，秦国大治，史称"商鞅变法"。韩非（约前280—前233）：战国末思想家，法家代表人物。

【译文】

武帝既已招揽许多英杰俊士，衡量他们的才能，唯恐不能人尽其才。这时正对外与胡、越打交道，对内建立各种制度，国家事情很多，从丞相公孙弘以下到司马迁为止都奉命出使域外，有的担任郡国守相直到公卿，而东方朔曾官至太中大夫，后来常做皇上的侍从官，与枚皋、郭舍人都在皇上身边，只是诙谐嘲笑的侍从。过了很久，东方朔上书陈奏农业、战争，以及使国家强大的办法，趁机诉说只有自己没做过高官，想请求皇上试用。他的奏书专门用商鞅、韩非的语言，表达意思无拘无束，又很风趣，陈辞有几万言，但终究没被皇上重用。东方朔于是著书立论，假设有客责问自己，拿地位卑下来用好话安慰解脱自己。那篇文辞说：

客难东方朔曰："苏秦、张仪一当万乘之主〔1〕，而都卿相之位〔2〕，泽及后世〔3〕。今子大夫修先王之术〔4〕，慕圣人之义〔5〕，讽诵《诗》《书》百家之言〔6〕，不可胜数，著于竹帛〔7〕，唇腐齿落〔8〕，服膺而不释〔9〕，好学乐道之效，明白甚矣；自以智能海内无双，则可谓博闻辩智矣。然悉力尽忠以事圣帝〔10〕，旷日持久，官不过侍郎〔11〕，位不过执戟〔12〕，意者尚有遗行邪〔13〕？同胞之徒无所容居〔14〕，其故何也？"

【注释】

〔1〕苏秦（？—前284）：字季子，东周洛阳（今河南洛阳东）人，战国时纵横家。他为齐出使六国，曾一度为齐、楚、燕、赵、韩、魏六国联合抗秦的纵约长，佩六国相印。张仪（？—前310）：战国时魏人，纵横家。为秦惠王信重，任相国。以连横之策说六国，使六国背纵约而共同事秦。万乘之主：战国时，大国兵车万乘（四马一车为一乘），故万乘之主即泛指大国的君主。〔2〕都：居。卿相：仅次于国君的最高职位。〔3〕泽：恩德，好处。〔4〕子：古时对男子的尊称，相当于今天称“您”。大夫：东方朔在建元三年曾当过太中大夫，这时任中郎，大夫是对他表示客气的尊称。〔5〕慕：思慕，向往。〔6〕讽诵：朗读，背诵。〔7〕著：这里指东方朔的著作。〔8〕唇腐齿落：指讽诵、著述之辛苦。〔9〕服膺：牢记在心中，衷心信服。释：失也。〔10〕圣帝：最英明的皇帝，指汉武帝刘彻。〔11〕侍郎：官名。秦汉时郎中令的属官有侍郎，本为宫廷的近侍。侍郎位卑。〔12〕执戟：由郎官充任的持戟警卫门户的郎级官员。〔13〕意：料想。遗行：卑劣的行为。〔14〕同胞之徒：指兄弟。

【译文】

有客责问东方朔说：“苏秦、张仪一遇到大国君主，就身居卿相之位，恩惠延及到后代。如今大夫您学习古代帝王的道术，思慕圣人的道义，背诵、朗读《诗》《书》和诸子百家的书籍，无法计算，又有著述传世，以至于神形疲惫，唇焦齿落。这些学问都铭记于心，片刻不忘，您这样喜欢学习追求道义，但是结果却毫无用处，这问题已经很明白了；自以为聪明才智海内无双，也称得上见识广博聪明善辩。然而尽力尽忠侍奉圣明的皇帝，时间过了很久，官只有侍郎之职，地位不过是个执戟之臣，料想您一定有什么卑劣行径，所以官位低俸禄少，无法照顾他人，连亲兄弟都没有容身之地，这是什么原因？”

东方先生喟然长息，仰而应之曰：“是固非子之所能备也[1]。彼一时也，此一时也，岂可同哉？夫苏秦、张仪之时，周室大坏，诸侯不朝[2]，力政争权，相禽以兵[3]，并为十二国[4]，未有雌雄，得士者强，失士者亡，故谈说行焉。身处尊位，珍宝充内，外有廪仓[5]，泽及后世，子孙长享。今则不然。圣帝流德[6]，天下震慑，诸侯宾服[7]，连四海之外以为带，安于覆盂[8]，动犹运之掌[9]，贤不肖何以异哉？遵天之道，顺地之理，物无不得其所；故绥之则安[10]，动之则苦；尊之则为将，卑之则为虏；抗之则在青云之上，抑之则在深泉之下[11]；用之则为虎，不用则为鼠；虽欲尽节效情，安知前后？夫天地之大，士民之众，竭精谈说[12]，并进辐凑者不可胜数，悉力募之，困于衣食，或失门户[13]。使苏秦、张仪与仆并生于今之世，曾不得掌故[14]，安敢望常侍郎乎！故曰时异事异。”

【注释】

〔1〕备：尽，此处为完全理解。　〔2〕诸侯：此指原周王室所封的各国君主。　〔3〕禽：通“擒”。　〔4〕十二国：战国时，除秦、齐、楚、燕、韩、赵、魏七国号七雄外，还有鲁、卫、宋、郑、中山五国，共十二诸侯。　〔5〕廪仓：粮仓。　〔6〕流德：恩泽远布。〔7〕宾服：顺服。　〔8〕安于覆盂：比喻国家政权十分稳固。〔9〕犹运之掌：比喻非常容易。　〔10〕绥：安，安抚。　〔11〕深泉：深渊，极言其低。　〔12〕谈说：议论，此指游说。　〔13〕失门户：指遭灭门之祸。　〔14〕掌故：官名。西汉置，为掌礼乐制度一类典章制度备咨询之官。

【译文】

东方先生长长叹息一声，仰起头回答他说：“这其中的原因本来就不是您能完全理解的。苏秦、张仪所处的是一个时代，现在又是一个时代，怎么能相同呢？苏秦、张仪的时代，周朝衰落，诸侯不朝见天子，竭力征战，争权夺利，用武力相互擒获，兼并为十二个诸侯国，没有决出胜负，在这种情况下，谁能得到有才德的人，就会强大，失去有才德的人，就会灭亡，所以谈论道理、游说诸侯王就盛行了。这些人才能够身居高位，家内藏有珍宝，家外有粮仓，国君的恩泽遍及后代，子孙长久享用。如今却不是这样了。圣上的德泽流布四方，天下人震惊害怕，诸侯朝贡顺服，如同带子相连一样连结海外各国，国家安定如翻过来的碗一样不可倾摇，国家治理起来非常容易，因此圣贤之辈和凡庸之徒有什么区别呢？当今朝廷遵循天地的发展规律，万物没有不得到合理安排的；所以，安抚就会安定，动乱就会痛苦；尊重你的时候，就会成为将领；贬斥你的时候，就成为囚犯；被人提拔就青云直上，被人排挤却可致深渊之下；用你时像老虎一样威武，不用时则像老鼠一样猥琐；即使你想尽心戮力报效国家，哪知道是前进还是后退呢？天地这样大，读书人这样多，都用尽精力高谈阔论，一同被推荐聚在一起的，多得无法计算，竭尽全力招募他们，结果是供给衣服食物都有困难，甚至遭来杀身之祸。假使苏秦、张仪和我一起生活在现在的社会，他们连掌故这样的小吏都当不上，还怎么敢妄想当常侍郎呢？所以说时代变了，事情也就不同了。”

“虽然，安可以不务修身乎哉！《诗》云：‘鼓钟于宫，声闻于外[1]。'‘鹤鸣于九皋，声闻于天[2]。'苟能修身，何患不荣！太公体行仁义[3]，七十有二乃设用于文武[4]，得信厥说[5]，封于齐，七百岁而不绝。此士所以日夜孳孳[6]，敏行而不敢怠也[7]。辟若鹡鸰[8]，飞且鸣矣[9]。传曰：‘天不为人之恶寒而辍其冬，地不为人之恶险而辍其广，君子不为小人之匈匈而易其行[10]。'‘天有常度，地有常形，君子有常行；君子道其常，小人计其功[11]。'《诗》云：‘礼义之不愆，何恤人之言[12]？'故曰：‘水至清则无鱼，人至察则无徒，冕而前旒，所以蔽明；黈纩充耳，所以塞聪[13]。'明有所不见，聪有所不闻，举大德，赦小过[14]，无求备于一人之义也[15]。‘枉而直之，使自得之；优而柔之，使自求之；揆而度之，使自索之[16]。'盖圣人教化如此，欲自得之；自得之，则敏且广矣[17]。”

【注释】

〔1〕鼓钟于宫，声闻于外：引自《诗经·小雅·白华》。此二句意为，虽然在屋里敲钟，声音却传到屋外很远。 〔2〕鹤鸣于九皋，声闻于天：引自《诗经·小雅·鹤鸣》。此二句意为，鹤在深远的水泽鸣叫，声音传到天上。皋，水泽。这两段《诗经》引文说的是一个意思，只要你具备了一定的内在美，总会对外界造成影响，因而被发现，被重视。 〔3〕太公：指姜太公吕望。传说，他早年穷困潦倒，直到七十余岁才被周文王聘于渭水之滨钓鱼处。 〔4〕文武：指周文王，周武王。 〔5〕信：通“伸”，伸张。 〔6〕孳孳：通“孜孜”，勤勉，努力不懈。 〔7〕敏行：勤于修身。 〔8〕辟：通“譬”。鹡鸰（jí líng）：鸟名。一种嘴细，尾、翅都很长的小鸟，只要一只离群，其余

的就都鸣叫起来，寻找同类。〔9〕飞且鸣矣：与上一句化用《诗经·小雅·小宛》中“题彼鹡鸰，载飞载鸣”二句。意为就像鹡鸰鸟一样，又飞又鸣，不敢停歇。极言勤苦之意。〔10〕“传曰”句：引自《荀子·天论》。辍，停止。匈匈，喧哗，吵嚷。〔11〕“天有常度”句：引自《荀子·荣辱篇》，文字略有出入。功，此指功利。〔12〕礼义之不愆，何恤人之言：这两句为逸诗。愆，超过。恤，担忧。〔13〕“水至清则无鱼”句：引自《大戴礼记·子张问入官》。徒，拥护者。冕，古代大夫以上品级的礼冠。旒（liú），冕冠前后悬垂的玉串。黈纩（tóu kuàng），黄棉。古之冕制，以黄棉大如丸，悬于冕之两旁，以示不听谗言也。〔14〕举大德，赦小过：引自《论语·子路》：“仲弓为季氏宰，问政，子曰：‘先有司，赦小过，举贤才。’”〔15〕无求备于一人之义也：《论语·微子》云：“周公谓鲁公曰：‘故旧无大故，则不弃也。毋求备于一人。’士有百行，功过相除，不可求备也。”〔16〕“枉而直之”句：引自《大戴礼记·子张问入官》。枉，曲。揆，度量，揣度。度，揣测。〔17〕敏：疾速，敏捷。

【译文】

“尽管这样，一个人怎能不致力于提高自身的修养呢？《诗经》上说：‘虽然在屋里敲钟，声音却传到屋外很远。’‘鹤在深远的水泽鸣叫，声音传到天上。’如果能提高自身的修养，又何必担心得不到提拔重用呢！姜太公亲自践行仁义，七十二岁才被周文王、周武王安排重用，能够伸张他的主张，封地于齐国，七百年没有中断统治。这就是读书人日夜努力不懈，时刻勉励自己不敢懒惰的原因。就像鹡鸰，虽然微小，但振翅奋飞，叫声传的很高很远。古书上说：‘上天不会因为人厌恶寒冷而停止冬天，大地不会因为人厌恶险峻而改变它的广阔，君子不会因为小人吵嚷而改变他的品行。’‘上天有一定的规律，大地有一定的形状，君子有恒久的德行；君子做事按照仁义之道，小人计较功利。’《诗经》上说：‘不越礼仪，何必害怕人们议论！’所以说：‘水清到极点就没有鱼，人明察到了极点就没有追随者，冠冕前后垂挂这玉串，是用来遮挡光明；悬于冠上垂在两耳边的黄棉丸，是用来堵塞听力的。即使眼睛明亮，有的可以不看；耳朵聪敏，有的可以不听。推赏人家的大德，赦免小的过错，就是对人不要求全责备的意思。‘弯曲的应当使他变直，让他自己有所体会；安抚犹豫不决的，让他自己去探求；度量后再揣测，让他自己去探索。’大概圣人的教化就是这样，要自己通过探索寻求而得到它。自己探求而得到它，就会思维敏捷，心胸宽广了。”

“今世之处士[1]，魁然无徒[2]，廓然独居[3]，上观许由[4]，下察接舆[5]，计同范蠡[6]，忠合子胥[7]，天下和平，与义相扶，寡耦少徒[8]，固其宜也，子何疑于我哉？若夫燕之用乐毅[9]，秦之任李斯[10]，郦食其之下齐[11]，说行如流，曲从如环，所欲必得，功若丘山，海内定，国家安，是遇其时也，子又何怪之邪！语曰‘以筦窥天[12]，以蠡测海[13]，以莛撞钟[14]’，岂能通其条贯[15]，考其文理，发其音声哉！繇是观之[16]，譬犹鼱鼩之袭狗[17]，孤豚之咋虎[18]，至则靡耳[19]，何功之有？今以下愚而非处士，虽欲勿困[20]，固不得已，此适足以明其不知权变而终或于大道也[21]。”

【注释】

〔1〕处士：有才能而隐居不仕的人。　〔2〕魁（kuài）然：孤孤

单单的样子。魁，通“块”。〔3〕廓然：空寂的样子。〔4〕许由：阳城槐里人（今登封箕山槐里村）。上古高士，隐于箕山。尧让天下而不受，又招为九州长，由不欲闻之，洗耳于颍水之滨。〔5〕接舆：春秋时楚国隐士，佯狂避世。因其迎孔子车而歌，故称接舆。〔6〕范蠡：春秋楚宛（今河南南阳）人，字少伯。仕越为大夫，辅佐越王勾践刻苦图强，卒灭吴国。以勾践为人可与共患难，不能共安乐，去越入齐，改名鸱夷子皮。到陶称朱公，经商致富。〔7〕子胥（？—前484）：名员，春秋楚人。奔吴，吴封以申地，故称申胥。吴王夫差败越，越请和，子胥谏不从，夫差信伯嚭谗，迫子胥自杀。〔8〕耦：通“偶”。此意为志同道合的人。〔9〕乐毅：字永霸。中山灵寿（今河北灵寿西北）人。战国燕将。自魏使燕，燕昭王任为上将，联赵、楚、韩、魏，总领五国兵伐齐，攻占七十余城，以功封于昌国，号昌国君。〔10〕李斯（前280—前208）：战国末，楚上蔡（今河南上蔡西南）人。入秦，说秦王并六国，拜为客卿，经二十余年卒灭六国，始皇称帝，统一六国，李斯为丞相。〔11〕郦食其（？—前203）：秦朝陈留县（今河南开封市开封县东南）高阳乡（今河南开封杞县西南）人。家贫落魄，为里监门吏。人皆谓之狂生。刘邦为沛公时，攻陈留。郦食其谒沛公，说下陈留，号为广野君。楚、汉相争时，又为刘邦说齐，下齐七十余城。〔12〕筦（guǎn）：同“管”。窥：从夹缝、小孔或隐蔽处偷看。〔13〕蠡：瓠瓢。〔14〕莛：草茎。〔15〕条贯：条理，脉络。〔16〕繇：同“由”。〔17〕鼱鼩（jīng qú）：小鼠。〔18〕豚：小猪。咋：咬。〔19〕靡耳：畏而服之之貌。〔20〕困：窘。〔21〕或：通“惑”，迷惑。

【译文】

“当今有才德隐居不做官的人，虽然杰出但无人追随，孤独地一个人居住。上观坚决拒绝尧让天下的许由，下察装疯匿迹的接舆，他们和功成身退的范蠡有同样的智谋，和至死不改忠谏的子胥有同样的忠心，天下和睦安定，给予道义相互扶助，贤才少为世用，这本来是理所当然的事情，您为什么又对我的情况有疑问呢？就像燕国任用乐毅，秦国任用李斯，郦食其在齐国担负重任，游说之辞像流水那样顺畅，言听计从如同圆环绕指一样，所想的必定能得到，功劳也像山一样，海内平定，国家安宁，这是他们遇上了能施展才能的时机，您又有什么奇怪的呢！俗语说：'用竹管来观察天空，用瓢来测量大海，用草茎来敲击大钟，这样做怎么能够了解天的系统，考究大海的条理，使大钟发出声响呢？由此看来，这样做就像小老鼠去袭击狗，小猪去咬老虎，刚到跟前就已经耷拉耳朵，吓倒在地了，有什么效果呢？现在凭你这样愚笨的人来责难我，要想不受窘，那是办不到的，这恰恰十足地证明了你们不懂得随机应变，而且始终不能理解处世的伟大道理罢了。"

又设非有先生之论，其辞曰〔1〕：

【注释】

〔1〕其辞曰：下文为《非有先生论》。

【译文】

东方朔又假设非有先生的论说，那篇文辞说：

非有先生仕于吴〔1〕，进不称往古以厉主意〔2〕，退不能扬君美以显其功〔3〕，默然无言者三年矣。吴王怪而问之，曰："寡人获先人之功，寄于众贤之上，夙兴夜寐，未尝敢怠也。今先生率然高举〔4〕，远集吴地，将以辅治寡人，诚窃嘉之，体不安席，食不甘味，目不视靡曼之色〔5〕，耳不听钟鼓之音，虚心定志欲闻流议者三年于兹矣[6]。今先生进无以辅治，退不扬主誉，窃不为先生取之也。盖怀能而不见，是不忠也；见而不行，主不明也。意者寡人殆不明乎[7]？”非有先生伏而唯唯[8]。吴王曰：“可以谈矣，寡人将竦意而览焉[9]。”先生曰：“于戏[10]！可乎哉[11]？可乎哉？谈何容易！夫谈有悖于目拂于耳谬于心而便于身者[12]，或有说于目顺于耳快于心而毁于行者[13]，非有明王圣主，孰能听之？”吴王曰：“何为其然也？‘中人已上可以语上也[14]。’先生试言，寡人将听焉。”

【注释】

〔1〕仕：做官。吴：国名。春秋末为越国所灭。西汉时无吴国，无、吴同音，借以表示为虚设的人物。　〔2〕进：指在朝廷之上。往古：指过去的古代圣贤。厉：通“励”，激励。　〔3〕退：退朝之后，指平日不在朝廷之时。　〔4〕率然：洒脱，飘逸貌。高举：高飞。　〔5〕靡曼：华美，华丽。　〔6〕定志：排除杂念，专心一致。流议：余论。　〔7〕殆：大概。　〔8〕唯唯：古代非常恭敬的答应声，相当于今天的“是是是”。　〔9〕竦意：犹今满怀着期待的心情。览：通“揽”，采纳。　〔10〕于戏：古代“于戏”音同“呜呼”，感叹词，无实义。　〔11〕可乎哉：乎为疑问语气词，哉为感叹语气词，二者连用表达否定性的疑问语气。意思就是不可以。　〔12〕悖：违背。拂：逆，违背。谬：迕。　〔13〕说：同“悦”。　〔14〕中人已上可以语上也：引自《论语·雍也》，是孔子说的话。中人，资质中等的人。上，指高深的道理。

【译文】

非有先生在吴国做官，上朝时不能称颂往古明君的美政来激励君王的意志，退朝不能宣扬君王的美德来显明君王的功绩，沉默无言过了三年。吴王感到很奇怪，就问他说：“我得到了先王留下的功业，因而凌驾在众多有才德的人之上，早起晚睡，从不敢懈怠。现在先生神采飒爽奋然高飞，远道而来留在吴国，准备来辅助我治理国家，对此我私下真诚地表示赞赏，我睡不安稳，吃不香甜，眼睛不看奢侈、华丽的东西，耳朵不听钟鼓的声音，虚心致志想听取先生的余论，到现在已经有三年了。现在先生上朝没有辅助我治理国家，退朝不颂扬我的美誉，我私下认为先生不应该这样做。如果怀藏才干不表现出来，这是不忠；才能表现出来而不能施行，这是君主不圣明。你大概是认为我不圣明吧?”非有先生恭敬地伏在地上，发出“唯唯”的应答声。吴王说：“可以说了，我将盼望着并一定采纳你的意见。”非有先生说：“呜呼！可以谈吗？可以谈吗？要开口说话哪里那么容易！谈论起来，有的看着不顺眼，听着逆耳，使人心里不舒服，但却对国君自身有利；也有看着顺眼，听着悦耳，使人心里高兴，却毁坏国君的德行。如果没有英明的君王、圣贤的君主，谁能听取逆耳的忠言呢?”吴王说：“为什么是这样呢？孔子说‘中等资质以上的人，就可以跟他谈高深的道理。’先生试着说说吧，我将听取你的高见。”

先生对曰：“昔者关龙逄深谏于桀，而王子比干直言于纣[1]，此二臣者，皆极虑尽忠，闵王泽不下流[2]，而万民骚动[3]，故直言其失，切谏其邪者，将以为君之荣，除主之祸也。今则不然，反以为诽谤君之行，无人臣之礼，果纷然伤于身，蒙不辜之名[4]，戮及先人，为天下笑，故曰谈何容易！是以辅弼之臣瓦解[5]，而邪谄之人并进，遂及蜚廉、恶来革等[6]。二人皆诈伪，巧言利口以进其身，阴奉琱瑑刻镂之好以纳其心[7]。务快耳目之欲，以苟容为度[8]。遂往不戒，身没被戮，宗庙崩阤[9]，国家为虚[10]，放戮圣贤[11]，亲近谗夫。《诗》不云乎？‘谗人罔极，交乱四国[12]’，此之谓也。故卑身贱体，说色微辞[13]，愉愉呴呴[14]，终无益于主上之治，则志士仁人不忍为也。将俨然作矜严之色[15]，深言直谏，上以拂主之邪[16]，下以损百姓之害，则忤于邪主之心[17]，历于衰世之法。故养寿命之士莫肯进也，遂居深山之间，积土为室，编蓬为户，弹琴其中，以咏先王之风，亦可以乐而忘死矣。是以伯夷叔齐避周[18]，饿于首阳之下[19]，后世称其仁。如是，邪主之行固足畏也，故曰谈何容易！”

【注释】

〔1〕比干（前1092—前1029）：沫邑人（今卫辉市北）。商朝大臣。纣王之叔。纣王时官至少师。有贤名。纣淫虐，他以死极谏，劝以修善行仁，谏三日不去。纣王恼羞成怒，以圣人之心有七窍为由，将他杀死。 〔2〕闵：通“悯”，担忧。 〔3〕骚动：暴乱，此指造反起义。 〔4〕辜：罪，犯罪。 〔5〕辅弼：辅佐，佐助。 〔6〕蜚廉：商朝官吏。别号处父。有勇力，善走。事纣王，为人邪佞。其子恶来、季胜。恶来革：商朝诸侯。亦称“恶来”。事商纣王，善毁谗，诸侯以此益疏纣王。武王伐纣，他亦同时被杀。 〔7〕琱瑑(diāo zhuàn)：镂刻花纹。亦指刻有花纹之物。刻镂：雕刻。 〔8〕苟容：苟合取容。 〔9〕宗庙：古代天子、诸侯祭祀祖先的地方。崩

阤：毁灭。〔10〕虚：通“墟”。〔11〕放：放逐。戮：屠杀。〔12〕谗人罔极，交乱四国：引自《诗经·小雅·青蝇》。意为谗人说话没有准则，四方各国因此动乱。〔13〕说：同“悦”。微：卑贱。〔14〕愉愉呴呴：腆颜谄语的样子。〔15〕俨然：俨正矜庄的样子。矜严：郑重其事。〔16〕拂：通“弼”，纠正。〔17〕忤：违逆。〔18〕伯夷叔齐：伯夷和叔齐乃孤竹君之二子。孤竹君死后，二人推让君位，先后都逃往周国。周武王伐纣，二人扣马而谏。武王灭殷，二人义不食周粟，采薇而食，终于双双饿死在首阳山下。〔19〕首阳：山名。一称雷首山（在今山西省永济县南）。

【译文】

非有先生回答说：“从前关龙逄向夏桀极力进谏，王子比干对商纣直言规劝，这两位大臣都极尽自己的思虑竭力效忠，担忧君王的恩泽不能下达百姓，因而导致万民骚动，所以直接指出夏桀商纣的过失，极力规劝他们改正邪恶的言行，想以此给君王带来荣耀，消除他们的祸患。现在却不是这样，反认为直言规劝是诽谤君王的行为，没有人臣的礼节。结果都纷纷地伤害了自己，蒙受无辜的罪名，使祖先跟着受羞辱，被天下人讥笑，所以说要开口说话哪里那么容易！因此，忠心正直的辅政大臣分散离去，而奸邪谄媚的小人却一齐进入朝廷，最后发展到比得上商纣王时的邪佞臣子蜚廉、恶来革等。这两人都是奸诈虚伪之徒，以花言巧语、伶口利舌得以爬居高位，暗地里进奉精雕细刻的玩物，来讨取纣王的欢心。致力于满足纣王耳目享乐的欲望，以苟且迎合求取宽容恩宠作为处世的法则。长此以往，纣王毫不戒备，终于身死被杀，宗庙崩毁，国家成为废墟，这都是放逐杀戮圣贤之人，亲近奸佞小人的结果。《诗经》上不是说吗？‘谗人说话没有准则，四方各国因此动乱’，说的就是这种情况。所以，卑躬屈膝，和颜悦色，花言巧语，顺从之貌，奉承之辞，终究不利于君主治理国家，而且也是志士仁人不愿做的。他们如果庄重地做出端庄严肃的样子，深刻地直言规劝，对上以此纠正君主的邪僻，对下以此减少百姓的祸害，这样就会违背邪僻君主的心意，经受衰败时代的严刑酷法的祸害。所以养寿惜命的人士没有肯进言规劝的，于是他们隐居在深山之间，堆土盖房，用蓬草编成门户，然后坐在里面弹琴，歌咏先代圣王的遗风，也可以自得其乐而忘掉死于乱世的忧患了。所以伯夷、叔齐避开周朝，饿死在首阳山下，后世称赞他们是仁德的人。像这样，邪僻君主的行为确实是令人害怕的，所以说要开口说话哪里那么容易！”

于是吴王惧然易容〔1〕，捐荐去几〔2〕，危坐而听〔3〕。先生曰：“接舆避世，箕子被发阳狂〔4〕，此二人者，皆避浊世以全其身者也。使遇明王圣主，得清燕之闲〔5〕，宽和之色，发愤毕诚〔6〕，图画安危〔7〕，揆度得失，上以安主体，下以便万民，则五帝三王之道可几而见也〔8〕。故伊尹蒙耻辱负鼎俎和五味以干汤〔9〕，太公钓于渭之阳以见文王。心合意同，谋无不成，计无不从，诚得其君也。深念远虑，引义以正其身，推恩以广其下，本仁祖义〔10〕，褒有德，禄贤能〔11〕，诛恶乱，总远方，一统类，美风俗，此帝王所由昌也。上不变天性，下不夺人伦〔12〕，则天地和洽〔13〕，远方怀之〔14〕，故号圣王。臣子之职既加矣，于是裂地定封〔15〕，爵为公侯，传国子孙，名显后世，民到于今称之，以遇汤与文王也。太公、伊尹以如此，龙逢、比干独如彼，岂不哀哉！

故曰谈何容易！”

【注释】

〔1〕惧然：敬畏的样子。易容：改变了脸色。〔2〕捐：拿掉。荐：古代人席地而坐，身下所铺的草席叫荐。几：矮桌，古人用以依凭身体。〔3〕危坐：端坐。〔4〕箕子：殷末的贤臣，因见比干被杀，假装发疯以保全自身。阳：通“佯”。〔5〕燕：通“宴”，安闲。〔6〕毕诚：尽上全部的忠诚。〔7〕图画：即计划、谋虑之意。〔8〕几：庶几，大概，差不多。见：同“现”。〔9〕鼎：古代的大型炊具。俎：古代割肉所用的砧板。干：求取。〔10〕本仁祖义：以仁为本，以义为始。〔11〕禄：给……以高官厚禄。〔12〕夺：改变。人伦：封建礼教所规定的人与人之间的关系。特指尊卑长幼之间的等级关系。〔13〕洽：协和。〔14〕怀：感恩归附。〔15〕裂地：划分土地。封：古代帝王把爵位或土地赐给臣子。

【译文】

于是，吴王敬畏地改变了脸色，撤去荐席和桌子，端正地坐着听。非有先生说：“春秋时楚国隐士接舆躲避乱世，商纣时箕子披着头发装疯，这两个人，都是躲避乱世来保全自身。如果让他们遇上英明的君王、圣贤的君主，就会得到清静安逸的闲暇，受到主上和颜悦色的恩遇，就一定会发奋尽忠，谋划国家的安危，度量政事的得失，对上足以保证君主的安宁，对下足以使百姓得利，那么五帝三王的治道就差不多可以看到了。所以，伊尹甘愿蒙受耻辱背着烹调用的鼎、俎，亲自调和五味以求取成汤的信任，姜太公在渭水北岸长期钓鱼，以便有机会见到周文王。君臣心意一致，计谋没有不成功的，他们的计策君主没有不听从的，真是贤臣遇到了明君。君主深思远虑，引用义理来端正自己的身心，推广恩惠使它广施于人，以仁为本，以义为始，褒奖有道德的人，给贤士能人以高官厚禄，诛杀恶人乱臣，统领远方的地域，统一纲纪法制，美化风俗，这是帝王统治昌盛的原因。对上不改变天道的自然法则，对下不强行改变人与人之间关系的社会准则，那么天地就会和谐融洽，远方的人也会前来归附，所以才能号称圣王。臣子的官职不断提升，于是划地确定分封，赐以公侯的爵位，封国传给子孙后代，名声显扬后世，老百姓直到现在还称颂他们，这是因为伊尹、太公遇上了成汤和周文王啊。太公、伊尹如此功成名就，而龙逢、比干的下场却是那样悲惨，难道不令人悲哀吗！所以说要开口说话哪里那么容易！”

于是吴王穆然[1]，俛而深惟[2]，仰而泣下交颐[3]，曰："嗟乎！余国之不亡也，绵绵连连[4]，殆哉，世之不绝也！"于是正明堂之朝[5]，齐君臣之位，举贤材，布德惠，施仁义，赏有功；躬节俭，减后宫之费，损车马之用；放郑声[6]，远佞人，省庖厨，去侈靡；卑宫馆，坏苑囿[7]，填池堑[8]，以予贫民无产业者；开内藏[9]，振贫穷[10]，存耆老，恤孤独[11]；薄赋敛，省刑辟[12]。行此三年，海内晏然[13]，天下大治，阴阳和调，万物咸得其宜；国无灾害之变，民无饥寒之色，家给人足，畜积有余[14]，囹圄空虚[15]；凤凰来集，麒麟在郊[16]，甘露既降，朱草萌牙[17]；远方异俗之人乡风慕义[18]，各奉其职而来朝贺。故治乱之道，存亡之端，若此易见，而君人者莫肯为也，臣愚窃以为过。故《诗》云："王国克生，惟周之桢，济济多士，文王以宁[19]。”此之谓也。

【注释】

〔1〕穆然：沉默不语。 〔2〕俛：同“俯”。惟：同“维”，思考。 〔3〕颐：下巴。 〔4〕绵绵连连：勉强维持下去。 〔5〕明堂：古代天子宣明政教的地方，凡朝会、庆赏、选士等大典，均在其中进行。 〔6〕郑声：指郑国新兴的音乐，因其不同于严肃正统的古乐，故被斥责。 〔7〕苑囿：古代帝王蓄养禽兽的园林，供观赏与打猎之用。 〔8〕堑：壕沟。 〔9〕内藏：宫廷的仓库。 〔10〕振：同“赈”，救济。 〔11〕恤：抚恤。 〔12〕刑辟：刑法。〔13〕晏：安，平静。 〔14〕畜：通“蓄”。 〔15〕囹圄：监狱。〔16〕凤凰来集，麒麟在郊：凤凰、麒麟二者都是古代吉祥的鸟兽，它们的来临，象征着政治清明，国泰民安。 〔17〕朱草：一种红色的草。古人以为祥瑞之物。牙：通“芽”。 〔18〕乡：通“向”，向往。〔19〕“王国克生”句：引自《诗经·大雅·文王》。意为文王之能建国，就因为周有栋梁之士；也正因为有这么多贤才，国家才能得到安宁。克，能。桢，引申为骨干、栋梁之义。

【译文】

于是吴王沉默不语，低头深深地思考，抬起头来，泪水一直流到了下巴上，沉痛地说：“唉呀！我的国家虽然没有灭亡，但却处于如此微弱的状态，这种世代不绝的微弱处境，多么危险啊！”于是吴王端正明堂的朝会，整治君臣的位置序列，推举贤才，广布德惠，施行仁义，奖赏有功之臣；亲自厉行节俭，减少后宫的开支和车马的费用；抛弃靡丽的郑国音乐，远离谄媚逢迎的小人，减少食用，禁绝奢侈浪费；降低宫殿楼馆的建筑标准，毁掉皇家园林，填平池塘与壕沟，分给没有产业的贫民耕种；开放内宫库藏，赈济贫穷的百姓，慰问老人，抚恤孤儿和孤老；减轻赋税，减少刑罚。这些措施实行了三年，四海之内平静安宁，天下融洽，阴阳和顺协调，万物都得到合理的安排；国家没有灾害、祸乱，百姓没有饥寒的神色，家家丰衣足食，蓄积有多余；监狱空虚；凤凰飞来停留，麒麟也来到了近郊，天上降下了甘露，朱草破土而出；远方不同风俗的人向往这里美好的政治风气，羡慕仁义之政，各自秉奉他们的职责前来朝拜祝贺。所以，治乱的道理，存亡的根由，就是像这样显而易见，可是为人君者却不肯这样去做，我私下愚昧地认为这是不对的。所以《诗经》上说："文王之能建国，就因为周有栋梁之士；也正因为有这么多贤才，国家才能得到安宁。"说的就是这种情况。

朔之文辞，此二篇最善。其余有《封泰山》《责和氏璧》及《皇太子生禖》《屏风》《殿上柏柱》《平乐观赋猎》，八言、七言上下，《从公孙弘借车》，凡刘向所录朔书具是矣[1]。世所传他事皆非也。

【注释】

〔1〕刘向（约前77—前6）：原名更生，字子政，沛县（今属江苏）人。西汉经学家、目录学家、文学家。撰有《新序》、《说苑》五十篇，分类编纂先秦至汉朝史事。又整理宫廷藏书，撰成《别录》，为我国目录学之祖。事见《汉书》卷三十六《刘向传》。

【译文】

东方朔的文辞，以《答客难》和《非有先生论》两篇最好。其余还有《封泰山》《责和氏璧》和《皇太子生禖》《屏风》《殿上柏柱》《平乐观赋猎》，八言、七言各有上下篇，以及《从公孙弘借车》，凡是刘向记录的东方朔的书就是这些。世上所传的东方朔的其他事情都不符合事实。

赞曰：刘向言少时数问长老贤人通于事及朔时者[1]，皆曰朔口谐倡辩，不能持论[2]，喜为庸人诵说，故令后世多传闻者。而杨雄亦以为朔言不纯师[3]，行不纯德，其流风遗书蔑如也[4]。然朔名过实者，以其诙达多端，不名一行，应谐似优，不穷似智，正谏似直，秽德似隐。非夷齐而是柳下惠，戒其子以上容："首阳为拙[5]，柱下为工[6]；饱食安步，以仕易农；依隐玩世，诡时不逢。"其滑稽之雄乎！朔之诙谐，逢占射覆[7]，其事浮浅，行于众庶，童儿牧竖莫不眩耀[8]。而后世好事者因取奇言怪语附著之朔，故详录焉。

【注释】

〔1〕朔时：与东方朔同时期。　〔2〕持论：立论，提出主张。　〔3〕杨雄：即扬雄（前 53—18），字子云，汉族，西汉蜀郡成都（今四川成都）人。西汉学者、辞赋家、语言学家。　〔4〕蔑如：微细，没有什么了不起。　〔5〕首阳为拙：伯夷、叔齐饿死于首阳山，为笨拙。　〔6〕柱下为工：老子为周柱下吏，隐于朝，而终身无患，为工巧。　〔7〕逢占：占卜。　〔8〕眩：通"炫"，炫耀。

【译文】

总评说：刘向说少年时多向通晓情况的、年长的、有才德的人及东方朔同时期的人询问，都说东方朔言语诙谐善辩，但不能提出自己的主张，容易被一些见识浅陋的人传来传去，所以后世有很多关于他的传闻。而扬雄也认为东方朔的言论不专主一家学说，行为不专持一种道德观念，他的文章都很浅薄，没有什么值得称道的。而东方朔名过其实，是因为他诙谐豁达机智多变，不能简单地称为一种类型。应对诙谐与倡优类似，言辞阂达与智者类似，直言正谏与直士类似，诽谤道德与隐士类似。他批评伯夷、叔齐而肯定柳下惠，告诫他的儿子要以容身避害为上："伯夷、叔齐不食周粟，饿死在首阳山下是拙笨的；老子做周朝的柱下吏，后来隐退，终身无祸患，这是精于打算；吃饱饭后安闲散步，用做官代替务农；依隐在朝廷玩乐一世，即使违背当世也不会遭到祸患。"东方朔真是滑稽超群啊！东方朔的诙谐、滑稽，占卜猜物，事情的肤浅，在百姓中流传，儿童、放牧的小孩没有不讲述他的故事而彼此炫耀的。而后世喜欢多事的人就把一些奇言怪语附会在东方朔身上，这就是我详细地给东方朔做传的原因。

杨恽传

【题记】

本篇选自《汉书》卷六十六《公孙刘田王杨蔡陈郑传》。杨恽出身高贵，少时才华卓越，在朝廷中很有名望，受到皇帝的赏识，后因举报霍氏谋反有功而封平通侯。他为官清廉，轻财好义，刚正不阿，敢于废除朝廷中不合理的“山郎”制度，确立官职的升迁是凭借能力而非钱财，受到群臣的称赞。然而他恃才傲物，性格刻薄，喜欢揭发别人的隐私，因此也受到很多人的怨恨，最终因为一些暧昧的语言被人攻讦，被免官削爵，贬为平民。后又因在给朋友的书信中发泄对朝廷和自己遭遇的不满而触怒宣帝，被判处腰斩，其妻子儿女被流放酒泉。汉宣帝时政治相对清明，而杨恽这样正直而清廉的官员依然难免为小人言语所害而家破人亡，实在令人感慨！

忠弟恽[1]，字子幼，以忠任为郎[2]，补常侍骑[3]。恽母，司马迁女也。恽始读外祖《太史公记》[4]，颇为《春秋》。以材能称[5]，好交英俊诸儒，名显朝廷，擢为左曹[6]。霍氏谋反，恽先闻知，因侍中金安上以闻[7]，召见言状。霍氏伏诛，恽等五人皆封[8]，恽为平通侯，迁中郎将[9]。

【注释】

〔1〕忠：即杨忠（？—前63），安平敬侯杨敞之子。昭帝元平元年（前74）袭封安平侯，次年，益封三千五百户，死后谥顷。〔2〕任：保举，保任。即任子制度，指因父兄的功绩，得保任授予官职。郎：官名，掌守皇宫门户，出则充当皇帝车骑，有议郎、中郎、侍郎、郎中之职。 〔3〕常侍骑：官名，皇帝的骑从，为骑郎而常侍，故谓之常侍骑。 〔4〕《太史公记》：即今《史记》，原名《太史公书》，汉代也称《太史公记》或《太史公传》，直到东汉桓帝时始称《史记》。 〔5〕材：通“才”。 〔6〕左曹：官名，为汉之加官，受理尚书事。有加官名号者，则拥有特殊的权力，为天子近臣。〔7〕金安上（？—前56）：字子侯，匈奴人，祖父为匈奴休屠王，后其父金伦从兄金日䃅降汉，先后被封为关内侯、都成侯，死后谥敬，赐冢杜陵。《汉书》卷六十八《霍光金日䃅传》第三十八附其传。〔8〕五人皆封：指告发霍氏谋反有功的五个人，即张章、董忠、杨恽、金安上、史高。 〔9〕中郎将：官名，为九卿之一郎中令（光禄勋）的署官。西汉时皇帝卫侍分属五官、左、右三署，各置中郎将统领之，他们位次将军。

【译文】

杨忠的弟弟杨恽，字子幼，凭靠杨忠的功绩，按照汉朝的任子制度被任命为郎官，补任常侍骑。杨恽的母亲，是司马迁的女儿。杨恽最先读外祖父写的《太史公记》，对《春秋》也很熟悉。因为才能突出受到人们的称赞。他喜欢结交才智出众的儒生，在朝廷里也很有名望，被提拔为左曹。霍氏阴谋反叛，杨恽先听说了，通过侍中金安上禀告皇帝，于是杨恽被召见，向皇帝禀报了霍氏谋反的事。霍氏家族伏罪被杀，杨恽等五人因为举告有功而被赐封爵位，封杨恽为平通侯，升任中郎将。

郎官故事[1]，令郎出钱市财用，给文书，乃得出[2]，名曰“山郎[3]”。移病尽一日[4]，辄偿一沐[5]，或至岁馀不得沐。其豪富郎，日出游戏[6]，或行钱得善部[7]。货赂流行[8]，传相放效[9]。恽为中郎将，罢山郎，移长度大司农[10]，以给财用。其疾病休谒洗沐[11]，皆以法令从事。郎、谒者有罪过[12]，辄奏免，荐举其高弟有行能者[13]，至郡守九卿。郎官化之，莫不自厉[14]，绝请谒货赂之端，令行禁止，宫殿之内翕然同声[15]。由是擢为诸吏光禄勋[16]，亲近用事。

【注释】

〔1〕故事：旧例，先例。　〔2〕出：指获得出任加官的机会。〔3〕山郎：西汉中期郎官的俗称。部署旧例，由郎官私自出钱，提供文书费用，就可以出任加官。山，是财用物资产生的地方，因郎官自己出钱，譬如山林出产财宝，所以称为“山郎”。　〔4〕移病：旧时官员上书称病。　〔5〕一沐：西汉官吏五天一休假，一沐指一个休假日。　〔6〕游戏：游乐，嬉戏；玩耍。　〔7〕行钱：使钱，用钱财行贿。善部：指好的部门。　〔8〕货赂：犹贿赂。　〔9〕放：通“仿”。　〔10〕长度：常年支出计划。大司农：官名，掌租税钱谷盐铁和国家的财政收支，为九卿之一。　〔11〕休谒：探亲假。〔12〕谒者：官名，郎中令的属官，掌管接待宾客。　〔13〕弟：通“第”，名次。　〔14〕厉：通“励”，勉励。　〔15〕翕然：协调一致的样子。　〔16〕诸吏：汉加官名，有弹劾的权力，职责如御史中丞。光禄勋：官名，是宿卫侍从首领，实际是宫中总管，并兼皇帝的顾问参议，位列九卿，因居禁中，地位极其重要。

【译文】

郎官的旧例，是让郎官自己出钱支付财物费用，供给文书，才得到出任加官的机会，所以又名“山郎”。郎官请病假满一天，就要用一个休假日来抵上，有的郎官长达一年都得不到休假。而那些豪门富家出身的郎官，整天出去游乐戏耍，有的拿钱行贿，就能到好部门任职。因此贿赂之风盛行，这种风气口耳相传争相仿效。杨恽担任中郎将期间，废除“山郎”的旧例，把郎官府衙全年的开支计划移交大司农，由大司农供给财务费用。郎官的病假、探亲假、沐休假，都按照法令办事。郎官、署官中有犯了罪过的，就上书请求奏罢免，推荐郎官中品第高德才兼备者出任加官，有的人升迁到郡守，甚至九卿。郎官因此受到教化，无不激励自己勤于职守，革除了求情送礼的弊端，能够有令必行，有禁必止，宫殿里的郎官们能够同心协力。因此皇上提拔杨恽为诸吏光禄勋，成为亲信大臣办理政事。

初，恽受父财五百万，及身封侯，皆以分宗族。后母无子[1]，财亦数百万，死皆予恽，恽尽复分后母昆弟[2]。再受訾千余万[3]，皆以分施。其轻财好义如此。

【注释】

〔1〕后母：继母。 〔2〕昆弟：兄弟。 〔3〕再：两次。訾：通“资”，钱财。

【译文】

当初，杨恽继承父亲的钱财五百万，到他被封为平通侯，就把父亲给他的钱财全部分给同宗同族的人。他的继母没有儿子，钱财也有几百万，死后都留给了杨恽，杨恽又全分给了继母的兄弟。杨恽两次共继承钱财一千多万，都拿出来分给了别人。他就是这样轻财好义。

恽居殿中，廉洁无私，郎官称公平。然恽伐其行治〔1〕，又性刻害〔2〕，好发人阴伏〔3〕，同位有忤己者〔4〕，必欲害之，以其能高人。由是多怨于朝廷〔5〕，与太仆戴长乐相失，卒以是败〔6〕。

【注释】

〔1〕伐其行治：夸耀自己的品行才能。伐，自我夸耀。行治，品质才能。 〔2〕刻害：刻薄残忍。 〔3〕阴伏：隐秘不为人知的坏事。 〔4〕同位：指职位相同者。 〔5〕怨：怨恨，仇恨。 〔6〕卒：最终。

【译文】

杨恽在殿中做官，清廉无私，郎官都称赞他公平。但杨恽常夸耀自己的品质才能，又生性刻薄残忍，喜欢揭发别人的不为人知的坏事，同僚中有违逆自己的，必定想法加害他，仗恃自己有才能高傲凌人。因此在朝中遭到许多人怨恨，并且与太仆戴长乐不和睦，最终因为这件事毁了自己。

长乐者，宣帝在民间时与相知，及即位，拔擢亲近。长乐尝使行事肄宗庙〔1〕，还谓掾史曰："我亲面见受诏，副帝肄，秺侯御〔2〕。"人有上书告长乐非所宜言，事下廷尉〔3〕。

长乐疑恽教人告之，亦上书告恽罪："高昌侯车犇入北掖门[4]，恽语富平侯张延寿曰：'闻前曾有犇车抵殿门[5]，门关折，马死，而昭帝崩。今复如此，天时，非人力也。'左冯翊韩延寿有罪下狱[6]，恽上书讼延寿。郎中丘常谓恽曰[7]：'闻君侯讼韩冯翊，当得活乎？'恽曰：'事何容易！胫胫者未必全也[8]。我不能自保，真人所谓鼠不容穴衔窭数者也[9]。'又中书谒者令宣持单于使者语[10]，视诸将军、中朝二千石[11]。恽曰：'冒顿单于得汉美食好物，谓之殠恶[12]，单于不来明甚。'恽上观西阁上画人[13]，指桀纣画谓乐昌侯王武曰[14]：'天子过此，一二问其过[15]，可以得师矣。'画人有尧舜禹汤不称，而举桀纣。恽闻匈奴降者道单于见杀，恽曰：'得不肖君，大臣为画善计不用[16]，自令身无处所[17]。若秦时但任小臣，诛杀忠良，竟以灭亡；令亲任大臣，即至今耳。古与今如一丘之貉[18]。'恽妄引亡国以诽谤当世，无人臣礼。又语长乐曰：'正月以来，天阴不雨，此《春秋》所记，夏侯君所言[19]。行必不至河东矣[20]。'以主上为戏语，尤悖逆绝理。"

【注释】

〔1〕使行事肄宗庙：谓戴长乐奉诏摄天子事，演习礼仪于宗庙。行事，此指兼执行天子的事务。肄，演习。　〔2〕掾（yuàn）史：官名，汉以后中央及各州县皆置掾史，分曹治事，多由长官自行辟举。秺（dù）侯：指金赏（约前95—前44），金日磾之子，嗣父爵为秺侯。御：驾驭车马。　〔3〕廷尉：官名，秦始置，九卿之一，掌刑狱。〔4〕高昌侯：名董忠（？—前48），颍川阳翟（今河南禹县）人，有

材力，善骑射。犇：古“奔”字。掖门：宫殿正门两旁的边门。〔5〕富平侯：名张延寿（？—前52），张汤之孙，富平侯张安世之子。历任中郎将、侍中、北地太守、左曹太仆等职，受到皇帝的赏识。抵：碰触。　〔6〕左冯翊（píng yì）：职官名、政区名，职掌相当于郡太守，辖区相当于一郡，因地处畿辅，故不称郡，而以官名名之，治所在长安。韩延寿（？—前57）：字长公，杜陵人。历任郡文学、谏大夫、左冯翊等职，在任倡礼义，重教化，礼贤下士，政绩名闻全国，后因触犯御史大夫萧望之被杀。　〔7〕郎中：掌管门户、车骑等事，内充侍卫，外从作战。丘常：西汉官吏，生平不详，宣帝时曾任郎中，韩延寿有罪下狱，平通侯杨恽上书为之讼冤，他曾劝止。　〔8〕胫（kēng）胫：固执的样子。胫，通“硁”。　〔9〕真人：正人。衔：含在嘴里，用嘴咬着。窭数：戴在头上供顶物用的草垫圈。　〔10〕中书谒者令：官名，简称中书令，为汉九卿之一少府属官，管理帝王的事务，多选用明习法令故事、善为请奏者任之。　〔11〕视：通“示”，以事或物示人。中朝：汉代朝官自武帝以后有中朝、外朝之分。中朝即内朝，大司马、左右前后将军、侍中常侍散骑诸吏都为中朝，丞相以下至六百石为外朝。　〔12〕殠（chòu）恶：腐臭粗劣。〔13〕画人：画中的人物。汉代宫阙，皆有画像，所画历史人物，有桀、纣，也有尧、舜、禹、汤。　〔14〕乐昌侯（？—前53）：杜陵人，他的姐姐翁须为宣帝的母亲，死于戾太子巫蛊案。宣帝即位之后到处寻访，地节三年被接到长安，封关内侯，次年封乐昌侯，虽被宠贵，但未授以实权。　〔15〕一二：一一，逐一。问其过：询问桀、纣之过失。　〔16〕画：指计策，计谋。　〔17〕身无处所：指单于被杀。　〔18〕一丘之貉：同一山丘上的貉，喻同类无所差别。〔19〕夏侯君所言：即夏侯胜曾谏昌邑王曰：“天久阴而不雨，臣下有谋上者，陛下出欲何之？”夏侯君，即夏侯胜，字长公，鲁东平人（今山东东平东）人，西汉名儒。《汉书》卷七十五《眭两夏侯京翼李传》第四十五有其传。　〔20〕行必不至河东：意为天子之位危而不长。

河东，郡名，在今陕西省西部。西汉后土祠在河东郡汾阳（今陕西省万荣县），皇帝每年都去祭祀。

【译文】

戴长乐是宣帝在民间时结交的知己，宣帝即位后，提拔他为亲信大臣。戴长乐曾在演习宗庙祭祀礼仪时，代理执行天子的事务，回来后对掾史说："我面见皇帝并接受诏令，代替皇帝演习礼仪，秺侯给我驾车。"有人上书告发戴长乐言语失当，皇上将此事交给廷尉审理。戴长乐怀疑是杨恽教唆别人告发他，也上书举报杨恽的罪行，说："高昌侯董忠驾车奔入北掖门，杨恽对富平侯张延寿说：'听说以前曾有驾车撞在殿门上，门闩被撞断，马也死了，接着昭帝就驾崩了。现在又出现了这样的事，是天命，不是人为的。左冯翊韩延寿因犯罪被关进监牢，杨恽上书为他辩白。郎中丘常对杨恽说：'听说您替韩冯翊申冤辩护，能保全他的性命吗？'杨恽说：'事情哪有这么容易！正直的人尚且不一定能够保全自己。何况我现在也不能自保，正如人们所说的老鼠因为口衔比鼠洞口大的窭数而进不了洞。'又有一次，中书谒者令宣把匈奴单于使者的话翻译成文字，拿给将军们和中朝二千石以上的官吏看。杨恽说：'冒顿单于得到汉朝赏赐的美食佳物，却说是腐臭粗恶的坏东西，单于不来朝见不是很明白了吗。'杨恽观看西阁上画的人物，指着夏桀、商纣的画像对乐昌侯王武说：'天子路过这里，多询问桀、纣犯下的过失，可以得到鉴戒。'画上的人物还有尧、舜、禹、汤，杨恽不称颂，却列举桀、纣。杨恽听匈奴投降的人说单于被杀，就说：'竟有这样不贤明的君主，大臣替他制定的计谋不用，却自取灭亡。正如秦朝时只任用奸佞小人为臣，杀害正直的大臣，最后因此灭亡；假使能亲近任用贤明正直的大臣，秦朝就能一直延续到现在。古代和当今的小人如同一丘之貉。’杨恽乱引亡国的事例来诽谤当今朝廷，没有为人臣子应有的礼节。杨恽还对我戴长乐说过：‘正月以来，天气久阴不下雨，这种现象在《春秋》中有记载，而且夏侯胜规劝昌邑王时也说过。因而皇上的天子之位很危险，且不会长久，杨恽拿皇上开玩笑，尤其大逆不道违背伦理。”

事下廷尉。廷尉定国考问[1]，左验明白[2]，奏“恽不服罪，而召户将尊[3]，欲令戒饬富平侯延寿[4]，曰‘太仆定有死罪数事[5]，朝暮人也[6]。恽幸与富平侯婚姻，今独三人坐语，侯言“时不闻恽语”，自与太仆相触也’。尊曰：‘不可。’恽怒，持大刀，曰：‘蒙富平侯力，得族罪[7]！毋泄恽语，令太仆闻之乱余事[8]。’恽幸得列九卿诸吏，宿卫近臣，上所信任，与闻政事[9]，不竭忠爱，尽臣子义，而妄怨望[10]，称引为訞恶言[11]，大逆不道，请逮捕治”。上不忍加诛，有诏皆免恽、长乐为庶人。

【注释】

〔1〕定国：即于定国（？—前41），字曼倩，东海郯（今山东郯城北）人。为廷尉十八年，他审理案件，人们认为很公平。封西平侯，死后谥安。《汉书》卷七十一《隽疏于薛平彭传》第四十一有其传。〔2〕左验：证人；证据。　〔3〕户将：官名，管宫内门户守卫，属光禄勋。　〔4〕戒饬：警告。饬，同“敕”，命令；告诫。　〔5〕太仆：为九卿之一，为天子执御，掌马畜牧之事。这里指戴长乐。〔6〕朝暮人：指早晚将死的人。　〔7〕蒙富平侯力，得族罪：说的是

戴长乐得到富平侯相助，我就会获诛杀父、母、妻三族的罪。族罪，指罪及父、母、妻三族。〔8〕乱余事：增加其他罪状。〔9〕与：通“予”，参加。〔10〕怨望：怨恨，心怀不满。〔11〕讹：通“妖”，指惑乱人心的话。

【译文】

皇帝将杨恽的案件交给廷尉审理。廷尉于定国审讯调查，有证人佐证，案情清楚，于定国奏报皇帝说：“杨恽不认罪，反而密召户将尊，想让他去警告富平侯张延寿，说‘太仆戴长乐有好几件事可以定成死罪，已经是早晚要被处死的人了。杨恽有幸与富平侯结为姻亲，现在杨恽案子中的事只有我们三个人在一起说过，只要富平侯说“当时没听见杨恽说过此话”，自然和太仆所揭发的事相抵触了。户将尊说‘不行’。杨恽非常生气，手拿大刀，说：‘如果富平侯证明太仆揭发的话是真的，我将被判处灭三族的罪名！不准泄露我说的话，让太仆知道了这些话，更增加我的其他罪状。’杨恽侥幸位列九卿，担任诸吏光禄勋的官职，是朝廷的侍卫近臣，为皇上所信任，参与政事，不但不竭尽忠君爱民之心，尽臣子的义务，反而放肆地发泄心中的怨恨，散布妖言恶语，大逆不道，请求逮捕治罪。”宣帝不忍心判他死罪。下了一道诏令，把杨恽、戴长乐都免为平民。

恽既失爵位，家居治产业[1]，起室宅[2]，以财自娱。岁余，其友人安定太守西河孙会宗[3]，知略士也[4]，与恽书谏戒之[5]，为言大臣废退[6]，当阖门惶惧，为可怜之意，不当治产业，通宾客，有称誉[7]。恽宰相子，少显朝廷，一朝以晻昧语言见废[8]，内怀不服，报会宗书曰：

【注释】

〔1〕家居：指辞去官职或无职业，在家里闲住。治：整治；整理。〔2〕室宅：房舍住宅。　〔3〕安定：郡名，在今甘肃省东北部，治所在高平（即今宁夏回族自治区固原县）。太守：为一郡的最高长官。西河：郡名，治平定（今内蒙古东胜境）。孙会宗：生平不详，与杨恽关系要好，后因与杨恽写信被免官。　〔4〕知略：即智略，才智与谋略。知，通“智”。　〔5〕谏戒：劝谏；告诫。　〔6〕废退：黜退；贬黜。　〔7〕称誉：称扬；赞美。　〔8〕晻昧：不光明磊落；不可告人之阴私、隐私。晻，同“暗”。

【译文】

杨恽失去爵位以后，在家里经营产业，兴建房屋，靠钱财自寻欢乐。过了一年多，他的朋友安定郡太守西河人孙会宗，是个有才智与谋略的人，写信劝谏告诫杨恽，跟他说大臣贬黜以后，应该闭门思过，诚惶诚恐，做出让人哀怜的样子，不应该经营产业，交结宾客，让人称扬赞美。杨恽是宰相杨敞的儿子，年轻时就在朝廷里很有名望，一时因为一些真假不明的言语被废黜，心中不服，给孙会宗回信说：

恽材朽行秽，文质无所底[1]，幸赖先人馀业得备宿卫，遭遇时变以获爵位[2]，终非其任，卒与祸会。足下哀其愚，蒙赐书，教督以所不及，殷勤甚厚。然窃恨足下不深惟其终始[3]，而猥随俗之毁誉也[4]。言鄙陋之愚心，若逆指而文过[5]，默而息乎，恐违孔氏“各言尔志”之义[6]，故敢略陈其愚，唯君子察焉！

【注释】

〔1〕底：同“抵”，引致，达到。 〔2〕时变：指霍光子孙谋反事。 〔3〕惟：考虑。 〔4〕猥：苟且。 〔5〕逆指：违背旨意。指，通“旨”。文过：掩饰己过。 〔6〕各言尔志：语出《论语·公冶长》，意为各人说说自己的志向。

【译文】

我才能低下，行为卑下，学问修养都没有什么造诣，侥幸依赖父亲留下的功业，充数做了宫廷的宿卫官，又遇上霍氏谋反，因为告发有功而获得爵位，但我毕竟不能胜任，最终遭到灾祸。您哀怜我愚昧，承蒙您给我写信，教导我没认识到的道理，情意殷切深厚。但我私下埋怨您不深思事情的原委，而随便相信世俗之人的诽谤。如果我说出鄙陋的愚蠢想法，像是违背了足下的意旨，而掩饰自己的过错，若沉默不语，又怕背离孔子“各人说说自己的志向”的教导，所以才敢简略地陈述我的愚见，请您仔细地考虑！

恽家方隆盛时，乘朱轮者十人[1]，位在列卿[2]，爵为通侯[3]，总领从官[4]，与闻政事，曾不能以此时有所建明，以宣德化，又不能与群僚同心并力，陪辅朝廷之遗忘[5]，已负窃位素餐之责久矣[6]。怀禄贪势，不能自退，遭遇变故，横被口语[7]，身幽北阙[8]，妻子满狱。当此之时，自以夷灭不足以塞责[9]，岂意得全首领，复奉先人之丘墓乎？伏惟圣主之恩，不可胜量。君子游道，乐以忘忧；小人全躯，说以忘罪[10]。窃自思念，过已大矣，行已亏矣，长为农夫以没世矣。是故身率妻子，戮力耕桑，灌园治产，以给公上〔11〕，不意当复用此为讥议也〔12〕。

【注释】

〔1〕朱轮：即朱轮车，用丹漆漆轮的车。汉制，官俸二千石以上的官员才能乘坐朱轮车。　〔2〕列卿：指九卿。　〔3〕通侯：爵位名。原曰彻侯，因避汉武帝讳曰通侯。　〔4〕总领从官：杨恽曾任光禄勋，掌管皇帝的侍从官，故曰“总领从官”。　〔5〕陪辅：帮助和辅正。　〔6〕素餐：不劳而食。素，空，有名无实。　〔7〕口语：特指毁谤。　〔8〕北阙：宫殿北面的门楼。臣民在此上书奏事；犯罪者也拘禁于此听候处罚，即所谓“幽北阙”。　〔9〕塞责：尽责，补过。　〔10〕说：同“悦”，喜悦，高兴。　〔11〕给公上：供给朝廷的赋税。　〔12〕讥议：讥评非议。

【译文】

我家在显赫的时候，乘坐朱轮车的人有十个，官位在九卿之列，爵位在通侯之中，统领皇帝的侍从官，参与朝廷政事，而我既不能在这时有所建树，来宣扬皇上的德行教化，又不能和同僚同心协力，帮助朝廷弥补缺失，受到窃取官位白吃俸禄的指责已经很久了。我贪图俸禄，热衷权势，不能自动引退，于是遭遇变故，横遭别人的毁谤，被囚禁在宫殿北边的门楼中，妻子儿女都被关在监狱里。在这个时候，自己觉得灭族也不能弥补罪责，哪想到能够保全性命，再奉祀祖先的坟墓呢？我想到圣明皇上的恩惠，真是不可计量。品德尚德的人奉行道义，快乐而忘记忧愁；地位低的人能够保全性命，就高兴地忘记了罪责。我私下想过，我的罪过已经很大了，品行已经欠缺了，只能永远做个农民度过余生。因此亲自带领妻子和儿女，努力耕稼种桑，灌溉园圃，经营产业，向朝廷纳赋交税，没想到又因此而遭到讥评非议。

夫人情所不能止者，圣人弗禁，故君父至尊亲[1]，送其终也[2]，有时而既[3]。臣之得罪，已三年矣。田家作苦，岁时伏腊[4]，亨羊炰羔[5]，斗酒自劳。家本秦也，能为秦声。妇，赵女也，雅善鼓瑟。奴婢歌者数人，酒后耳热，仰天拊缶而呼乌乌[6]。其诗曰："田彼南山，芜秽不治，种一顷豆，落而为萁。人生行乐耳，须富贵何时[7]！"是日也，拂衣而喜，奋褎低卬[8]，顿足起舞，诚淫荒无度，不知其不可也。恽幸有余禄，方籴贱贩贵，逐什一之利，此贾竖之事[9]，污辱之处，恽亲行之。下流之人，众毁所归，不寒而栗[10]。虽雅知恽者，犹随风而靡，尚何称誉之有！董生不云乎[11]："明明求仁义，常恐不能化民者，卿大夫意也；明明求财利，常恐困乏者，庶人之事也[12]。"故'道不同，不相为谋[13]'。今子尚安得以卿大夫之制而责仆哉！

【注释】

〔1〕君父至尊亲：君为至尊，父为至亲。〔2〕送其终：给长辈安排丧事曰"送终"。这里指给君父服丧。〔3〕既：尽。指丧期三年结束。〔4〕伏腊：夏伏冬腊，祭祀名。伏，夏至后第三个庚日。腊，在冬至后第三个戌日。古人在伏腊这两天举行祭祀活动。〔5〕亨：同"烹"，烹饪。炰（páo）：同"炮"，把带毛的肉用泥裹住在火上烧烤。〔6〕拊缶（fǔ fǒu）：拍打着缶。缶，瓦质的打击乐器。乌乌：歌呼声。〔7〕"田彼南山"等句：杨恽用这几句诗歌来讽刺现实，影射朝政慌乱，即使尽忠孝节，也是徒劳无补。田，作动词，

种植庄稼。〔8〕卬（áng）：通“昂”，高。〔9〕贾竖：旧时对商人的贱称。〔10〕栗：通“慄”。哆嗦，发抖。〔11〕董生：即董仲舒（前179—前104），儒家公羊学派大师，今文经学创始人。《汉书》卷五十六《董仲舒传》第二十六有其传。〔12〕“明明求仁义”等句：见《贤良对策》三，文字略有出入。〔13〕道不同，不相为谋：见《论语·卫灵公》，意为道路不同，就不要相互商量。

【译文】

人情不能避免的事情，连圣人也不禁止，所以即使是最尊贵的君主、最亲近的父亲，为他们送终服丧，也有结束的时候。我获罪已有三年了。我当农夫劳作辛苦，每年伏日、腊日，煮羊肉烧烤羊羔，就斟一杯酒自己慰劳自己。我的老家本来在秦地，我会唱秦地的歌。妻子是赵地的女子，很擅长弹琴鼓瑟。奴婢中也有几个人会唱歌，酒后耳朵发热，抬头望天，以手击缶，唱出乌乌的歌声。歌辞唱道：“在南山脚下种庄稼，不锄不理任草长，种了一顷地的豆子，豆荚落光只剩下豆萁。人生在世要及时享乐，等待富贵不知道要到什么时候！”在这样的生活中，我高兴得抖着衣服，挥动衣袖，跺脚起舞，实在是放纵得没有限度，我不知道这样做不对。我幸亏还有一些剩余的俸禄，才能用这些钱在粮食价格低的时候买进，在价格高的时候卖出去，追逐十分之一的利润，这是受人歧视的商人做的事，也是蒙受耻辱的事，我都亲自做了。地位低下的人，是众人诋毁的对象，一想到这些，我就十分恐惧。即使是很了解我的人，也随声附和指责我，哪儿还会有人称赞我呢！董仲舒不是说过：“即使勤勉地求取仁爱和正义，仍常常担心不能教化百姓，这是卿大夫考虑的问题；即使勤快地求取财物和利润，还常常担心生活困穷，是平民百姓的事。”所以孔子说过

"道路不同，就不要相互商量"。如今您怎么还能用卿大夫的标准来指责我的行为不合乎规范呢！

夫西河魏土〔1〕，文侯所兴〔2〕，有段干木、田子方之遗风〔3〕，漂然皆有节概〔4〕，知去就之分〔5〕。顷者，足下离旧土，临安定，安定山谷之间，昆戎旧壤〔6〕，子弟贪鄙，岂习俗之移人哉？于今乃睹子之志矣。方当盛汉之隆，愿勉旃〔7〕，毋多谈。

【注释】

〔1〕西河：郡名，战国时原属魏国，在今陕西东部黄河西岸地区。〔2〕文侯：即魏文侯（？—前396），名斯，前445至前396在位，注意招贤纳士，对外屡败秦军，攻取秦国河西，设西河郡。他在位期间魏国日益富强，称雄诸侯，死后谥文。〔3〕段干木：战国时人，姓段干，名木。家素贫贱，曾师事子夏和田子方，后居于魏，隐居不仕，做过魏文侯的老师。田子方：战国时齐国儒者，名无择，字子方，从学于孔子弟子子夏。魏文侯好学，尊他为老师，他对文侯也多有规谏。〔4〕漂然：高远的样子。〔5〕去：指辞官。就：指做官。〔6〕昆戎：昆夷、犬戎的并称，多泛指我国古代西北少数民族。〔7〕旃(zhān)："之焉"的合音。

【译文】

战国时西河是魏国的领土，是魏文侯兴起的地方，那里至今有段干木、田子方遗留的风范，两位贤士都有高尚的节操和宽宏的度量，懂得什么时候做官，什么时候辞官。近来，您离开家乡西河，到达安定郡，安定郡处在山谷之间，曾是少数民族统领的地方，那里的人贪婪鄙薄，难道当地习俗改变了您的品性吗？到今天我才看清您的志向啊。现在正值汉朝的鼎盛时期，希望您努力建立功名，不须多与我谈论了。

又恽兄子安平侯谭为典属国〔1〕，谓恽曰："西河太守建平杜侯前以罪过出〔2〕，今征为御史大夫。侯罪薄，又有功，且复用。"恽曰："有功何益？县官不足为尽力〔3〕。"恽素与盖宽饶、韩延寿善〔4〕，谭即曰："县官实然，盖司隶、韩冯翊皆尽力吏也〔5〕，俱坐事诛。"会有日食变，驺马猥佐成上书告恽"骄奢不悔过，日食之咎，此人所致〔6〕"。章下廷尉案验，得所予会宗书，宣帝见而恶之。廷尉当恽大逆无道〔7〕，要斩〔8〕。妻子徙酒泉郡〔9〕。谭坐不谏正恽，与相应，有怨望语，免为庶人。召拜成为郎。诸在位与恽厚善者，未央卫尉韦玄成、京兆尹张敞及孙会宗等〔10〕，皆免官。

【注释】

〔1〕谭：安平顷侯杨忠的儿子，宣帝元康三年（前63），嗣为安平侯。典属国：官名，掌管少数民族事务，汉成帝时并入大鸿胪。〔2〕杜侯：即杜延年（？—前53），字幼公，南阳杜衍（今河南南阳西南）人，杜周之子。因发觉左将军上官桀等谋乱罪，封为建平侯，霍光死后，曾被免官，后复召为北地、西河太守，死后谥敬。《汉书》卷六十《杜周传》第三十附其传。　〔3〕县官：古时天子之别称。〔4〕盖宽饶（？—前60）：字次公，魏郡人，宣帝时曾为司隶校尉，为人刚直公廉，曾送子戍边，又好劾奏别人，公卿贵戚皆恐惧，不敢犯禁。后因反对皇上信任中尚书宦官，不合上意，而被下吏惩处，他引刀自杀。《汉书》卷七十七《盖诸葛刘郑孙毋将何传》第四十七有其传。　〔5〕盖司隶：盖宽饶兼任司隶校尉，故有此称。韩冯翊：韩延

寿曾任左冯翊，故有此称。〔6〕驺（zōu）马猥佐：掌管车马的地位低下的小吏。驺，古时掌管养马并管驾车的人。佐，小官吏。成：人名。〔7〕当：判处。〔8〕要：通“腰”。腰斩为古时酷刑，将犯人从腰部斩为两截。〔9〕徙：贬谪；流放。〔10〕未央卫尉：官名，西汉掌未央宫门卫屯兵之官。诸宫设置卫尉，各随所掌之宫以名官，自成体系，有一定的独立性。韦玄成（？—前36）：字少翁，鲁国邹（今山东邹城）人，扶阳节侯韦贤之子。少好学，明于《诗》《论语》，受到宣帝的赏识，封河南太守，后因坐骑至庙，不敬，降爵为关内侯。元帝即位后，迁太子太傅，至御史大夫，后代于定国为丞相，复封为扶阳侯，死后谥共。《汉书》卷七十三《韦贤传》附其传。张敞（？—前47）：字子高，河东平阳（今山西临汾西南）人，祖父徙居茂陵（今陕西兴平东南）。曾任京兆尹等官，因和杨恽关系要好被免官，不久之后复起为冀州刺史、太原太守。《汉书》卷七十六《赵尹韩张两王传》有其传。

【译文】

当时杨恽的哥哥杨忠的儿子——安平侯杨谭任典属国，他对杨恽说：“西河郡太守建平侯杜延年以前曾因罪被罢黜，现在又被征召为御史大夫。您罪过小，又曾立过功，还会被重新起用的。”杨恽说：“有功有什么用？皇上不值得我为他效力。”杨恽一直与盖宽饶、韩延寿关系要好，杨谭随即说：“皇上确实是这样，盖司隶、韩冯翊都是为朝廷竭忠尽力的官员，却都因为小事被杀。”这时正碰上日食天变，一个叫名成，管车马的下等小吏，上书举告杨恽“他被贬黜以后为人骄傲生活奢侈不思悔过，出现日食这样的天变，就是他招来的”。宣帝把这个奏章交给廷尉审讯查验，审讯中搜到杨恽写给孙会宗的信，宣帝看了很憎恶杨恽。廷尉判处杨恽犯有大逆不道的罪，处以腰斩的刑罚。他的妻子、儿女也被流放到酒泉郡。杨谭因为不劝杨恽悔过，反而与他互相应和，并有心怀不满的言论，被免去爵位，贬为平民。宣帝召见并任命成做了郎官，那些在位为官与杨恽交情深厚的人，如未央宫卫尉韦玄成、京兆尹张敞及孙会宗等人，都因此被免去了官职。

陈咸传

【题记】

本篇选自《汉书》卷六十六《公孙刘田王杨蔡陈郑传》。陈咸是陈万年的儿子，少时才能卓越，性格坦率耿直，受到皇帝的赏识。对父亲教授的官场秘诀“谄”，不以为然，但是后来长期置身官场，也逐渐接受了父亲的教导，且他执法过于严酷，又不能严格约束自我，监守自盗，收受贿赂，最终被罢免官职，郁郁而终。他一生四起四落，仕途坎坷。沉浮无常的仕途也间接地反映了西汉中期外戚专权下政治秩序的混乱。

子咸字子康[1]，年十八，以万年任为郎[2]。有异材[3]，抗直，数言事，刺讥近臣，书数十上，迁为左曹[4]。万年尝病，召咸教戒于床下，语至夜半，咸睡，头触屏风。万年大怒，欲杖之，曰：“乃公教戒汝，汝反睡，不听吾言，何也?”咸叩头谢曰：“具晓所言，大要教咸谄也[5]。”万年乃不复言。

【注释】

〔1〕子：儿子，陈咸是陈万年的儿子。陈万年（？—前44)：字幼公，沛郡相（今安徽濉溪）人，曾任御史大夫，善于结交权贵。

〔2〕郎：官名，掌守皇宫门户，出则充当皇帝车骑，有议郎、中郎、

侍郎、郎中之职。〔3〕材：通“才”。〔4〕左曹：官名，为汉之加官，受理尚书事。有加官名号者，则拥有特殊的权力，为天子近臣。〔5〕大要：要旨；概要。讇：同“谄”，谄媚。

【译文】

陈咸是陈万年的儿子，字子康，十八岁时，凭借他父亲陈万年的功绩，按照任子制度被任命为郎官。陈咸有卓越的才能，坦率耿直，多次议论政事，敢于讥讽皇上的亲信大臣，上书数十次，被提升为左曹。有一次，陈万年生病，召唤陈咸到病床边教导训诫，一直说到半夜，陈咸打起了瞌睡，头撞在屏风上。陈万年非常生气，要用杖打陈咸，说：“你父亲教训你，你反而睡着了，不听我的话，这是为什么？”陈咸叩头认错说：“我全知道您说的道理，总体上是教我谄媚奉承。”陈万年于是不再说了。

万年死后，元帝擢咸为御史中丞〔1〕，总领州郡奏事，课第诸刺史，内执法殿中，公卿以下皆敬惮之。是时中书令石显用事颛权〔2〕，咸颇言显短，显等恨之。时槐里令朱云残酷杀不辜〔3〕，有司举奏〔4〕，未下〔5〕。咸素善云，云从刺候〔6〕，教令上书自讼〔7〕。于是石显微伺知之，白奏咸漏泄省中语，下狱掠治〔8〕，减死，髡为城旦〔9〕，因废。

【注释】

〔1〕元帝：名刘奭（前75—前33），是宣帝和其嫡妻许平君的儿子，在位十六年，主张“以儒治国”，一生“柔仁好儒”。御史中丞：官名，御史大夫的辅佐，主要掌监察，兼掌兰台秘书图籍，为宫掖近

臣，地位重要，常可与御史大夫抗衡。 〔2〕石显（？—前32）：字君房，济南人，元帝时为中书令，为人外巧慧而内阴险，先后谮杀萧望之等。《汉书》卷九十三《佞幸传》第六十七有其传。颛：同“专”。〔3〕槐里：古县名，在今陕西兴平东南南佐村。朱云：西汉平陵（今陕西咸阳市西北）人，字游，为人狂直，多次上书抨击朝廷大臣，曾任槐里令。《汉书》卷六十七《杨胡朱梅云传》第三十七有其传。〔4〕有司：官吏，古代设官分职，各有专司，所以称有司。 〔5〕未下：皇帝未下发其奏章。 〔6〕从刺候：谓从陈咸处刺探打听情况。〔7〕教令：陈咸教令朱云。 〔8〕掠：拷打；拷问。 〔9〕髡(kūn)：剃去头发。城旦：刑罚名，秦汉时将罪犯输送边地，白天伺寇虏，夜晚筑长城的一种徒刑，刑期为四年。

【译文】

陈万年死后，汉元帝提拔陈咸为御史中丞，统领州郡的奏章事宜，考核刺史们政绩的优劣，在朝堂内严格监察官员，公卿以下官员都敬畏陈咸。这时中书令石显当政专权，陈咸常议论石显的短处，石显等人因此怨恨陈咸。当时槐里县县令朱云残酷地误杀了无罪的人，有关官员上书举报，天子还没有下发其奏章。陈咸一向和朱云关系要好，朱云从陈咸处刺探事情的轻重，陈咸教朱云上书为自己辩白。这时石显暗中派人探知这一情况，禀奏陈咸泄露宫中秘密，将陈咸关进监狱笞打审问，陈咸虽减免死罪，但是仍被剃去头发判处城旦的刑罚，并因此被废黜官爵。

成帝初即位[1]，大将军王凤以咸前指言石显[2]，有忠直节，奏请咸补长史[3]。迁冀州刺史[4]，奉使称意，征为谏大夫。复出为楚内史[5]，北海、东郡太守[6]。坐为京兆尹王章所荐[7]，章诛，咸免官。起家复为南阳太守[8]。所居以杀伐立威，豪猾吏及大姓犯法，辄论输府[9]，以律程作司空[10]，为地臼木杵，舂不中程，或私解脱钳钛[11]，衣服不如法，辄加罪笞。督作剧，不胜痛，自绞死，岁数百千人，久者虫出腐烂，家不得收。其治放严延年[12]，其廉不如。所居调发属县所出食物以自奉养，奢侈玉食。然操持掾史[13]，郡中长吏皆令闭门自敛，不得逾法。公移敕书曰[14]："即各欲求索自快，是一郡百太守也，何得然哉！"下吏畏之，豪强执服[15]，令行禁止，然亦以此见废。咸，三公子[16]，少显名于朝廷，而薛宣、朱博、翟方进、孔光等仕宦绝在咸后[17]，皆以廉俭先至公卿，而咸滞于郡守。

【注释】

〔1〕成帝：刘骜（前51—前7），汉元帝之子，前33至前7年在位，死后谥号"孝成皇帝"。 〔2〕王凤（？—前22）：字孝卿，西汉权臣，元帝皇后王政君之弟，倚仗太后，以外戚辅政，专权蔽主，王氏子弟分据要职，死后谥敬成。 〔3〕长史：官名，秦汉时地位较高的官，西汉时丞相、大将军等均有长史。 〔4〕冀州：汉代十三部刺史之一，在今河北省中南部。 〔5〕楚：王国名，都城位于彭城（今江苏徐州市）。内史：官名，西汉初诸侯王国置内史，掌王国的民政。 〔6〕北海、东郡：皆郡名，北海郡管辖营陵（在今山东潍坊市南）。东郡管辖濮阳（在今河南濮阳西南）。 〔7〕京兆尹：官名，汉代管辖京兆地区的行政长官，职权相当于郡太守，后来以此称京都地区的行政长官。王章（？—前24）：字仲卿，泰山钜平人，为人正直，不满外戚王凤专权，被王凤陷害致死。《汉书》卷七十六《赵尹韩张两

王传》第四十六有其传。〔8〕南阳：郡名，管辖宛县（今河南南阳市）。〔9〕府：指郡之府。〔10〕程作：谓规定劳动量。司空：主管刑役的官员，也指监狱。〔11〕钳（qián）：古代束颈的刑具。钛（dì）：古代缚足的刑具，如脚镣。〔12〕放：通“仿”，仿效。严延年（？—前58）：字次卿，东海下邳（今江苏邳县南）人，在任太守期间，严惩不法豪族，诛杀甚多，被称为“屠伯”，后因犯诽谤朝廷罪而弃市。《汉书》卷九十《酷吏传》第六十有其传。〔13〕操持：控制之意。掾（yuàn）史：官名，汉以后中央及各州县皆置掾史，分曹治事，多由长官自行辟举。〔14〕公：公然。敕书：上级命令下级之文书。〔15〕执：同“慑”。〔16〕三公子：丞相、太尉、御史大夫统称为三公，陈咸的父亲陈万年曾任御史大夫，因而称陈咸为三公的儿子。〔17〕薛宣：字赣君，东海郯（今山东郯城）人，西汉末年丞相，封高阳侯，以知人善任而著称。《汉书》卷八十三《薛宣朱博传》第五十三有其传。朱博（？—前5）：字子元，杜陵人，封阳乡侯，《汉书》有其传。翟方进（？—前7）：字子威，虽家世卑微，但羁旅游学，终成名儒，位至丞相。《汉书》卷八十四《翟方进传》第五十四有其传。孔光（前65—5）：字子夏，鲁国（今山东曲阜）人，孔子十四世孙，曾任御史大夫。《汉书》卷八十一《匡张孔马传》第五十一有其传。

【译文】

汉成帝刚即位时，大将军王凤认为陈咸以前指责石显专权，有忠诚正直的节操，上奏成帝请求允许陈咸补任长史。后来陈咸升迁为冀州刺史，奉命办事符合皇上心意，征召任命为谏大夫。后又出任楚国内史，北海郡太守、东郡太守。因为陈咸曾经受京兆尹王章的推荐，而王章被大将军王凤陷害致死，陈咸也因此被免官。陈咸后被征召又出任南阳郡太守。在所任职的地方用杀戮树立威严，豪强不守法令的官吏和世家大族犯法，就论罪押送太守府，按照法律程序安排主管行役的官员，设置地臼木杵，让罪犯拿木杵舂地臼，有不符合要求，或者私自解脱套在脖子上的铁钳和拴在脚上的铁梏，以及穿的衣服不合乎法律规定的，就加罪笞打。监督很严格，劳作强度大，很多罪犯因为受不了痛楚，上吊自杀，每年死的罪犯成百上千，时间长了尸体就会生蛆腐烂，以致罪犯的家属无法将尸体收葬。他治理政事仿效严延年，但是廉洁自律却不如严延年。陈咸在所任职的地方调发属县所出产的食物用来奉养自己，生活极其奢侈。但严格管束属吏，命令郡中的长吏都闭门收敛自己，不能违法。还公然行文告诫他们说："假使你们各自都想寻求自己的快乐，这一郡就有一百个太守，怎么能这样呢！"属下的官吏都害怕他，豪强慑服，因而能够有令必行，有禁必止，但他也因此被废黜。陈咸是曾位列三公的御史大夫的儿子，年轻时在朝廷里就很有名望，而薛宣、朱博、翟方进、孔光等出仕做官远在陈咸之后，可是他们都以廉洁俭朴先位至公卿，而陈咸却停滞在郡守的职位上。

时车骑将军王音[1]辅政，信用陈汤[2]。咸数赂遗汤，予书曰："即蒙子公力，得入帝城，死不恨。"后竟征入为少府[3]。少府多宝物，属官咸皆钩校[4]，发其奸臧[5]，没入辜榷财物[6]。官属及诸中宫黄门、钩盾、掖庭官吏[7]，举奏按论，畏咸，皆失气。为少府三岁，与翟方进有隙。方进为丞相，奏"咸前为郡守，所在残酷，毒螫加于吏民[8]。主守盗[9]，受所监[10]。而官媚邪臣陈汤以求荐举[11]。苟得无耻，不宜处位"。咸坐免。顷之，红阳侯立举咸方正[12]，为光禄大夫给事中〔13〕。方进复奏免之。后数年，立有罪就国，方进奏归咸故郡，以忧死。

【注释】

〔1〕王音（？—前15）：元帝皇后王政君的从弟，代王凤为大司马车骑将军，封安阳侯，辅政八年。〔2〕陈汤（？—约前6）：字子公，山阳瑕丘（今山东兖州北）人，为安定边疆做出了很大贡献。《汉书》卷七十《傅常郑甘陈段传》第四十有其传。〔3〕少府：官名，掌山海地泽之税，以供宫廷之用，为皇帝的私府，位列九卿。〔4〕钩校：查对。〔5〕臧：同“藏”。〔6〕辜榷：聚敛；搜刮财物。〔7〕中宫：“中官”之误，指宦官。黄门、钩盾、掖庭：皆官署名，其中的官吏均由宦官充任。〔8〕螫（shì）：毒害。〔9〕主守盗：即监守自盗，盗罪的一种，即官吏将自己或自己属吏经手或保管的财物据为己有。〔10〕受所监：言接受监临区域内属官的贿赂。〔11〕官：犹“公”，这里指公然。〔12〕红阳侯立：名王立（？—3），字子叔，元帝皇后王政君之弟，河平二年封红阳侯，后为王莽所忌，被迫自杀。《汉书》卷九十八《元后传》第六十八有其传。〔13〕光禄大夫：官名，掌议论，实为皇帝高级参谋，在诸大夫中地位最尊，此职每每加官“给事中”或“侍中”头衔，成为皇帝近臣，不仅荣显，而且权力很大。

【译文】

当时车骑将军王音辅佐朝政，信任重用陈汤。陈咸多次贿赂陈汤，给他写信说：“如果能得到子公的帮助，得以进入京城做官，死而无憾。”后来终于受征召入京做了少府。少府掌管的财物很多，陈咸对属官都进行查对，发现他们私藏的宝物，就没收据为己有。对属吏及那些宦官掌管的黄门、钩盾、掖庭的官吏，都举告奏报按照律法定罪，这些官员都害怕陈咸，闻风丧胆。陈咸在做少府的三年时间里，与翟方进有矛盾。翟方进做丞相，上报皇上说："陈咸以前做郡守的时候，所在地区政令残酷，对吏民施加毒害。监守自盗，收受贿赂。而又公然谄媚邪臣陈汤来寻求荐举。苟且求官寡廉无耻，不宜再居官位。"陈咸因此被免官。不久，红阳侯王立推荐陈咸端方正直，被任命为光禄大夫给事中。翟方进再次上奏免去陈咸的官职。几年以后，王立因有罪回到自己的封国，翟方进又上奏把陈咸遣归故乡，陈咸因此忧郁而死。

杨王孙传

【题记】

本篇选自《汉书》卷六十七《杨胡朱梅云传》。这是一篇“狂狷者”的传记。杨王孙信奉黄老之学，家里非常富有，凡是有利于养生的东西没有得不到的，但在临死时却再三叮嘱他的儿子要裸葬，与当时兴盛的厚葬习俗背道而驰，受到亲人和朋友的劝阻。而他却坚持以自己裸葬这种极端的方式纠正当时厚葬的不良习俗，因为他认为死是一种自然现象，人死之后就没有知觉了，厚葬对死者没有任何益处，反而使死者不能尽快回归本原。“裸葬”思想对于统治者奢侈浪费的厚葬行为进行了批判，代表了时代的发展趋势，因而杨王孙无疑是时代的先行者。

杨王孙者〔1〕，孝武时人也〔2〕。学黄老之术〔3〕，家业千金，厚自奉养生，亡所不致〔4〕。及病且终，先令其子〔5〕，曰：“吾欲裸葬〔6〕，以反吾真〔7〕，必亡易吾意〔8〕。死则为布囊盛尸，入地七尺，即下，从足引脱其囊，以身亲土。”其子欲默而不从，重废父命〔9〕，欲从之，心又不忍，乃往见王孙友人祁侯〔10〕。

【注释】

〔1〕杨王孙：西汉城固人，治黄老之术，家累千金，主张厚生薄

死。〔2〕孝武：即汉武帝刘彻（前156—前87），在位期间加强中央集权，推行“罢黜百家，独尊儒术”的政策，而且加强了与西域的联系，开创了西汉的繁荣鼎盛时期，死后谥孝武，庙号世宗，在位五十五年。《汉书》卷六《武帝纪》第六有其传。〔3〕黄老之术：尊传说中的黄帝和老子为创始人，因此称黄老之术，始于战国盛于西汉，假托黄帝和老子的思想，实为道家和法家思想结合，并兼采阴阳、儒、墨等诸家观点而成。〔4〕亡所不致：所用奉养的东西都能够获得。亡，通“无”，本文所有“亡”都是此用法。〔5〕先令：即临终前嘱咐。〔6〕裸葬：裸体而葬，即不用衣衾棺椁。〔7〕反吾真：即返吾真，形体复归于本源。反，通“返”。〔8〕亡：通“无”。易：更改，改变。〔9〕重（zhòng）：引申为不轻易，难。〔10〕祁侯：姓缯名它，晋阳（今山西太原南）人，高祖功臣、祁谷侯缯贺之孙。武帝元光二年，因大射时擅自罢去，获罪免侯。

【译文】

杨王孙是汉武帝时的人。学习黄老之学，家里财产价值千金，非常重视保养自己的身体，凡是有利于养生的东西，都想法弄到。到病危临终时，嘱咐他的儿子说：“我死之后要裸葬，从而使我的形体复归本原，一定不要改变我的意愿。我死之后就用布袋装上尸体，放到挖好的七尺深的坑里，放进去以后，从脚上拉掉布袋，让我的身体直接接触泥土。”他的儿子想暗暗不听从他的嘱咐，却感到难以违背父亲的遗命，想听从父亲的意愿，心中又不忍，于是就去拜见父亲的好友祁侯。

祁侯与王孙书曰：“王孙苦疾，仆迫从上祠雍[1]，未得诣前[2]。愿存精神[3]，省思虑，进医药，厚自持。窃闻王孙先令裸葬，令死者亡知则已[4]，若其有知，是戮尸地下[5]，将裸见先人，窃为王孙不取也。且《孝经》曰‘为之棺椁衣衾[6]’，是亦圣人之遗制，何必区区独守所闻[7]？愿王孙察焉[8]。”

【注释】

〔1〕从上祠雍：跟随皇帝去雍县祭祀。祠，祭祀。雍，即雍州，是中国古九州之一，其名来自陕西凤翔县的雍山、雍水。因雍州地区处于京畿或其附近，汉武帝时，没有独立设州。 〔2〕诣：拜访，造访。 〔3〕精神：精力体气。 〔4〕亡：通“无”，即无知，没有知觉。 〔5〕戮尸：古代酷刑，陈尸示众，以示羞辱，这里指尸体光着在地下腐烂。 〔6〕《孝经》：中国古代儒家的伦理学著作，以孝为中心，比较集中地阐发了儒家的伦理思想。为之棺椁衣衾：出自《孝经》中《丧亲章》第十八。棺椁，棺材和套在棺材外面的外棺。 〔7〕区区：拘泥，局限。 〔8〕察：明辨，详审。

【译文】

祁侯给杨王孙写了一封信说：“你遭受疾病折磨，我却急于跟随皇上到雍县祭祀，不能去探望你。希望你留意精力，不要思虑过度、延医吃药，好好保养自己。私下听说你立下遗命，死后要裸葬，假如死去的人没有知觉就算了，如果死去的人有知觉，这是陈尸地下，将赤裸着身体去拜见先人，私下认为你这种做法不可取。况且《孝经》上说‘为死者置办棺椁衣衾’，这也是圣人留传下来的制度，你为什么一定要固守裸葬这一点点听来的说法呢？希望你能够仔细考虑我的意见。”

王孙报曰：“盖闻古之圣王，缘人情不忍其亲，故为制礼，今则越之[1]，吾是以裸葬，将以矫世也[2]。夫厚葬诚亡益于死者[3]，而俗人竞以相高，靡财单币[4]，腐之地下。或乃今日入而明日发[5]，此真与暴骸于中野何异[6]！且夫死者，终生之化[7]，而物之归者也。归者得至，化者得变，是物各反其真也。反真冥冥[8]，亡形亡声，乃合道情。夫饰外以华众[9]，厚葬以鬲真[10]，使归者不得至，化者不得变，是使物各失其所也。且吾闻之，精神者天之有也，形骸者地之有也[11]。精神离形，各归其真，故谓之鬼，鬼之为言归也。其尸块然独处[12]，岂有知哉？裹以币帛[13]，鬲以棺椁，支体络束[14]，口含玉石，欲化不得，郁为枯腊[15]，千载之后，棺椁朽腐，乃得归土，就其真宅。繇是言之[16]，焉用久客[17]！昔帝尧之葬也[18]，窾木为匵[19]，葛藟为缄[20]，其穿下不乱泉[21]，上不泄殠[22]。故圣王生易尚，死易葬也[23]。不加功于亡用，不损财于亡谓[24]。今费财厚葬，留归鬲至，死者不知，生者不得，是谓重惑[25]。于戏[26]！吾不为也。”

【注释】

〔1〕越之：言逾礼而厚葬。　〔2〕矫：匡正，纠正。　〔3〕亡：通“无”。　〔4〕单：通“殚”，竭尽。　〔5〕发：指被盗墓。〔6〕暴：通“曝”。　〔7〕终：事物的结局。　〔8〕反：通“返”。冥冥：沉默不语的样子。　〔9〕华：通“哗”，喧哗。　〔10〕鬲：通“隔”，阻隔。　〔11〕精神者天之有也，形骸者地之有也：见于《淮南子·精神篇》及《列子·天瑞篇》。精神，指人的精气、元神，相对于形骸而言。　〔12〕块然：孤零零的样子。　〔13〕币帛：古时用以祭祀、馈赠的丝织品。这里指丝织品制成的衣衾。　〔14〕支：

通“肢”，肢体。〔15〕枯腊：今谓木乃伊，即“干尸”。〔16〕繇：通“由”。〔17〕久客：久不返真曰“客”。〔18〕帝尧：传说中人物，姓伊祁氏，名放勋，号陶唐。曾为黄帝嫡裔高唐氏部落长，故史称唐尧。〔19〕窾（kuǎn）：把东西挖空。匵：通“椟”，小棺材。〔20〕葛：多年生草本植物，茎蔓生，块根含淀粉，供食用，亦可入药，能发汗解热，茎皮可制葛布。藟（léi）：藤。缄：扎束器物的绳。〔21〕乱：过，至。〔22〕殠（chòu）：腐臭的气味。〔23〕生易尚：谓圣王不劳民以自厚。尚，尊崇。易，轻视。死易葬：死去葬事节俭。〔24〕亡谓：即无谓，没有意义。〔25〕重惑：非常愚昧。〔26〕于戏：犹呜呼，感叹词。

【译文】

杨王孙回信说：“我听说古代贤明的君主，因为体察到不忍心自己死去的亲人草率地埋葬的人之常情，所以制定了丧礼制度，如今却超越礼制实行厚葬，因此我才要求裸葬，打算以此来矫正社会上厚葬的风气啊。厚葬确实是对死去的人没有好处，可是世俗之人却以此来竞相攀比，用尽钱财置办随葬品，让这些东西腐烂在地下。有的今天才埋进地下，明天就被人盗掘，这样的确和暴尸荒野没有什么不同！况且所谓死，是生命结束后的融化，是万物的归宿。归宿能够到达，变化得以实现，这样万物就回归到了它的本原啊。默默地返回自然的本质，没有修饰没有声音，这才合乎道理和感情。假如装饰死去人的外表以哗众取宠，厚葬而隔离本原，使归宿不能到达，变化不能实现，这样会使万物失去各自的本原啊。而且我听说，精神属于天所有，形骸属于地所有。人死后，精神就会离开形体，各自回归它的本原，因此称它为“鬼”，“鬼”说的就是“归”啊。人的死尸孤零零地独自存在，哪里有什么知觉呢？

用衣衾包裹尸体，用棺椁把泥土阻隔开，肢体被束缚，口中含着玉石，想要变化却难以实现，郁郁不乐地变成干尸。千年以后，棺椁腐朽，才能够化为土，回到他真正的本原。由此说来，又何必使万物这么长时间才回归本原呢！从前尧安葬的时候，挖空木头做棺材，外面用葛藤捆绑。挖掘的墓穴深不到泉水，上面不漏泄腐臭的气味。所以圣明的君王活着不劳民以自厚，死了以后葬事也很节俭。不把功夫花在无用的地方，不把财物浪费在没有意义的事上。现在浪费钱财实行厚葬，阻留死者回归本原，死的人不知道，活着的人也不能实现自己孝敬的愿望，因此说这种做法非常愚昧。呜呼！我不做厚葬这种愚昧的事。”

祁侯曰：“善。”遂裸葬〔1〕。

【注释】

〔1〕裸葬：陈直《汉书新证》云：“《说苑》卷二十《反质篇》，有杨王孙事，全文与本传大略相同。疑刘向续补《太史公书》有此篇，班固即据以入传。”

【译文】

祁侯看了杨王孙的回信，说：“好吧。”于是在杨王孙死后，将他进行裸葬。

霍光传

【题记】

本篇选自《汉书》卷六十八《霍光金日磾传》。霍光是霍去病的异母弟，年轻时随兄到长安，一直在宫廷中供职，因其志向坚定，性格严谨，出入禁闼二十余年，没有犯过任何过错，受到汉武帝信任。所以汉武帝临终，任其为大司马大将军，封博陆侯，与金日磾、上官桀、桑弘羊同受遗诏，辅佐少主昭帝。后因与上官桀等人争权，以谋反罪名，杀上官桀等人，摧毁燕王的阴谋，帮助昭帝巩固了地位，也确立了自己在朝廷中的地位。昭帝去世后，他果断地废黜昌邑王，立宣帝为帝，把持朝政近二十年，子侄女婿都身居要职，女儿霍成君为皇后，权倾一时。他执政期间，轻徭薄赋，与民生息，使得社会安定，能够出现"昭宣中兴"的局面，无疑他居功至伟。然而他未能居安思危，严格约束妻女子侄女婿，陷入永无止境的权力争夺中，致使在他去世不到三年的时间内，霍家就遭受灭族之灾，令人感慨。霍氏灭族的悲剧，集中反映了中国封建君主专制制度下皇权和臣权的矛盾。皇帝为了实现君主专政必然会设法削弱臣权，此时霍家权倾朝野而不知避其锋芒，走向灭亡也成为一种必然的趋势。霍氏也只不过是这种矛盾斗争中的牺牲品。

霍光字子孟，票骑将军去病弟也[1]。父中孺[2]，河东平阳人也[3]，以县吏给事平阳侯家[4]，与侍者卫少儿私通而生去病[5]。中孺吏毕归家，娶妇生光，因绝不相闻[6]。久之，少儿女弟子夫得幸于武帝[7]，立为皇后，去病以皇后姊子贵幸。既壮大，乃自知父为霍中孺，未及求问。会为票骑将军击匈奴，道出河东，河东太守郊迎，负弩矢先驱[8]，至平阳传舍[9]。遣吏迎霍中孺。中儒趋入拜谒，将军迎拜，因跪曰："去病不早自知为大人遗体也[10]。"中孺扶服叩头[11]，曰："老臣得托命将军，此天力也。"去病大为中孺买田宅奴婢而去。还，复过焉[12]，乃将光西至长安，时年十馀岁，任光为郎[13]，稍迁诸曹侍中[14]。去病死后，光为奉车都尉光禄大夫[15]，出则奉车，入侍左右，出入禁闼二十余年[16]，小心谨慎，未尝有过，甚见亲信。

【注释】

〔1〕票骑：同"骠骑"，汉代将军的称号。去病：即霍去病（前140—前117)，河东平阳（今山西临汾西南）人，卫青姐少儿与霍仲孺私通所生。卫皇后得宠以后，他因为是皇后姐姐的儿子，任侍中。擅长骑射，曾多次出征匈奴，立下显赫战功，封冠军侯、骠骑将军，死后谥景桓。事见《汉书》卷五十五《卫青霍去病传》。 〔2〕父中孺：即霍中儒，亦作霍仲孺，霍去病和霍光的父亲。中，通"仲"。〔3〕河东：郡名，治安邑（在今山西夏县西北）。平阳：县名，在今山西临汾西南。 〔4〕县吏：县之吏役。给事：供职。平阳侯：指平阳侯曹参之曾孙曹时（？—前131)，娶景帝之女平阳公主为妻，久居京城，权势显赫，死后谥夷。 〔5〕卫少儿：卫青和武帝卫皇后同母

姊，平阳公主家侍者，与平阳公主家胥吏霍仲孺私通，生霍去病。〔6〕绝不相闻：指霍中孺与卫少儿断绝关系而不过问。〔7〕女弟：妹妹。卫子夫：即汉武帝卫皇后（？—前91），初为平阳主家歌奴，后被武帝看重，入宫。生戾太子刘据，后因巫蛊案，自杀。宣帝时，追谥为思后。事见《汉书》卷九十七《外戚传》。〔8〕先驱：开道。〔9〕传舍：古时供行人休息住宿的处所。〔10〕遗体：因为子女的身体为父母所生，所以称子女的身体为父母的“遗体”。〔11〕扶服：同“匍匐”，趴伏于地。〔12〕过：经过。〔13〕任：保举，保任。即任子制度，指因父兄的功绩，得保任授予官职。郎：官名，掌守皇宫门户，出则充当皇帝车骑，有议郎、中郎、侍郎、郎中之职。〔14〕诸曹：即左右曹，在内廷做秘书工作。侍中：是列候以下至郎中的加官，侍卫皇帝，切问近对。〔15〕奉车都尉：掌管皇帝的乘舆，多由皇帝亲信充任。光禄大夫：官名，掌论议，实为皇帝的高级参谋，在诸大夫中地位最尊。〔16〕禁闼（tà）：宫门。

【译文】

霍光字子孟，是骠骑将军霍去病的同父异母弟弟。他的父亲霍仲孺，是河东平阳人，在县衙里做小官，被派到平阳侯家供职，同侍女卫少儿私通而生下霍去病。中孺差事完成后回到家中，娶妻生下霍光，与卫少儿断绝了关系，不通音信。过了很久，少儿的妹妹卫子夫得到汉武帝的宠爱，被立为皇后，霍去病由于是皇后姐姐的儿子而地位尊贵并受到皇帝的宠幸。霍去病长大成人后，才知道自己的父亲是霍仲孺，但一直未来得及探访。恰好霍去病被封为骠骑将军去攻打匈奴，路过河东郡，河东太守亲自到城郊去迎接，替他背着弓和箭在前面带路，到平阳县的接待处休息。霍去病就派小吏去请霍仲孺来相见。仲孺急忙赶来很恭敬地晋见，霍去病上前迎接揖拜，跪下说：“去病早先不知道自己是您的骨肉。”仲孺伏地叩头说：

“我这个老头子能把下半生托付给将军，这是老天的力量啊。”去病为霍仲孺买了大量的田地、房宅、奴婢后才离开。霍去病出征匈奴回来的时候，又经过河东，于是就把霍光带到了长安，当时霍光才十几岁，就保举霍光做了郎官，不久以后升迁为诸曹、侍中。去病死后，霍光被封为奉车都尉光禄大夫，皇帝出行则为皇帝侍奉车驾，在宫内就侍奉左右，进出禁宫有二十多年，一直小心谨慎，从未有过什么过失，很受皇帝的亲近信赖。

征和二年〔1〕，卫太子为江充所败〔2〕，而燕王旦、广陵王胥皆多过失〔3〕。是时上年老，宠姬钩弋赵倢伃有男〔4〕，上心欲以为嗣，命大臣辅之。察群臣唯光任大重〔5〕，可属社稷〔6〕。上乃使黄门画者画周公负成王朝诸侯以赐光〔7〕。后元二年春〔8〕，上游五柞宫〔9〕，病笃，光涕泣问曰：“如有不讳〔10〕，谁当嗣者？”上曰：“君未谕前画意邪？立少子〔11〕，君行周公之事〔12〕。”光顿首让曰：“臣不如金日磾〔13〕。”日磾亦曰：“臣外国人，不如光。”上以光为大司马大将军〔14〕，日磾为车骑将军〔15〕，及太仆上官桀为左将军〔16〕，搜粟都尉桑弘羊为御史大夫〔17〕，皆拜卧内床下〔18〕，受遗诏辅少主。明日，武帝崩，太子袭尊号〔19〕，是为孝昭皇帝。帝年八岁，政事壹决于光。

【注释】

〔1〕征和二年：前91年。　〔2〕卫太子：即武帝之子刘据（前128—前91），卫皇后所生。谥戾，故又称戾太子。因“巫蛊”案为江

充陷害，他因惧祸被迫起兵杀江充，朝廷发兵镇压，激战五日，他兵败逃亡，被地方官追捕，遂自杀。江充（？—前91）：字次倩，邯郸（今河北邯郸西南）人。他因曾得罪过太子刘据，害怕武帝死后被太子诛杀，于是诬告刘据巫蛊诅上，致使数万人冤死，后被刘据杀死。其事详见《汉书》卷六十三《武五子传》。〔3〕燕王旦：即刘旦（？—前80），武帝第三子，后因与桑弘羊等人谋杀霍光，废昭帝自代，阴谋泄露，自杀，死后谥刺。广陵王胥：即刘胥（？—前54），武帝第四子，五凤四年坐祝诅罪下狱，自杀于狱中，死后谥厉。事见《汉书》卷六十三《武五子传》。〔4〕钩弋（yì）：宫名，在长安城南。赵婕伃：昭帝刘弗陵的生母，住于钩弋宫，称钩弋夫人。武帝将立其子刘弗陵为嗣，以吕后为鉴，于是将她处死。昭帝即位后，追尊为皇太后。男：指刘弗陵。〔5〕任大重：可以做大事、负责任。〔6〕属（zhǔ）：委托；嘱咐。社稷：国家的代称。〔7〕黄门画者：宫中的画工。周公负成王朝诸侯：周武王去世，成王即位年幼，周公恐天下有变，代成王主持朝政七年，而后归政。〔8〕后元二年：前87年。〔9〕五柞宫：宫名，在今陕西周至县东南。宫中有五柞树，五柞皆连抱，因此为名。汉武帝后元二年行幸此宫，并崩于此。〔10〕不讳：死亡的婉辞。〔11〕少子：即昭帝刘弗陵（前94—前74），年八岁立为太子，即位后，由霍光等人辅政。在位期间，继续推行减轻赋役，与民生息政策，使社会矛盾缓和，生产有所发展。死后谥孝昭。〔12〕行周公之事：意思是说代少主摄政，以后才归政。〔13〕金日磾（前134—前86）：字翁叔，原为匈奴休屠王太子，后投降汉朝，归汉后受到武帝重用，赐姓金，与霍光等同辅政，后封秺侯，死后谥敬。事见《汉书》卷六十八《金日磾传》。〔14〕大司马：官名，西汉一朝，常授给掌权的外戚，多与大将军、骠骑将军、车骑将军等联称，也有不兼将军号的。大将军：大将军为汉代最高军衔，为中朝官的领袖。霍光任大司马大将军，为中朝官之首，掌握军政大权。〔15〕车骑将军：官名，是仅次于大将军的高级将领，辅政文官多加此职。　〔16〕太仆：官名，掌皇帝的车马和牧畜事务，为九卿之一。上官桀（？—前80）：字少叔，陇西上邽（今甘肃天水西南）人。与霍光等人共辅少主昭帝，封安阳侯，其孙女为昭帝后，后因与霍光争权被杀。左将军：次于车骑将军的军衔。〔17〕搜粟都尉：官名，隶大司农，职掌农耕及屯田。桑弘羊（前152—前80）：洛阳（今河南洛阳）人，出身富商。十三岁为侍中，武帝时的理财大臣。御史大夫：官名，为御史台长官，地位仅次于丞相，掌管弹劾纠察及图籍秘书。与丞相、太尉合称三公。〔18〕卧内：卧室。〔19〕袭尊号：言继承帝位。

【译文】

征和二年，卫太子被江充诬陷，起兵征讨，失败后自杀，而燕王刘旦、广陵王刘胥又都有很多过失。这时候皇上年龄已经很大，当时受宠的钩弋夫人赵婕妤有一个儿子，皇上心中打算把皇位传给他，并命大臣来辅佐他。皇上观察群臣中只有霍光才可担当如此重任，可以把国家托付给他。皇上于是就叫宫廷里的画师画了一张周公背着成王接受诸侯朝贺的画赐给霍光。后元二年的春天，武帝到五柞宫游玩，病情日益严重，霍光流泪问道："如果皇上有不测，那应当由谁来继位？"皇上说道："难道您还不明白上次送给您的画的意思吗？立我的小儿子为帝，您当照周公辅佐成王那样辅佐幼主。"霍光叩头推让说："我比不上金日磾。"金日磾也说："我是外国人，比不上霍光。"皇上于是就任命霍光为大司马大将军，金日磾为车骑将军，太仆上官桀为左将军，搜粟都尉桑弘羊为御史大夫。他们都在天子卧室内的床前叩拜受职，接受遗诏辅佐年幼的君主。第二天，汉武帝去世，太子刘弗陵继承皇位，他就是孝昭皇帝。当时皇帝年仅八岁，政事全部都由霍光代为处理。

先是，后元年[1]，侍中仆射莽何罗与弟重合侯通谋为逆[2]，时光与金日磾、上官桀等共诛之，功未录[3]。武帝病，封玺书曰："帝崩发书以从事[4]。"遗诏封金日磾为秺侯，上官桀为安阳侯，霍光为博陆侯，皆以前捕反者功封。时卫尉王莽子男忽侍中[5]，扬语曰："帝崩，忽常在左右，安得遗诏封三子事[6]！群儿自相贵耳。"光闻之，切让王莽[7]，莽鸩杀忽[8]。

【注释】

〔1〕后元年：前88年。 〔2〕侍中仆射（yè）：官名，侍中的首领。莽何罗（？—前87）：本姓马，东汉明帝的马皇后是其后人，她痛恨先人谋反，于是改马为莽。他与弟通、安成谋反，被诛。重合侯：即马通（？—前87），曾与景建共击反叛者如侯，封为重合侯。后与兄马何罗等人谋反，失败后被腰斩。 〔3〕功未录：未论功行赏之意。 〔4〕封玺书：将诏书加盖印密封。发书以从事：打开诏书，照诏令办事。 〔5〕卫尉：官名，掌宫门卫屯兵，负责守卫皇宫，官署称卫尉寺，设于宫内。王莽（？—前80）：字稚叔，天水（今甘肃天水）人。为人沉静详审，大将军霍光辅政时，他从旁协助甚为得力。子男：儿子。 〔6〕遗诏：皇帝临终时所发的诏书。 〔7〕切让：严厉责备。 〔8〕鸩（zhèn）：毒酒。

【译文】

在这以前，后元年时，侍中仆射莽何罗同他的弟弟重合侯莽通合谋反叛，当时霍光同金日磾、上官桀等人一起诛杀了这些叛逆的人，但没有论功行赏。武帝病后，将诏书密封说："我死以后打开玺书，遵照诏书行事。"遗诏封金日磾为秺侯，上官桀为安阳侯，霍光为博陆侯，都是按照以前捕杀叛逆的功劳来分封的。当时卫尉王莽的儿子王忽为侍中，在外面扬言道："皇帝驾崩的时候，我经常在他的身边，哪里有遗诏加封他们的事！不过是这帮人在自己抬高自己罢了。"霍光听到这些话后，严厉责备王莽，王莽用毒酒杀死了王忽。

光为人沉静详审[1]，长财七尺三寸[2]，白皙，疏眉目，美须髯。每出入下殿门，止进有常处，郎仆射窃识视之[3]，不失尺寸，其资性端正如此。初辅幼主，政自己出，天下想闻其风采。殿中常有怪，一夜群臣相惊，光召尚符玺郎[4]，郎不肯授光。光欲夺之，郎按剑曰："臣头可得，玺不可得也！"光甚谊之[5]。明日，诏增此郎秩二等[6]。众庶莫不多光[7]。

【注释】

〔1〕沉静详审：沉着谨慎。　〔2〕财：通"才"，仅仅。七尺三寸：约合今168公分。　〔3〕郎仆射（yè）：郎官的首领。识（zhì）：记住。　〔4〕尚符玺郎：官名。掌管符玺、符节令之属官。〔5〕谊：通"义"，认为合乎道义而加以称许。　〔6〕秩：俸禄。〔7〕众庶：民众。多：赞美。

【译文】

霍光性格沉静，思虑周到，身高只有七尺三寸，皮肤白皙，眉目疏朗，胡须很美。每当他出入殿门的时候，行动都有固定的位置。郎仆射暗中观察并记住位置，发现每次都不差分毫，他天性就是这样严谨一丝不苟。霍光刚开始辅佐幼主的时候，政令由自己发布，天下人都仰慕他的风采。宫殿中曾经发生过怪异的事，一整夜群臣都很惊慌，霍光召见掌管符玺的郎官，想要收回符玺，郎官不肯把符玺给霍光。霍光想夺取符玺，郎官按剑说道：“我的头可以得到，但符玺却不可以给你！”霍光很敬佩郎官的行为。第二天，就下诏书把这个郎官的俸禄升了两级。众人听说了这件事后，没有人不称赞霍光。

光与左将军桀结婚相亲〔1〕，光长女为桀子安妻〔2〕。有女年与帝相配，桀因帝姊鄂邑盖主内安女后宫为倢伃〔3〕，数月立为皇后。父安为票骑将军，封桑乐侯。光时休沐出〔4〕，桀辄入代光决事。桀父子既尊盛，而德长公主〔5〕。公主内行不修〔6〕，近幸河间丁外人〔7〕。桀、安欲为外人求封，幸依国家故事以列侯尚公主者〔8〕，光不许。又为外人求光禄大夫〔9〕，欲令得召见，又不许。长主大以是怨光。而桀、安数为外人求官爵弗能得，亦惭。自先帝时，桀已为九卿，位在光右〔10〕。乃父子并为将军，有椒房中宫之重〔11〕，皇后亲安女，光乃其外祖，而顾专制朝事〔12〕，繇是与光争权〔13〕。

【注释】

〔1〕结婚：缔结婚姻关系。相亲：互相亲爱；相亲近。〔2〕安：即上官安（？一前80），陇西上邽（今甘肃天水西南）人，上官桀之子，因女为昭帝皇后，封桑乐侯，后与霍光争权，被杀。〔3〕因：依托，凭借。鄂邑盖主：武帝的长女，封为鄂邑长公主。因嫁给盖侯为妻，故又称盖主。她是昭帝之姊，曾抚养昭帝成人。内：同“纳”，迎娶。倢伃：亦作“婕妤”，汉皇帝嫔妃名号，武帝始置，西汉后期的

制度规定，皇后以外的妃嫔分十四等，倢伃为第二等，官秩上卿，爵位比列侯。〔4〕休沐：休息洗沐，犹休假。〔5〕德：感恩。〔6〕内行不修：私生活不检点。〔7〕近幸：亲近宠爱。河间：郡名，治乐成（在今河北献县东南）。丁外人：字少君，河间（今河南献县东南）人。〔8〕幸：希望。故事：旧例，汉时旧例，凡以公主为妻，皆可封侯，但霍光以为丁外人只是与长公主私通，故不许封侯。〔9〕光禄大夫：官名，属郎中令，掌议论，实为皇帝的高级参谋，在诸大夫中地位最尊。〔10〕位在光右：在武帝时，桀为太仆，在九卿之列，位在霍光之上。右，当时以右为尊。〔11〕椒房中宫：指皇后，汉时未央宫中有椒房殿，皇后新居，故以其代称皇后。重：倚重。〔12〕顾：犹反。〔13〕繇：通“由”，表原因。

【译文】

霍光与左将军上官桀是儿女亲家，关系亲密，霍光的大女儿嫁给了上官桀的儿子上官安为妻。上官安有个女儿年龄同昭帝相当，上官桀就通过昭帝的姐姐鄂邑盖主把上官安的女儿送进后宫当了婕妤，几个月后又被立为皇后。皇后的父亲上官安因此做了骠骑将军，封为桑乐侯。霍光有时休假出宫，上官桀就进宫代替霍光处理政事。上官桀父子地位显贵势力膨胀，很感激长公主。长公主私生活不检点，亲近宠幸河间的丁外人。上官桀、上官安希望按照国家以前以列侯的身份娶公主为妻的旧例，替丁外人求得爵位，但霍光没有同意。他们又为丁外人求取光禄大夫官位，想要丁外人有机会得到昭帝的召见，再次被霍光拒绝。长公主因此就对霍光非常怨恨。而上官桀、上官安因为多次为丁外人求取官位爵位没有成功，也感到很惭愧。在汉武帝的时候，上官桀已经在九卿之列，官位在霍光之上。当时上官父子同时为将军，又有皇后在宫中的显赫地位，皇后又是上官安的亲生女儿，霍光只不过是她的外祖父，却独自专揽朝政，上官父子因此就与霍光争夺权力。

燕王旦自以昭帝兄，常怀怨望[1]。及御史大夫桑弘羊建造酒榷盐铁[2]，为国兴利，伐其功[3]，欲为子弟得官，亦怨恨光。于是盖主、上官桀、安及弘羊皆与燕王旦通谋，诈令人为燕王上书[4]，言“光出都肄郎羽林[5]，道上称跸[6]，太官先置[7]。又引苏武前使匈奴[8]，拘留二十年不降，还乃为典属国[9]，而大将军长史敞亡功为搜粟都尉[10]。又擅调益莫府校尉[11]。光专权自恣，疑有非常[12]。臣旦愿归符玺[13]，入宿卫[14]，察奸臣变”。候司光出沐日奏之[15]。桀欲从中下其事[16]，桑弘羊当与诸大臣共执退光[17]。书奏，帝不肯下。

【注释】

〔1〕常怀怨望：指燕王旦因当不上皇帝而心怀不满。　〔2〕建造：确立，制定。酒榷（què）：古代政府所行的酒类专卖制度，亦泛指一切管制酒业取得酒利的措施。盐铁：指官营盐铁。　〔3〕伐：自我夸耀。　〔4〕诈令人为燕王上书：派人假冒燕王的使者给皇帝上奏疏，谈论国事。　〔5〕都：集合之意。肄：演习。羽林：皇帝之近卫军。　〔6〕称跸（bì）：传令戒严。跸，古代帝王出行时，禁止行人以清道。　〔7〕太官：官名，掌皇帝膳食及燕享之事。先置：先准备饮食。　〔8〕苏武（？—前60）：字子卿，杜陵（今陕西西安东南）人，苏建次子。天汉元年，出使匈奴，因其副使张胜参与匈奴内乱，遂被扣，不屈，自杀未遂。后在北海（今贝加尔湖）边牧羊，被扣十九年，历尽艰辛万苦，持节不屈。后因汉与匈奴和亲，方被释放回汉，

拜为典属国。因参与拥立宣帝，封关内侯。死后，宣帝曾将其像列于麒麟阁。事见《汉书》卷五十四《苏武传》。〔9〕典属国：官名，掌管少数民族事宜。〔10〕长史：官名，僚属之长，汉代丞相、大司马、大将军等皆有长史。敞：名杨敞（？—前74），华阴（今陕西华阴东）人，霍光的亲信。曾任御史大夫、丞相，封安平侯，死后谥敬。事见《汉书》卷六十六《杨敞传》。亡：通“无”，没有。搜粟都尉：这里指大司农，时杨敞为大司农。〔11〕莫：通“幕”。幕府，本指将帅在外的营帐，后亦泛指军政大吏的府署，这里指大将军府。校尉：地位略次于将军，并各随其职务冠以各种名号。〔12〕非常：指谋为不轨之事。〔13〕归符玺：归还燕王符玺，辞去王位之意。〔14〕宿卫：在皇宫值宿，担任警卫。〔15〕司：通“伺”，守候，等待。〔16〕中：指中朝。下其事：将这件事交给下面有关部门处理。〔17〕执退光：逼迫霍光辞职。

【译文】

燕王刘旦自以为是昭帝的哥哥，却没有继承帝位，常常心怀不满。还有御史大夫桑弘羊因为制定了设立酒类专卖、盐铁官营的制度，为国家增加了财富，便居功自傲，打算为自己的子弟谋得官职，没有达到目的，因此也怨恨霍光。于是鄂邑盖主、上官桀、上官安以及桑弘羊这些人就与燕王刘旦一同合谋，派人假冒燕王刘旦的使臣给皇帝上奏疏，说“霍光出城总领郎官、羽林军演习时，沿途下令禁止通行，而且还让皇帝的膳食官先到目的地提前准备饭菜，这些超越了一个臣子应有的本分。还有苏武以前出使匈奴，被扣留二十年没有投降，回来后只当了典属国，而大将军的长史杨敞没有功劳，却当了搜粟都尉。霍光又擅自调入来增加自己幕府的校尉。霍光专权放肆，恐怕他有不良的企图。臣刘旦愿意交还燕王的符节玺印，进入皇宫担任宿卫，调查奸臣的阴谋”。等霍光出宫休假的时候，他们乘机把奏章呈给皇帝。上官桀打算把这件事交给下面有关部门处理，桑弘羊就和其他大臣一起逼迫霍光辞职。奏书交上去后，昭帝留住奏章不肯批下来。

明旦，光闻之，止画室中不入〔1〕。上问："大将军安在？"左将军桀对曰："以燕王告其罪，故不敢入。"有诏召大将军。光入，免冠顿首谢。上曰："将军冠。朕知是书诈也，将军亡罪〔2〕。"光曰："陛下何以知之？"上曰："将军之广明都郎〔3〕，属耳〔4〕。调校尉以来未能十日，燕王何以得知之？且将军为非，不须校尉。"是时帝年十四，尚书左右皆惊〔5〕，而上书者果亡，捕之甚急。桀等惧，白上小事不足遂〔6〕，上不听。

【注释】

〔1〕画室：殿门西阁之室，其中有古帝王画像。 〔2〕亡：通"无"，没有。 〔3〕广明：亭驿名，在长安城东，东都门外。都：试，考核。 〔4〕属：刚，新近。 〔5〕尚书：官名，掌文书、奏章等事务。 〔6〕遂：彻底追究。

【译文】

第二天早晨，霍光听说了这件事，就留在殿前的画室中没有进去朝拜。皇上问道："大将军在哪里？"左将军上官桀回答说："因为燕王告发他的罪行，所以不敢进来。"皇上就下诏召见大将军。霍光进来后，取下官帽，叩头谢罪。皇上说："将军请戴上帽子，朕知道这封奏书是假的，将军没有罪过。"霍光问道："陛下是怎么知道的？"皇上说："将军到广明考核郎官，只是近来的事。调选校尉到现在也不过十天，燕王是怎么知道这些事的？况且将军如果要谋反，也不需要增加校尉。”这时候昭帝年仅十四岁，尚书以及左右的大臣都很吃惊，而呈送书信的人果然逃走了，官府对他进行紧急搜捕。上官桀等人感到害怕了，就对皇上说这只是一件小事，不值得深究，而皇上却不听从。

后桀党与有谮光者〔1〕，上辄怒曰：“大将军忠臣，先帝所属以辅朕身〔2〕，敢有毁者坐之。”自是桀等不敢复言，乃谋令长公主置酒请光，伏兵格杀之，因废帝，迎立燕王为天子。事发觉，光尽诛桀、安、弘羊、外人宗族〔3〕。燕王、盖主皆自杀。光威震海内。昭帝既冠〔4〕，遂委任光〔5〕，讫十三年〔6〕。百姓充实，四夷宾服。

【注释】

〔1〕党与：即党羽。谮（zèn）：诬陷。　〔2〕属：通“嘱”，嘱咐，委托。　〔3〕宗族：指同宗同族之人。　〔4〕冠：古时男子二十岁加冠。昭帝行冠时年十八，霍光仍未归政。　〔5〕遂：始终，竟。　〔6〕讫十三年：指昭帝在位的十三年。讫，到，至。

【译文】

后来上官桀的党羽凡是有说霍光的坏话的，昭帝就发怒道：“大将军是忠臣，先帝委托他来辅佐朕的，敢有诽谤他的人就治他的罪。”从此以后上官桀等人就不敢再说什么了，于是他们密谋让长公主摆酒席请霍光赴宴，准备埋伏士兵击杀他，再趁机废除昭帝，迎立燕王回京坐皇帝。事情被发现后，霍光就将上官桀、上官安、桑弘羊、丁外人等人及家族成员全部诛杀。燕王、盖主也都畏罪自杀。于是霍光在全国都享有威名。昭帝行过加冠礼成年后，始终把政事委托给霍光处理，一直到昭帝十三年。在这期间，百姓生活充裕厚实，四方的各少数民族纷纷称臣归顺。

元平元年〔1〕，昭帝崩，亡嗣〔2〕。武帝六男独有广陵王胥在，群臣议所立，咸持广陵王〔3〕。王本以行失道，先帝所不用。光内不自安。郎有上书言“周太王废太伯立王季〔4〕，文王舍伯邑考立武王〔5〕，唯在所宜，虽废长立少可也。广陵王不可以承宗庙〔6〕”。言合光意。光以其书视丞相敞等〔7〕，擢郎为九江太守〔8〕，即日承皇太后诏〔9〕，遣行大鸿胪事少府乐成、宗正德、光禄大夫吉、中郎将利汉迎昌邑王贺〔10〕。

【注释】

〔1〕元平元年：前 74 年。　〔2〕亡：通“无”。　〔3〕咸持：都坚持。　〔4〕周太王：周文王的祖父。太伯：周太王的长子。王季：周太王的少子，周文王的父亲。　〔5〕伯邑考：周文王的长子。武王：周文王的次子，在他的统治期间，推翻了殷商的统治，建立周王朝。　〔6〕承宗庙：指继承皇位。　〔7〕视：通“示”，以事或物示人。敞：即杨敞，当时任丞相。　〔8〕九江：郡名，治寿春（今安徽寿县）。　〔9〕皇太后：昭帝之上官皇后，昌邑王即帝位后，尊其为皇太后。　〔10〕行：代理。大鸿胪：官名，掌诸侯及四方归义蛮夷。其官衙设于京师，称大鸿胪寺。少府：官名，掌山海地泽之税，以供宫廷之用，为皇帝的私府，兼管皇帝衣食器用、医药娱乐丧葬等

事宜，位列九卿。乐成：名史乐成（？—前72），积极参与大将军霍光废昌邑王刘贺及拥立宣帝活动，有功封爰氏侯，死后谥肃。宗正：官名，是管理皇族和外戚事务的官，掌管宗室名籍，分别嫡庶亲疏，编纂同姓诸侯王世系谱。凡宗室亲贵有罪，须先报宗正，方得处治。德：名刘德（？—前57），字路叔，刘向父，学习黄老之学，有智略。因参与废昌邑王立宣帝活动，封关内侯，后又因行为谨慎可为宗室表率，封阳城侯，死后谥缪。吉：丙吉（？—前55），字少卿，鲁（今山东）人。宣帝即位后，赐爵关内侯，任太子太傅，迁御史大夫，并代魏相为丞相，封博阳侯，为人隐恶扬善，世称贤相。事见《汉书》卷七十四《丙吉传》。中郎将：官名，光禄勋的属官，位次将军。利汉：人名。昌邑王贺：名刘贺（约前93—前59），武帝之孙，昌邑哀王刘髆之子，昭帝始元元年嗣为昌邑侯。昭帝死后，霍光等人立他为帝，在位前后仅二十七日。因饮酒作乐，征用昌邑官署，被霍光等以“淫乱”罪废，迁汉中房龄（今湖北房县），昌邑国除，改为山阳郡。宣帝即位后，多次派地方官督查，见其精神已不正常，才放心，元康三年又封海昏侯。事见《汉书》卷六十三《武五子传》。

【译文】

元平元年，昭帝驾崩，没有儿子。汉武帝六个儿子中只有广陵王刘胥还活着，各位大臣商议所要立为皇帝的人选，大家都主张立广陵王。广陵王本来因为品行不端正，不被武帝重用。霍光内心忧虑不安。有郎官上书说：“周太王废掉太伯而立王季，文王舍弃伯邑考而立武王，只要对国家有利，即使是废黜长子而立少子也是可以的。广陵王行为不端是不可以继承皇位的。”所说的正好同霍光心意相合。霍光就把这份奏书给丞相杨敞等人看，并且提拔这个郎官为九江太守，当天就奉皇太后的诏令，派遣代理大鸿胪事务的少府乐成、宗正刘德、光禄大夫丙吉、中郎将利汉去迎接昌邑王刘贺进京。

贺者，武帝孙，昌邑哀王子也[1]。既至，即位，行淫乱。光忧懑[2]，独以问所亲故吏大司农田延年[3]。延年曰："将军为国柱石，审此人不可，何不建白太后[4]，更选贤而立之？"光曰："今欲如是，于古尝有此否？"延年曰："伊尹相殷[5]，废太甲以安宗庙[6]，后世称其忠。将军若能行此，亦汉之伊尹也。"光乃引延年给事中[7]，阴与车骑将军张安世图计[8]，遂召丞相、御史、将军、列侯、中二千石、大夫、博士会议未央宫[9]。光曰："昌邑王行昏乱[10]，恐危社稷，如何？"群臣皆惊鄂失色[11]，莫敢发言，但唯唯而已[12]。田延年前，离席按剑，曰："先帝属将军以幼孤[13]，寄将军以天下，以将军忠贤能安刘氏也。今群下鼎沸，社稷将倾，且汉之传谥常为孝者[14]，以长有天下，令宗庙血食也[15]。如今汉家绝祀，将军虽死，何面目见先帝于地下乎？今日之议，不得旋踵[16]。群臣后应者，臣请剑斩之。"光谢曰："九卿责光是也。天下匈匈不安[17]，光当受难[18]。"于是议者皆叩头，曰："万姓之命在于将军，唯大将军令。"

【注释】

〔1〕昌邑哀王：名刘髆（？—前88），武帝第五子，天汉四年立为昌邑王，在位十年卒，死后谥哀。　〔2〕懑（mèn）：愤闷。〔3〕田延年（？—前72）：字子宾，阳陵（今陕西高陵西南）人，早年曾在霍光幕府中任事，故称"故吏"。参与废昌邑王立宣帝的活动，宣帝即位后，以功封阳成侯。在任大司农期间，曾以谎报手法贪污三千万，当时因昭帝猝死，财政不支，他主张将商贾浮财没入官府，因而遭到反对，并被告发，后因耻于下狱，自刎而死，国除。事见《汉

书》卷九十《酷吏传》。〔4〕建白：对国事有所建议及陈述。〔5〕伊尹相殷：伊尹为商汤之相，汤死后，掌朝政，专废立，曾逐太甲。伊尹，商初大臣，原名伊挚，尹为官名，伊水（今河南）边人。汤时相国，助汤灭夏建商，历相外丙、仲壬、太甲，商王沃丁八年病卒，享年百余岁。〔6〕太甲：商代第五代国王，成汤之孙，太丁之子。即位三年，纵欲乱德，被伊尹放逐于桐宫，居三年，悔过自责而复位，继承并发展成汤事业。伊尹嘉之，乃作《太甲训》三篇。在位三十三年，庙号太宗。〔7〕引：荐举。给事中：加官名，侍从皇帝左右，备顾问应对，参议政事，因执事于殿中，故名给事中。〔8〕张安世（？—前62)：字子孺，杜陵（今陕西西安东南）人，张汤之子，封富平侯，后参与霍光废昌邑王贺事，深为宣帝信任，参与大政决策。然虽位至公侯，食邑万户，却身衣黑帛，夫人自纺织。死后谥敬。图计：谋划，措置。〔9〕中二千石：秦汉俸禄等级，一年得谷二千一百六十石，九卿皆为二千石。大夫：官名，参与议政。博士：官名，太常的属官，掌通古今，教弟子，国有疑事，掌承问对。未央宫：古宫名，遗址在今陕西西安西北汉长安故城内西南隅，萧何主持所修。〔10〕昏乱：昏庸无道，糊涂妄为。〔11〕鄂：通“愕”，惊愕。〔12〕唯唯：恭敬的应答声，犹如“是是”。〔13〕属：通“嘱”，委托，嘱咐。〔14〕汉之传谥常为孝者：言汉帝谥法常称“孝”，如孝惠、孝武、孝昭等。〔15〕血食：谓受享祭品，古代杀牲取血以祭，故称。〔16〕旋踵：转身，指畏避退缩。〔17〕匈匈：讻讻，动乱，纷扰。〔18〕光当受难：言光当受群臣责难。

【译文】

刘贺是汉武帝的孙子，昌邑哀王刘髆的儿子。他进宫以后，就继承了皇位，但不久发现他行为过度放纵，不符合道德标准。霍光忧虑愤闷，单独以此事去询问亲信的旧臣大司农田延年。田延年说：“将军作为国家的栋梁，既然发觉这个人不适合做皇帝，为什么不向太后建议，另外选一个贤能之人立他为帝呢？”霍光说道：“我也想这么办，不知在古代有没有这样的先例？”田延年答道：“伊尹任殷朝丞相的时候，就废黜了太甲来安定国家，后代的人都称赞他的忠诚。将军如果也能这样做，那就是汉朝的伊尹了。”霍光就把田延年推荐为给事中，暗中同车骑将军张安世谋划，于是就在未央宫召集丞相、御史、将军、列侯、中二千石、大夫、博士等一同商议。霍光说道：“昌邑王行为昏庸无道，恐怕会危害国家，你们看怎么办？”众大臣都很惊愕，吓得面无血色，不敢发言，只是唯唯诺诺地答应着罢了。田延年向前一步离开座席，手按住长剑说道：“先帝把年幼的幼主托给将军，就是把天下交付给将军，因为将军忠诚贤能，能够稳固刘氏的天下。如今群臣百姓不安，形势纷扰动乱，国家将有倾覆的危险。而且汉朝皇帝世代相传，谥号常用“孝”字，是希望子孙永远保有天下，让宗庙永久享祭祀。如今汉家将要灭亡了，将军即使以死谢罪，又有什么脸面到九泉之下去见先帝呢？今天的议事，应当迅速解决不得拖延。群臣中如果有迟疑的，请允许臣下用这把剑杀了他。”霍光谢罪说：“九卿责备我是对的。天下动荡不安，我应当受到群臣责罚。”于是参加议事的大臣都叩头说道：“百姓的性命掌握在将军一人的身上，我们愿听将军的指示。”

光即与群臣俱见白太后，具陈昌邑王不可以承宗庙状。皇太后乃车驾幸未央承明殿[1]，诏诸禁门毋内昌邑群臣[2]。王入朝太后还，乘辇欲归温室[3]，中黄门宦者各持门扇[4]，王入，门闭，昌邑群臣不得入。王曰：“何为？”大将军跪曰："有皇太后诏，毋内昌邑群臣。"王曰："徐之[5]，何乃惊人如是！"光使尽驱出昌邑群臣，置金马门外[6]。车骑将军安世将羽林骑收缚二百余人，皆送廷尉诏狱[7]。令故昭帝侍中中臣侍守王[8]。光敕左右[9]："谨宿卫，卒有物故自裁[10]，令我负天下，有杀主名。"王尚未自知当废，谓左右："我故群臣从官安得罪，而大将军尽系之乎。"顷之，有太后诏召王。王闻召，意恐，乃曰："我安得罪而召我哉！"太后被珠襦[11]，盛服坐武帐中[12]，侍御数百人皆持兵，期门武士陛戟[13]，陈列殿下。群臣以次上殿，召昌邑王伏前听诏。光与群臣连名奏王，尚书令读奏曰[14]：

【注释】

〔1〕承明殿：殿名，在未央宫中。 〔2〕禁门：宫门。内：同"纳"，使进入，放入。下同。 〔3〕温室：殿名，冬日避寒之处，这里指未央宫之温室殿。 〔4〕中黄门：官名，为秦汉九卿之一少府属官。因官者居禁中在黄门之内给事，所以称中黄门，实即为在宫廷中服役之太监。 〔5〕徐之：慢慢来。 〔6〕金马门：宫门名，在今陕西西安西北汉长安城内，未央宫北门，原名鲁班门。汉武帝时立铜马于门外，故改名为金马门。 〔7〕廷尉：官名，为九卿之一，掌刑狱，为主管司法的最高长官。诏狱：奉皇帝令关押犯人的特种监狱。〔8〕中臣：应为"中常侍"，侍从皇帝的加官。侍守：名侍而实守，犹今言软禁，以防发生意外事故。〔9〕敕（chì）：告诫。 〔10〕卒：通"猝"，突然。物故：死亡。自裁：自杀。 〔11〕珠襦（rú）：用珍珠穿成的短上衣。 〔12〕武帐：皇帝升殿时用的帏帐，内陈列着武器，以示威严。 〔13〕期门：官名，负责护卫皇帝出入。陛戟：谓持戟侍卫于殿阶两侧。 〔14〕尚书令：官名，为九卿之一少府属

官，职掌机密文书章奏。其俸禄低职责重，为皇帝近臣，被视为百官之本。

【译文】

霍光立刻同群臣一起谒见禀告太后，详细陈述昌邑王不能继承皇位的情况。皇太后于是乘车来到未央承明殿，下诏书命令各个宫门门卫不准放昌邑王的大臣们进宫。昌邑王进宫朝见太后返回，准备坐辇车回到温室，中黄门的宦官各自手持门扇，等昌邑王进去后，就把宫门关上，昌邑王的群臣就进不来了。昌邑王问道："为什么关门？"大将军跪下说："皇太后有命令，不让昌邑王的群臣进来。"昌邑王说："慢点来，为什么要弄得这么吓人！"霍光派人将昌邑王的群臣全部驱逐出去，集中在金马门外。车骑将军张安世率领羽林骑士拘捕捆绑了二百多人，都交给廷尉关在诏令所规定的监狱内。并命令原昭帝的侍中、中常侍看守昌邑王。霍光告诫他们说："你们要小心值班守卫，如果昌邑王突然死了或自杀，就会让我对不起天下人，背负杀害君王的罪名。"昌邑王这时还不知道自己将要被罢黜，对侍奉在身边的人说："我原来的大臣、随从犯了什么罪，大将军竟把他们全关押起来了？"不久，太后下诏召见昌邑王。昌邑王听到要召见自己，心中开始害怕起来，于是说："我犯了什么罪要召见我？"太后披着珍珠缀成的短袄，穿着盛装坐在布置兵器的帷帐中，几百名宫廷卫士都拿着武器，期门武士持戟站在台阶两侧，他们都排列在殿阶下守卫。群臣按顺序走进殿来，叫昌邑王伏在太后面前听诏令。霍光与各位大臣一起联名奏劾昌邑王，尚书令宣读奏章道：

丞相臣敞、大司马大将军臣光、车骑将军臣安世、度辽将军臣明友、前将军臣增、后将军臣充国、御史大夫臣谊、宜春侯臣谭、当涂侯臣圣、随桃侯臣昌乐、杜侯臣屠耆堂、太仆臣延年、太常臣昌、大司农臣延年、宗正臣德、少府臣乐成、廷尉臣光、执金吾臣延寿、大鸿胪臣贤、左冯翊臣广明、右扶风臣德、长信少府臣嘉、典属国臣武、京辅都尉臣广汉、司隶校尉臣辟兵、诸吏文学光禄大夫臣迁、臣畸、臣吉、臣赐、臣管、臣胜、臣梁、臣长幸、臣夏侯胜、太中大夫臣德、臣印昧死言皇太后陛下[1]：臣敞等顿首死罪。天子所以永保宗庙总壹海内者，以慈孝礼谊赏罚为本[2]。孝昭皇帝早弃天下，亡嗣，臣敞等议，礼曰“为人后者为之子也[3]”，昌邑王宜嗣后，遣宗正、大鸿胪、光禄大夫奉节使征昌邑王典丧[4]，服斩缞[5]，亡悲哀之心，废礼谊，居道上不素食[6]，使从官略女子载衣车[7]，内所居传舍。始至谒见[8]，立为皇太子，常私买鸡豚以食。受皇帝信玺、行玺大行前[9]，就次发玺不封[10]。从官更持节，引内昌邑从官驺宰官奴二百余人[11]，常与居禁闼内敖戏。自之符玺取节十六[12]，朝暮临，令从官更持节从。为书曰“皇帝问侍中君卿[13]：使中御府令高昌奉黄金千斤[14]，赐君卿取十妻”。大行在前殿，发乐府乐器[15]，引内昌邑乐人，击鼓歌吹作俳倡[16]。会下还[17]，上前殿，击钟磬，召内泰壹宗庙乐人辇道牟首[18]，鼓吹歌舞，悉奏众乐。发长安厨三太牢具祠阁室中[19]，祀已，与从官饮啖。驾法驾[20]，皮轩鸾旗[21]，驱驰北宫、桂宫[22]，弄彘斗虎[23]。召皇太后御小马车[24]，使官奴骑乘，游戏掖庭中[25]。与孝昭皇帝宫人蒙等淫乱，诏掖庭令敢泄言要斩[26]。

【注释】

〔1〕敞：杨敞。光：霍光。安世：张安世。明友：范明友（？—前66），陇西（今甘肃境）人。昭帝时，以中郎将拜度辽将军，击乌桓有功，封平陵侯。宣帝时，徙光禄卿，后因犯谋反罪，被灭族。增：韩增（？—前58或前56），韩信后裔，韩说之子。昭帝时，与霍光定策立宣帝，曾任车骑将军，领尚书事。为人宽和自守，死后谥安。充国：赵充国（前137—前52），字翁孙，陇西上邽（今甘肃天水）人，善骑射，有谋略，熟悉边情，多次出征匈奴，对巩固边防多有贡献。曾参与霍光定策立宣帝，封营平侯，死后谥壮侯。谊：蔡谊（？—前71），河内温（今河南孟县东北）人，初以通晓经书给事于大将军霍光幕府，曾为昭帝讲授《诗》，后代杨敞为丞相，封阳平侯，死后谥节。谭：王谭（？—前31），济南（今山东济南）人，嗣父爵为宜春侯，曾参与霍光废昌邑王立宣帝，死后谥康。圣：魏圣，当涂康侯魏不害之子，嗣父爵为当涂侯，死后谥爱。昌乐：即赵昌乐（？—前73），随桃顷侯赵光之子，嗣父爵为随桃侯，参与霍光废昌邑王立宣帝的活动。屠耆堂：原匈奴人。延年：即杜延年（？—前53），字幼公，南阳杜衍（今河南南阳西南）人，杜周之子。因发觉上官桀等人谋乱罪有功，封建平侯。相对霍光持刑罚严，他辅之以宽，死后谥敬。太常：官名，专掌祭祀礼乐之官。昌：即苏昌，征和二年因捕杀反者公孙勇、邹起有功。延年：田延年。德：刘德。乐成：史乐成。光：即李光，参与宣帝拥立活动，有功而封关内侯。执金吾：官名，主要职掌是担任宫殿之外、京城之内的警卫消防工作，并督巡三辅治安，有权直接逮捕罪犯，巡行郡县。延寿：即李延寿（？—前33），字子惠，南郡（治今湖北江陵）人。曾任御史大夫，在任期间，注意选拔人才。贤：即韦贤（前147—前66），字长孺，鲁国邹（今山东邹城南）人。为人质朴少欲，笃志好学，号称“邹鲁大儒”。宣帝时，赐封关内侯。后代

蔡义为丞相，封扶阳侯，死后谥节。广明：即田广明（？—前71），字子公，郑县（今陕西华阴）人，曾任天水司马、淮阳太守、左冯翊、御史大夫等职，封昌水侯，后因贻误战机，获罪自杀。右扶风：职官名，为西汉京畿地区行政长官之一，职掌相当于郡守，但地位远高于郡守，为九卿之一。太中大夫：官名，九卿之一郎中令的属官，掌议论，虽为顾问一类散职，但汉代多以宠臣贵戚和功臣充任，与皇帝关系亲近。德：即周德，因拥立宣帝有功封关内侯。长信少府：官名，掌皇太后宫中事务，俸禄二千石。嘉：不知其姓。武：苏武。京辅都尉：官名，西汉辅助京兆尹掌典武职甲卒之官，其地位相当于郡都尉，常常兼任京辅行政长官。广汉：即赵广汉（？—前67），字子都，涿郡蠡吾（今河北肃宁）人。因参与宣帝拥立活动有功，封关内侯。他精于吏治，不避贵戚，以善治民著称于世，后因冒犯丞相魏相被腰斩。司隶校尉：职官名，督查百官及三辅，三河、弘农七郡犯法者。辟兵：不知其姓。迁：即王迁，卫（今河南沁阳）人。因参与拥立宣帝有功，封平丘侯，后因受诸侯贿钱六百万，漏泄宫中事，下狱，自杀。畸：即宋畸，字翁壹，东海（治今山东郯城西）人。治《论语》，为《齐论》传人。因参与拥立宣帝活动，封关内侯，为官有贤名，曾举荐黄霸等。吉：丙吉。赐、管、胜、梁、长幸、德：不知其姓。印：即赵印（？—前61），赵充国的儿子，后因赵充国和将军辛武贤有怨，武贤告他曾泄露禁中语，他被下狱，自杀。〔2〕谊：同“义”，谓符合正义或道德规范，亦指按照正义或道德规范的要求。〔3〕为人后者为之子：承继于人者应为人之子。〔4〕典丧：主持丧礼。〔5〕斩缞（cuī）：用粗糙的生麻布粗制的孝服，其左右和下边都不缝，为孝子服。〔6〕居道上：在来京途中。不素食：不按照丧礼的要求吃素。〔7〕略：通“掠”，抢劫，夺取。衣车：一种有帐幔遮蔽，有门出入，以运载妇女与衣服的车子。〔8〕谒见：拜见皇太后。〔9〕信玺、行玺：都是皇帝之印。汉代皇帝有六玺。即皇帝行玺、皇帝之玺、皇帝信玺、天子行玺、天子信玺。又有传国玺，合称七玺。

天子之玺由皇帝随身携带，其余均存于符节台（掌管符节印玺之官署）。大行：旧称已死而没有确立谥号、庙号的皇帝为大行，为一去不返之意，这里指昭帝的灵柩。〔10〕次：指居丧之处。发玺不封：开玺匣不封存。〔11〕驺宰：掌管马厩之官。〔12〕符玺：指符节台。〔13〕君卿：人名，不知其姓。〔14〕中御府令：官名，即御府令，为皇宫内收藏皇帝衣物财宝金银的御府之长官，属少府。〔15〕乐府：掌音乐的官署。〔16〕作俳（pái）倡：为谐戏，说笑话和演戏。〔17〕下：指昭帝灵柩下葬。〔18〕辇道：帝王车驾所行之道。牟首：池名，在上林苑中。〔19〕长安厨：京兆尹属下的官署。掌皇家供张。太牢：古代帝王贵族祭祀时，牛、羊、猪三牲具备，称"太牢"。阁室：阁道中之房屋。〔20〕法驾：皇帝祭祀天地社稷等大典时才使用的乘舆仪仗。〔21〕皮轩：以虎皮为屏障之乘车。鸾旗：以羽毛为饰之旌旗。〔22〕北宫、桂宫：二宫名。均在未央宫北。〔23〕彘（zhì）：野猪。〔24〕小马车：太后在宫中游玩时乘坐之小马（高仅三尺）拉的车。〔25〕掖庭：宫中旁舍，妃嫔居住的地方。〔26〕掖庭令：官名，为九卿之一少府属官。以宦官充任，主掌宫内后妃宫人之事，并负责考问受谴之后妃宫人。要斩：即腰斩，古时酷刑，将犯人从腰部斩为两截。

【译文】

臣丞相杨敞、臣大司马大将军霍光、臣车骑将军张安世、臣度辽将军范明友、臣前将军韩增、臣后将军赵充国、臣御史大夫蔡谊、臣宜春侯王谭、臣当涂侯魏圣、臣随桃侯赵昌乐、臣杜侯屠耆堂、臣太仆杜延年、臣太常苏昌、臣大司农田延年、臣宗正刘德、臣少府史乐成、臣廷尉李光、臣执金吾李延寿、臣大鸿胪韦贤、臣左冯翊田广明、臣右扶风周德、臣长信少府傅嘉、臣典属国苏武、臣京辅都尉赵广汉、臣司隶校尉辟兵、臣诸吏文学光禄大夫王迁、臣宋畸、臣丙吉、臣赐、臣管、臣胜、臣梁、臣长幸、臣夏侯胜、臣太中大夫德、臣赵印冒死罪禀告皇太后陛下：臣杨敞等人叩头死罪。天子之所以能够长久保持宗庙并拥有天下，是因为他能够以慈孝、礼义、赏罚分明作为根本。孝昭皇帝由于过早地离开人间，没有继承人，臣杨敞等人商议，根据礼所说的“做某人的继承人的人，就是他的儿子”，昌邑王适于做孝昭皇帝的继承人，于是便派遣宗正、大鸿胪、光禄大夫等官员奉持符节出使征召昌邑王来主持昭帝的丧事。但昌邑王虽穿上孝子丧服，却没有悲哀的意思，而且还弃礼义于不顾，在路上不吃素食，派遣随从官吏抢掠民间女子载上衣车，送到他所住的驿馆。从刚开始到达京城谒见太后被立为皇太子后，就一直经常私下买鸡、猪来吃。在昭帝灵柩前接受信玺、行玺后，就在居丧的地方打开玺印不再封上。随从的官员轮流拿着符节，带领昌邑国的从官、马官、官奴二百多人进宫，经常与他们在禁宫中玩耍游戏。亲自到保管符玺的地方取走十六根符节，早晚去灵柩前哭祭时，让随从的官员轮换着拿着符节跟着。还写了这样的书信，说“皇帝问候侍中君卿：派中御府的长官高昌送去黄金一千斤，赐给君卿十个妻子”。孝昭皇帝的灵柩还停放在前殿，便叫人取出乐府的乐器，把昌邑国的乐人引进宫来，击鼓歌唱，吹奏乐器，装扮演戏来取乐。等到灵柩下葬后返回，就到前殿去敲打钟磬，还把泰壹宗庙的乐人沿着皇帝专行的道引到牟首，击鼓吹奏，载歌载舞，演奏各种音乐。从长安厨取出三副太牢供品，陈放在阁室中进行祭祀，祭祀完毕，就同随从的官员大吃大喝。驾着皇帝出行时专用的车马，车上蒙着虎皮，插着鸾旗，驱车跑到北宫、桂宫，追野猪，斗老虎。又召来皇太后用的小马车，叫官奴骑乘，在嫔妃居住的掖庭中嬉笑娱乐。还同孝昭皇帝的宫人蒙等行淫乱之事，还下诏威胁掖庭令说，有敢泄露外传的人就处以腰斩之刑。

太后曰："止[1]！为人臣子当悖乱如是邪！"

王离席伏[2]。尚书令复读曰：

取诸侯王、列侯、二千石绶及墨绶、黄绶以并佩昌邑郎官者免奴[3]。变易节上黄旄以赤[4]。发御府金钱刀剑玉器采缯[5]，赏赐所与游戏者。与从官官奴夜饮，湛沔于酒[6]。诏太官上乘舆食如故[7]。食监奏未释服未可御故食[8]，复诏太官趣具[9]，无关食监[10]。太官不敢具，即使从官出买鸡豚，诏殿门内[11]，以为常。独夜设九宾温室[12]，延见姊夫昌邑关内侯[13]。祖宗庙祠未举，为玺书使使者持节，以三太牢祠昌邑哀王园庙[14]，称嗣子皇帝。受玺以来二十七日，使者旁午[15]，持节诏诸官署征发，凡千一百二十七事。文学光禄大夫夏侯胜等及侍中傅嘉数进谏以过失，使人簿责胜[16]，缚嘉系狱。荒淫迷惑，失帝王礼谊，乱汉制度。臣敞等数进谏，不变更[17]，日以益甚，恐危杜稷，天下不安。

【注释】

〔1〕止：命令停止读奏。　〔2〕伏：匍匐在地，身子前倾靠在物体上。　〔3〕绶：丝带，古代用以系佩玉、官印、帷幕等，绶带的颜色常用以标志不同的身份与等级。汉制，诸侯王绿绶，列侯紫绶，二千石青绶，比六百石以上墨绶，比二百石以上黄绶。按级佩绶，不得僭越。免奴：被赦免为良人的奴隶。　〔4〕旄：以旄牛尾作的装饰品，按等级规定颜色，不得随便变更。　〔5〕采缯（zēng）：彩色丝

织品。〔6〕湛（chén）沔：即沉湎，沉溺。〔7〕乘舆：这里指皇帝。〔8〕食监：监督膳食制作的官员。未释服：未脱丧服，即指居丧未满期。故食：平时之饮食。〔9〕趣（cù）：督促，催促。〔10〕关：通知。〔11〕殿门：指守卫殿门者。〔12〕九宾：由礼官九人依次传引贵宾上殿的礼节。〔13〕昌邑关内侯：昌邑王所封的关内侯。汉诸侯王可在其封国内按汉制封关内侯，但与皇朝封爵有区别。〔14〕昌邑哀王：即刘髆，刘贺之父。按古礼法，刘贺既已继承昭帝之皇位，就应放弃同刘髆之父子关系，而不应再称为刘髆之嗣子。〔15〕旁午：交错、纷繁，形容来往不绝。〔16〕簿责：依据文书所列罪状逐一责问。〔17〕更：改正，改变。

【译文】

太后说："停一下！为人臣子怎么能这样糊涂放肆呢！"

昌邑王离开席位匍匐在地上。尚书令又读道：

昌邑王取出诸侯王、列侯、二千石的绶带以及黑色、黄色绶带一起给昌邑国的郎官和被赦免为良人的奴隶佩戴。将符节上的黄旄改为红色。把御府中的金子钱币、刀剑玉器、彩色绸缎赏给一同嬉游娱乐的人。同随从的官员以及没入官府的奴隶整夜聚饮，沉湎于酒中。下诏叫太官送上皇帝平时的膳食。食监奏道，丧期未满不可食用平日的饭菜，昌邑王不听，仍下诏叫太官赶快准备，不要告诉食监。太官不敢去准备，就派侍臣去宫外买来鸡和猪，下诏给宫殿门卫叫他们放行，并以此作为常规。夜晚独自在温室设九宾之礼，把他的姐夫昌邑关内侯请来相见。皇帝先祖宗庙的祭庙还没有举行，昌邑王就发诏书派使者拿着符节，用三副太牢祭祀昌邑哀王的陵园宗庙，自称为嗣子皇帝。在接受皇帝玺印以来的二十七天中，使者往来不绝，拿着符节向各个官署下达诏令征索物品，共有一千一百二十七起。文学光禄大夫夏侯胜等以及侍中傅嘉几次为他的过失行为进言规劝，他就派人拿着文书责备夏侯胜，并把傅嘉绑起来关进牢里。他的行为过度放纵且不辨是非，失去帝王应有的礼谊，破坏了汉朝的制度。臣杨敞等人几次进言规谏，他都不改正过错，反而一天比一天厉害，恐怕要危害国家，使天下动荡。

臣敞等谨与博士臣霸、臣隽舍、臣德、臣虞舍、臣射、臣仓议〔1〕，皆曰："高皇帝建功业为汉太祖，孝文皇帝慈仁节俭为太宗，今陛下嗣孝昭皇帝后，行淫辟不轨。《诗》云：'籍曰未知，亦既抱子〔2〕。'五辟之属〔3〕，莫大不孝。周襄王不能事母〔4〕，《春秋》曰'天王出居于郑'，繇不孝出之，绝之于天下也。宗庙重于君，陛下未见命高庙〔5〕，不可以承天序〔6〕，奉祖宗庙，子万姓〔7〕，当废。"臣请有司御史大夫臣谊、宗正臣德、太常臣昌与太祝以一太牢具〔8〕，告祠高庙。臣敞等昧死以闻。

【注释】

〔1〕霸：即孔霸，字次儒，鲁（今山东曲阜）人，孔子十三世孙。为人谦退，不好权势，元帝数次欲拜其相，让位至三，深受皇帝敬重，死后谥烈君。舍：即隽舍，昭帝、宣帝时博士，曾参与霍光等人发起的废除昌邑王刘贺的活动。德：不知其姓。仓：即后仓，字近君，东海郯（今山东郯城西北）人，为昭、宣时著名通儒。舍：名虞舍，生平不详。 〔2〕籍曰未知，亦既抱子：见《诗经·大雅·抑》。假如说你不知礼，但你已抱了儿子。即年已长大，本该知礼大意。 〔3〕五

辟：五刑，泛指刑法。〔4〕周襄王（？—前619）：春秋时周王，周惠王太子。惠王宠惠后，欲立惠后之子为嗣，周襄王在齐的帮助下才即位。而惠后子二度作乱，使周襄王逃亡郑，复位后使王室直接管辖之地仅剩二百余方里。文中说周襄王因不孝敬继母惠后而有了逃亡郑国的危难。〔5〕见命：受命。〔6〕天序：上天的安排，即天命。〔7〕子万姓：以百姓为子民。〔8〕太祝：官名，掌祭祀祈祷之事。

【译文】

臣杨敞等谨慎地与博士孔霸、隽舍、德、虞舍、射、后仓商议，都说："高皇帝因为创建汉朝基业，所以庙号尊称汉太祖，孝文皇帝因为仁慈节俭被称为太宗，如今陛下继承孝昭皇帝的皇位之后，行为放纵不合法度。《诗经》上说：'若说年轻无知，也已经有了儿子。'五刑的条文规定，罪孽没有比不孝更大的。周襄王不能侍奉好继母，《春秋》就说'天王逃亡到郑国'，因为他不孝而被赶出京城，使他与天下人隔绝。宗庙比君王更重要，陛下没有到宗庙接受大命，就不可以继承上天的意旨，奉祀祖宗宗庙，统治天下万民，应当废黜。"臣请求有关官员御史大夫蔡谊、宗正刘德、太常苏昌和太祝准备一副太牢供品，告祭宗庙。臣杨敞等人冒死罪来奏报。

皇太后诏曰："可。"光令王起拜受诏，王曰："闻天子有争臣七人，虽无道不失天下[1]。"光曰："皇太后诏废，安得天子！"乃即持其手，解脱其玺组[2]，奉上太后，扶王下殿，出金马门，群臣随送。王西面拜，曰："愚戆不任汉事[3]。"起就乘舆副车[4]。大将军光送至昌邑邸[5]，光谢曰："王行自绝于天，臣等驽怯[6]，不能杀身报德。臣宁负王，不敢负社稷。愿王自爱。臣长不复见左右。”光涕泣而去。群臣奏言：“古者废放之人屏于远方[7]，不及以政，请徙王贺汉中房陵县[8]。”太后诏归贺昌邑，赐汤沐邑二千户[9]。昌邑群臣坐亡辅导之谊，陷王于恶，光悉诛杀二百余人。出死[10]，号呼市中曰：“当断不断，反受其乱[11]。”

【注释】

〔1〕“闻天子有争臣七人”句：出自《孝经·谏争》，意为天子周围的三公四辅都能直言劝谏，匡正天子，即使天子失道，也不至于亡国。争臣，即诤臣，直言敢谏之臣。无道，不行正道，作坏事，多指暴君或权贵者的恶行。 〔2〕玺组：即皇帝玉玺的绶带。 〔3〕愚戆（gàng）：愚鲁冒失。 〔4〕乘舆副车：皇帝出行时的侍从车，又称“属车”。 〔5〕昌邑邸：昌邑王在京的住处。 〔6〕驽怯：愚笨；懦怯。 〔7〕屏（bǐng）：放逐；摈弃。 〔8〕汉中房陵县：今湖北房县。 〔9〕汤沐邑：天子赐给诸侯的京都附近的封邑，邑中收入供沐浴之用，也备朝见的封地。 〔10〕出死：出狱赴市处死。 〔11〕当断不断，反受其乱：是当时俗语。意思是未曾先下手除霍光，反为霍光所害。

【译文】

皇太后下诏说：“准奏。”霍光就叫昌邑王起来跪拜接受诏令，昌邑王说道：“听说天子只要有七个直言敢谏的大臣，即使失道也不会亡国。”霍光说：“皇太后已下诏令把你废黜，你已经不是天子！”于是上前抓住他的手，解下他身上的玺印绶带，捧上交给太后，扶着昌邑王下了宫殿，走出金马门，群臣跟着送行。昌邑王向西面拜道：“我愚昧不明事理，不堪担当汉朝的重任。”起身坐上皇帝出行时的侍从车。大将军霍光把昌邑王送到昌邑邸后，霍光告罪道："您的行为使得自己不能继承皇位，臣下等怯懦无能，不能自杀来报答您的恩德。可我宁可对不起大王，不敢对不起国家。但愿大王能够善自珍重，臣下将再也不能侍奉在您左右了。"霍光哭着离开了昌邑王。群臣又上奏说："古代被罢黜之人都流放到很远的地方，使他不能参与政事，我们请求把昌邑王刘贺流放到汉中房陵县。"太后下诏命刘贺回到昌邑，并赐给他收取赋税的私邑二千户。昌邑国的群臣由于没有尽辅佐教导君主的职责，使昌邑王误入歧途，霍光把他们二百多人全杀了。当这些人被拉出去处死的时候，在街上哭泣呼喊道："应当杀霍光的时候没有当机立断，现在反而遭到他的残杀。"

光坐庭中，会丞相以下议定所立。广陵王已前不用，及燕刺王反诛，其子不在议中。近亲唯有卫太子孙号皇曾孙在民间[1]，咸称述焉。光遂复与丞相敞等上奏曰："礼曰'人道亲亲故尊祖，尊祖故敬宗[2]'。大宗亡嗣[3]，择支子孙贤者为嗣。孝武皇帝曾孙病已，武帝时有诏掖庭养视，至今年十八，师受《诗》、《论语》、《孝经》[4]，躬行节俭，慈仁爱人，可以嗣孝昭皇帝后，奉承祖宗庙，子万姓。臣昧死以闻。"皇太后诏曰："可。"光遣宗正刘德至曾孙家尚冠里[5]，洗沐赐御衣，太仆以軨猎车迎曾孙就斋宗正府[6]，入未央宫见皇太后，封为阳武侯[7]。已而光奉上皇帝玺绶，谒于高庙，是为孝宣皇帝。明年，下诏曰："夫褒有德，赏元功[8]，古今通谊也。大司马大将军光宿卫忠正，宣德明恩。守节秉谊，以安宗庙。其以河北、东武阳益封光万七千户[9]。”与故所食凡二万户。赏赐前后黄金七千斤，钱六千万，杂缯三万疋[10]，奴婢百七十人，马二千疋，甲第一区[11]。

【注释】

〔1〕皇曾孙：即武帝的曾孙刘病已，后改名询（前91—前49），字次卿，卫太子之孙，史皇孙之子，故号皇曾孙。幼时寄养于祖母史良娣家，居民间，常游三辅，了解下层社会情况及吏治得失，才高好学，喜游侠，通黄老刑名之学。即位后，任用贤良，轻徭薄赋，发展生产，社会一度趋于安定，史称“宣帝中兴”。死后谥孝宣，庙号中宗。　〔2〕“人道亲亲故尊祖”句：节引自《礼记·大传》。亲亲，亲爱自己的亲族。祖，世族的远祖。宗，世族的大宗。　〔3〕大宗：指嫡亲长房。古代贵族都由长子继承父位，代代相传。　〔4〕师受：从师受业。　〔5〕尚冠里：长安里巷名，在长安城南。　〔6〕軨（líng）猎车：一种轻便猎车。斋：斋戒，古时参加大典前的一种仪式。整洁身心，表示虔诚。　〔7〕封为阳武侯：汉代制度规定，庶人不得为皇帝，故先封刘询为侯。阳武，县名，在今河南省内。　〔8〕元功：首功。　〔9〕河北：县名，在今山西芮城县东北。东武阳：县名，在今山东省莘县南。　〔10〕杂缯：杂色丝绸。疋：同“匹”，量词，用于纺织品或骡马等。　〔11〕甲第：上等住宅。一区：一所。

【译文】

霍光坐在朝堂中，会集丞相以下大臣商议决定立谁做皇帝。广陵王早在这之前就没有被选用，等到燕刺王谋反被诛，他的儿子也就不在考虑中了。近亲中现只有卫太子的孙子被称为皇曾孙的还在民间，受到百姓的普遍称赞。霍光便又同丞相杨敞等大臣一同上奏说：“《礼》书中说‘一般人之常情是能够亲爱亲人就能尊崇祖先，能够尊崇祖先就能够敬重同宗的人’。嫡亲长房没有继承人，可以从同族近支子孙中选择贤能的人作为继承人。孝武皇帝的曾孙病已，武帝时有诏令在掖庭中抚养照看，到现在年已十八，从师学习《诗》《论语》《孝经》，身体力行节俭，仁慈有爱人之心，可以继承孝昭皇帝的皇位，事奉祖先宗庙，统治万民。臣下冒死罪禀告皇太后。”皇太后下诏说：“准奏。”霍光就派遣宗正刘德到尚冠里的曾孙家，帮他洗梳沐浴，赐给他皇帝的衣服，叫太仆用轻便小车把曾孙接到宗正府进行斋戒，然后进入未央宫谒见皇太后，被封为阳武侯。不久霍光就捧上皇帝的印玺，然后到宗庙去拜谒，这就是孝宣皇帝。第二年，皇帝下诏说：“褒奖品德高尚的人，赏赐有大功的人，是古今的常理。大司马大将军霍光守卫宫廷忠诚正直，宣扬道德彰明恩泽。持守节操秉承正义，使国家安定。将河北、东武阳的一万七千户加封给霍光。”加上他以前的封地一共有两万户。前后赏给他黄金七千斤，钱六千万，各色彩帛三万匹，奴婢一百七十人，马二千匹，上等住宅一所。

自昭帝时，光子禹及兄孙云皆中郎将[1]，云弟山奉车都尉侍中[2]，领胡越兵[3]。光两女婿为东西宫卫尉[4]，昆弟诸婿外孙皆奉朝请[5]，为诸曹大夫，骑都尉[6]，给事中。党亲连体[7]，根据于朝廷。光自后元秉持万机[8]，及上即位，乃归政。上谦让不受，诸事皆先关白光[9]，然后奏御天子。光每朝见，上虚己敛容[10]，礼下之已甚[11]。

【注释】

〔1〕禹：即霍禹（？—前66），霍光子，宣帝地节二年，以中郎将封右将军，嗣博陆侯，后宣帝夺印绶，更为大司马，后因与诸霍谋反，失败后被杀。云：即霍云（？—前66），霍去病孙，以中郎将封冠阳侯，次年因过免职，后谋反失败后被杀。　〔2〕山：即霍山（？—前66），霍去病孙，以奉车都尉封乐平侯，领尚书事，后因谋反失败被杀。　〔3〕胡越兵：指外族少数民族归附的军队。胡，指北方的少数民族。越，指南方少数民族。　〔4〕光两女婿：分别指的是范明友和邓广汉。当时范明友为未央宫（西宫，皇帝所居）卫尉，邓广汉为长乐宫（东宫，皇太后所居）卫尉，负责两宫守卫。　〔5〕奉朝请：古代诸侯春季朝见天子叫朝，秋季朝见为请，因称定期参加朝会为奉朝请。汉代退职大臣、将军和皇室、外戚多以奉朝请名义参加朝会。　〔6〕骑都尉：官名，统领卫护皇帝的骑兵，因亲近皇帝，多加官侍中。　〔7〕党亲连体：指姻亲同宗结成集团。　〔8〕后元：汉武帝年号（前88—前87）。　〔9〕关白：报告。　〔10〕虚己敛容：谦虚严肃，以示恭敬。　〔11〕礼下之已甚：言礼甚谦恭。

【译文】

从昭帝在位时，霍光的儿子霍禹以及霍光哥哥的孙子霍云都已做到中郎将，霍云的弟弟霍山任奉车都尉侍中，统领南北少数民族归附的军队。霍光的两个女婿分别是东西宫的卫尉，霍光兄弟辈的女婿及外孙都有资格参加朝会，担任诸曹大夫、骑都尉、给事中的官职。霍光亲戚族人在朝中连成一体，盘根错节地占据了朝廷。霍光从后元年以来一直总理朝政，等到宣帝登基以后，才归还朝政。皇上谦让不肯接受，各种政事都要先报告霍光后，再上奏给天子。霍光每次朝见宣帝，皇上都谦恭严肃，对他十分恭敬礼让。

光秉政前后二十年[1]，地节二年春病笃[2]，车驾自临问光病[3]，上为之涕泣。光上书谢恩曰："愿分国邑三千户，以封兄孙奉车都尉山为列侯，奉兄骠骑将军去病祀[4]。"事下丞相御史，即日拜光子禹为右将军。

【注释】

〔1〕秉政：执政，掌握政权。　〔2〕地节二年：前 68 年。〔3〕车驾：此处代指皇帝。　〔4〕去病：霍去病。

【译文】

霍光执政前后达二十年，地节二年春他病得很厉害，皇上亲自去他家探望病情，看他病得很厉害，宣帝难过得流泪。霍光上书谢恩说："我愿把我封国食邑的三千户，用来分封我哥哥的孙子奉车都尉霍山为列侯，以供奉我哥哥骠骑将军霍去病的祭祀。"皇上把此事交给丞相御史办理，当天就授任霍光的儿子霍禹为右将军。

光薨[1]，上及皇太后亲临光丧。太中大夫任宣与侍御史五人持节护丧事。中二千石治莫府冢上[2]。赐金钱、缯絮、绣被百领[3]，衣五十箧[4]，璧珠玑玉衣[5]，梓宫、便房、黄肠题凑各一具[6]，枞木外臧椁十五具[7]。东园温明[8]，皆如乘舆制度。载光尸柩以辒辌车[9]，黄屋左纛[10]，发材官轻车北军五校士军陈至茂陵[11]，以送其葬。谥曰宣成侯。发三河卒穿复土[12]，起冢祠堂，置园邑三百家，长丞奉守如旧法[13]。

【注释】

〔1〕薨：古代诸侯王死叫薨。〔2〕治莫府冢上：在墓地设立办理丧事的幕府。莫，通“幕”。〔3〕缯絮：用绸丝、丝绵制成的衣服。〔4〕箧（qiè）：小箱子，藏物之具。〔5〕玉衣：即金缕玉衣，又称玉匣，衣以金丝连缀玉片而成，用以包裹尸体。〔6〕梓宫：帝后用的梓木棺材。便房：用楩木做成的椁。便（pián），通“楩”。黄肠题凑：用黄心柏木垒成的椁室，因是黄心柏木，故称“黄肠”，木头皆向内为椁盖，故称“题凑”。〔7〕外臧椁：指黄肠题凑外之外椁。臧，通“藏”。十五具：指枞（cōng）木板十五块。〔8〕东园：官署名，掌置办丧葬器物。温明：葬器名，形如方漆桶，一面开着，把镜子放在里面，悬在尸上，大殓时放入棺内。〔9〕辒（wēn）辌（liáng）车：一种供人卧息的车，旁有窗，可供开闭以调节温凉，故名辒辌车，后用作丧车。〔10〕黄屋左纛：是皇帝乘舆之制。黄屋，是以黄绸为车盖。左纛（dào），是插在车辕左端饰有羽毛的大旗。〔11〕材官：能用强弩的步兵。轻车：战车兵。北军：汉代居于城北的一支禁军，有时充任皇帝出殡的仪仗队。五校：即五营。军陈：军列成行。茂陵：汉武帝陵，在今陕西兴平东北。霍光墓在兴平县茂陵镇。〔12〕三河：汉时指河内（治怀县）、河东（治安邑）、河南（治洛阳）三郡。穿复土：掘地和堆土。〔13〕长丞奉守如旧法：言大将军幕府的长史、丞掾等属僚，按霍光生前的规格奉守陵园。

【译文】

霍光去世后，皇上及皇太后都亲自到霍光的灵堂去吊丧。太中大夫任宣和五个侍御史一同拿着符节操办丧事。中朝俸禄二千石的大臣在墓地上设置幕府办事。皇上还赐给金钱、丝绸丝绵制成的衣服，还有一百条绣花棉被，五十箱衣服，金镂玉衣、梓木内棺、楩木外椁、黄肠题凑各一副，随葬的外藏枞木椁十五副。东园制作的温明秘器等随葬品，全都同皇帝葬礼的规格一样。用辒辌车载着霍光的遗体，车上用黄绸覆盖，左边车辕上插着装饰了羽毛的大旗，派材官、轻车、北军五营的士兵列队一直到达茂陵，为霍光送葬。给他赐谥号为宣成侯。皇帝征调河东、河南、河内三郡的士兵挖掘墓穴，盖起陵墓祠堂，并在祠堂附近设置了三百户人家作为守护陵墓的封邑，长史、丞掾按照旧例侍奉守护陵园。

既葬，封山为乐平侯，以奉车都尉领尚书事[1]。天子思光功德，下诏曰："故大司马大将军博陆侯宿卫孝武皇帝三十有余年，辅孝昭皇帝十有余年，遭大难，躬秉谊，率三公九卿大夫定万世册以安社稷[2]，天下蒸庶咸以康宁[3]。功德茂盛[4]，朕甚嘉之。复其后世[5]，畴其爵邑[6]，世世无有所与，功如萧相国[7]。"明年夏，封太子外祖父许广汉为平恩侯[8]。复下诏曰："宣成侯光宿卫忠正，勤劳国家，善善及后世[9]，其封光兄孙中郎将云为冠阳侯。"

【注释】

〔1〕领尚书事：管领尚书事务。 〔2〕万世册：指废立之事。册，通"策"，计谋，计策。 〔3〕蒸庶：民众，百姓。 〔4〕茂盛：茂密旺盛。亦用以形容事业兴旺或德行卓著。 〔5〕复：免去赋役。 〔6〕畴其爵邑：言不递减封爵食邑。 〔7〕萧相国：即萧何（？—前193），沛（今江苏沛县）人，曾帮助高祖刘邦夺取天下，死后谥文终。 〔8〕许广汉（？—前61）：宣帝许皇后之父，曾与卫太子之孙刘病已同居一处，对刘病已施恩深厚，又以女儿嫁之。宣帝即位后，许广汉被封为昌成君，后又封平恩侯，死后封戴。 〔9〕善善：褒扬善者。

【译文】

霍光被安葬以后，宣帝就封霍山为乐平侯，以奉车都尉的身份兼管尚书的事务。天子追思霍光的功德，下诏书说："已故的大司马大将军博陆侯霍光在宫禁中侍奉孝武皇帝三十多年，又辅佐孝昭皇帝有十多年，中间遭遇到重大的灾难，挺身执仗正义，率领三公九卿大夫制定万年大计来安定国家，天下的黎民百姓才获得安康太平。他的功勋和德行卓著，朕极为赞许。决定免去他后代的徭役，子孙继承他的封爵食邑且不减少，世世代代没有能比得上的，他的功劳与萧相国同等。"第二年夏天，宣帝封太子的外祖父许广汉为平恩侯。又下诏令说："宣成侯霍光在宫禁中侍奉天子忠诚正直，为国家辛勤操劳。褒奖善良的人应惠及他的后代，此封霍光哥哥的孙子中郎将霍云为冠阳侯。"

禹既嗣为博陆侯，太夫人显改光时所自造茔制而侈大之[1]。起三出阙[2]，筑神道[3]，北临昭灵[4]，南出承恩[5]，盛饰祠堂，辇阁通属永巷[6]，而幽良人婢妾守之[7]。广治第室，作乘舆辇。加画绣絪冯[8]，黄金涂，韦絮荐轮[9]，侍婢以五采丝輓显[10]，游戏第中。初，光爱幸监奴冯子都[11]，常与计事，及显寡居，与子都乱。而禹、山亦并缮治第宅[12]，走马驰逐平乐馆[13]。云当朝请，数称病私出，多从宾客，张围猎黄山苑中[14]，使苍头奴上朝谒[15]，莫敢谴者。而显及诸女，昼夜出入长信宫殿中[16]，亡期度[17]。

【注释】

〔1〕显：霍光妻子之名。茔（yíng）：墓地。　〔2〕三出阙：墓前有三个门的石阙。　〔3〕神道：墓前之道。　〔4〕昭灵：馆名。在茂陵。　〔5〕承恩：馆名。在茂陵。　〔6〕辇阁：通车辇的阁道。属：接连。永巷：指陵墓之长巷。　〔7〕幽：禁闭。良人：平民，百姓。　〔8〕细（yīn）冯（píng）：指车上的坐垫。细，通“茵”。〔9〕韦絮荐轮：以熟牛皮和丝絮包扎车轮，以减轻行车时震动。〔10〕輓：牵引，拉着。　〔11〕监奴：为权贵豪门监管家务的奴仆头子。冯子都：名殷，大将军霍光府第中的监奴，颇受霍光的器重，他依仗权势，多次作奸犯科，霍光死后和他夫人显通奸。　〔12〕缮治：整理；修补。　〔13〕平乐馆：古馆名，是上林苑中的跑马场。〔14〕黄山：宫名，故地在今陕西兴平县西南。　〔15〕苍头奴：头包青巾的奴仆。　〔16〕长信宫：当时为霍光外孙女上官太后所居。〔17〕亡期度：没有限制。

【译文】

霍禹继爵为博陆侯后，太夫人显改变了霍光生前自己设计的墓地规制而加以扩大。建起三个出口的门阙，修筑墓前的通道，北面靠近昭灵馆，南面到承恩馆，大肆装饰祠堂，通行辇车的专用阁道一直通到墓穴中的长巷里，又囚禁一些平民、奴婢、侍妾来守护陵墓。还大肆修建住宅，制造乘坐的辇车，添加饰有图案的绣花坐垫，车身涂饰黄金，又用熟牛皮和丝絮包住车轮，侍从婢女用五彩的丝带拉着显所乘坐的车，在住宅中游戏取乐。当初，霍光宠爱家奴总管冯子都，常同他商量事情，等到显守寡独居时，就与冯子都通奸。而霍禹、霍山也同时修建住宅，且常在平乐馆纵马驰骋。霍云在应当上朝谒见皇上的日子，多次称病私下外出，带着很多宾客，在黄山苑囿中张网打猎，却委派奴仆代为上朝谒见，没有人敢责备他。而且显和她的几个女儿，不分白天黑夜地进出太后住的长信宫，没有一定的时间和次数限度。

宣帝自在民间闻知霍氏尊盛日久[1]，内不能善。光薨，上始躬亲朝政，御史大夫魏相给事中[2]。显谓禹、云、山："女曹不务奉大将军余业[3]，今大夫给事中，他人壹间[4]，女能复自救邪？"后两家奴争道[5]，霍氏奴入御史府，欲蹋大夫门，御史为叩头谢，乃去。人以谓霍氏，显等始知忧。会魏大夫为丞相，数燕见言事[6]。平恩侯与侍中金安上等径出入省中[7]。时霍山自若领尚书[8]，上令吏民得奏封事[9]，不关尚书，群臣进见独往来，于是霍氏甚恶之。

【注释】

〔1〕尊盛：位高势盛。 〔2〕魏相（？—前59）：字弱翁，济阴定陶（今山东定陶西北）人，曾上书建议削霍氏大权，受到宣帝的赏识，任为给事中，参与中朝决策，后代韦贤为丞相，封高平侯。他建议皇帝遣吏巡行天下，举贤才，平冤狱，宽赋税，重农务积粟，皆被采纳，死后谥宪。事见《汉书》卷七十四《魏相传》。给事中：官名，秦汉为列侯、将军、谒者等的加官，侍从皇帝左右，备顾问应对，参议政事，因执事于殿中，故名。 〔3〕女曹：你们。女，通"汝"，你。 〔4〕间：离间。 〔5〕两家：谓霍氏及御史家。 〔6〕燕见：在皇帝闲暇时被召见，有别于朝见。燕，通"宴"，宴饮，宴请。〔7〕平恩侯：许广汉。金安上（？—前56）：字子侯，匈奴人，祖父为匈奴休屠王，后其父金伦从兄金日磾降汉，先后被封为关内侯、都成侯，死后谥敬，赐冢杜陵。《汉书》卷六十八《霍光金日磾传》附其传。省中：宫禁之中。 〔8〕自若：仍然，仍旧。 〔9〕封事：密

封的奏章，古时臣下上书奏事，防有泄漏，用皂囊封缄，故称。

【译文】

宣帝在民间时就听说并知晓霍氏位高势盛已经很长时间了，心中并不认为这是一件好事。霍光去世后，宣帝才开始亲自处理朝政，让御史大夫魏相任给事中。显对霍禹、霍云、霍山等人说："你们这些人不努力继承大将军的遗业，如今御史大夫担任给事中，一旦有人在中间挑拨，你们还能救自己吗？"后来霍魏两家的奴仆争路，霍氏的奴仆就跑到御史大夫府中，要踢坏他府中的大门，御史为此向霍氏家奴叩头谢罪，他们才离开。有人把这件事告诉了霍家，显等人才开始知道将有祸患。等到魏大夫担任丞相，经常在闲暇时被召见谈论政事。平恩侯和侍中金安上都能直接出入宫禁中。当时霍山仍旧兼领尚书的事务，但皇上叫官吏百姓可以密封奏章上报，不必通过尚书台，群臣百官进见皇上可以直接往来，霍氏对此非常不满。

宣帝始立，立微时许妃为皇后[1]。显爱小女成君[2]，欲贵之，私使乳医淳于衍行毒药杀许后[3]，因劝光内成君，代立为后。语在《外戚传》。始许后暴崩，吏捕诸医，劾衍侍疾亡状不道，下狱。吏簿问急，显恐事败，即具以实语光。光大惊，欲自发举，不忍，犹与[4]。会奏上，因署衍勿论[5]。光薨后，语稍泄。于是上始闻之而未察，乃徙光女婿度辽将军未央卫尉平陵侯范明友为光禄勋，次婿诸吏中郎将羽林监任胜出为安定太守[6]。数月，复出光姊婿给事中光禄大夫张朔为蜀郡太守[7]，群孙婿中郎将王汉为武威太守[8]。顷之，复徙光长女婿长乐卫尉邓广汉为少府。更以禹为大司马，冠小冠[9]，亡印绶[10]，罢其右将军屯兵官属，特使禹官名与光俱大司马者。又收范明友度辽将军印绶，但为光禄勋。及光中女婿赵平为散骑骑都尉光禄大夫将屯兵[11]，又收平骑都尉印绶。诸领胡越骑、羽林及两宫卫将屯兵，悉易以所亲信许、史子弟代之[12]。

【注释】

〔1〕微时：卑贱而未显达的时候。许妃：许广汉之女平君（？—前71），宣帝即位后，封为婕妤，后立为皇后，生太子刘奭。后霍光夫人趁她怀孕，使女医将她毒杀，谥恭哀。 〔2〕成君：即霍光小女霍成君（？—前54），其母使女医毒杀许皇后，劝霍光把她送进宫，立为皇后。她生活奢侈，侍从甚盛，赏赐官属以千万计，后受其母指使，欲毒杀太子刘奭未遂。霍氏谋反失败后，她被废，处昭台宫，后自杀。 〔3〕乳医：古代称产科医生。淳于衍（？—前66）：女侍医，字少夫，一直和霍光关系很好，受霍光夫人指使毒杀许皇后，霍氏谋反事败后，她亦被诛。 〔4〕犹与：犹豫。 〔5〕署：批示。勿论：不追究。 〔6〕任胜（？—前66）：霍光女婿，宣帝时任诸吏中郎将羽林监，掌羽林军，后调任安定太守，因参与霍氏谋反，被杀。安定：郡名，治高平（今宁夏固原）。 〔7〕蜀郡：郡名，治成都（今四川成都）。 〔8〕武威：郡名，治姑臧（今甘肃武威）。 〔9〕小冠：古代高度广度皆逊于一般的冠。汉制，大司马冠武弁大冠。此时让霍氏冠小冠，显然贬之。 〔10〕亡印绶：无印绶则无实权。这句是说霍禹被罢去兵权，只有大司马之虚名。 〔11〕散骑：官名，为加官，掌顾问应对，属中朝官之一。 〔12〕许、史子弟：指宣帝皇后许氏之亲属、宣帝祖母史良娣之亲属。

【译文】

宣帝刚登基时，就册封卑贱而未显达时所娶的许妃为皇后。显很喜爱她的小女儿成君，想让她得到富贵，就暗中派产科医生淳于衍下毒药杀死许后，乘机劝霍光把成君纳入后宫，取代许后成为皇后。这些事《外戚传》中有记载。当时许后突然死亡，官吏逮捕了宫中参与治疗的医生，并弹劾淳于衍在治病过程中行迹可疑，不合常理，就把她关进了监狱。狱吏对她审问时追问得很紧急，显害怕事情败露，就把实情告诉了霍光。霍光大吃一惊，想亲自去告发这件事，又不忍心，犹豫不决。适逢此案的奏章上报，霍光就乘机批复对淳于衍不必再追究。霍光死后，真相开始慢慢泄露出去。对这件事皇上只是刚听说但还不明虚实，就调动霍光的女婿度辽将军未央宫的卫尉平陵侯范明友任光禄勋，二女婿诸吏中郎将羽林监任胜出京担任安定太守。几个月后，又调出霍光姐姐的女婿给事中光禄大夫张朔出京担任蜀郡太守，孙女婿中郎将王汉为武威太守。过了不久，又调霍光的大女婿长乐宫卫尉邓广汉任少府。再调霍禹担任大司马，只戴小帽子，且没有印章，并撤销了他右将军统辖驻军官兵的官职，只是让霍禹的官名与霍光一样都是大司马罢了。又收回范明友度辽将军的官印，只让他担任光禄勋。还有霍光的三女婿赵平为散骑骑都尉光禄大夫统领驻军，现在又把赵平的骑都尉官印也收回。所有统领的外族归附骑兵、羽林军、两宫卫队和统帅驻军的，都改为由宣帝所亲信的许、史两家子弟。

禹为大司马，称病。禹故长史任宣候问〔1〕，禹曰：“我何病？县官非我家将军不得至是〔2〕，今将军坟墓未干〔3〕，尽外我家〔4〕，反任许、史，夺我印绶，令人不省死〔5〕。”宣见禹恨望深[6]，乃谓曰："大将军时何可复行！持国权柄，杀生在手中。廷尉李种、王平、左冯诩贾胜胡及车丞相女婿少府徐仁皆坐逆将军意下狱死[7]。使乐成小家子得幸将军[8]，至九卿封侯。百官以下但事冯子都、王子方等[9]，视丞相亡如也[10]。各自有时，今许、史自天子骨肉，贵正宜耳。大司马欲用是怨恨，愚以为不可。"禹默然。数日，起视事。

【注释】

〔1〕候问：问候，问安。 〔2〕县官：古时天子之别称。 〔3〕坟墓未干：言人才死不久。 〔4〕外：疏远。 〔5〕不省死：至死不明。 〔6〕恨望：怨望，怨恨。 〔7〕李种（？—前83）：一作李仲，字季主，洛阳人。始元元年为廷尉，在职四年，因违忤霍光，被杀。王平（？—前78）：字子心，齐（今山东泰山以北及胶东地区）人，昭帝时奉诏持节巡视郡国，举贤良，问民疾苦，平冤狱，甚有功绩。后因治上官桀、桑弘羊谋反案违逆大将军霍光之意，被弹劾纵逆谋反者，被腰斩。贾胜胡（？—前78）：宣帝元凤元年，官左冯翊，元凤三年，以纵谋反罪腰斩弃市。车丞相：车千秋（？—前77），本姓田，曾上书为太子申冤，受到武帝赏识，官至丞相，封富民侯，武帝临终，受顾命辅昭帝。他谨慎持重，敦厚有智，死后谥定侯。事见《汉书》卷六十六《田千秋传》。徐仁（？—前78）：字中孙，齐人，丞相车千秋婿，与王平处理桑弘羊等谋反案，因违逆霍光，以纵反罪，下狱，后自杀。 〔8〕使乐成：即史乐成。小家子：出身低微的人。〔9〕王子方（？—前66）：霍光家奴，他与冯子都等仗势横行，多次犯法，而百官以下只知巴结他，后因霍氏谋反受到牵连而被杀。〔10〕亡如：即无如，犹不如、不及。

【译文】

霍禹被任命为大司马后，就称病不上朝。霍禹原来的长史任宣来探望问候，霍禹说道："我哪里有什么病？天子不是靠我家将军就不可能有今天这样的地位，如今将军才刚死不久，他就疏远排斥我们家族，反而任用许、史两家的人员，还剥夺了我的官印，真让人死都弄不明白。"任宣见霍禹怨恨很深，就对他说道："大将军的时代怎么还能再有！那时掌握国家大权，生杀予夺掌握在自己手中。廷尉李种、王平、左冯翊贾胜胡以及车丞相的女婿少府徐仁都因违背大将军的意旨而被下狱处死。史乐成这样出身低微的人因为受到将军宠爱，官至九卿而封侯。百官以下只知道侍奉冯子都、王子方等人，根本不把丞相放在眼里。这是各自有自己的时代，如今许、史两家是天子最亲的亲戚，得到贵宠正是理所当然的。大司马如果因此而心怀不满，我认为不应该。"霍禹听后沉默不语。过了几天，霍禹又上朝处理事务。

显及禹、山、云自见日侵削，数相对啼泣，自怨。山曰："今丞相用事〔1〕，县官信之，尽变易大将军时法令，以公田赋与贫民，发扬大将军过失〔2〕。又诸儒生多窭人子〔3〕，远客饥寒，喜妄说狂言，不避忌讳，大将军常仇之，今陛下好与诸儒生语，人人自使书对事，多言我家者。尝有上书言大将军时主弱臣强，专制擅权，今其子孙用事，昆弟益骄恣，恐危宗庙，灾异数见〔4〕，尽为是也。其言绝痛，山屏不奏其书〔5〕。后上书者益黠〔6〕，尽奏封事，辄下中书令出取之〔7〕，不关尚书，益不信人。"显曰："丞相数言我家，独无罪乎？”山曰：“丞相廉正，安得罪？我家昆弟诸婿多不谨。又闻民间讙言霍氏毒杀许皇后[8]，宁有是邪？”显恐急，即具以实告山、云、禹。山、云、禹惊曰：“如是，何不早告禹等！县官离散斥逐诸婿，用是故也[9]。此大事，诛罚不小[10]，奈何？”于是始有邪谋矣。

【注释】

〔1〕用事：执政；当权。 〔2〕发扬：宣布；宣扬。 〔3〕窭（jù）人子：出身贫穷的人。 〔4〕见：通“现”，出现。下同。〔5〕屏（bǐng）：隐藏。 〔6〕黠（xiá）：狡猾。 〔7〕中书令：官名，为汉九卿之一少府属官，管理帝王的事务，多选用明习法令故事、善为请奏者任之。 〔8〕讙（huān）言：谓众口嘈杂地传说。〔9〕用是故：因这个缘故。 〔10〕诛罚：责罚；惩治。

【译文】

显和霍禹、霍山、霍云眼看着自己的权势一天天被削夺，几次相对流泪啼哭，自相埋怨。霍山说：“现在丞相执政，受到皇帝信赖，完全改变大将军当时制定的法令，将公田及收入分给贫民，以宣扬大将军的过失。另外那些儒生，大多是穷人子弟，远道而来客居京城，衣食不能自给，却喜欢口出狂言，不避忌讳，大将军生前对这些人很仇视，如今陛下却喜欢同众儒生交谈，允许他们每个人都可以上书谈论政事，这些人就尽说我们家的事。曾经有人上书说大将军在时，主弱臣强，揽权独裁，如今他的子孙当权，兄弟们更加骄横放纵，恐怕将要危害国家，灾祸和怪异事频繁出现，都是因为这个缘故。他的话说得极其恳切，我就把此奏章隐藏没有上奏。后来上书的人更加狡猾，全都使用密封奏事，皇上就叫中书令出来取走，不通过尚书，皇上越来越不信任我了。”显问道：“丞相屡次说我家的事，难道他就没有罪过吗?”霍山答道：“丞相廉洁正直，哪里能有罪？我家的弟兄们和各位女婿大多行为不谨慎。又听民间纷纷传说霍家用毒杀死了许皇后，真有此事吗?”显很害怕，就把全部实情告诉了霍山、霍云、霍禹。霍山、霍云、霍禹惊慌地说道：“有这样的事情，为什么不早告诉我们呢？天子离散贬谪我们家的几个女婿，就是因为这个缘故啊。这是一件大事，处罚可不会轻，怎么办?”从这以后他们就开始有了图谋不轨的想法。

初，赵平客石夏善为天官〔1〕，语平曰：“荧惑守御星〔2〕，御星，太仆奉车都尉也，不黜则死。”平内忧山等。云舅李竟所善张赦见云家卒卒〔3〕，谓竟曰：“今丞相与平恩侯用事，可令太夫人言太后，先诛此两人。移徙陛下〔4〕，在太后耳。”长安男子张章告之〔5〕，事下廷尉。执金吾捕张赦、石夏等，后有诏止勿捕。山等愈恐，相谓曰：“此县官重太后，故不竟也〔6〕。然恶端已见，又有弑许后事，陛下虽宽仁，恐左右不听，久之犹发，发即族矣〔7〕，不如先也。”遂令诸女各归报其夫，皆曰：“安所相避〔8〕?”

【注释】

〔1〕客：门客。石夏：生平不详，是当时通晓天象星文的人。天官：天文；天象。　〔2〕荧惑：古指火星，因隐现不定，令人迷惑，所以称荧惑。守：犯。御星：又称“钩铃”，属房宿（房宿今属天蝎星

座），共二小星。当时以为，御星象征为天子驾车者，荧惑守御星，太仆或奉车都尉不被罢黜就会被杀。霍山时为奉车都尉，故赵平忧之。〔3〕李竟（?—前66）：魏郡（今河北临漳西南）人，因参与霍氏谋反被杀。张赦（?—前66）：曾为李竟出谋划策，后因参与霍氏谋反被杀。卒卒（cù）：匆促急迫的样子。〔4〕移徙：犹移动。〔5〕张章（?—前58）：颍川阳翟（今河南禹县东）人。他初到京谋官寄宿霍氏马厩，夜闻养马奴相互语霍氏子孙欲谋反，于是上书告发。〔6〕竟：追根究底。〔7〕族：灭族。〔8〕安所相避：意思是走投无路，只有铤而走险。

【译文】

当初，赵平的门客石夏通晓天象，他对赵平说："荧惑守着御星，御星是象征着太仆和奉车都尉的星宿，他们将不是被贬官就是被杀死。"赵平心里替霍山等人担忧。霍云的舅舅李竟的好友张赦见霍云家惶惶不安，就对李竟说："如今丞相与平恩侯当权，可以叫太夫人告诉太后，先把这两个人杀了。能否让陛下转变，关键在于皇太后。"长安平民张章告发了这件事，宣帝就把此事交给廷尉处理。执金吾追捕张赦、石夏等人，后来又有诏令制止不要拘捕。霍山等人更加害怕，互相说道："这是天子尊重皇太后，所以没有追根究底。但是凶兆已经显现，又有毒杀许后的事，陛下即使宽厚仁慈，就怕他身边的人不会听任我们这样，时间久了仍然会追查，一旦查清就要被灭族，我们不如先动手。"于是就叫几个女儿各自回去告诉自己的丈夫，都说："哪里还有地方避难呢?"

会李竟坐与诸侯王交通〔1〕，辞语及霍氏，有诏云、山不宜宿卫，免就第。光诸女遇太后无礼，冯子都数犯法，上并以为让[2]，山、禹等甚恐。显梦第中井水溢流庭下，灶居树上，又梦大将军谓显曰："知捕儿不[3]？亟下捕之[4]。"第中鼠暴多，与人相触，以尾画地。鸮数鸣殿前树上[5]。第门自坏。云尚冠里宅中门亦坏。巷端人共见有人居云屋上，彻瓦投地[6]，就视，亡有，大怪之。禹梦车骑声正讙来捕禹，举家忧愁。山曰："丞相擅减宗庙羔、菟、蛙[7]，可以此罪也。"谋令太后为博平君置酒[8]，召丞相、平恩侯以下，使范明友、邓广汉承太后制引斩之[9]，因废天子而立禹。约定未发，云拜为玄菟太守[10]，太中大夫任宣为代郡太守[11]。山又坐写秘书[12]，显为上书献城西第，入马千匹，以赎山罪。书报闻[13]。会事发觉，云、山、明友自杀，显、禹、广汉等捕得。禹要斩，显及诸女昆弟皆弃市。唯独霍后废处昭台宫[14]。与霍氏相连坐诛灭者数千家。

【注释】

〔1〕交通：勾结；串通。　〔2〕并以为让：言以诸事一并责备。〔3〕知捕儿不：言知道将要逮捕儿子吗？不（fǒu），同"否"。〔4〕亟下捕之：言即将下诏捕之。　〔5〕鸮：即鸱鸮（chī xiāo），猫头鹰。古人以为不祥之物。殿：上屋。　〔6〕彻：发。　〔7〕羔、菟、蛙：均为宗庙祭品，数量有所规定，丞相魏相擅自减少，所以可以问罪。菟，通"兔"。　〔8〕博平君：宣帝的外祖母王媪，生女翁须，为宣帝的母亲。宣帝即位后，将她寻访迎入宫中，封博平君，以博平、蠡吾两县万户为汤沐邑，死后谥思成夫人。　〔9〕承太后制：秉承太后的旨意而便宜行事。　〔10〕玄菟：郡名，治所在高句骊县（在今辽宁新宾西南）。　〔11〕代郡：郡名，治代县（在今河北蔚县

东北)。〔12〕写：抄录。〔13〕报闻：言已报送皇帝得知。〔14〕霍后：即霍光小女成君。昭台宫：古宫室名，在上林苑。

【译文】

适逢李竟因与诸侯勾结而获罪，供词涉及霍家，宣帝就下诏说霍云、霍山不宜在宫禁中供职，免官回家。又因霍光的几个女儿对待太后没有礼貌，冯子都多次犯法，皇上就一同加以责问，霍山、霍禹等人感到很害怕。霍光的夫人显梦见住宅中的井水溢出流到厅堂下，厨房里的炉灶挂在了大树上，又梦见大将军对显说："你知道我们的儿子要被捕了吗？皇帝很快就会下诏来逮捕他。"住宅中的老鼠一下多了起来，与人相互碰撞，用尾巴在地上乱画。猫头鹰几次在屋前的树上叫唤。住宅的门无缘无故毁坏，霍云尚冠里住宅中的门也无缘无故地坏了。街巷口的人都看到有人坐在霍云的屋顶上，揭下瓦片扔到地上，到跟前去看，却又没有见到人，感到非常奇怪。霍禹梦中听到车马喧喧嚷嚷地来捕捉他，全家对这些怪事感到忧愁。霍山说道："丞相擅自减少宗庙供品的羔羊、兔子、青蛙，可以用这做罪名。"他们密谋叫太后为宣帝的外祖母博平君设置酒席，把丞相、平恩侯以下的官员召来，让范明友、邓广汉假借太后的旨意将这些人捕杀，趁机废掉天子而另立霍禹为皇帝。计谋商定还未行动，霍云就被调任为玄菟太守，太中大夫任宣被调任为代郡太守。霍山又因为抄写宫禁秘书犯法，显为此上书表示愿献出城西的宅第及一千匹马用来赎霍山的罪。宣帝在奏书上只批示知道了。等到密谋的事被发觉，霍云、霍山、范明友自杀，显、霍禹、邓广汉等人被逮捕。霍禹被处腰斩，显及她的几个女儿兄弟也都被处死。惟独霍皇后被废黜幽禁在昭台宫。因霍家谋反而受到牵连被定灭族罪的有好几千家。

上乃下诏曰："乃者东织室令史张赦使魏郡豪李竟报冠阳侯云谋为大逆[1]，朕以大将军故，抑而不扬，冀其自新。今大司马博陆侯禹与母宣成侯夫人显及从昆弟子冠阳侯云、乐平侯山诸姊妹婿谋为大逆，欲诖误百姓[2]。赖宗庙神灵，先发得[3]，咸伏其辜，朕甚悼之。诸为霍氏所诖误，事在丙申前[4]，未发觉在吏者[5]，皆赦除之。男子张章先发觉，以语期门董忠[6]，忠告左曹杨恽[7]，恽告侍中金安上。恽召见对状[8]，后章上书以闻。侍中史高与金安上建发其事[9]，言无入霍氏禁闼，卒不得遂其谋，皆雠有功[10]。封章为博成侯，忠高昌侯，恽平通侯，安上都成侯，高乐陵侯。"

【注释】

〔1〕东织室令史：即东织令，官名，为汉代九卿之一少府的属官，掌郊庙衣服织作。　〔2〕诖（guà）误：连累，贻误。　〔3〕发得：言事发而捕得。　〔4〕丙申：指地节四年（前66年）七月十八日。〔5〕未发觉在吏者：未发觉罪行而被关在狱中者。　〔6〕期门：官名，汉武帝时置，掌执兵扈从护卫。董忠（？—前48）：颍川阳翟（今河南禹县）人，有财力，善骑射，因告发霍氏谋反而封高昌侯。〔7〕杨恽（？—前54）：字子幼，华阴（今陕西华阴东）人。丞相杨敞次子，司马迁之外孙，曾将《太史公书》公诸于世。因揭发霍氏谋反有功，封平通侯，为人自负，轻财好义，廉洁无私，但喜揭发别人的隐私，常与人结怨。因与戴长乐不合，遭戴诬告，被贬为庶人。后又因心怀不满，被告发，以大逆不道罪处腰斩，其家人也被流放或免

官。〔8〕对状：陈述事状。〔9〕史高（？—前43）：字子长，鲁国（今山东曲阜）人，后徙杜陵（今陕西西安东南）。史皇孙舅父史恭之子，宣帝即位后，封关内侯，后因揭发霍氏谋反有功，封乐陵侯，官至大司马，死后谥安。建：建议。〔10〕雠（chóu）：相等；相匹敌。

【译文】

宣帝于是下诏说："不久以前东织室令史张赦指使魏郡的大户李竟给冠阳侯霍云回话密谋犯上作乱，朕因为大将军霍光的缘故，就将事情压住没有公开，希望他们能改过自新。现在大司马博陆侯霍禹和他的母亲宣成侯夫人显以及堂兄弟的儿子冠阳侯霍云、乐平侯霍山和他们姊妹的丈夫们密谋造反，企图连累百姓。幸亏祖宗的神灵保佑，被事先发觉并捕获，全部都伏法处决，朕对这件事很痛心。所有被霍氏蒙蔽而犯法的人，只要在七月十八日以前尚未被官吏发现而备案的，一律赦免不再追究。平民张章首先发觉了这件事，把它告诉了期门董忠，董忠又报告给左曹杨恽，杨恽报告给侍中金安上。杨恽被召见陈述情况，后来张章又上书报告这件事情。侍中史高与金安上建议揭发霍氏谋反这件事，说不让霍氏进入宫禁中，霍氏的阴谋就不可能实现，他们都同样有功。特封张章为博成侯，董忠为高昌侯，杨恽为平通侯，金安上为都成侯，史高为乐陵侯。"

初，霍氏奢侈，茂陵徐生曰〔1〕："霍氏必亡。夫奢则不逊，不逊必侮上。侮上者，逆道也。在人之右，众必害之。霍氏秉权日久，害之者多矣。天下害之，而又行以逆道，不亡何待！"乃上疏言："霍氏泰盛〔2〕，陛下即爱厚之，宜以时抑制，无使至亡。"书三上，辄报闻〔3〕。其后霍氏诛灭，而告霍氏者皆封。人为徐生上书曰：“臣闻客有过主人者，见其灶直突[4]，傍有积薪，客谓主人，更为曲突，远徙其薪，不者且有火患。主人嘿然不应[5]。俄而家果失火，邻里共救之，幸而得息。于是杀牛置酒，谢其邻人，灼烂者在于上行[6]，余各以功次坐，而不录言曲突者。人谓主人曰：‘乡使听客之言[7]，不费牛酒，终亡火患。今论功而请宾，曲突徙薪亡恩泽，焦头烂额为上客耶[8]？’主人乃寤而请之[9]。今茂陵徐福数上书言霍氏且有变，宜防绝之。乡使福说得行，则国亡裂土出爵之费，臣亡逆乱诛灭之败，往事既已，而福独不蒙其功，唯陛下察之，贵徙薪曲突之策，使居焦发灼烂之右。”上乃赐福帛十疋[10]，后以为郎。

【注释】

〔1〕茂陵：古县名，治在今陕西省兴平县东北，汉初为茂乡，属槐里县，武帝筑茂陵，置为县，属右扶风。 〔2〕泰：通“太”。 〔3〕报闻：言回复所报之事已知，实际上是不予采纳。 〔4〕直突：直统统不拐弯的烟囱。 〔5〕嘿（mò）：同“默”，不说话；不出声。 〔6〕灼（zhuó）烂：烧灼至于糜烂。上行（háng）：尊位。 〔7〕乡使：假使；假令。乡，通“向”。 〔8〕焦头烂额：形容被火烧伤得很严重。 〔9〕寤：通“悟”，醒悟。 〔10〕十疋：即十匹。

【译文】

当初，霍氏生活奢侈，茂陵的徐生就说：“霍氏一定会灭亡。因为一旦骄奢就会不恭顺，不恭顺就必定要轻侮皇上。轻侮皇上是大逆不道的。地位在别人之上，必定会受到众人的忌恨。霍氏掌握权柄的日子越久，忌恨的人就越多了。天下的人都忌恨他们，而他们又倒行逆施，不灭亡还等什么呢?”于是就上书进言道：“霍氏权势太大，陛下即使亲近厚爱他们，也应该时时加以抑制，不要让他们走上毁灭的道路。”多次上书，皇上只是回复说知道了。后来霍氏被诛杀灭亡之后，凡是告发霍氏的人都得到封赏。有人替徐生上书说道：“臣听说有一个客人去拜访主人，看到主人家炉灶的烟囱是笔直的，旁边堆有柴草，客人就告诉主人，要他换个弯曲的烟囱，将柴草搬得远一点，不然将会有火灾。主人没有理睬。不久主人家果然失火，邻居街坊都来救火，幸而火被扑灭。于是主人杀牛摆酒，酬谢他的邻居，被烧伤的人安排坐在尊位，其他的人按出力大小依次入座，惟独没有酬谢那个让他换个弯曲烟囱的人。有个人对主人说：‘假使当初你听客人的话，今天也就用不着破费杀牛置酒，而且始终不会有火灾。现在按照功劳大小请客，对那位建议换弯曲的烟囱、将柴草搬开的人不作报答，反而将烧得焦头烂额的人当成上宾之客，这是什么缘故呢?’主人这才省悟而去请那位客人。现在茂陵的徐福多次上书说霍氏将有变故，应加以防范杜绝。假使当初徐福的建议得以采纳，那么国家就不会有割地封爵的花费，大臣就不会有因叛逆而被灭族的祸患。往事已经过去，但现在只有徐福有功而未获得赏赐，希望陛下明察，能够重视搬走柴草弯曲烟囱这样带预防性的良策，使建议人的功劳在那些事后奔忙的人之上。”皇上于是就赐给徐福十匹丝帛，后来又任命他当了郎官。

宣帝始立，谒见高庙，大将军光从骖乘[1]，上内严惮之[2]，若有芒刺在背[3]。后车骑将军张安世代光骖乘，天子从容肆体〔4〕，甚安近焉。及光身死而宗族竟诛，故俗传之曰："威震主者不畜〔5〕，霍氏之祸萌于骖乘。"

【注释】

〔1〕骖（cān）乘：陪乘。　〔2〕严：十分，非常。　〔3〕芒刺：草木茎叶、果壳上的小刺。　〔4〕从容肆体：身体舒展，毫无拘束之意。　〔5〕畜（xù）：容纳；容留。

【译文】

宣帝刚登基时，去参拜宗庙，大将军霍光陪同宣帝坐一辆车，皇上心里很害怕，像有芒刺扎在背上一样。后来车骑将军张安世代替霍光陪乘，宣帝就比较从容自在，身体能够舒展自如，与张安世关系也很亲近。等到霍光死后，他的宗族也都被诛，因此民间就传说："威严震动君主的人不会被君主容忍，霍氏灭族的灾祸早在霍光陪乘的时候就萌芽了。"

至成帝时〔1〕，为光置守冢百家，吏卒奉祠焉。元始二年〔2〕，封光从父昆弟孙阳为博陆侯〔3〕，千户。

【注释】

〔1〕成帝：名刘骜（前52—前7），字太孙，宣帝之孙，元帝之子。为人博览古今，能容受直辞，然沉迷酒色，内宠赵飞燕姐妹，外纵外戚王氏专权，荒淫无度。　〔2〕元始二年：公元2年。　〔3〕阳：即霍阳，嗣为博陆侯，直到王莽篡位。

【译文】

到成帝时，为霍光安置了一百户守墓，官吏士卒按时祭祀。元始二年，霍光堂兄弟的曾孙霍阳被封为博陆侯，赐食邑一千户。

赞曰：霍光以结发内侍[1]，起于阶闼之间[2]，确然秉志[3]，谊形于主[4]。受襁褓之托[5]，任汉室之寄，当庙堂，拥幼君[6]，摧燕王，仆上官[7]，因权制敌，以成其忠。处废置之际[8]，临大节而不可夺，遂匡国家，安社稷。拥昭立宣，光为师保[9]，虽周公、阿衡[10]，何以加此！然光不学亡术[11]，暗于大理，阴妻邪谋[12]，立女为后，湛溺盈溢之欲[13]，以增颠覆之祸[14]，死财三年[15]，宗族诛夷，哀哉！昔霍叔封于晋[16]，晋即河东，光岂其苗裔乎[17]？

【注释】

〔1〕结发：束发，古代男子自成童开始束发，因以指初成年，这里指霍光年轻的时候。　〔2〕阶闼：指宫廷。阶，殿前阶级。闼，宫中小门。　〔3〕确然：刚强；坚定。　〔4〕谊形：道义显现。〔5〕襁褓之托：言托孤，这里指霍光受武帝托孤（昭帝）之重任。襁是背负幼儿用的布带，褓是包裹幼儿的布被。　〔6〕幼君：指昭帝。〔7〕仆：击败。　〔8〕废置之际：指废昌邑王刘贺、立宣帝刘询之时。　〔9〕师保：古代称教导辅弼君主之官为师或保。　〔10〕阿衡：指伊尹。　〔11〕亡：通“无”。　〔12〕阴：隐瞒。　〔13〕湛：通“沉”，沉溺。盈溢：放纵，无所顾忌。　〔14〕颠覆：颠坠覆败；灭亡。　〔15〕财：通“才”。　〔16〕霍叔：西周时诸侯，名姬处，文王之子，武王之弟，封于霍（今山西霍县西南），故称霍叔，曾参与管叔、蔡叔等谋反活动。　〔17〕苗裔：后裔，后代子孙。

【译文】

总评说：霍光从年轻时就在皇帝身边供职，是从宫廷中提拔起来的，因其志向坚定，对君主表现出道义。后来又接受辅佐幼主的托付，承担扶持汉室的重任。主持朝廷，拥护幼君，摧毁燕王的谋反，挫败上官桀的阴谋，凭借权力制服敌人，成就了他的忠诚。身处皇帝废立的关头，身临大节而志向不变，才得以匡正国家，安定社稷。拥护昭帝，确立宣帝，成为皇帝的老师，即使周公、阿衡，也没有什么超过霍光的地方！但是霍光不学无术，在大道理上糊涂，隐瞒妻子的邪恶的计谋，立自己的女儿为皇后，沉湎于永不满足的欲望，以致招致了灭亡的灾祸，他死后仅三年，宗族就被全部诛灭，悲哀啊！往昔霍叔封国在晋，晋也就是河东的地方，霍光难道是他的后代吗？

丙吉传

【题记】

本篇选自《汉书》卷七十四《魏相丙吉传》。丙吉是汉宣帝时有名望的丞相。他温润敦厚，宽以为政，上至皇帝下到百姓无不称赞他的才能。本文主要记叙了冒死护储、宽待下属、丙吉问牛等事，刻画了丙吉仁慈宽容、谦虚贤德的性格形象。他辅佐宣帝施政，提升降免有秩序，公卿多称职位，海内因为礼让而兴隆。为宣帝中兴做出重要的贡献。

丙吉字少卿，鲁国人也[1]。治律令，为鲁狱史[2]。积功劳，稍迁至廷尉右监[3]。坐法失官[4]，归为州从事[5]。武帝末，巫蛊事起[6]，吉以故廷尉监征，诏治巫蛊郡邸狱[7]。时宣帝生数月[8]，以皇曾孙坐卫太子事系，吉见而怜之。又心知太子无事实，重哀曾孙无辜，吉择谨厚女徒[9]，令保养曾孙，置闲燥处[10]。吉治巫蛊事，连岁不决。后元二年[11]，武帝疾，往来长杨、五柞宫[12]，望气者言长安狱中有天子气[13]，于是上遣使者分条中都官诏狱系者[14]，亡轻重一切皆杀之[15]。内谒者令郭穰夜到郡邸狱[16]，吉闭门拒使者不纳，曰："皇曾孙在。他人亡辜死者犹不可，况亲曾孙乎！"相守至天明不得入，穰还以闻，因劾奏吉。武帝亦寤[17]，曰："天使之也。"因赦天下。郡邸狱系者独赖吉得生，恩及四海矣。曾孙病，几不全者数焉，吉数敕保养乳母加致医药，视遇甚有恩惠，以私财物给其衣食。

【注释】

〔1〕鲁国：诸侯王国名。汉景帝三年（前154）以薛郡置。治鲁县（今山东曲阜鲁故城）。　〔2〕狱史：吏员名。汉时各县主罪法之吏。大率正职称狱掾，副职称狱史。　〔3〕廷尉右监：官名。汉承秦置，为九卿之一廷尉属官。主逮捕事。　〔4〕坐法：犯法获罪。〔5〕从事：吏员名，汉州部属吏。　〔6〕巫蛊：征和二年（前91），丞相公孙贺之子公孙敬声被人告发为巫蛊咒武帝。武帝命宠臣江充为使者治巫蛊，江充与太子刘据有隙，遂陷害太子，皇后卫子夫和太子刘据相继自杀。　〔7〕郡邸狱：狱名。大鸿胪属官有郡邸长、丞，负责管理各郡国设于京师之府邸，郡邸长之狱，即称郡邸狱，掌治各郡国上计事。　〔8〕宣帝：刘询（前91－前49），本名刘病已，字次卿，即位后改名询，前74—前49在位。他是汉武帝刘彻的曾孙，戾太子刘据的孙子，幼年时流落民间，于前74年被朝臣迎立为帝。去世后庙号为中宗，谥号孝宣。　〔9〕徒：犯人。　〔10〕闲燥处：宽静高敞的地方。　〔11〕后元二年：前87年。　〔12〕长杨：宫名。故址在今陕西省周至县东南。五柞：宫名。故址在今陕西省周至县东南。〔13〕望气：古代方士的一种占候术。观察云气以预测吉凶。〔14〕中都官：秦汉时京师诸官府及官吏的通称。　〔15〕亡：通"无"。　〔16〕内谒者令：官名。秦汉九卿之一少府属官。掌宫内卧具帷帐。郭穰：西汉武帝时宦官。　〔17〕寤：醒悟，觉醒。

【译文】

丙吉，字少卿，鲁国人。研修律法，做了鲁国的狱史。丙吉因为工作屡有成绩，慢慢升迁到廷尉右监。后来因犯法丢失了官职，回去做了州从事。武帝末年，发生巫蛊之事，丙吉以原来廷尉右监的身份被征召入朝，武帝诏令丙吉到郡邸狱追查巫蛊的事。当时宣帝刘询刚生下几个月，也因为是卫太子的孙子而被收监，丙吉看到后很是同情。心里知道卫太子的巫蛊咒伤武帝并没有确凿证据，更为皇曾孙无辜入狱而难过，于是丙吉挑选了几个谨慎厚道的女犯人，命令她们保护养育皇曾孙，并把皇曾孙移置在宽敞干燥的地方。丙吉处理巫蛊案件，连续几年也不能结案。后元二年，武帝病了，他常往来于长杨、五柞二宫之间，观望云气天象的阴阳术士说长安监狱中有天子气象的征兆，于是汉武帝就派使者到监狱清查、登记所有下狱官宦人员，并下令不分罪过轻重一律杀掉。内谒者令郭穰连夜赶到郡邸狱，丙吉却把大门紧闭，不让使者进来，并说道："皇曾孙在这里。别的人无罪被杀都不允许，况且他是皇帝的亲曾孙！"两边一直守到天亮，郭穰也不能进去，于是郭穰只好回去报告汉武帝，并趁机弹劾丙吉。这时，武帝正好对此有所醒悟，于是说："这是上天让他这样做的吧。"因此大赦天下。关在郡邸狱的犯人因为丙吉才得以活命，也由于丙吉，赦免的恩惠才普施于天下。后来皇曾孙病了，有几次差不多就要死了，丙吉多次嘱咐保养皇曾孙的乳母好好用药治疗，皇曾孙受他的恩惠实在很多，有时他甚至用个人资财供给衣食。

后吉为车骑将军军市令〔1〕，迁大将军长史〔2〕，霍光甚重之〔3〕，入为光禄大夫给事中〔4〕。昭帝崩〔5〕，亡嗣，大将军光遣吉迎昌邑王贺〔6〕。贺即位，以行淫乱废，光与车骑将军张安世诸大臣议所立[7]，未定。吉奏记光曰[8]："将军事孝武皇帝[9]，受襁褓之属[10]，任天下之寄，孝昭皇帝早崩亡嗣，海内忧惧，欲亟闻嗣主[11]。发丧之日以大谊立后[12]，所立非其人，复以大谊废之，天下莫不服焉。方今社稷宗庙群生之命在将军之一举。窃伏听于众庶，察其所言，诸侯宗室在位列者，未有所闻于民间也。而遗诏所养武帝曾孙名病已在掖庭外家者[13]，吉前使居郡邸时见其幼少，至今十八九矣，通经术，有美材，行安而节和。愿将军详大议[14]，参以蓍龟[15]，岂宜褒显，先使入侍[16]，令天下昭然知之，然后决定大策，天下幸甚！"光览其议，遂尊立皇曾孙，遣宗正刘德与吉迎曾孙于掖庭[17]。宣帝初即位，赐吉爵关内侯[18]。

【注释】

〔1〕车骑将军：官名。将军为古代高级武官的通称，车骑为将军之号，因将车骑士而得名。军市令：车骑将军的属官。　〔2〕大将军长史：官名。为大将军幕府主要属官之一，负责军队系统事务。〔3〕霍光（？—前68）：字子孟，河东平阳（今山西临汾市）人。是汉昭帝的辅政大臣，执掌汉室最高权力近二十年，为汉室的安定和中兴建立了功勋，成为西汉历史发展中的重要政治人物。　〔4〕光禄大夫：官名。为宿卫侍从卫士首领，实际是宫中总管，并兼皇帝的顾问参议，位列九卿。给事中：官名。为加官。所加自三公、将军、列卿，至博士、大夫、议郎。　〔5〕昭帝（前94—前74）：西汉皇帝。姓刘，名弗陵。武帝少子，年八岁立为太子。后元二年（前87）即帝位。因年幼，由大司马大将军霍光辅政。在位期间，继续推行减轻赋役，与民休息政策，使社会矛盾相对缓和，生产有所发展。　〔6〕昌

邑王贺：即昌邑王刘贺（约前 93—前 59），西汉诸侯王。武帝之孙。昭帝死，无后，大将军霍光等以孝昭皇后名义迎立他为帝。在位前后仅二十七日。〔7〕张安世（？—前 62）：西汉大臣。字子孺，杜陵（今陕西西安东南）人。张汤之子。性谨慎，以父荫任为郎。汉武帝时，因其记忆力强，擢为尚书令，迁光禄大夫。汉昭帝即位，拜右将军，以辅佐有功，封富平侯。昭帝死后，他与大将军霍光谋立宣帝有功，拜为大司马。〔8〕奏记：用书面向公府等长官陈述意见。〔9〕孝武皇帝：即汉武帝刘彻。〔10〕属：通“嘱”，嘱托。〔11〕亟：急速。〔12〕谊：同“义”，谓符合正义或道德规范。〔13〕掖庭：宫中旁舍，妃嫔居住的地方。外家：此指刘病已外祖母家史氏。〔14〕详：审慎。〔15〕蓍（shī）龟：占卜。古人用蓍草与龟甲以占卜。〔16〕入侍：指侍奉太后。〔17〕宗正：官名。掌管王室亲族的事务。汉魏以后，皆由皇族担任。刘德（？—前 57）：西汉诸侯。字路叔，楚元王刘交后裔，刘向父。修黄老之术，有谋略。〔18〕关内侯：秦汉时的一种封爵。关内侯虽有侯的称号，但无统辖的土地。

【译文】

后来丙吉做了车骑将军军市令，又升为大将军长史，霍光十分器重他，其后入朝做了光禄大夫给事中。昭帝逝世后，没有继承人，大将军霍光派丙吉去迎请昌邑王刘贺进京登基。刘贺做皇帝后，因为行为淫乱而被废黜，霍光与车骑将军张安世等大臣商议该立谁做皇帝，还没有定下来。丙吉写信给霍光说：“将军您侍奉孝武皇帝，受武帝临终托孤的嘱托，把天下、朝政都寄托在将军身上，孝昭皇帝死得早，没有继承人，天下人都为此担忧害怕，都想快点知道谁是后继的皇帝。发丧的那天为顾汉室宗庙有奉侍之人的大义立刘贺为新君，但新立的皇帝不具备君主的才德，所以很快就废黜了他。对此，天下人没有不心服的。现在国家、宗庙、百姓的安危，都决定于将军你再立新君的这一举措。我私下里访听老百姓的议论，辨察他们说的事情，了解到现在居官封爵的那些宗室诸侯，没有谁在民间有好声誉的。而遵奉遗诏所供养的名叫病已的武帝的曾孙，现在仍在宫廷外的外祖家中，我以前奉命管郡邸狱时他还很幼小，到现在他已有十八九岁了。精通经术，有很高的才能，行止安闲而气节操守平和。希望将军仔细认真地商议此事，并参考占卜的结果，如不便一下使他显贵，可以先让他入宫服侍皇太后，使天下人明白地知晓他的好处，然后再决定登基大事，这样做是天下大喜之事。”霍光看过丙吉的奏书，于是便尊立皇曾孙刘询，派宗正刘德与丙吉在妃嫔居住的掖庭迎请刘询。刘询刚做皇帝，就封丙吉为关内侯。

吉为人深厚，不伐善[1]。自曾孙遭遇[2]，吉绝口不道前恩，故朝廷莫能明其功也。地节三年[3]，立皇太子，吉为太子太傅[4]，数月，迁御史大夫[5]。及霍氏诛，上躬视政，省尚书事[6]。是时，掖庭宫婢则令民夫上书[7]，自陈尝有阿保之功[8]。章下掖庭令考问[9]，则辞引使者丙吉知状。掖庭令将则诣御史府以视吉[10]。吉识，谓则曰：“汝尝坐养皇曾孙不谨督笞[11]，汝安得有功？独渭城胡组、淮阳郭征卿有恩耳[12]。”分别奏组等共养劳苦状[13]。诏吉求组、征卿，已死，有子孙，皆受厚赏。诏免则为庶人，赐钱十万。上亲见问，然后知吉有旧恩，而终不言。上大贤之，制诏丞相[14]：“朕微眇时[15]，御史大夫吉与朕有旧恩，厥德茂焉[16]。《诗》不云乎？‘亡德不报’。其封吉为博阳侯，邑千三百户。”临当封，吉疾病，上将使人加绋而封之〔17〕，及其生存也〔18〕。上忧吉疾不起，太子太傅夏侯胜曰〔19〕：“此未死也。臣闻有阴德者，必飨其乐以及子孙〔20〕。今吉未获报而疾甚，非其死疾也。”后病果愈。吉上书固辞，自陈不宜以空名受赏。上报曰：“朕之封君，非空名也，而君上书归侯印，是显朕之不德也。方今天下少事，君其专精神，省思虑，近医药，以自持。”后五岁，代魏相为丞相〔21〕。

【注释】

〔1〕伐善：夸耀自己的长处。　〔2〕遭遇：指登帝位。〔3〕地节三年：前67年。　〔4〕太子太傅：官名。古代为储君特设师傅之官。　〔5〕御史大夫：官名。秦始置，为秦汉三公之一。其内承朝廷风化，外佐丞相统理天下，主管图籍秘书、四方文书，握有考课、监察和弹劾百官之权。　〔6〕尚书：官名。掌管文书奏章。〔7〕则：官婢之名。民夫：则未为官婢时的民间旧夫。　〔8〕阿保：保护养育。　〔9〕掖庭令：官名。以宦官充任，主掌宫内后妃宫人之事，并负责考问受谴之后妃宫人。　〔10〕视：通“示”。　〔11〕督笞：杖罚，责打。　〔12〕渭城：今陕西咸阳东北。胡组：西汉宣帝乳母。淮阳：今河南淮阳。郭征卿：西汉宣帝乳母。　〔13〕共：通“供”。　〔14〕丞相：古代辅佐君主的最高行政长官。　〔15〕微眇：卑下，低贱。　〔16〕厥：代词，其。起指示作用。茂：美好。〔17〕绋（fú）：通“绂”，系官印的丝带。　〔18〕生存：活着。〔19〕夏侯胜：西汉名儒。字长公，鲁东平（今山东东平东）人。少孤，好学。　〔20〕飨：通“享”。享受，享有。　〔21〕魏相（？—前59）：字弱翁，济阴定陶（今定陶县东王店乡魏胡同）人，古代政治家，西汉著名大臣。他先后任茂陵令、扬州刺史、河南太守、大司农、御史大夫等职。霍光死后，官至丞相，封高平侯。

【译文】

丙吉为人极宽厚，不爱炫耀自己做的好事。自从刘询做了皇帝，丙吉绝口不提起以前自己曾救助过刘询，有恩于他，所以朝廷上没人知道他的功劳。地节三年，宣帝刘询立了太子，丙吉做太子太傅。几个月后，升迁为御史大夫。等到霍氏犯罪被诛杀，皇帝亲自处理政务，阅览奏章。这时，掖庭服侍妃子们的一个名叫则的婢女，让自己以前的做平民的丈夫上书皇帝，自述曾经对宣帝有过保护、养育的功劳。皇帝把奏章交给掖庭令，让他考查询问这件事，这个名叫则的宫婢的供词中说以前的使者丙吉知道是怎么回事。掖庭令于是带着那个宫婢到御史大夫府让丙吉看看是否属实。丙吉认识那个婢女，对她说："你曾经因为对皇曾孙保养不慎而被罚责打，你哪有什么功劳？只有渭城的胡组、淮阳的郭征卿才有恩于皇上。"丙吉于是分别上书皇帝述说胡组等人以前供养皇帝是多么劳苦。皇帝下诏，命令丙吉寻找胡组、郭征卿。此时二人都已死去，只有子孙还在，于是他们都受到朝廷重赏。又诏令赦免名叫则的婢女为平民，赏给她钱十万。皇帝亲自查问此事，这才知道丙吉过去对自己有恩，却始终没有说出来。皇上更加赏识丙吉的美德，对丞相下诏说："在我身份低微的时候，御史大夫丙吉对我有大恩，这种品德实在高尚。《诗经》上不是说过吗？'没有恩德不报答的'。封丙吉为博阳侯，领封邑一千三百户。"临到受封时，丙吉病了，皇帝准备趁丙吉还活着的时候派人加绶封地。皇帝担心丙吉一病不起，太子太傅夏侯胜对皇帝说："他是不会死的。我听说积阴德的人，一定会享受到那阴德带来的好处，还会延及子孙。现在丙吉还没有得到皇上的报答，就病得这么厉害，但不是致命的病啊。”后来丙吉的病果然好了。丙古上书皇帝，坚决推辞，述说自己不应该靠这空名受赏封。皇帝回复说：“我封你为侯，不是空名，而你上书送回侯印，是显示我不道德啊。现在天下比较安定，希望你集中精神，少思虑事情，多就医服药，好好保重自己。”五年之后，丙吉代替魏相做了丞相。

吉本起狱法小吏，后学《诗》《礼》，皆通大义。及居相位，上宽大[1]，好礼让。掾史有罪臧[2]，不称职，辄予长休告[3]，终无所案验[4]。客或谓吉曰：“君侯为汉相，奸吏成其私[5]，然无所惩艾[6]。”吉曰：“夫以三公之府有案吏之名[7]，吾窃陋焉。”后人代吉，因以为故事[8]，公府不案吏，自吉始。

【注释】

〔1〕上：通“尚”，崇尚，看重。 〔2〕掾史：官名。汉以后中央及各州县皆置掾史，分曹治事。多由长官自行辟举。臧：同“赃”，贪污受贿或窃取资财。 〔3〕长休告：旧时官吏长期休假。常用为停职或辞职的婉辞。 〔4〕案验：查询验证。 〔5〕奸吏：枉法营私的官吏。 〔6〕惩艾：惩治。 〔7〕案吏：谓惩办下属官吏。〔8〕故事：先例，旧日的典章制度。

【译文】

丙吉是由主管监狱的小吏而发迹的，后来学习《诗经》《礼经》，都通晓其中的精神。到他做了丞相之后，崇尚宽怀大度，好礼让他人。属下掾史有罪过，或有不称职的，丙吉就让他们休长假而离职，始终没有查询验证。门客中有人对丙吉说："您身为汉室丞相，奸邪的官吏以权谋私，然而您却没有惩治他们。"丙吉说："如果三公之府以追究、惩办下属官吏而闻名于外，我私下觉得那就太不好了。"后来代替丙吉做丞相的人，便把它作为旧日制度，公侯之府不惩处属官，就是从丙吉开始的。

于官属掾史，务掩过扬善。吉驭吏耆酒[1]，数逋荡[2]，尝从吉出，醉欧丞相车上[3]。西曹主吏白欲斥之[4]，吉曰："以醉饱之失去士，使此人将复何所容？西曹地忍之[5]，此不过污丞相车茵耳[6]。"遂不去也。此驭吏边郡人[7]，习知边塞发犇命警备事[8]，尝出，适见驿骑持赤白囊[9]，边郡发犇命书驰来至[10]。驭吏因随驿骑至公车刺取[11]，知虏入云中、代郡[12]，遽归府见吉白状[13]，因曰："恐虏所入边郡，二千石长史有老病不任兵马者[14]，宜可豫视。"吉善其言，召东曹案边长吏[15]，琐科条其人[16]。未已，诏召丞相、御史，问以虏所入郡吏，吉具对。御史大夫卒遽不能详知[17]，以得谴让[18]。而吉见谓忧边思职，驭吏力也。吉乃叹曰："士亡不可容，能各有所长。向使丞相不先闻驭吏言[19]，何见劳勉之有？"掾史繇是益贤吉[20]。

【注释】

〔1〕驭吏：指驾驭车马的役吏。耆：同"嗜"，爱好。　〔2〕逋荡：离职游荡，散漫游荡。　〔3〕欧：同"呕"，呕吐。　〔4〕西曹：官署名。西汉丞相府诸曹之一。初"领百官奏事"，后"主府吏署

用”。主吏：秦汉时重要掾属之统称。一般多指县吏而言。〔5〕地：虚词，无义。〔6〕车茵：车上垫的席子，车坐垫。〔7〕边郡：靠近边境的郡邑。泛指边境地区。〔8〕犇命：奔走应命。犇，同“奔”。〔9〕驿骑：乘马送信、传递公文的人。赤白囊：古代递送紧急情报的文书袋。〔10〕犇命书：此指紧急公文。〔11〕公车：汉代官署名。为卫尉的下属机构，设公车令，掌管宫殿司马门的警卫。天子上事及征召等事宜，经由此处受理。后以指此类官署。刺取：刺探，打听。〔12〕云中：古郡名。原为战国赵地，秦时置郡，治所在云中县（今内蒙古托克托东北）。代郡：郡名。治代县（故治在今河北蔚县东北）。〔13〕遽：急忙。〔14〕二千石：汉代二千石的官秩分为三等。最高一等是中二千石，次为二千石，再次为比二千石。长史：官名。丞相府、将军府等各有长史。〔15〕东曹：丞相的下属机构。掌管丞相属吏。案：查看档案之意。〔16〕琐：仔细。科条：谓分类整理成条款、纲目。〔17〕卒：同“猝”，突然。遽：急迫，窘迫。〔18〕谴让：谴责，责备。〔19〕向：连词，表示假设。相当于如果、假使。〔20〕繇：通“由”。

【译文】

对待自己的属官、掾史，丙吉总是替他们掩盖过失，传扬功绩。替丙吉管驾车的差役爱喝酒，多次贪酒失职放荡。曾有一次跟从丙吉外出，因喝醉了酒而在丞相车上呕吐。西曹的主吏请示丙吉，想要把那人赶出相府。丙吉说：“仅因为酒醉饭饱吐在丞相车上的过失就赶走他，让这个人以后如何容身处世？你就忍一忍，放过他吧，再说也不过是弄脏了我车上的垫子。”于是就没有赶走他。这个驭吏是边境郡县的人，熟悉边塞有预警而派遣信使飞奔报告朝廷这类事情。有一次他出门，刚巧看见驿骑拿着红白相间的信囊，是边郡报告敌人入侵的紧急公文来了。于是驭吏便跟随着驿骑到公车府探听消息，了解到敌人入侵了云中郡、代郡。于是他立即赶回丞相府向丙吉报告了这个情况，并趁势说："恐怕胡虏所入侵的边郡，二千石的官吏中有年老病弱不能带兵打仗的人，应该预先探察。"丙吉认为他说得很有道理，就立即召集东曹官员核查有关的边郡长官，详细记录他们的身世经历等情况。这件事还没做完，皇帝下诏召见丞相、御史大夫，询问胡虏所入侵的边郡的官吏情况，丙吉详细地作了回答。而御史大夫仓促之间却无法了解这些详细情况，被皇帝责备了一顿。丙吉则被皇帝褒奖了一番，说他能忧虑边境，竭忠职守，管理下属官吏十分得力。丙吉于是感慨地说："人没有不可容忍的，各人都有各人的长处。假如我不是先听到驭吏的劝告，怎么会被称赞为勤劳尽力呢?"属下掾史因此而更加佩服丙吉的才能和美德。

吉又尝出，逢清道群斗者[1]，死伤横道，吉过之不问，掾史独怪之。吉前行，逢人逐牛，牛喘吐舌。吉止驻，使骑吏问："逐牛行几里矣?"掾史独谓丞相前后失问，或以讥吉，吉曰："民斗相杀伤，长安令、京兆尹职所当禁备逐捕[2]，岁竟丞相课其殿最[3]，奏行赏罚而已。宰相不亲小事，非所当于道路问也。方春少阳用事[4]，未可大热，恐牛近行，用暑故喘，此时气失节，恐有所伤害也。三公典调和阴阳[5]，职当忧，是以问之。"掾史乃服，以吉知大体。

【注释】

〔1〕清道群斗：疑"清"为"争"字之误。汉代天子之出，清道而行；丞相之出，则未闻清道。 〔2〕长安令：官名。西汉京兆尹属

官。京兆尹：职官名。西汉京畿地方行政长官之一，位列九卿，职掌相当于郡守，但地位远高于郡守。〔3〕岁竟：年终。课：考核。殿最：古代考核政绩或军功，下等称为“殿”，上等称为“最”。〔4〕少阳：此指东方之神青帝，即春天之神。用事：当令。〔5〕典：掌管。

【译文】

丙吉又曾外出，碰上争道打群架的人，路上躺着许多死伤者，丙吉经过旁边却不闻不问，身边的掾史感到很奇怪。丙吉又往前走，碰上有人正在赶牛，牛喘着气吐着舌头。丙吉让停下车子，让骑吏去问道：“赶牛走了几里路了？”掾史认为丞相问得很不恰当，前面当问的不问，后面不当问却问。有的因此还讥讽丙吉。丙吉解释说：“百姓互相争斗，死伤了人，这是该由长安令、京兆尹去禁止追捕的事，到年底我做丞相的只管考核他们的政绩好坏，然后再上奏实行奖赏和贬罚罢了。做丞相的不亲自去过问这类小事，也不能因为正碰上了就去过问。现在正当春季，少阳秉持天地气候，不应该出现很热的天气，我担心牛走得路不远，是因为天太热才喘气吐舌，那就是时令节气失调了，恐怕会有很大的灾害。作为三公的丞相要掌管调和阴阳的大事，这是我的职责范围里值得担忧的大事，所以停车询问。”掾史这才心悦诚服，认为丙吉是个识大体的人。

五凤三年春〔1〕，吉病笃。上自临问吉，曰：“君即有不讳〔2〕，谁可以自代者？”吉辞谢曰：“群臣行能，明主所知，愚臣无所能识。”上固问，吉顿首曰：“西河太守杜延年明于法度〔3〕，晓国家故事，前为九卿十余年〔4〕，今在郡治有能名。廷尉于定国执宪详平〔5〕，天下自以不冤。太仆陈万年事后母孝[6]，惇厚备于行止。此三人能皆在臣右，唯上察之。”上以吉言皆是而许焉。及吉薨，御史大夫黄霸为丞相[7]，征西河太守杜延年为御史大夫，会其年老，乞骸骨，病免。以廷尉于定国代为御史大夫。黄霸薨，而定国为丞相，太仆陈万年代定国为御史大夫，居位皆称职，上称吉为知人。

【注释】

〔1〕五凤三年：即前55年。 〔2〕不讳：死亡的婉辞。 〔3〕西河：郡名。治平定（在今内蒙古准格尔旗西南）。太守：官名。管理一郡政务。杜延年（？—前53）：西汉大臣。字幼公，南阳杜衍（今河南南阳西南）人。杜周之子。 〔4〕九卿：古代中央政府的九个高级官职。汉以太常、光禄勋、卫尉、太仆、廷尉、大鸿胪、宗正、司农、少府为九寺大卿（即九卿）。以后各朝的名称、司职略有不同。〔5〕廷尉：官名。汉承秦置，为九卿之一。掌刑狱，为主管司法的最高长官。于定国（？—前41）：西汉大臣。字曼倩，东海郯（今山东郯城北）人。 〔6〕太仆：官名。掌管皇帝舆马外，还兼主马政。陈万年（？—前44）：西汉大臣，字幼公，沛郡相（今安徽濉溪西北）人。〔7〕黄霸（？—前51）：西汉大臣。字次公，淮阳阳夏（今河南太康）人。他为政外宽内明，重视农桑，政绩时称天下第一。

【译文】

五凤三年的春天，丙吉病重。皇帝亲自到他家去探望，说：“假如您不幸死了，谁可以代替您呢？”丙吉推脱谢罪说：“大臣们的德行才能，皇上您是最了解的，我却不能辨别。”皇帝坚持要问，丙吉只好顿首说道：“西河太守杜延年通晓法律，知道国家旧日的典章制度，以前做了十多年九卿之官，现在治理州郡也很有政绩，名声很好。廷尉于定国执法严谨、公正，天下人都认为自己不会被冤枉。太仆陈万年侍奉继母十分孝顺，做任何事都十分敦雅温厚。这三个人的才能都比我强，希望皇上您考察。”皇帝认为丙吉的话都很正确而答应了。等到丙吉死后，御史大夫黄霸做了丞相，征召西河郡太守杜延年入朝为御史大夫，正逢杜延年因自己年纪老了而告老辞官，又因病而免去了官职。于是就让廷尉于定国做御史大夫。后来黄霸死了，于定国做了丞相，起用太仆陈万年代替于定国做了御史大夫，这几个人在位时都很称职，皇上因此赞许丙吉很了解人。

吉薨，谥曰定侯。子显嗣，甘露中有罪削爵为关内侯，官至卫尉太仆〔1〕。始显少为诸曹，尝从祠高庙，至夕牲日〔2〕，乃使出取斋衣〔3〕。丞相吉大怒，谓其夫人曰：“宗庙至重，而显不敬慎，亡吾爵者必显也。”夫人为言，然后乃已。吉中子禹为水衡都尉〔4〕，少子高为中垒校尉〔5〕。

【注释】

〔1〕卫尉：官名。战国始置，秦汉时为九卿之一。掌宫门卫屯兵。〔2〕夕牲：祭祀前夕，查看牲品。 〔3〕斋衣：斋戒时所穿的衣服。〔4〕水衡都尉：官名。掌上林苑，兼保管皇室财物及铸钱。 〔5〕中垒校尉：汉军职名。掌北军军垒，八校尉之一。

【译文】

丙吉死后，封谥号为定侯。他的儿子丙显继承了爵位，甘露年间，因为犯罪被削爵为关内侯，官位至卫尉、太仆。早先，丙显年轻时做府曹小吏，曾经跟随着皇帝去高庙祭祀，到了祭祀前夕查看牲品这一天，才派人出去取斋戒的衣服。丞相丙吉非常恼火，对他的夫人说："宗庙大事是最重大的事，而丙显却这样不恭敬、不谨慎，将来丢失我爵位的一定会是丙显。"丙吉夫人替儿子说了不少好话，然后才饶了丙显。丙吉的二儿子丙禹做水衡都尉，小儿子丙高做中垒校尉。

元帝时[1]，长安士伍尊上书[2]，言"臣少时为郡邸小吏，窃见孝宣皇帝以皇曾孙在郡邸狱。是时治狱使者丙吉见皇曾孙遭离无辜，吉仁心感动，涕泣凄恻[3]，选择复作胡组养视皇孙[4]，吉常从。臣尊日再侍卧庭上[5]。后遭条狱之诏，吉扞拒大难[6]，不避严刑峻法。既遭大赦，吉谓守丞谁如[7]，皇孙不当在官，使谁如移书京兆尹，遣与胡组俱送京兆尹，不受，复还。及组日满当去，皇孙思慕，吉以私钱顾组[8]，令留与郭征卿并养数月，乃遣组去。后少内啬夫白吉曰[9]：'食皇孙亡诏令[10]。'时吉得食米肉，月月以给皇孙。吉即时病，辄使臣尊朝夕请问皇孙，视省席蓐燥湿[11]。候伺组、征卿，不得令晨夜去皇孙敖荡[12]，数奏甘毳食物[13]。所以拥全神灵，成育圣躬，功德已亡量矣。时岂豫知天下之福，而徼其报哉[14]！诚其仁恩内结于心也。虽介之推割肌以存君[15]，不足以比。孝宣皇帝时，臣上书言状，幸得下吉，吉谦让不敢自伐，删去臣辞，专归美于组、征卿。组、征卿皆以受田宅赐钱，吉封为博阳侯。臣尊不得比组、征卿。臣年老居贫，死在旦暮，欲终不言，恐使有功不著。吉子显坐微文夺爵为关内侯[16]，臣愚以为宜复其爵邑，以报先人功德”。先是显为太仆十余年，与官属大为姦利，臧千余万，司隶校尉昌案劾[17]，罪至不道，奏请逮捕。上曰：“故丞相吉有旧恩，朕不忍绝。”免显官，夺邑四百户。后复以为城门校尉[18]。显卒，子昌嗣爵关内侯。

【注释】

〔1〕元帝：刘奭（前75—前33），地节三年（前67）四月，刘奭被立为太子。黄龙三年（前49）十月，宣帝死后继位，在位十六年，病死，谥号为元帝，庙号高宗。〔2〕士伍：士卒。〔3〕凄恻：因情景凄凉而悲伤。〔4〕复作：汉刑律名。亦指按刑期服劳役的妇女。犯者不服刑具，刑期一年。〔5〕再：两次。庭：指郡邸之庭。〔6〕扞：抵御。〔7〕守丞：此指京兆尹的属官，主管刑狱。谁如：西汉官吏。名谁如，姓未详。〔8〕顾：通“雇”。雇赁。〔9〕少内啬夫：官名。秦汉时掌宫中府藏之官，即少内官署中主事者。〔10〕食（sì）：拿东西给人吃。〔11〕蓐：草席，草垫子。〔12〕去：离开。敖荡：游戏放荡。〔13〕奏：进献。毳（cuì）：通“脆”，特指食品易碎而适口。〔14〕徼：求取。〔15〕介之推：春秋时晋人。传说割股以食饥饿的晋公子重耳。〔16〕微文：隐寓讽喻的文辞。〔17〕司隶校尉：职官名。初领徒隶千二百人，捕巫蛊，督大奸猾。后罢其兵，使督察百官及三辅、三河、弘农七郡犯法者。〔18〕城门校尉：官名。掌京师城门屯兵，负责诸城门警卫。

【译文】

汉元帝时，长安的一个名叫尊的士卒上书皇帝，说“我年轻时曾做郡邸狱的小官吏，曾亲自见过孝宣皇帝以皇曾孙的身份关在郡邸狱中。那时主管监狱的使者丙吉见皇曾孙无辜受难，自己的仁慈之念萌发，每见到幼小的宣帝，总同情得眼泪如注。于是便挑选女犯人胡组养育皇曾孙，丙吉也常一起看护。我每天两次在郡邸庭中侍奉皇曾孙。后来遭遇到将监狱犯人全部杀死的诏命，丙吉不开门，抵御了大难，不畏惧自己将遭到严酷的惩处保全了皇曾孙。后来遇到大赦，丙吉对守丞谁如说，皇曾孙不应当再在官狱里了，让谁如以官府文书形式写信给京兆尹，同时把皇曾孙和胡组一起送到京兆尹那里，京兆尹不肯接受，又送了回来。等到胡组服役期满离开监狱时，皇曾孙因长期和她在一起，恋恋不舍，丙吉于是便用自己的钱雇用了胡组，让她留下来和郭征卿一起抚养了皇曾孙几个月，才让她回家了。后来少内啬夫对丙吉说：'食养皇曾孙没有诏令，就没有供给。'当时丙吉把自己的米和肉，月月用来供给皇曾孙。丙吉有时病了，总是让我不分早晚地去问候皇曾孙的情况，看看被褥的干湿情况。还常告诫胡组、郭征卿，不许她们白天夜晚离开皇曾孙出去游荡，并多次向皇曾孙进奉好吃甘脆的食物。所以保证了孝宣皇帝精神愉快，健康成长，可谓功德无量。当时丙吉哪里会预料到皇曾孙会做皇帝，而求取报答呢？实在是他心地淳厚、仁义、善良的自然表现。即使是介之推那样的割自己的肉给君主吃以使君主存活的行为，也不能与之相比。孝宣皇帝在时，我曾上书说明当时的情状，奏书有幸到了丙吉那里，丙吉十分谦虚，不自我炫耀，删去了我奏书中关于他的那些话，而把好处全归功于胡组和郭征卿。胡组、郭征卿都因此被赏赐给了田宅、金钱，丙吉只被封为博阳侯。我不敢将自己与胡组、郭征卿相比。我现在年纪老了，家境贫穷，不知什么时候就会死去，想要一直不说出来，又恐怕埋没有功劳的人。丙吉的儿子丙显因隐约讽喻之文犯罪丧失爵位，做了关内侯。我愚昧地认为应该恢复他原来的爵位和封邑，以报答他父亲的功德”。在这以前，丙显做了十多年的太仆，和他的手下官吏勾结渔利，贪污了千余万，司隶校尉昌审理弹劾丙显，罪行至于大逆不道，并上奏请求逮捕丙显等人。元帝说：“已故丞相丙吉对孝宣皇帝有旧恩，我不忍杀他的儿子。”于是只免去丙显的官位，削去食邑四百户。后来又让他做了城门校尉。丙显死后，他的儿子丙昌继承爵位做了关内侯。

成帝时〔1〕，修废功，以吉旧恩尤重，鸿嘉元年制诏丞相御史〔2〕：“盖闻褒功德，继绝统，所以重宗庙，广贤圣之路也。故博阳侯吉以旧恩有功而封，今其祀绝，朕甚怜之。夫善善及子孙，古今之通谊也，其封吉孙中郎将关内侯昌为博阳侯〔3〕，奉吉后。”国绝三十二岁复续云。昌传子至孙，王莽时乃绝〔4〕。

【注释】

〔1〕成帝：刘骜（前51—前7），是汉朝历史上有名的昏君。〔2〕鸿嘉元年：前20年。〔3〕中郎将：官名。汉承秦置，为九卿之一郎中令属官。〔4〕王莽（前45—23）：字巨君。9年，王莽代汉建新，建元“始建国”，宣布推行新政，史称“王莽改制”。王莽统治的末期，天下大乱，新莽地皇四年，更始军攻入长安，王莽死于乱军之中。

【译文】

汉成帝时，追记以往的功绩，因为丙吉过去对汉室的恩德最大，于是在成帝鸿嘉元年，皇帝对丞相和御史大夫下诏说：

“我听说褒扬有功德的人，使绝后代的功臣复有继承人，是尊崇宗庙国家、广开圣贤之路的好方法。已故博阳侯丙吉因为有恩义于先帝而被封为侯，现今他家祭祀已断绝，我很怜悯。为善者应该荫及子孙，这是古代相通的道理。因此封丙吉的孙子中郎将关内侯丙昌为博阳侯，尊奉丙吉后人。”丙吉的封国削去三十二年后又得以继续。丙昌把爵位传给儿子直到孙子，到王莽篡汉时才断绝。

王 章 传

【题记】

本篇选自《汉书》卷七十六《赵尹韩张两王传》。王章“在朝廷名敢直言”。自从武帝设置三辅官以后，民间有这样的评价“前有赵、张，后有三王”。其中王章与王尊、王骏并称为“三王”。本文主要记叙王章为京兆尹时，劾奏王凤专权，被王凤陷害，罪至大逆，死于狱中的故事。塑造了一个文武兼备、性格刚直、杀身成仁的人物形象。宋代王安石有诗赞曰：“壮士轩昂非自谋，近臣当为国深忧。区区女子无高意，追念牛衣暖即休。”王章之后，汉朝基本上很难还有这样耿直的大臣对王氏专权有所弹劾了，这样就更加凸显了王章的地位。班固也说，王章死后，“自是公卿见凤，侧目而视，郡国守相、刺吏皆出其门。”

王章字仲卿，泰山钜平人也[1]。少以文学为官，稍迁至谏大夫[2]，在朝廷名敢直言。元帝初[3]，擢为左曹中郎将[4]，与御史中丞陈咸相善[5]，共毁中书令石显[6]，为显所陷，咸减死髡[7]，章免官。成帝立[8]，征章为谏大夫，迁司隶校尉[9]，大臣贵戚敬惮之。王尊免后[10]，代者不称职，章以选为京兆尹[11]。时帝舅大将军王凤辅政[12]，章虽为凤所举，非凤专权，不亲附凤。会日有蚀之，章奏封事，召见，言凤不可任用，宜更选忠贤。上初纳受章言，后不忍退凤。章由是见疑，遂为凤所陷，罪至大逆。语在《元后传》。

【注释】

〔1〕泰山：郡名。因境内泰山而得名。治博县（今山东泰安东南），后移治奉告（今泰安东北）。钜平：县名。在今山东泰安市南。〔2〕谏大夫：官名。为九卿之一光禄勋属官。掌论议。 〔3〕元帝：刘奭（前75—前33），地节三年（前67）四月，刘奭被立为太子。黄龙三年（前49）十月，宣帝死后继位，在位十六年，病死，谥号为元帝，庙号高宗。 〔4〕擢：提拔。左曹：官名。为汉之加官，所加自列侯、将军、卿大夫、将、都尉、尚书、太医、太官令至郎中，无定员，多至数十人。有加官名号者，则拥有特殊的权力，为天子近臣。中郎将：官名。汉承秦置，为九卿之一郎中令属官。 〔5〕御史中丞：官名。秦汉三公之一御史大夫佐官。主要掌监察，兼掌兰台秘书图籍。陈咸（？—约前9）：西汉官吏。字子康，沛郡相（今安徽濉溪西北）人。有才，抗直，数言事，刺讥近臣。 〔6〕中书令：官名。汉武帝时以宦官担任中书，称中书令，置令与仆射为其长，掌传宣诏命等。石显（？—前32）：字君房，济南人。为人外巧慧而内阴险，常持诡辩以中伤人。 〔7〕髡（kūn）：古时一种剃去头发的刑罚。〔8〕成帝：刘骜（前51—前7），是汉朝历史上有名的昏君。 〔9〕司隶校尉：职官名。初领徒隶千二百人，捕巫蛊，督大奸猾。后罢其兵，使督察百官及三辅、三河、弘农七郡犯法者。 〔10〕王尊：西汉官吏。字子赣，涿郡高阳（今河北高阳东）人。建始四年（前29）任京兆尹，复坐暴虐免官，吏民多称惜之。 〔11〕京兆尹：职官名。西汉京畿地方行政长官之一，位列九卿，职掌相当于郡守，但地位远高于郡守。 〔12〕王凤（？—前22）：西汉大臣。字孝卿，东平陵

（今山东济南东）人。元帝王皇后之弟。倚太后，以外戚辅政，专权蔽主，王氏子弟分据要职，几满朝廷。

【译文】

王章字仲卿，泰山钜平县人。年轻时以文学之士的身份做官，稍后升至谏大夫，在朝廷以敢于直言而出名。元帝初年，提升他为左曹中郎将，与御史中丞陈咸很友好，一起反对中书令石显，被石显陷害，陈咸减免死罪而受髡刑，王章被罢职。成帝即位时，征用王章为谏大夫，后又升任司隶校尉，当权大臣和贵戚都很敬重畏惧他。王尊被罢免后，继任王尊的人不称职，王章因此被选为京兆尹。当时，皇帝的舅舅大将军王凤辅佐朝政，王章虽然是王凤推举的，但他却反对王凤专权，不亲附于王凤。正巧太阳出现日食，王章密封上奏，被皇帝召见，他向皇帝陈述了王凤不可重用，应该再选择忠诚贤能的大臣辅政。皇上开始接受了王章的建议，后来却又不忍心罢免王凤。王章因此被怀疑，于是被王凤陷害，竟加给他大逆的罪名。这件事记载在《元后传》中。

初，章为诸生学长安，独与妻居。章疾病，无被，卧牛衣中〔1〕，与妻决〔2〕，涕泣。其妻呵怒之曰："仲卿！京师尊贵在朝廷人谁逾仲卿者〔3〕？今疾病困厄〔4〕，不自激卬〔5〕，乃反涕泣，何鄙也！"

【注释】

〔1〕牛衣：供牛御寒用的披盖物，如蓑衣之类。 〔2〕决：通"诀"。辞别，诀别。 〔3〕逾：超过。 〔4〕厄：受困。 〔5〕激

卬：振奋激励。卬，同“昂”。

【译文】

当初，王章作为诸生在长安学习，只有他和妻子住在一起。王章病重，没有被子盖，躺在牛衣中，哭着与妻子诀别。他的妻子生气地呵斥他说：“仲卿，京师在朝廷中的尊贵人有谁能超过你呢？现在你重病受困，不自己勉励自己，竟这样哭哭啼啼，真是见识短浅啊！”

后章仕宦历位，及为京兆，欲上封事，妻又止之曰：“人当知足，独不念牛衣中涕泣时耶？”章曰：“非女子所知也。”书遂上，果下廷尉狱〔1〕，妻子皆收系。章小女年可十二〔2〕，夜起号哭曰：“平生狱上呼囚〔3〕，数常至九，今八而止。我君素刚〔4〕，先死者必君。”明日问之，章果死。妻子皆徙合浦〔5〕。

【注释】

〔1〕廷尉狱：狱名。廷尉为主管司法的最高长官，廷尉所直接管理的监狱称为廷尉诏狱或廷尉狱。　〔2〕可十二：大约十二岁。〔3〕平生：往常。　〔4〕君：称先祖及父母。意为一家之主。这里指父亲。　〔5〕合浦：古郡名。汉置，郡治在今广西壮族自治区合浦县东北，县东南有珍珠城，又名白龙城，以产珍珠著名。

【译文】

后来王章历任官职，等到做了京兆尹，想要密封上书，他的妻子又制止他说：“人应当知足，你就不想想当年躺在牛衣中哭泣的情景吗？”王章说：“这不是你们女人所明白的事。”

于是递上了奏章，后来果然因此而被收入廷尉监狱，妻子和儿女都被关进狱中。王章的小女儿刚十二岁，晚上起来号哭着说："往常狱卒呼问囚犯，常到九个人，现在只点到八个就停止了。我家父亲素来刚直，先死的必定是他。"第二天询问，王章果然死了。于是他的妻子和儿女都被迁徙到合浦。

大将军凤薨后，弟成都侯商复为大将军辅政〔1〕，白上还章妻子故郡。其家属皆完具，采珠致产数百万，时萧育为泰山太守〔2〕，皆令赎还故田宅。

【注释】

〔1〕成都侯（？—前12）：王商，西汉大臣。字子夏，元帝王皇后之弟。　〔2〕萧育：西汉官吏。字次君，萧望之之子。少以父任为太子庶子，和陈咸等人以公卿子显名。太守：官名。管理一郡政务。

【译文】

大将军王凤死后，他的弟弟成都侯王商又做了大将军，辅佐政事。王商向皇帝请求，让王章的家属回到故乡住。他的家属都安全无恙，在合浦采集珍珠而拥有资财数百万，当时萧育为泰山太守，让他们全部赎回了原来的田产房屋。

章为京兆二岁，死不以其罪，众庶冤纪之，号为三王〔1〕。王骏自有传〔2〕，骏即王阳子也〔3〕。

【注释】

〔1〕三王：指王尊、王章、王骏。　〔2〕王骏（？—前15）：西

汉大臣。琅琊皋虞（今山东即墨东北）人。在职时有能名，传誉京师。〔3〕王阳：即王吉（？—前48），西汉官吏。字子阳。官至博士谏大夫。为官清廉，多次上书谏言。

【译文】

王章做京兆尹两年，不以罪论刑而死，百姓认为他被冤枉致死，所以纪念他，将他与王尊、王骏合称为“三王”。王骏自己有传，王骏就是王阳的儿子。

龚遂传

【题记】

本篇选自《汉书》卷八十九《循吏传》。循吏，就是所谓“良吏”“清官”。龚遂通过明经取士入仕，这是西汉儒生进入仕途的主要途径。本文主要叙述龚遂一生的两件大事。先事昌邑王，以直言进谏、面刺王过而知名，以致举国敬畏，昌邑王被废，龚遂亦因数谏得以免祸。后在宣帝时临危受命，担任渤海郡太守。他做事不拘泥于常规法令，平息叛逆，安定民心，鼓励农业生产，全郡大治，深受百姓爱戴。后世把他与黄霸作为封建社会“循吏”的代表，称为“龚黄”，这是历史给这位刚正不阿、清简为政的官吏最高的褒奖和荣誉，他的高尚品质至今为人们景仰、传颂。

龚遂字少卿，山阳南平阳人也[1]。以明经为官[2]，至昌邑郎中令[3]，事王贺[4]。贺动作多不正，遂为人忠厚，刚毅有大节，内谏争于王，外责傅相[5]，引经义，陈祸福，至于涕泣，蹇蹇亡已[6]。面刺王过[7]，王至掩耳起走，曰“郎中令善媿人[8]。”及国中皆畏惮焉。王尝久与驺奴宰人游戏饮食[9]，赏赐亡度，遂入见王，涕泣膝行，左右侍御皆出涕[10]。王曰：“郎中令何为哭？”遂曰：“臣痛社稷危也！愿赐清闲竭愚[11]。”王辟左右[12]，遂曰：“大王知胶西王所以为无道亡乎[13]？”王曰：“不知也。”曰：“臣闻胶西王有谀臣侯得[14]，王所为儗于桀纣也[15]，得以为尧舜也[16]。王说其谄谀[17]，尝与寝处[18]，唯得所言，以至于是。今大王亲近群小，渐渍邪恶所习，存亡之机，不可不慎也。臣请选郎通经术有行义者与王起居[19]，坐则诵《诗》《书》，立则习礼容，宜有益。”王许之。遂乃选郎中张安等十人侍王[20]。居数日，王皆逐去安等。久之，宫中数有妖怪，王以问遂，遂以为有大忧，宫室将空，语在《昌邑王传》[21]。会昭帝崩[22]，亡子，昌邑王贺嗣立，官属皆征入。王相安乐迁长乐卫尉[23]，遂见安乐，流涕谓曰：“王立为天子，日益骄溢，谏之不复听，今哀痛未尽[24]，日与近臣饮食作乐，斗虎豹，召皮轩[25]，车九流[26]，驱驰东西，所为悖道。古制宽，大臣有隐退，今去不得，阳狂恐知[27]，身死为世戮，奈何？君，陛下故相，宜极谏争。”王即位二十七日，卒以淫乱废。昌邑群臣坐陷王于恶不道，皆诛，死者二百余人，唯遂与中尉王阳以数谏争得减死，髡为城旦[28]。

【注释】

〔1〕山阳：郡名。治昌邑（在今山东金乡县西北）。南平阳：古县名（故治在今山东邹县）。汉置。〔2〕明经：汉代选官科目。始于汉武帝，由郡国或公卿推荐，被推举者须明习经学，后通过射策确定等级而得官。〔3〕昌邑：诸侯王国名，即昌邑国。郎中令：官名，掌守卫宫殿门户，为皇帝左右近臣。〔4〕贺：指昌邑王刘贺（约前93—前59），西汉诸侯王。武帝之孙。昭帝死，无后，大将军霍光等以孝昭皇后名义迎立他为帝。在位前后仅二十七日。〔5〕傅相：古

称辅导国君、诸侯王之官。汉诸侯国有太傅，辅佐诸侯王。景帝时令诸侯王不得治国，改丞相为相，通称傅相。〔6〕蹇蹇（jiǎn）：正言直谏的样子。亡：同“无”。〔7〕面刺：当面批评。〔8〕媿（kuì）：古“愧”字，羞辱。〔9〕驺（zōu）奴：驾驶车马的奴仆。宰人：掌管膳食之官。〔10〕侍御：侍奉君王的人。〔11〕赐清闲：恩准单独进言。竭愚：自谦之词，谓尽抒己之愚见。〔12〕辟（bì）：退避。〔13〕胶西王：指胶西王刘卬，刘卬参与吴楚七国之乱，被诛。〔14〕侯得：西汉胶西王刘卬之臣。以进谄谀获胶西王亲信。景帝年间，胶西王听信他的邪言，参与吴楚叛乱，以致亡国。〔15〕儗（nǐ）：通“拟”，比拟。桀纣：夏桀和商纣的并称。相传都是暴君，故后用以泛指暴君。〔16〕尧舜：唐尧和虞舜的并称。远古部落联盟的首领。古史传说中的圣明君主。〔17〕说：同“悦”，喜欢。〔18〕寝处：坐卧、止息在一处。〔19〕郎：战国始设，帝王侍从官侍郎、中郎、郎中等的通称。职责为护卫陪从、备顾问差遣等侍从之职。〔20〕张安：西汉官吏。昭帝时为昌邑王刘贺郎中。曾为昌邑王郎中令龚遂所选，陪从刘贺习礼仪、诵诗书。〔21〕《昌邑王传》：在《汉书·武五子传》中的昌邑王部分。〔22〕昭帝（前94—前74）：西汉皇帝。姓刘，名弗陵。武帝少子，年八岁立为太子。后元二年（前87）即帝位。因年幼，由大司马大将军霍光辅政。在位期间，继续推行减轻赋役，与民休息政策，使社会矛盾相对缓和，生产有所发展。〔23〕安乐（？—前74）：西汉官吏。原为昌邑王刘贺之相。刘贺被废后，他与昌邑群臣皆坐陷王于邪恶不道而被处死。长乐卫尉：西汉军事职官名，掌领卫士，护卫长乐宫。〔24〕哀痛未尽：指为昭帝服丧服未完。〔25〕皮轩：汉皇帝所乘用虎皮装饰的车子。〔26〕九流：即九旒（liú），天子之旗，上有九条飘带的大旗。〔27〕阳：通“佯”，假装。〔28〕髡（kūn）：古代一种剃去罪人须发的刑罚。城旦：古刑罚，筑城四年的劳役。

【译文】

龚遂字少卿，是山阳郡南平阳县人。因通晓经术出去做官，做到昌邑国郎中令，在昌邑王刘贺手下做事。刘贺的言行举止多有不当，龚遂为人忠厚，刚强果断，情操高尚，对内向昌邑王直言劝谏，对外便督责傅相，总是引经据典，陈述祸福得失，甚至泪流满面，正言直谏无不尽言。常常当面指出昌邑王的过错，以至于昌邑王捂着耳朵起身便走，说："郎中令能让人感到羞愧。"于是全国上下没有一个不敬畏他的。昌邑王曾经与奴仆和膳食人员吃喝玩乐，给他们的赏赐毫无节制，龚遂进宫劝谏，双膝跪地而行，泪流满面，周围侍候昌邑王的人都感动得直落泪。昌邑王问道："郎中令为什么痛哭？"龚遂回答说："我悲痛国家将危险啊！希望大王能恩准我单独进言以陈说一己之愚见。"昌邑王就屏退左右侍从，龚遂问道："大王知道胶西王是怎样因暴虐而灭亡的吗？"昌邑王说："不知道。"龚遂便说："我听说胶西王身边有一个善于谄媚的臣子叫侯得，胶西王的所作所为明明和夏桀、商纣一样，侯得却说与尧舜相同。胶西王喜欢他善于奉承，经常和他一起坐卧、止息，只听信他的妖言邪说，才导致灭亡的下场。如今大王信任亲近小人，渐渐地就会沾染上他们的恶习，这是关系到国家存亡的问题，不可不慎重啊！臣奏请挑选那些通晓经学、品德高尚的人与大王一同起居作息，坐卧时就诵读《诗》《书》，行动时便学习礼仪制度，应该是大有裨益的。"昌邑王同意了这一建议。于是龚遂挑选了郎中张安等十人侍候他。可是，过了没几天，昌邑王就把他们统统赶走了。不久以后，宫中多次发生怪异现象，昌邑王便询问龚遂，龚遂认为这是将有大灾祸的预兆，宫殿将要空废，此事在《昌邑王传》中有叙述。这时正当汉昭帝驾崩，没有子嗣继位，于是由昌邑王刘贺继承帝位，他手下的官员也都征调入宫。原昌邑王佐相安乐调任长乐宫卫尉，龚遂去拜见他，流着眼泪对他说："大王立为天子以来，一天比一天骄傲自满，不再听别人的劝谏，如今还在服丧守孝，就天天同亲信臣僚饮酒作乐，观看虎豹相斗，召传天子车舆，车上插着九条飘带的大旗，策马疾驰，所作所为违背正道。古代法制宽厚，大臣见国君无道可以隐退，如今却不能离开，想假装疯癫，辞官避祸，又怕被别人知道，一朝身死，为世人耻笑，这该怎么办呢？您过去是皇上的佐相，应当直言规劝啊！"昌邑王即位二十七天，终因骄奢放纵被废。昌邑王以前的臣子犯了纵容君王陷于邪恶不道的罪行，全都被处死，共达两百多人，只有龚遂和中尉王阳由于曾多次劝谏而得以幸免，处以髡刑，罚服四年筑城苦役。

宣帝即位[1]，久之，渤海左右郡岁饥[2]，盗贼并起，二千石不能禽制[3]。上选能治者，丞相御史举遂可用[4]，上以为渤海太守。时遂年七十余，召见，形貌短小，宣帝望见，不副所闻[5]，心内轻焉，谓遂曰："渤海废乱，朕甚忧之。君欲何以息其盗贼，以称朕意？"遂对曰："海濒遐远，不沾圣化，其民困于饥寒而吏不恤，故使陛下赤子盗弄陛下之兵于潢池中耳[6]。今欲使臣胜之邪[7]，将安之也[8]？"上闻遂对，甚说[9]，答曰："选用贤良，固欲安之也。"遂曰："臣闻治乱民犹治乱绳，不可急也；唯缓之，然后可治。臣愿丞相御史且无拘臣以文法[10]，得一切便宜从事[11]。"上许焉，加赐黄金，赠遣乘传[12]。至渤海界，郡闻新太守至，发兵以迎，遂皆遣还，移书敕属县悉罢逐捕盗贼吏[13]。诸持鉏钩田器者皆为良民[14]，吏无得问，持兵者乃为盗贼。

遂单车独行至府，郡中翕然[15]，盗贼亦皆罢[16]。渤海又多劫略相随，闻遂教令[17]，即时解散，弃其兵弩而持钩钼[18]。盗贼于是悉平，民安土乐业。遂乃开仓廪假贫民[19]，选用良吏，尉安牧养焉[20]。

【注释】

〔1〕宣帝（前91—前49）：西汉皇帝。初名病已，后改询，字次卿，武帝曾孙。幼时居民间，了解下层社会情况及吏治得失。才高好学，喜游侠。在位期间，平狱缓刑，任用贤良，轻徭薄赋，发展生产，社会一度趋于安定，史称“宣帝中兴”。 〔2〕渤海：西汉郡名，治所在今河北省沧州市东南。左右：谓旁近相次者。 〔3〕二千石：指官俸每年为二千石一级的官吏，这里指太守。石，古代的重量单位，汉代三十斤为钧，四钧为石。禽：同“擒”。 〔4〕丞相：官名。战国始置，为我国古代官僚机构中的最高官职。御史：官名，即御史大夫，掌监察百官。与丞相、太尉合称三公。 〔5〕副：符合。 〔6〕赤子：初生的婴儿，指百姓。封建统治阶级宣扬君民、官民关系如父子关系，故称百姓为“赤子”。潢（huáng）池：积水的池塘。 〔7〕胜之：以武力镇压之。 〔8〕将：抑或，还是。安之：以德化安抚而定之。〔9〕说：同“悦”，高兴。 〔10〕文法：法规，法令条文。 〔11〕便宜从事：不拘于制度条文，根据客观情况酌情处理。 〔12〕乘传（zhuàn）：乘坐驿车。传，驿站的马车。 〔13〕移书：发送公文，布告。敕：古时自上告下之词，这里作指示讲。 〔14〕钼（chu）钩（gōu）：种田的农具。钩，镰刀。 〔15〕翕（xī）然：协调一致的样子。 〔16〕罢：罢手，不做盗贼了。 〔17〕教令：教戒，命令。〔18〕弩：用机械发箭的弓。 〔19〕仓廪（lǐn）：粮仓。假：给予。〔20〕尉安：即安慰。尉，通“慰”。牧：治理。

【译文】

汉宣帝即位以后，又过了好久，渤海附近郡县闹灾荒，饥民纷纷起来造反，太守制服不了他们。宣帝想要选一位能够治理渤海的人，丞相和御史大夫都推荐龚遂可担当此任，宣帝就任命他做渤海太守。那时龚遂已经七十多岁了，宣帝召见时，望见他身材矮小，与自己听到的不相符合，心里便有些轻视他，就问他说："渤海郡法纪废弛，饥民作乱，我非常担忧。您准备用什么办法来平息郡中盗贼，好让我放心？"龚遂回答说："渤海郡濒临海边、地处遥远，没有受过圣朝的教化，那儿的百姓饥寒交迫，而地方官吏又不加体恤，所以才逼得皇上的子民盗了皇上的兵器在水塘中戏耍罢了，如今不知是要我去镇压他们呢，还是去安抚他们呢？"宣帝听了龚遂的对答，非常高兴，回答道："选用德才兼备的人，本来就是为了安抚百姓。"龚遂说："我听说治乱民就像理乱绳一样，是急不来的。只有慢慢地来，才能治好。我请求丞相和御史大夫暂且不要用一般法令条文约束我，让我根据实际情况自行处理。"宣帝同意了，额外赏赐了黄金，派他赴任。龚遂乘坐驿站的专车到达渤海郡界，郡中听说新太守到了，派出军队前来迎接，龚遂叫他们统统回去，随即发出公文指示所属各县把所有追捕盗贼的官吏一律撤回。凡是拿锄头镰刀等农具的全部算良民，官吏不得追究；只有拿兵器的才算盗贼。然后不带随从，单独一人乘车到府，郡中上下和谐安定，造反的百姓也都纷纷解散。渤海郡的抢劫掠夺之事又多半是相互跟随而成，现在听了龚遂的教令，也都即时解散，扔掉兵刃和弓弩，转而拿起农具。盗贼于是全部平息，百姓安居乐业。龚遂于是开仓救济贫民，选任贤能的官吏，慰问百姓安定统治。

遂见齐俗奢侈[1]，好末技[2]，不田作，乃躬率以俭约[3]，劝民务农桑，令口种一树榆[4]、百本薤[5]、五十本葱、一畦韭，家二母彘[6]、五鸡。民有带持刀剑者，使卖剑买牛，卖刀买犊[7]，曰："何为带牛佩犊!"春夏不得不趋田亩[8]，秋冬课收敛[9]，益蓄果实菱芡[10]。劳来循行[11]，郡中皆有畜积[12]，吏民皆富实。狱讼止息。

【注释】

〔1〕齐：当时的渤海郡在过去的齐国境内。　〔2〕末技：古代以工商业为末技。　〔3〕躬：自身，亲自。　〔4〕口：每口人。〔5〕本：量词。用于草木，犹棵、丛、撮等。薤（xiè）：多年生草本植物，地下有鳞茎，鳞茎和嫩叶都可吃，也可入药。　〔6〕彘(zhì)：猪。　〔7〕犊：小牛。　〔8〕趋：向。　〔9〕课：考核，核算。收敛：指收割庄稼。　〔10〕菱：菱角，一年生水生草本植物，有角。芡（qiàn）：一年生水草，茎叶有刺，亦称"鸡头"。　〔11〕劳来：亦作"劳徕"，慰问、劝勉前来的人。循行：巡视各地。循，通"巡"。　〔12〕畜：积储。

【译文】

龚遂眼看渤海地方风俗奢侈，崇尚工商业，轻视农耕，于是亲自带头厉行节俭，劝导百姓务农种桑，下令每人种一株榆树，百棵薤草，五十棵葱，一畦韭菜，每家养二只母猪，五只鸡。如果发现百姓有带刀佩剑的，就要他们卖剑买牛，卖刀买牛犊，说："为什么不把牛和犊带在身上呢!"春夏两季必须要到田野耕作，到了秋冬就督促他们收割，还让家家户户多储存果实、菱角、芡实之类。由于龚遂的巡视劝勉，郡中积聚储存颇丰，官吏和百姓都殷实富足，诉讼案件也没有了。

数年，上遣使者征遂，议曹王生愿从[1]。功曹以为王生素耆酒[2]，亡节度[3]，不可使。遂不忍逆[4]，从至京师。王生日饮酒，不视太守。会遂引入宫，王生醉，从后呼，曰："明府且止[5]，愿有所白[6]。"遂还问其故，王生曰："天子即问君何以治渤海，君不可有所陈对，宜曰'皆圣主之德，非小臣之力也'。"遂受其言。既至前，上果问以治状，遂对如王生言。天子说其有让[7]，笑曰："君安得长者之言而称之[8]？"遂因前曰："臣非知此，乃臣议曹教戒臣也。"上以遂年老不任公卿，拜为水衡都尉[9]，议曹王生为水衡丞[10]，以褒显遂云[11]。水衡典上林禁苑[12]，共张宫馆[13]，为宗庙取牲，官职亲近，上甚重之，以官寿卒[14]。

【注释】

〔1〕议曹：官署名。西汉丞相府所属诸曹之一，职主谋议。王生：西汉官吏。《史记》作"王先生"。曾任渤海郡议曹。宣帝征召太守龚遂，他自请同行，教太守将渤海治绩归功皇帝的神灵威武，以博取欢心。因而得拜为水衡丞。 〔2〕功曹：官名。汉地方郡县两级官府皆设置，均由地方官自行辟除。郡功曹职掌选政，兼参诸曹事物，在郡府职总内外；有的受郡守委任，可主持一郡政务。县功曹为县之主吏、豪吏，在县府同样职总内外。耆（shì）：同"嗜"，爱好。 〔3〕亡：同"无"，没有。 〔4〕逆：违背。 〔5〕明府：汉魏以来对郡守牧尹的尊称。 〔6〕白：禀告。 〔7〕说：同"悦"。 〔8〕长者：

这里指忠厚有德行的人。〔9〕水衡都尉：官名。掌上林苑及铸钱等事。兼管皇帝财物、造船、治水等。〔10〕水衡丞：水衡都尉的属官。〔11〕褒显：表扬。〔12〕典：掌管。〔13〕共张：供应、置办各种器物。共，通“供”。宫馆：离宫别馆，供皇帝休息游玩的地方。〔14〕以官寿卒：谓在官任上以寿终。龚遂七十余岁为渤海太守，过数年为水衡都尉，又数年（前66—前62）卒，终年大约八十余岁。

【译文】

过了几年，宣帝派使者召回龚遂，议曹王生请求同去。功曹认为王生一向喝酒成癖，没有节制，不宜让他跟去。可是龚遂不忍心拒绝，就让他随从到京。王生到了京城，只管天天喝酒，从来不去看龚遂。等到要引龚遂入宫面圣时，正逢王生喝得醉醺醺的，他跟在后面大声叫道：“太守请留步，下官有事禀告。”龚遂便回来询问是何缘故，王生说：“天子假如问您是怎样治理渤海的，您切不可多说什么，应当说‘全赖皇上圣明，推行德政，不是下臣所能及的’。”龚遂接受了他的意见。龚遂到了宣帝跟前，皇上果然向他问起治理渤海的情形，他就按照王生的话作了回答。宣帝高兴他谦让有礼，笑着说：“您讲的这种忠厚长者的话，是从哪儿学来的？”龚遂上前一步说：“我并不知道应该这么说，是我的议曹王生告诫我的。”宣帝因为龚遂年事已高，不能担当公卿重任，就调任他为水衡都尉，议曹王生任水衡丞，用以褒扬彰显龚遂的政绩。水衡都尉主管上林苑，负责供应、置办离宫别馆的各种器物，为宗庙祭祀提供祭祀牲品，是一种亲近天子的官职。龚遂很受宣帝器重，最后在官任上寿终。

主要参考文献

《汉书》，汉班固撰，唐颜师古注，中华书局 1962 年 6 月第 1 版。

《汉书补注》，清王先谦撰，中华书局 1983 年 9 月第 1 版。

《汉书选》，顾廷龙、王煦华选注，古典文学出版社 1962 年 9 月第 1 版。

《汉书选》，冉昭德、陈直主编，中华书局 1962 年 12 月第 1 版。

《汉书新注》，施丁主编，三秦出版社 1994 年 7 月第 1 版。

《汉书全译》，刘华清、李建南、刘翔飞译，贵州人民出版社 1995 年 5 月第 1 版。

《汉书注译》，张烈主编，海南国际新闻出版中心 1997 年 1 月第 1 版。

《汉书选评》，汪受宽撰，上海古籍出版社 2003 年 12 月第 1 版。

《二十五史全译·汉书》，许嘉璐主编，汉语大词典出版社 2004 年 1 月第 1 版。